図解

風の力で住まいを快適にする仕組み

野中俊宏　森上伸也　四阿克彦　並木秀浩　著

God is in the winds

X-Knowledge

まえがき

「太陽光」「太陽熱」「風」「地中熱」など、昨今、自然の力を活用しながら省エネルギーで快適に暮らせる住まいへの関心が高まっています。中でも「風」の利用は、居住者の窓開けのニーズが強いことや、その設計テクニックに関心が高いせいか、熱心に取り組まれている設計者や工務店も多いようです。また、通風による換気は、この本の編集時に発生した新型コロナウイルスの感染防止対策としても注目されています。

本書の執筆メンバーは、環境工学の専門家と、「風」を活用したいわゆるパッシブデザイン住宅を手掛けてきた住宅設計者です。われわれはこれまで、自然の「風」を活用したパッシブデザイン住宅を実際に建て、通風時の快適さの確認や、その時の温熱環境、人体への影響などを探るべく、実験検証を重ねてきました。これらの結果として、エアコンを使うのとは違う、人の体と心に本当に心地よい「風」を感じることができ、また、通風のメカニズムなど貴重な知見を得ることができました。

これから新たに我が家を建てる方には、ぜひ心地よい「風」を取り入れることで得られる快適な暮らしを楽しんでいただきたいと思います。また、住宅設計者など実務者には、われわれが知り得た実証的な知見をお伝えしたいと考え、本書を執筆しました。

「風」の活用で迷える住宅設計者のみなさんへ

最近、通風設計に関心をもつ方が多いせいか、インターネット上には住まいにおける「風」の活用についての情報が多く見受けられます。ですが、それらの中にはいくつかの課題も見られます。その一つが、解説に添えられた図面に描かれている「風」の流れを示す矢印です。環境工学の研究者たちがマジックアローと呼ぶこの矢印が図面で自由奔放に踊っていたり、解説者が頭の中で考える「流れるような気がする風の姿」が表現されている場合が多々見受けられます。

これは現在、住まいの通風設計について解説するマニュアル本がないため、設計者の経験則や想像がマジックアローなどに結び付いているのではと考えます。こうした曖昧なネット情報に一般の方はもちろん、プロの住宅設計者も惑わされていないか危惧しています。実は多くの住宅設計者は、このような情報を「少し胡散臭い？」と感じ、「裏付けがないから建築主に自信をもって説明できない…」と、考えているのではないでしょうか。

ともすれば知識や情報が不足しがちな建築主は、設計者から提示されたマジックアローを信用し、通風設計を依頼することになり、実際に完成した住宅は当初想定した通風・温熱環境と異なることになりかねません。通風については、環境工学の専門家の論文や研究結果など多数あるものの、その内容が設計の実務者に伝わりにくい実態も、今の状況を生み出している一因と思われます。本書は、そのような現在の状況をいくぶんでも改善すべく、自然の「風」を活用した快適な住まい、「風をデザインする」ために必要と思われる、われわれの実験結果などに基づく情報の開示と設計提案を行っています。

通風時の快適さやその時の温熱環境、人体への影響などについての実験検証を行った建物のひとつ、とよたエコフルタウン内の「PFパビリオン」。上がギャラリー棟(G棟)、下が平屋のリフォーム棟(R棟)。なお、とよたエコフルタウンは、愛知県豊田市にある「エコな未来の暮らしや最新の環境技術を体験できる低炭素社会モデル地区」となっている

事実と根拠と理論に基づく、具体的な設計手法を解説

本書は、愛知県豊田市にある「とよたエコフルタウン」内に建設された2棟の「ＬＩＸＩＬパッシブファーストパビリオン」(以下、ＰＦパビリオン)などを使って風にかかわる実験検証を行いました。それだけでなく、実験室やコンピュータシミュレーションの結果などに基づき、通風や温熱環境についての事実と理論を明らかにしてきました。これらの根拠に基づき、具体的な設計手法について、住宅設計者と環境工学の研究者の知見を交えて執筆しました。実際、われわれも実験検証を通じて風のメカニズムを知り、風の本当の姿を知り、驚きを覚えました。実際の建物で通風による気持ちよさを肌で感じ、できるだけ多くの人とその素晴らしさを共有したいとの思いを強くしました。そこで、住宅設計者が自ら納得し、自信をもって建築主に説明できるよう、通風やその際の温熱環境についての正しい情報をできるだけわかりやすく解説したつもりです。

ただ、実際に「風」はなんといっても気まぐれです。ピンポイントで風を読むことは難しく、当然ながらわれわれも、「風」の仕組みをすべて解き明かしたわけではありません。まだまだ不明な事象は多々あるものの、最新の研究結果なども交えて極力、汎用性がある内容になるよう執筆に努めました。

読者のみなさんには、パッシブデザイン住宅を計画する際の一助としていただければ幸いです。

本書の読み方

本書の編集中に、新型コロナウイルスの世界的な蔓延という未曽有の事態が発生しました。すでにワクチンが開発され接種が進んでいますが、完全に沈静化するにはまだまだ多くの時間がかかりそうです。現状、家庭内でできる有効な予防策は手洗い、うがい、換気といわれていますが、その換気を促す通風のメカニズム、応用事例等は本書に書かれていますので参考にしていただければ幸いです。また、新型コロナ対策に関連したコラムを一部追記しましたので併せてお読みください。

本書は単に、住宅における「風」の取り入れ方、流れ方を解説するだけではありません。家族が健康・快適で豊かな生活を営むことができ、環境にも優しい住まいづくりの提案を行っています。自然の「風」を活用するパッシブデザイン住宅に関して、われわれがもっている知見、知り得た情報を住宅設計者はもちろんのこと、これから我が家を計画しようとしている一般の方々、住宅設計を将来手がけるであろう建築系の学生にもオープンにすることで、健康・快適で環境にも優しい住まいの普及、建設の促進に貢献したいとの思いでまとめています。

通風の効果を得るには、まずはしっかりとした外皮性能をもつ住宅であることが必要です。しかし、外皮性能を愚直に追い求めていくと、ともすると「閉じた住まい」になりがちです。「閉じた空間」で、全面的にエアコンに依存する生活ではなく、時にはエアコンを止めて自然の「風」を取り入れることができたらどうでしょうか。風を取り入れること、すなわち「住まいを開く」ことで、環境にも優しく、自然と親しむ気持ちや暮らす街への関わりも生まれてくるのではないでしょうか。「開かれた家」は昨今、希薄になりがちな近隣とのコミュニケーションの復活にも一役買えないものかと考えています。

2020年から実施が見込まれていた、住宅の省エネ基準の適合義務化は見送られましたが、未来を見据えた住まいであれば、省エネ基準のクリアは当然であると考えます。さらに今後、次のステップであるZEH（ゼッチ）、HEAT20のG1、G2などへの取り組みや、自然の力を利用して消費エネルギーを抑えるパッシブな手法にチャレンジする住宅設計者は多数現れるでしょう。そんな中で、「風」を利用するパッシブな設計手法は、ゼロエネルギー住宅の実現に向けて重要な要素の一つになると考えています。

通風を活用する住まいは、設計したら終わりというわけではありません。完成後も住まい手の理解と行動が不可欠になります。もちろんこれは、住まい手に窓の常時開放や風の取り入れを強制するものではなく、設計段階から趣旨を理解してもらい、生活者の意思で窓の開け閉めを行って、家族の生活に適した快適空間を実現できることがベストだと考えています。

解説に難解な数式や語句はなし

本書は序章を含めた5章から構成されています。それぞれの章は関連しながらも、独立して読み進められるよう配慮しています。知っている部分は飛ばして読んでいただいても、読む順番が逆でもかまいません。第4章には、本書の内容に即した「風」を活かしたパッシブデザイン住宅として、執筆メンバーの事務所である㈱ア・シード建築設計・並木秀浩氏らが手がけた実例を紹介しています。

なお、本書では事実に基づいた情報をオープンにしたいといっても、解説に難解な数式や語句を並べてしまってはなかなか世の中に広まっていかないだろうと考えます。そこで数式は最低限にして極力、平易な文章と写真、図版で解説するよう心掛けました。

最後に、本書は主に実験検証等でわかった事実に基づいた内容を記載していますが、書かれている「風」の効用や温度・湿度などの受け止め方はその性質上、年齢や男女、体格、感覚などの個人差が多くあるため、万人が同じように感じることは到底困難です。人による感覚の部分はあくまでも目安としてご理解いただければ幸いです。

また、敷地周辺の環境など諸条件が異なれば、異なる結果が示されることもあると考えられます。通風の効果が期待できない地域での運用は想定していません。高温高湿度で通風の効果が期待できない時期にはエアコンを使う、そうでない時には自然の風の力を使う、そうした想定であることもご理解いただければ幸いです。

2021年8月、執筆メンバー一同

風の流れを可視化した実験。暗くした室内にフォグマシンからの煙を充満させ、レーザー光をあてて風の動きを見る

ウインドキャッチャー壁の効果を確認しているところ。フォグマシンから噴霧した煙で室外から室内への風の動きを可視化した

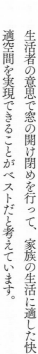

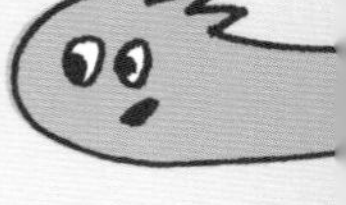

Contens 目次

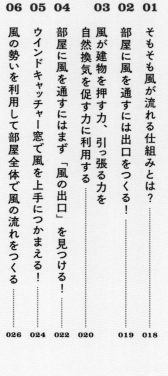

3章 根拠／Evidence
住まいの風と快適な温熱空間を科学する
〜風の気持ちよさ、積極的快適性を検証する〜

4章 設計／Design & Case Study
心地よい風のパッシブデザイン住宅のつくり方
〜環境整備および通風・空間設計と実例紹介〜

COLUMN

パッシブデザイン住宅 用語の基礎知識

注：本書の図版などに表現されている風の矢印はイメージです

0 Prologue 序章

誤解だらけの通風設計

～経験則や想像だけで風の設計をしていませんか？

Prologue.
01

通風についての誤解、3点セット

チグハグな「通風理論」

本書を読み進めるうえで、まずは通風についての諸々の誤解を解くところから始めたいと思います。

①卓越風
②開けると自然に風が通る窓
③マジックアロー（風の矢印）

これらは、通風設計について書かれたネット上の文章などで頻繁に登場する「通風についての誤解、3点セット」です。それらの解説の多くは少々乱暴な書き方になりますが、おおむね次のような手順で計画すれば室内に風が入る、といった内容が多いように見受けられます。

①卓越風の向きを確認する
②卓越風を捉える方向に建物を向け、

室内を風がよく流れる、と解説している間取り図の例｜図1

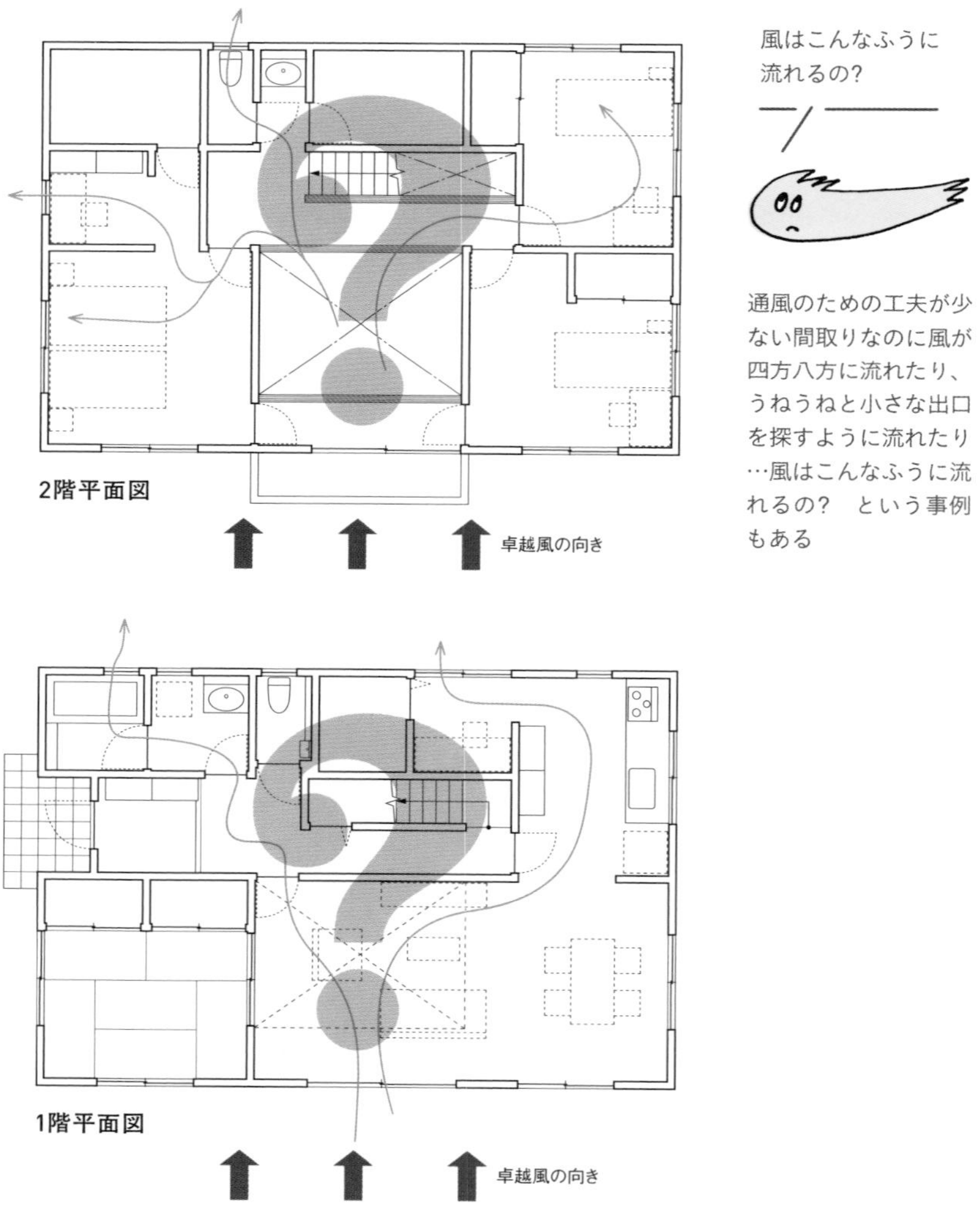

通風のための工夫が少ない間取りなのに風が四方八方に流れたり、うねうねと小さな出口を探すように流れたり…風はこんなふうに流れるの？　という事例もある

窓を計画する
③窓を開けると室内に風が入る

さらに、こうした文章に添えられた図面上には華麗に舞ういくつもの「風の矢印、マジックアロー」が記入されている場合が多く見られます。

風は矢印のように流れている？

では、前記の①②③の手順で計画を進めると、本当に図面上の矢印のように風が流れるのでしょうか？

図1は、みなさんも普段よく目にする、室内における風の流れを表したイメージ図を再現したものです。残念ながら、実際に風が流れる理屈に当てはまらない矢印も多く、この図面に描かれているように、風は縦横無尽には流れてくれないはずです。

そもそも、外皮性能が劣っている建物の場合は、温熱環境の面で快適な暮らしはあまり期待できません。また、窓の開け閉めになにかしら住み手のアクションを期待しないと、通風環境は成り立ちません。ところが残念ながらこれらの解説では、ベースになる建物性能や住み手の行動については、なにも触れられていない場合が多いのが実情です。

風は一方通行？

さらに、窓の配置やプランの良し悪しの解説がなぜか、一方通行の風の流れを前提にして語られていることがあります。**図2**は、通風上悪い例として示されている窓の計画イメージです。家全体の通風計画に基づいたプランニングや空間構成、開口計画、風向き等によっては通風が促される場合もあるので、図の部分だけから窓配置が誤りと判断することは難しいと思われますが、これがもしも、あらかじめ室内の風の「入口」と「出口」が決まっていて「ここには風は通らない」「ここはよどむ」と断定的に論じられているのであれば、描かれたマジックアローの曖昧さとも相まって、チグハグ感が否めません。

室内を風がよく流れない、と解説している窓の配置例｜図2

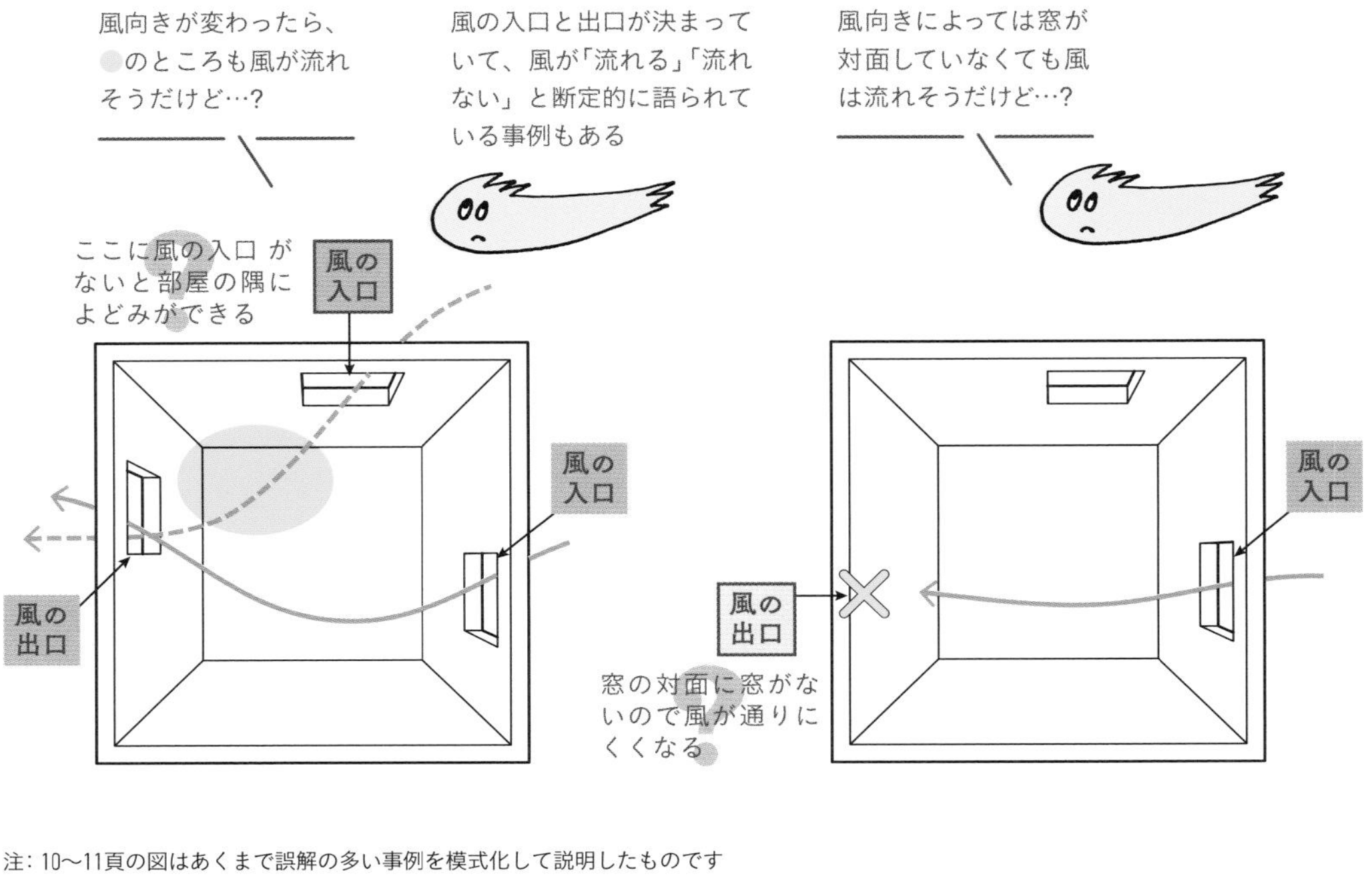
風向きが変わったら、●のところも風が流れそうだけど…?
風の入口と出口が決まっていて、風が「流れる」「流れない」と断定的に語られている事例もある
風向きによっては窓が対面していなくても風は流れそうだけど…?
ここに風の入口がないと部屋の隅によどみができる
風の入口
風の入口
風の出口
風の入口
風の出口
窓の対面に窓がないので風が通りにくくなる

注：10〜11頁の図はあくまで誤解の多い事例を模式化して説明したものです

Prologue.
02

実は難易度が高い、通風活用の住まいの計画

テクニックだけで大丈夫？
通風の効用は？
住み手の理解やアクションは？

テクニック論が中心、そもそも通風の効用とは？

通風設計について語られる情報の多くは、風の流れ方や風を取り入れるための窓の配置などテクニック論的な解説がほとんどであり、肝心な風の効用が書かれていない場合が多いようです。

気象庁が提供するアメダスデータで卓越風の向きを確認できたとしても、野原の一軒家のような良好な敷地状況の場合を除き、住宅密集地では、地上に近い窓から風を捉えるのは難しい場合が多いのです。また、仮に室内に風を取り込めたとしても、風の流れる仕組みを理解したうえで住宅全体を立体的に捉えた空間づくりに取り組まないと計画倒れになってしまい、通風による効果は得られ難いといえます。

本来なら環境工学の専門家の助力が必要だが…

通風を活用した住まいの計画は簡単そうに見えますが、実はなかなか難易度が高いといえます。1棟毎に異なる敷地周辺の通風環境の状況を判断し、風の理屈にあった設計に取り組まないといけません。通風設計のマニュアル類がほとんど無い理由も、敷地条件など個別性が高いことにありそうです。本来であれば、環境工学の専門家と住宅設計者が一緒に設計に取り組むのが理想的といえますが、ビルや公共施設など大規模な物件と違って小規模な住宅ではコストや納期などの制約もあり、そのような理想的なチームで仕事ができるケースは極めて稀なことです。

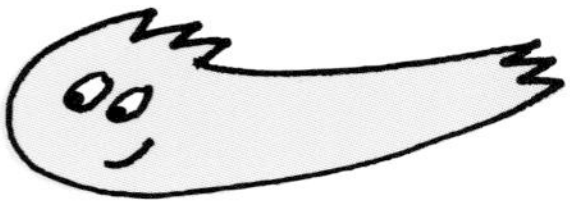

設計者の自己満足で終わらないように

さらに大切なのは、風を活用する

住まいは、建築主に計画段階から設計意図を十分に理解してもらうことが不可欠です。建物が完成して終わりではなく、入居後は住み手自身がエアコンのON・OFF、窓の開け閉めなどのアクションを起こさなければ、せっかくの通風設計も絵に描いた餅になってしまいます。

こうすれば風が通る、だからこんな間取りで、こんな窓の配置でと工夫して設計しても、竣工後は「お施主さん、好きに暮らして」では設計者の自己満足に終わってしまい、住み手である生活者の快適な暮らしには結びつきにくいでしょう。

普段の生活の中で快適に過ごせる住まいを

かといって、気象データで確認した風は1日中、同じ方向から吹いているわけではありません。「この風向きの時はこの窓とあの窓を開けて、違う風向きの時は…」と事細かに建築主に説明しても、常に風向きを把握しなければならない生活は現実的ではありません。もし仮に、風向きがわかっていたとしても、普段の生活の中では、それに合わせて小まめに窓の開閉をするのは煩わしく、なかなかできるものではありません。

通風設計の考え方は至ってシンプル！

われわれの考える通風設計の考え方は至ってシンプルです。卓越風の向きに神経質にならずに、どの方向から風が吹いても、身近な窓を開けることで風を室内に取り入れられること。そして予め意図した、なるべく人がいる場所に気持ちよい風が流れる住まいにすることです。

冒頭から取り組みのハードルが上がってしまった感がありますが、それでは実際にどうすればよいのか？

本書では、通風の理屈、通風設計の考え方、進め方について紐解いていきます。まずは次頁にまとめたフロー図を参照ください。

Prologue.
03

自然の風が心地よい、パッシブデザイン住宅のつくり方

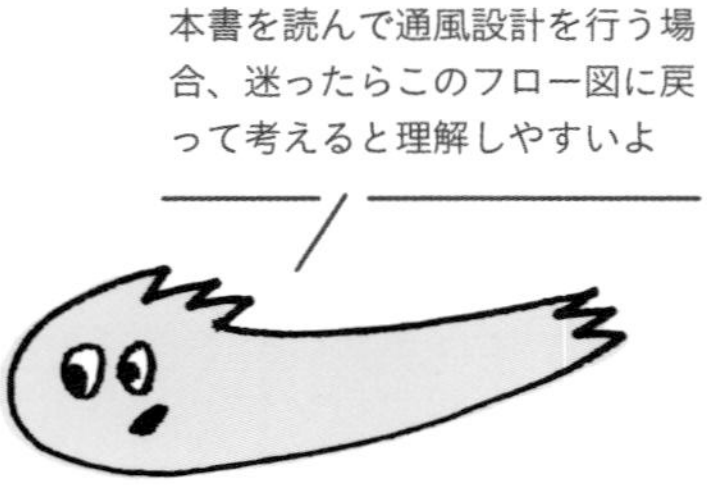
本書を読んで通風設計を行う場合、迷ったらこのフロー図に戻って考えると理解しやすいよ

本書の構成と考え方

本書で解説する「風のパッシブデザイン住宅のつくり方」についての基本的な考え方をまとめたのが、左頁のフロー図です。

詳細は後述しますが、単に住まいの計画地で卓越風の方向を確認して、その方向に向けて建物や窓を計画するだけでは、室内に快適な通風環境をつくることは難しいといえます。

そこで、おおむね、次のような一連の計画が必要だろうと考えています。

●住宅を建てる「土地」を読む

●温熱環境や通風の理論に基づいて、プランニング／外観デザインを行う

●住宅性能を確保する

●良質な風を取り入れるための外構計画を立てる

フロー図に戻って確認すると理解しやすい

通風の理屈、通風設計の進め方等については、次章以降で順を追って説明していきますが、考え方を整理する際はこのフロー図に戻って確認し、該当頁を参照していただくと、理解しやすいと思います。

「図解 風の力で住まいを快適にする仕組み」本文参照フロー図

●外構　P104〜109など

- 涼しさをつくり出す植栽を計画し、夏の日射、地面からの照り返しを防ぐ
- 心地よい風、冬の日差しを取り込む、開いた庭を主に南面に計画する
- 冷熱源として、日陰になる北面などに植栽を計画する

●土地　P094〜103など

- 周辺建物の密集度や通風の障害になる高い建物を確認する
- 道路や空き地、建物間の隙間など、風の通り道を確認する
- 緑や川など比較的温度が低くなる場所を確認する
- 周辺の建物、道路、通路、植栽からの風の通り、日射状況を確認する

●プランニング／外観デザイン

〈風の出口を決める〉
P019〜023、048〜049など

- 塔屋、ハイサイドライト、トップライト等を活用して風を抜く場所を計画する

〈風を取り入れる〉
P024〜031、046〜047、056〜061など

- 主に風力換気と重力換気を使って風を招き入れる。住宅密集地では窓や袖壁を使って建物の横を流れる風を取り込むウインドキャッチャー効果を利用するとよい

〈空間〉　P062、110〜123など

- 家を風が貫く主空間を考える
- ひとつながりの住空間をつくる
- 吹抜けや階段を活用して立体的に考える

〈開口部〉　P22〜34、52〜61、110〜123など

- 日射：夏は遮り、冬は招き入れる
- 風：家族がメインに過ごす生活空間に風を流すよう計画する

理論に基づいてプランニングする

理論に基づいてプランニングする

●温熱快適性
P068〜088など

- 人が気持ちいいと感じる環境とメカニズムを理解する

●住宅性能
P062、090、124〜125など

〈気密・断熱性能を高める〉

- 省エネ基準より上、できればHEAT20 G1レベル以上の外皮性能を目指したい

●通風
P018〜031、089など

- 風が流れる仕組みと、取り入れ方を理解する

※実際に計画を立てる際には、このフローを行ったり来たりしながら、考えないといけない場面もあると思われます

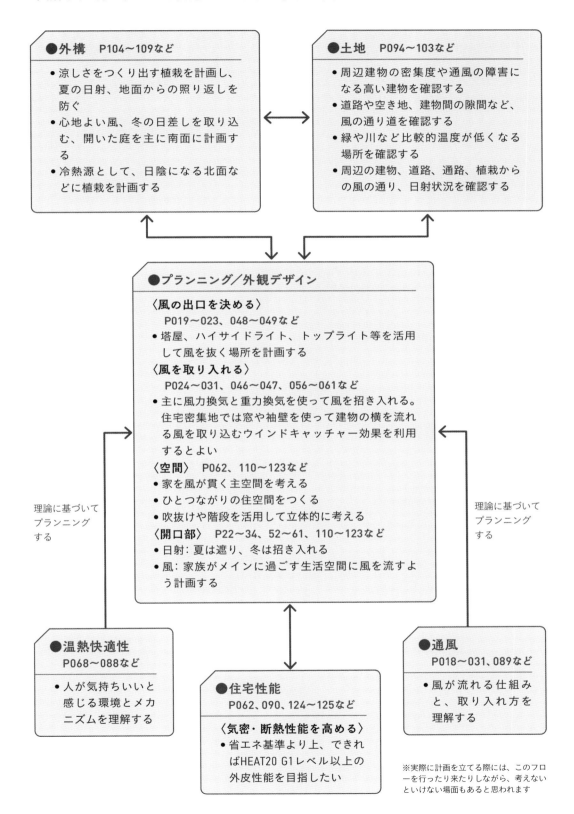

COLUMN 1

通風とエアコンを併用して快適な住まいを実現する

エアコンは使わないのですか？

セミナーなどで通風の話しをさせていただくと、次のような質問をされることがあります。

「真夏でもエアコンは使わないのですか？」

「冬はどうするんですか？」

通風利用＝エアコンはまったく使わない、と誤解する方もおられるかもしれません。

われわれは、自然の風を有効に活用しながらも、通風効果が得られない高温や高湿度の場合はエアコンを併用し、快適な住まいを実現しようという、現実の生活に即した考え方をしています。

〝通風原理主義〟ではない

昨今の日本の真夏の気温・湿度を考えると、エアコンをまったく使わないことは、一部の寒冷地域を除いて、状況によっては自殺行為に近く、特に高齢者にとってはとても危険なことです。

われわれ執筆メンバーは〝通風原理主義者〟ではありませんので、通風とエアコンの併用を前提とした住まいの提案をしています。同様に本書もそのような考え方で執筆しています。

1

第1章

Theory　仕組み

見えない通風の仕組みを知って設計に活かそう！

〜マジックアローの使い方に注意しよう〜

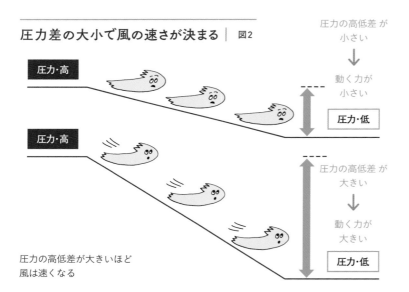

Theory.
01

そもそも風が流れる仕組みとは？

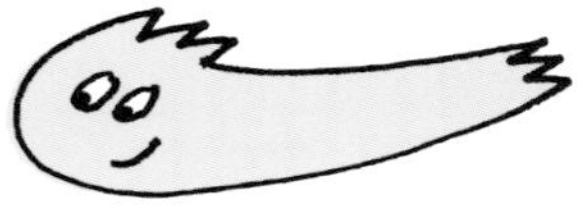

風は圧力の高い方から低い方へ流れる｜図1

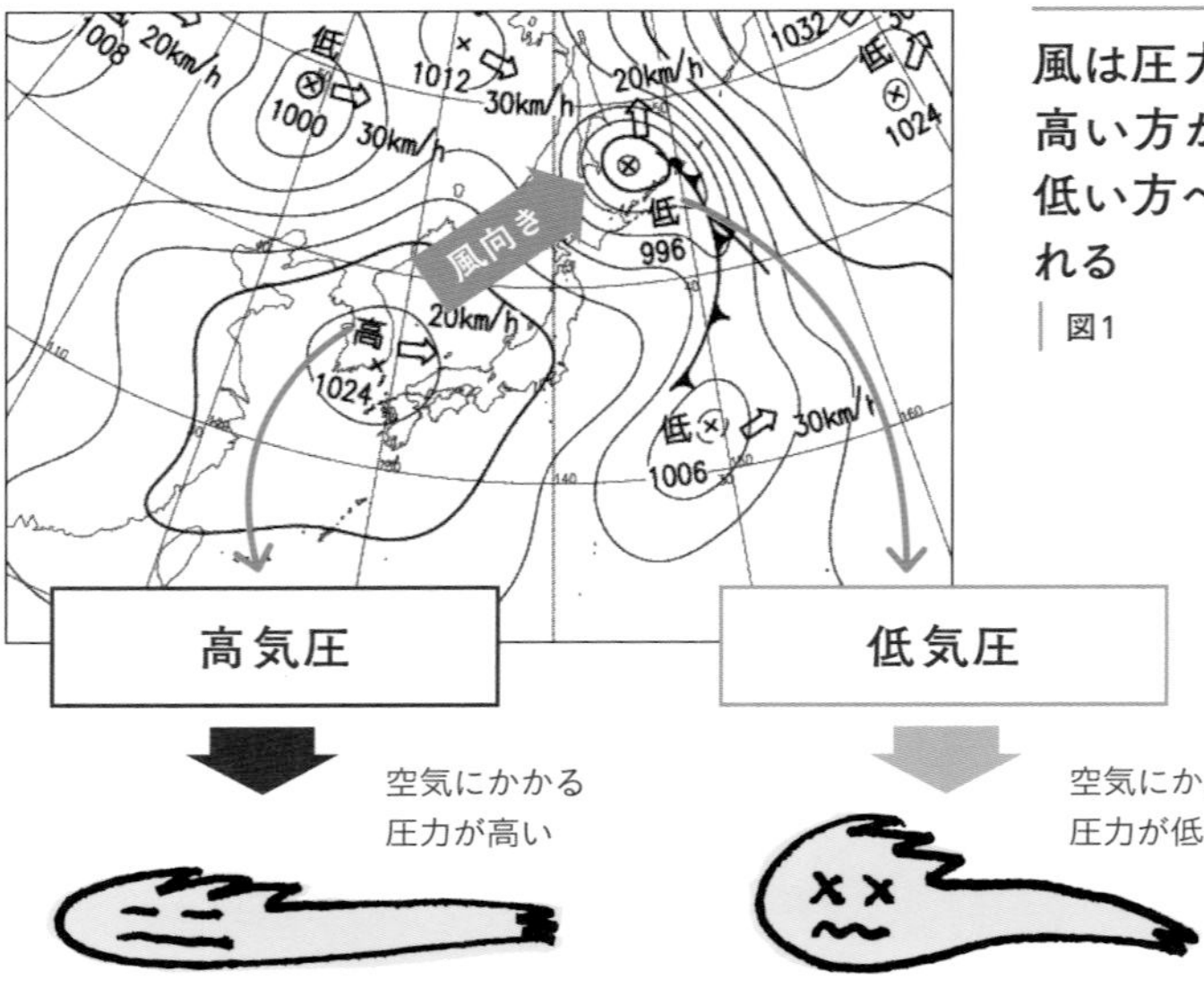

低
1008
20km/h
1000
30km/h
1012
30km/h
20km/h
1032
低
1024
風向き
低
996
高
1024
20km/h
低
1006
30km/h
高気圧
低気圧
空気にかかる
圧力が高い
空気にかかる
圧力が低い

圧力差の大小で風の速さが決まる｜図2

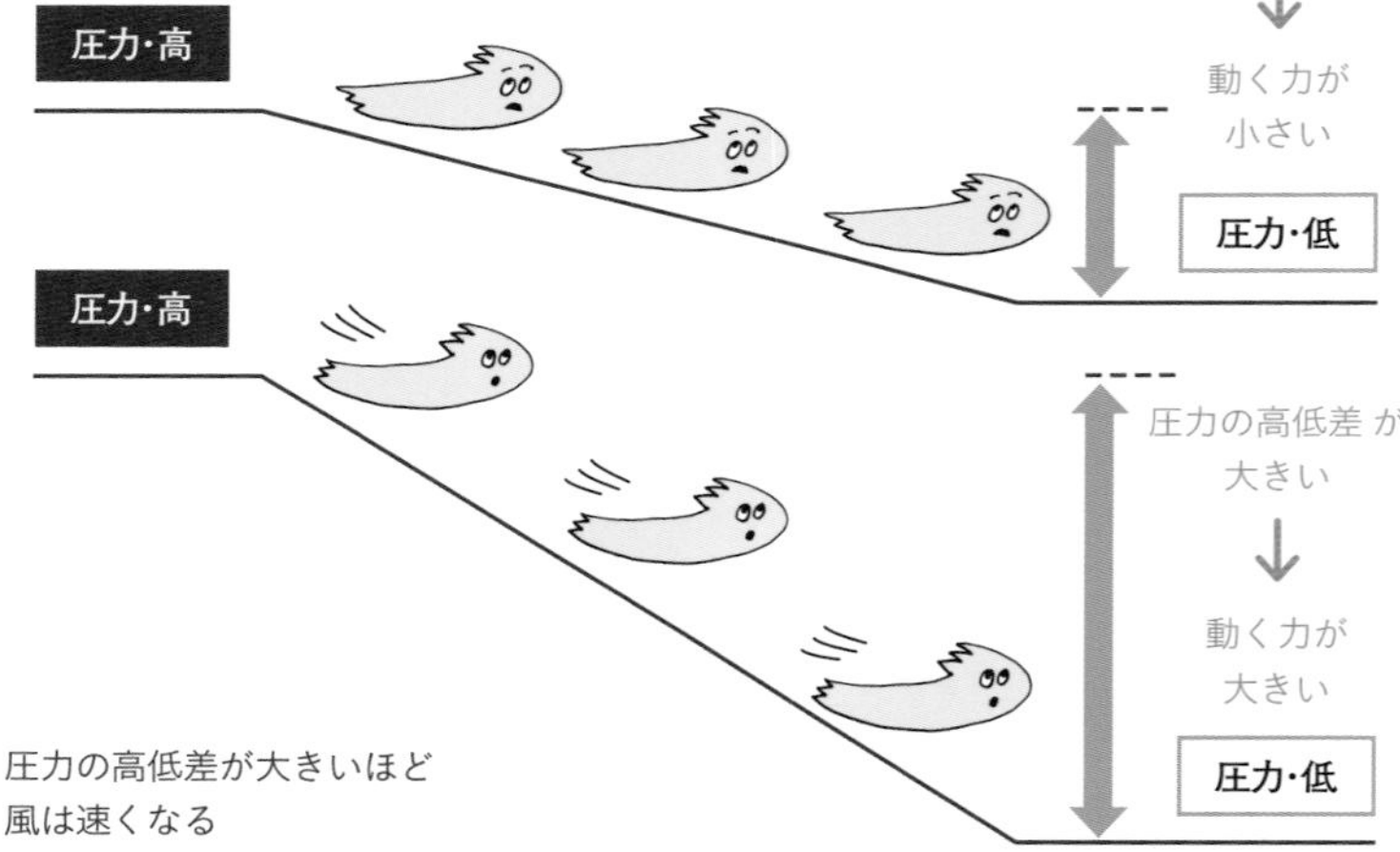

圧力・高
圧力・低
圧力の高低差 が
小さい
↓
動く力が
小さい
圧力・高
圧力・低
圧力の高低差 が
大きい
↓
動く力が
大きい
圧力の高低差が大きいほど
風は速くなる

風の正体とはなにか

夏の暑い時期に、部屋の中を涼しい風がサーッと流れると「心地いいなぁ」と感じますが、風はどうして流れるのでしょうか？

　空気は圧力の高い所から圧力の低い方に向かって流れます。また、空気の圧力の高低差が大きいほど風は速く流れます。これは、水が高い所から低い所へ向かって流れ、勾配が急になるほど（高低差が大きくなるほど）、早く流れるのと同じ理屈です。

　また、空気の流れが速いとその分たくさんの空気が流れます。部屋の中にたくさん風を通すには、風の入口と出口の気圧の差を大きくすることが大切なのです。

Theory.
02

部屋に風を通すには出口をつくる！

風が部屋を流れる仕組みとは

空気は私たちの周りにあって、私たちにとってはなくてはならない存在です。目には見えませんが、部屋の中ももちろん空気で満たされています。

家の外で風が吹いているとき、部屋の風上側の窓を1カ所だけ開けると、風が外から部屋の中へ空気を押し込もうとするものの、部屋の中は空気で満たされていて逃げ場がありません。そのため、外の空気は部屋の中になかなか入って来られません。

そこで窓をもう1カ所開けると、空気の逃げ場ができて、風によって空気が部屋に押し込まれた分、もう片方の窓から空気が出ていきます。これで風が部屋を通るようになるのです。

部屋の中は空気で満たされている | 図1

入口だけでは風は通りにくい | 図2

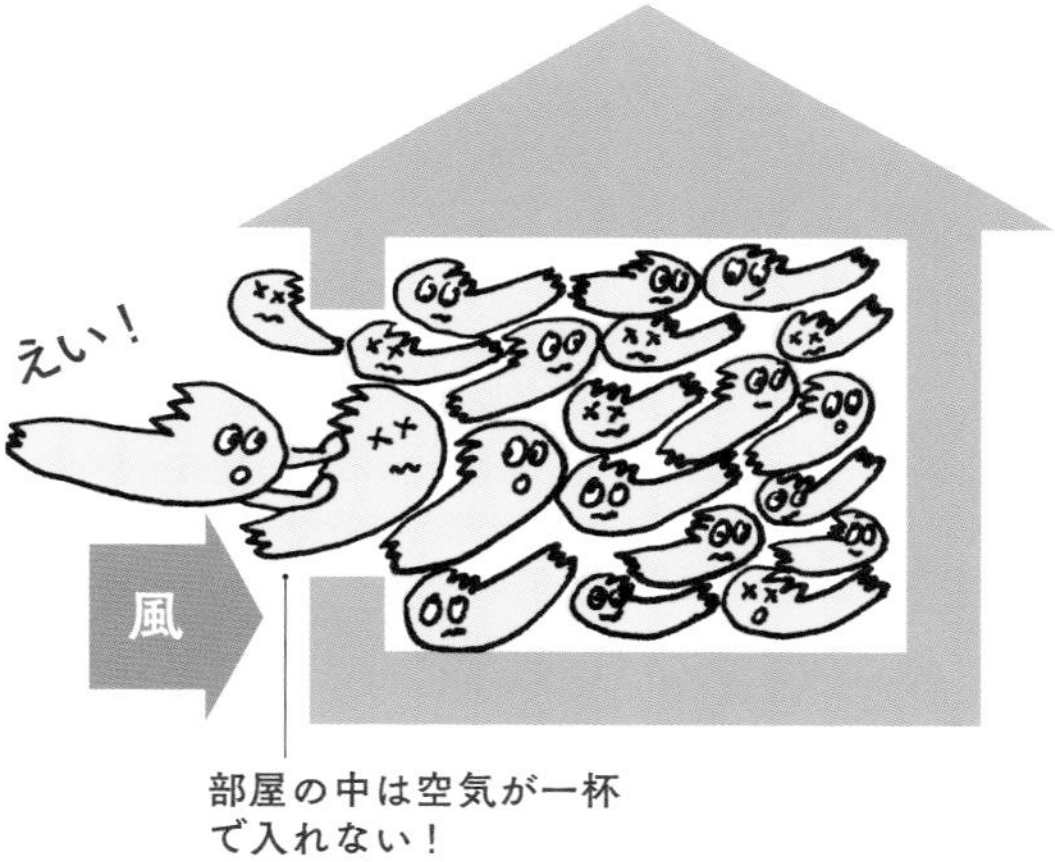
えい！
風
部屋の中は空気が一杯で入れない！

出口をつくることで風が通る | 図3

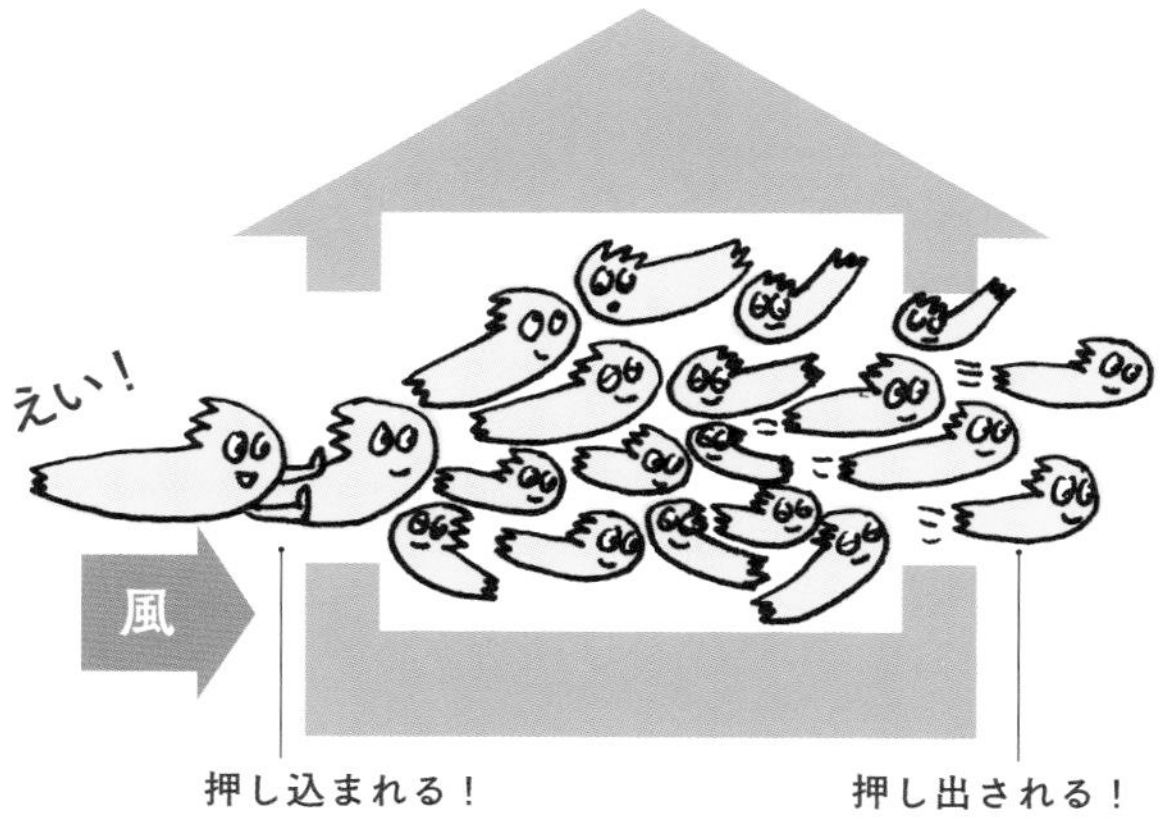
えい！
風
押し込まれる！
押し出される！

Theory.
03

風が建物を押す力、引っ張る力を自然換気を促す力に利用する

建物表面における風圧の大きさ（風圧係数）の分布 ｜ 図1

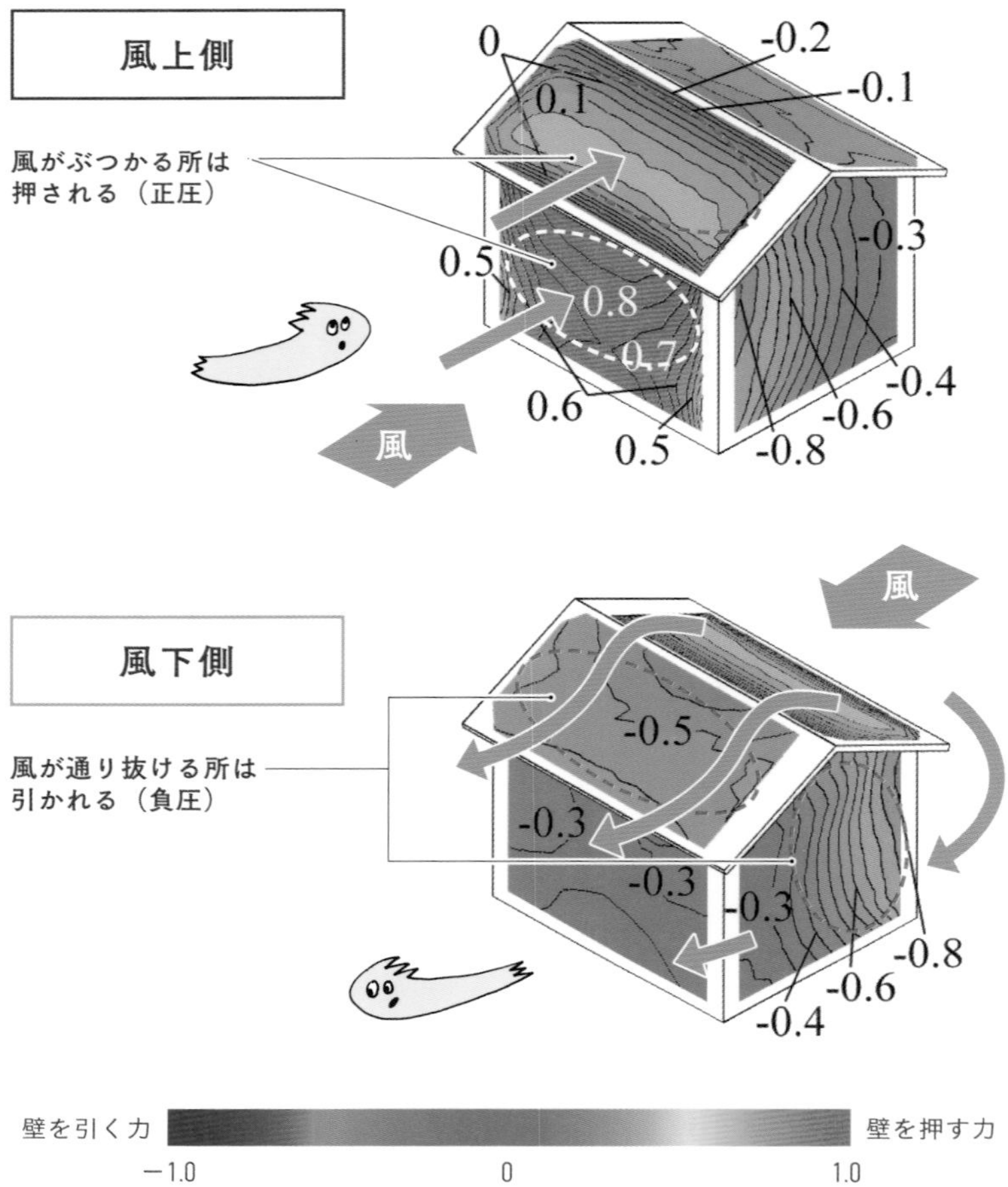

風上側
風がぶつかる所は
押される（正圧）
0
-0.2
0.1
-0.1
-0.3
0.5
0.8
0.7
0.6
-0.4
-0.6
0.5
-0.8
風
風下側
風が通り抜ける所は
引かれる（負圧）
風
-0.5
-0.3
-0.3
-0.3
-0.8
-0.6
-0.4
壁を引く力
壁を押す力
−1.0
0
1.0

風が正面から当たる部分は正圧が発生している（上図）。一方で側面の壁や風下側の屋根など風が通り抜ける所には負圧が発生する（下図）。壁を押す力が強い正圧の部分は風が建物の中に入ろうとする力が強く、引っ張る力が強い負圧の所は建物の中から外へ空気を引き抜こうとする力が強い

建物に風が当たると正圧と負圧が発生する

風の強い日に外を歩くと、風の勢いに流されそうになったりしますが、実は風には押す力だけでなく、引っ張る力もあります。**図1**は、風が建物に当たった際に、建物の表面に風によってどのような力がかかるかを係数と色とで表したものです。赤い色は風に押されるプラスの圧力（正圧）、青い色は風によって引っ張られるマイナスの圧力（負圧）を表しています。

通風は正圧と負圧のどちらも利用できる

風が建物に正面から当たる部分は、風に押されて正圧が発生していますが、側面の壁や風下側の屋根など風

正圧、負圧、剥離は室内に通風を促す力に利用できる｜図2

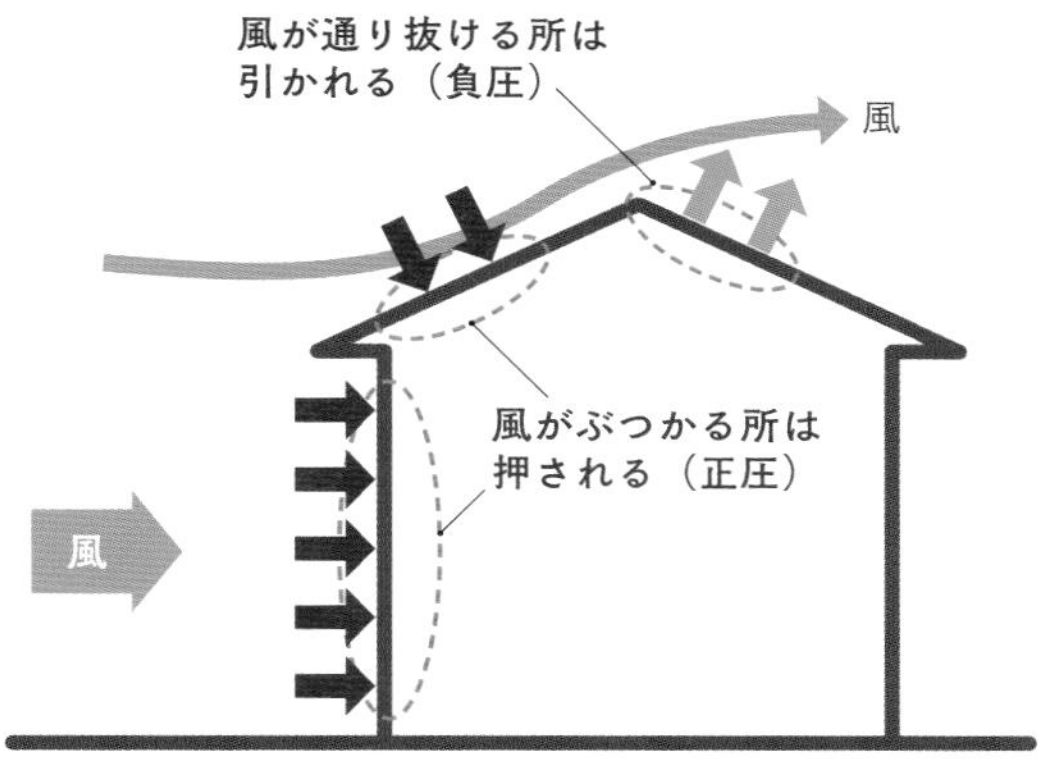
風が通り抜ける所は
引かれる（負圧）
風
風がぶつかる所は
押される（正圧）
風

横から見た図

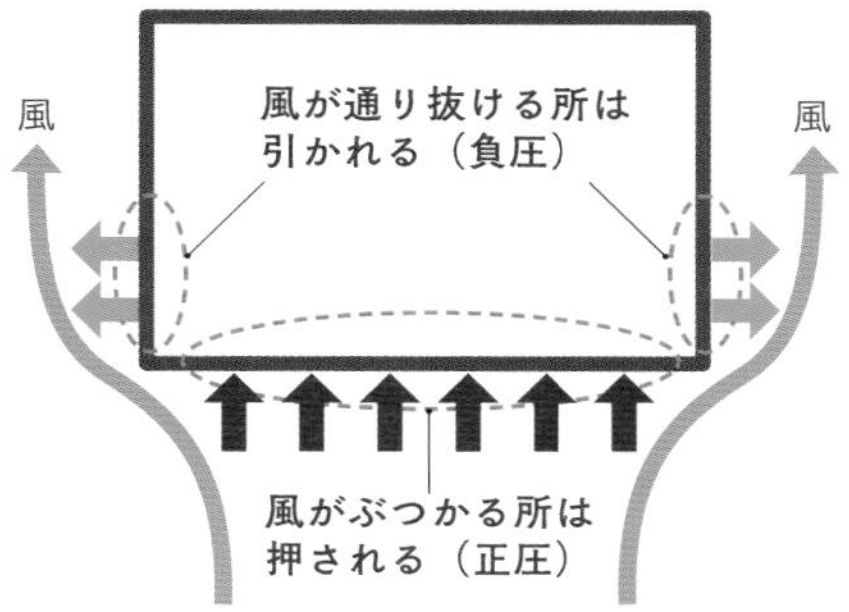
風
風が通り抜ける所は
引かれる（負圧）
風
風がぶつかる所は
押される（正圧）

上から見た図

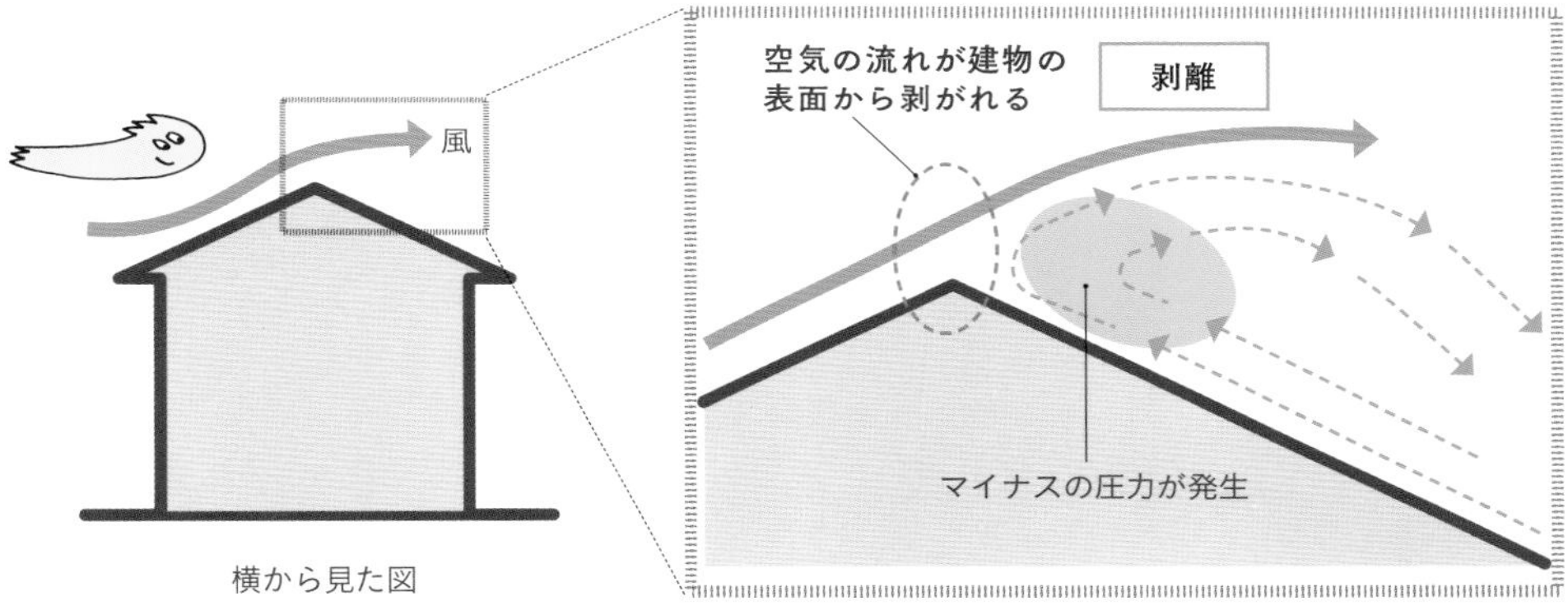
風
空気の流れが建物の
表面から剥がれる
剥離
マイナスの圧力が発生

横から見た図

風の流れが建物から剥がれる所(剥離する所)で大きなマイナスの圧力(負圧)が発生する

正圧
負圧

が通り抜ける部分は負圧が発生しています。壁を押す力が強い正圧の部分は風が建物の中に入ろうとする力が強く、引っ張る力が強い負圧の部分は建物の中から外へ空気を引き抜こうとする力が強いことを意味しています。風の流れが建物から剥がれる所（剥離する所）では、特に大きなマイナスの圧力（負圧）が発生します（図2）。

風が建物を押す力、引っ張る力のどちらも、住まいにおいて自然換気を促す力として利用できます。

Theory.
04

部屋に風を通すにはまず「風の出口」を見つける！

建物から風を出すことを考える

部屋に風を通そうと思うとき、風を入れようとして窓を開けていませんか？　もちろんそれは間違いではありません。建物の周囲が開けていて建物に風がよく当たる場合は、風上側と風下側の窓を開ければたくさんの風が通ります。でも周囲に建物が密集している場所では、なかなかそうはいきません。風が吹いていても周りの家に遮られ、自分の家に風が当たらないことが少なくありません。

そんな時は「どこから風を入れるか」よりも「どこから風を出すか」、「風の出口」を先に考えることがとても大切なのです。

住宅密集地では屋根に着目！

図1は、建物表面にかかる風の圧力の実験結果を建物の密集度別に表したものです。

周囲に建物がそれほどない場合は、風上側の壁と風下側の壁の圧力差が大きく、風がたくさん流れるのですが、建物が密集すると、どの壁も風の圧力がゼロに近くなり、壁同士の圧力差もほとんどなくなってしまいます。これでは風が通りません。

しかし屋根に着目すると、住宅密集地でも風に引っ張られる力が残っていることがわかります。こうした場所に窓を設けると、部屋の中の空気が風によって外に引き出されます**（図2）**。

屋根を「風の出口」にする

さらに、部屋から外へ出た分の空気が外から入ってくるようになります。つまり屋根を「風の出口」、壁を「風の入口」とすることで圧力差が生じ、風が家の中を流れるようになるのです。しかも住宅密集地では、壁にかかる風圧に方位差がほとんどなくなります。そこで、例えば住宅の北側の植栽など、温度上昇が抑えられている場所を狙って「風の入口」をつくることができます。

もちろん風は気まぐれなので、いつも同じようには流れてくれません。とはいえ、おおむね風の流れの傾向はつかめるでしょうから、密集地ではまず「風の出口」を考えるようにしましょう。

建物密集度別・建物表面における風圧の大きさ ｜ 図1

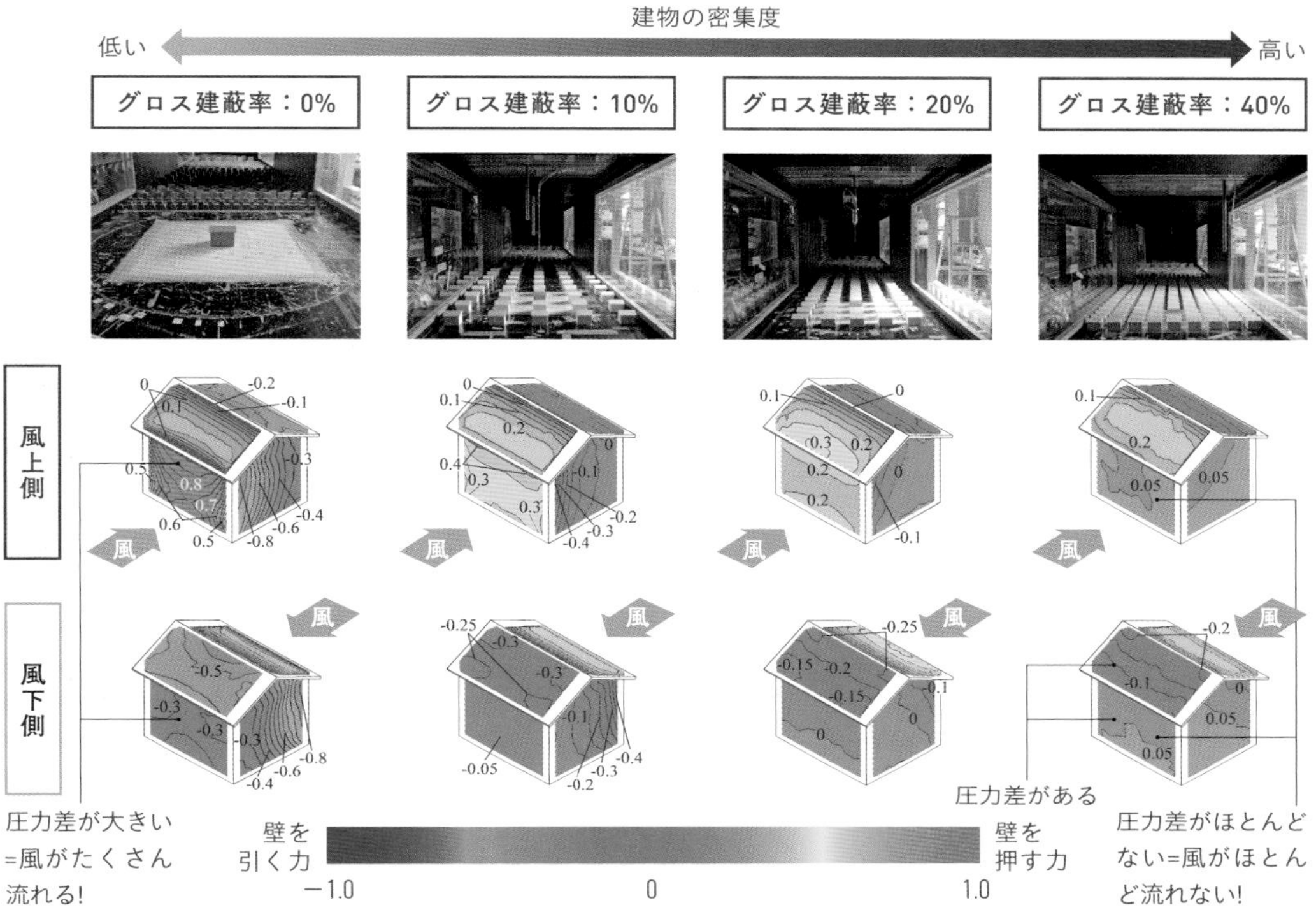
建物の密集度
低い
高い
グロス建蔽率：0%
グロス建蔽率：10%
グロス建蔽率：20%
グロス建蔽率：40%
風上側
風下側
風
圧力差が大きい
=風がたくさん
流れる!
圧力差がある
圧力差がほとんど
ない=風がほとんど
流れない!
壁を
引く力
壁を
押す力
−1.0
0
1.0

周囲に建物が建っていない場合（グロス建蔽率0%）では、風上側の壁と風下側の壁の圧力差が大きく風がたくさん流れる。一方、建物が密集すると（グロス建蔽率40%）、どの壁も風の圧力がゼロに近くなり、壁同士の圧力差がほとんどなくなってしまう。これでは風が入らない。
ところが屋根に注目すると、風に引っ張られる力が働いていて、建物が密集していてもこの力が残っていることがわかる
（グロス建蔽率とは道路や公園、空き地などを含めた面積に対する建蔽率のこと）

風を抜くには風下側の屋根面の負圧を使う ｜ 図2

屋根のような風の引っ張る力が残っている場所に出口を設けると、部屋の中の空気が風によって外に引き出される。さらに部屋から外へ出た分の空気が、外から入って来るようになる。つまり屋根を「風の出口」、壁を「風の入口」とすることで風が家の中を流れるようになる。

しかも建物が密集していると、壁にかかる風圧に方位差がほとんどなくなる。そこで住宅の北側など温度上昇が抑えられている壁に風の入口をつくることで、涼しい空気を入れることができる

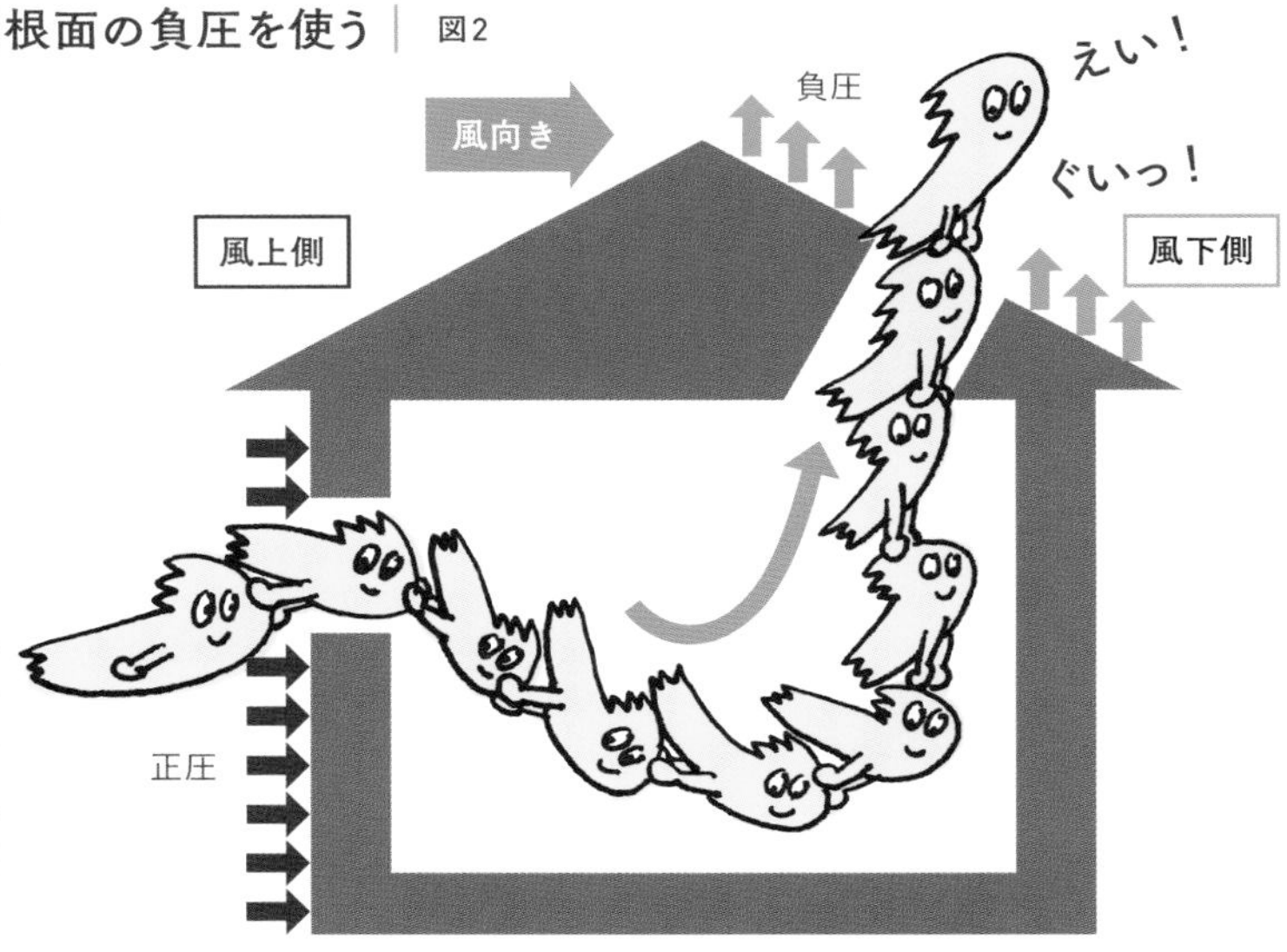
風向き
負圧
えい！
ぐいっ！
風上側
風下側
正圧

Theory.
05

ウインドキャッチャー窓で風を上手につかまえる！

ウインドキャッチャー効果とは ｜ 図1

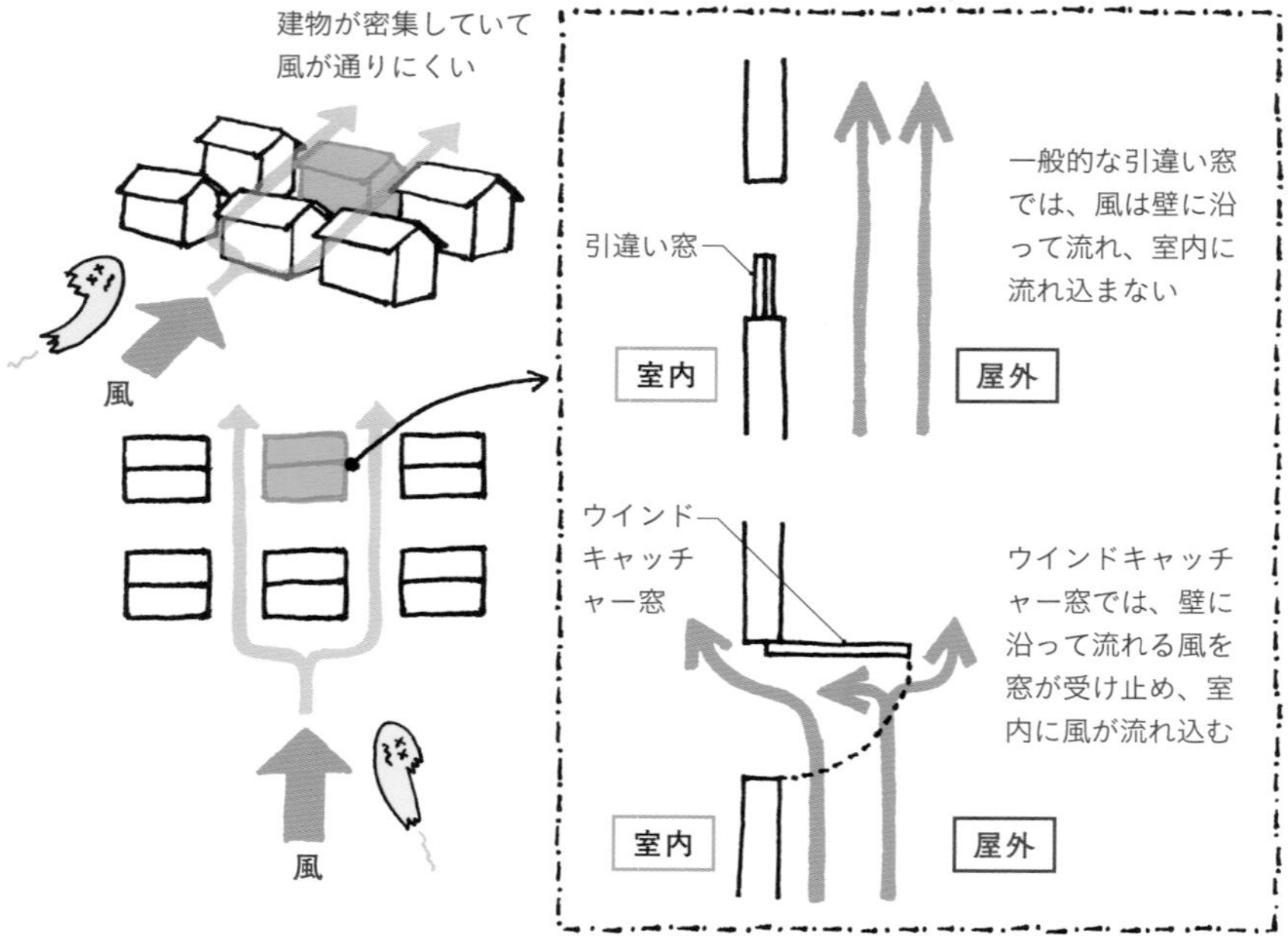

建物が密集していて
風が通りにくい
風
風
引違い窓
室内
屋外
一般的な引違い窓では、風は壁に沿って流れ、室内に流れ込まない
ウインドキャッチャー窓
室内
屋外
ウインドキャッチャー窓では、壁に沿って流れる風を窓が受け止め、室内に風が流れ込む

一般的な引違い窓では、風は外壁に沿って流れ、室内に流れ込まない。ウインドキャッチャー効果のある窓では、外壁に沿って流れる風を窓が受け止め、室内に風が流れ込む

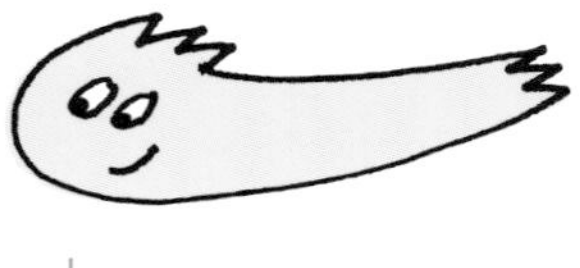

建物の間を抜けていく風を使う

周囲に家が建て込んでくると、自分の家に風が当たらなくなってしまいます。そんなときでも、周りの家に遮られた風が建物の間をすり抜けていく場合が多くあります。

このとき、縦すべり出し窓など、外壁より外側へ障子が張り出すような窓を使うと、壁に沿って流れる風をつかまえて部屋の中に呼び込むことができます。これをウインドキャッチャー効果といいます（図1）。

密集地ではウインドキャッチャー窓が効果的

画像（図2）は、ウインドキャッチャー効果によって換気が促進される

外開き窓と引違い窓で比較実験を行う　図2

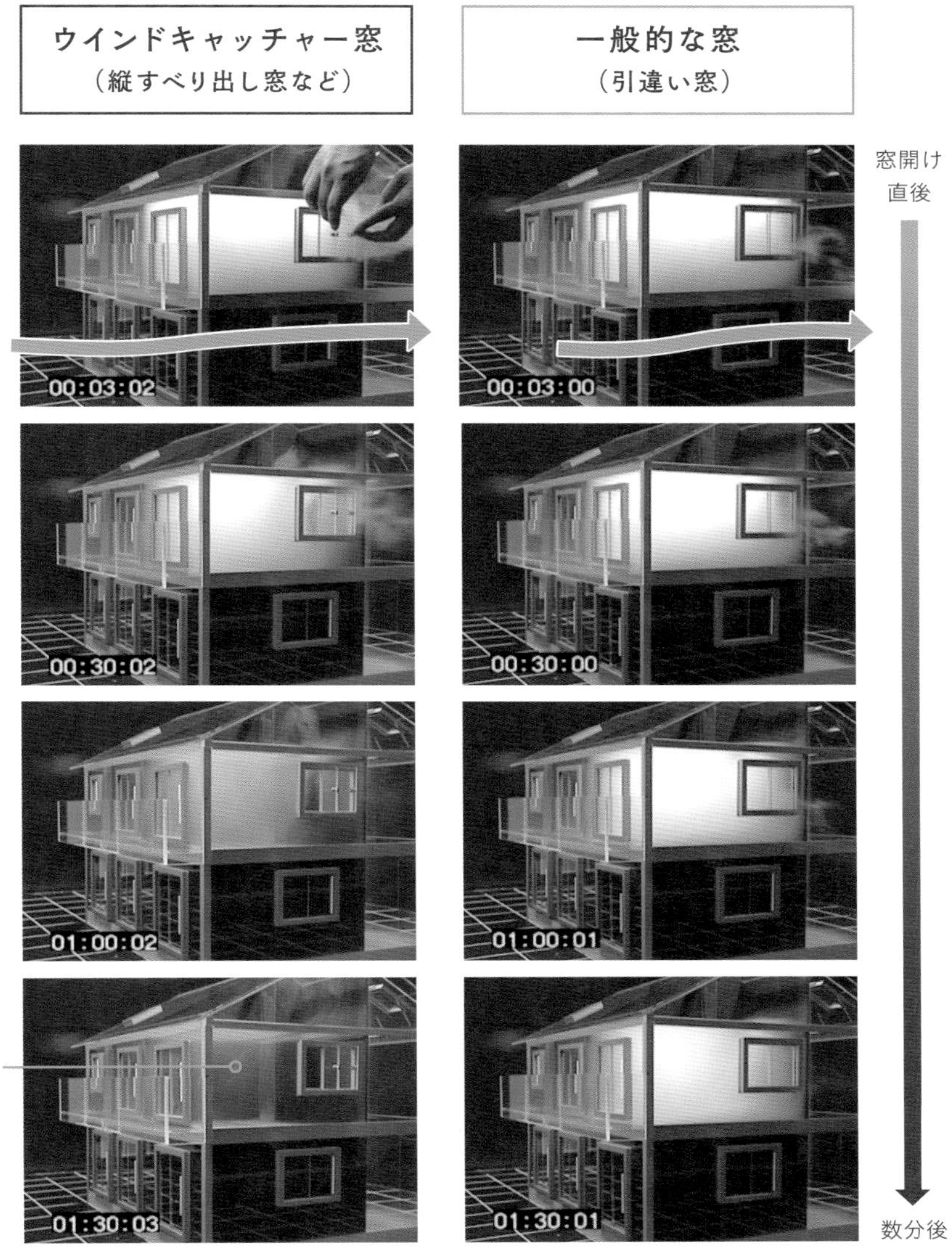
風は建物の脇を向かって左側から右側へ流れている
一般的な窓では建物の間を抜ける風をつかまえることができず、室内の煙がなかなか抜けない。一方、ウインドキャッチャー窓では室内の煙が素早く抜けていき、換気が促進されている様子がわかる

ウインドキャッチャー窓（縦すべり出し窓など）と一般的な窓（引違い窓）を取り付けた住宅模型で、部屋の中に煙を充満させ、建物の間を通り抜ける風を吹かせて比較した実験画像

様子を、ウインドキャッチャー窓と一般的な窓（引違い窓）とで比較実験をしたときのものです。

引違い窓では建物の間を抜ける風をつかまえることができず、室内の煙はなかなか抜けませんが、ウインドキャッチャー窓では、煙が素早く抜けていくことがわかります。このように家が建て込んでいる場所では、ウインドキャッチャー効果のある窓を風の入口として活用することが有効です。

Theory.
06

風の勢いを利用して部屋全体で風の流れをつくる

室内に旋回風をつくる

家の外の風が窓に直接当たる場合や、ウインドキャッチャー効果を利用して風を取り込む場合は、室内に吹き込む風に勢いがあります。この勢いを利用して旋回風＝部屋全体をぐるぐると廻る風をつくることができます。旋回風を起こすポイントは次の2つです。

①入ってきた風を部屋の壁に沿って流す→部屋の隅の窓を入口にする。

②できるだけ高さの違う2つの窓（入口・出口）を利用する→吹抜け上部の高窓や天窓、塔屋窓などを出口にする。

建物に開ける窓の組み合わせによって、室内の風の流れに違いが表れます。**図**はその違いを模式的に表したものです。

窓の組み合わせで風の流れが変わる

図1は、向かい合う壁の窓を開けた場合です。

風の入口から出口に向かって風の道（通気輪道）ができ、風の道では風速が大きくなっていますので「風を思い切り感じたい」際はこの窓の開け方が有効です。このとき、通気輪道以外の部分では風速が小さくなることに注意してください。

図2は、壁と屋根にある窓を組み合わせた場合です。

外の風向きによって部屋をぐるぐる廻る風の流れができます。窓から入ってきた風が部屋の内側の壁に沿って流れますが、出口の窓が屋根に

mini COLUMN

ウイルス感染予防のための室内換気、旋回風を活用し空気のよどみをつくらない

新型コロナウイルスは、咳やくしゃみで空気中に出た後、エアロゾルとなって部屋の中をしばらく漂うといわれています。そのため、感染を予防するためには、部屋の中を漂っているウイルスが室内に留まる時間をできるだけ短くすることが重要です。ウイルスを部屋の外へ排出するためには換気をすることが必要ですが、換気量が十分であったとしても、風が通らずよどむ所ができてしまうと、その部分ではウイルスが留まってしまうことになります。そのため、部屋全体をまんべんなく換気できる旋回風を活用し、部屋の中に空気のよどみをつくらないようにすることが効果的です。風向きの関係で旋回風ができないときは、サーキュレーターなどを使ってよどんでいる所へ空気を送ると同等の効果が得られます。

あるため、風は壁に沿って流れ続けます。するとカップに入った紅茶をスプーンでかき混ぜる際のように壁沿いに流れる風につられて、部屋の中央の空気も廻り始めます。結果として、部屋全体で気流速度が高まります。部屋のあちこちに人がいて、全体的に風を流したいときにはこの窓の開け方がお勧めです。

窓の配置を計画する際、シチュエーションに合わせて開く窓を選べるようにしておくと、常に風を感じられる空間をつくることができるようになります。

向かい合う壁の窓を開けた場合 | 図1

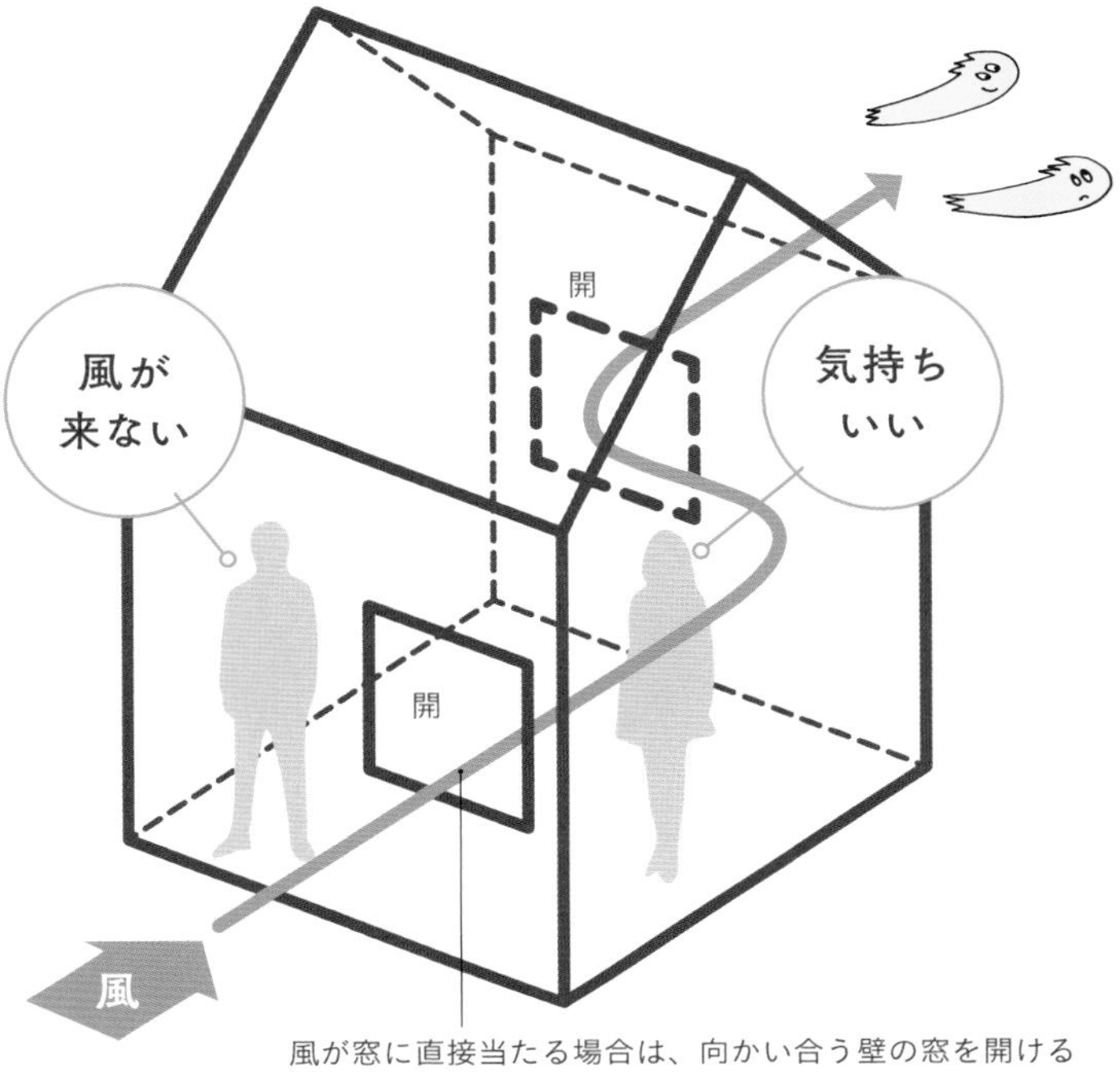

開
開
風が来ない
気持ちいい
風

風が窓に直接当たる場合は、向かい合う壁の窓を開けると、風の入口から出口に向かって風の道（通気輪道）ができる。風の道では風速が大きくなるので「風を思い切り感じたい」場合にはこのような窓の開け方が効果的。ただし、風の道以外では風速が小さくなることに注意が必要

壁の窓と屋根の窓を組み合わせた場合 | 図2

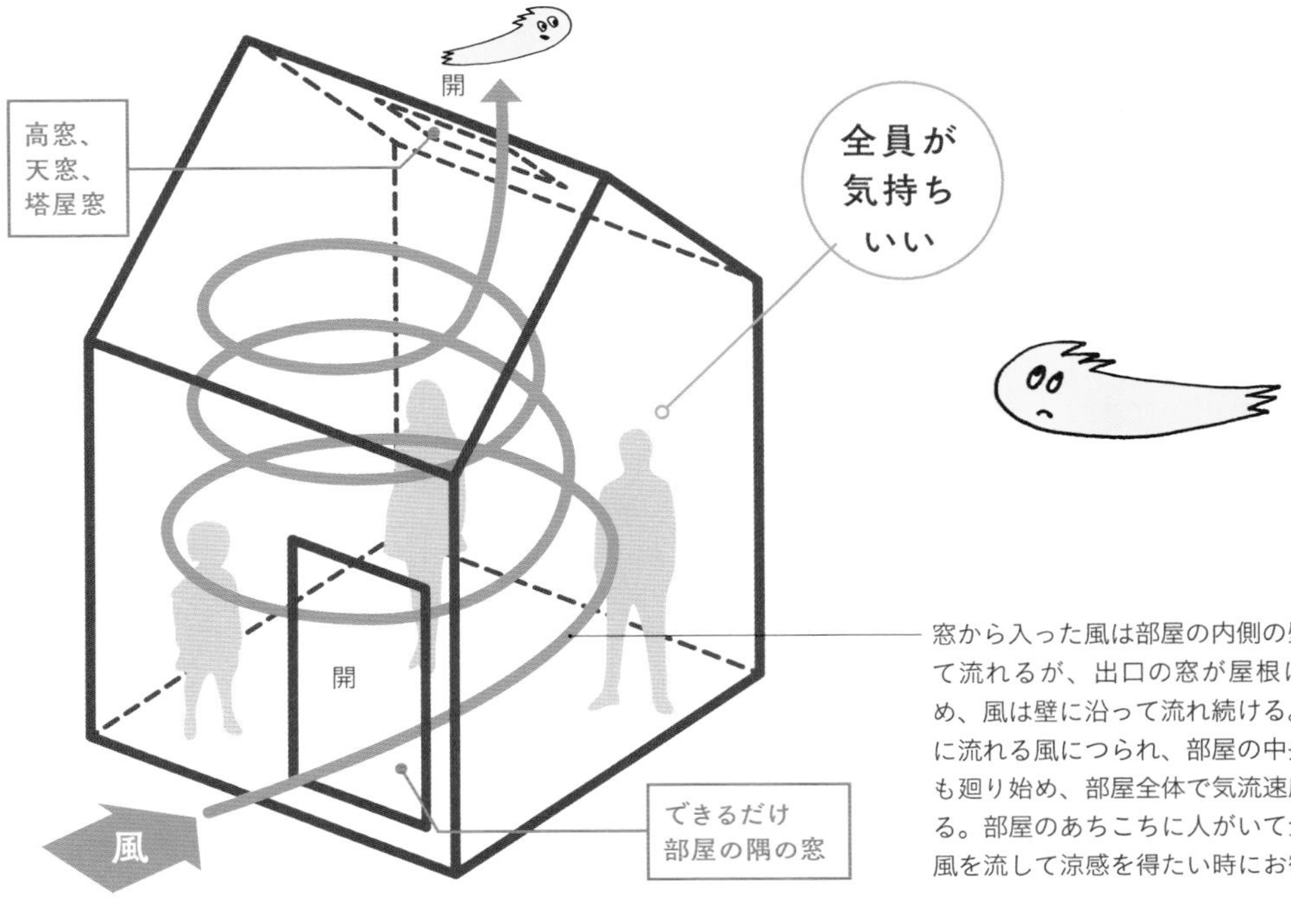

開
高窓、
天窓、
塔屋窓
全員が気持ちいい
開
風
できるだけ
部屋の隅の窓

窓から入った風は部屋の内側の壁に沿って流れるが、出口の窓が屋根にあるため、風は壁に沿って流れ続ける。壁沿いに流れる風につられ、部屋の中央の空気も廻り始め、部屋全体で気流速度が高まる。部屋のあちこちに人がいて全体的に風を流して涼感を得たい時にお勧め

Theory.
07

室内の空気を吸い上げるベンチュリ効果を利用する

ベンチュリ効果とは　図1

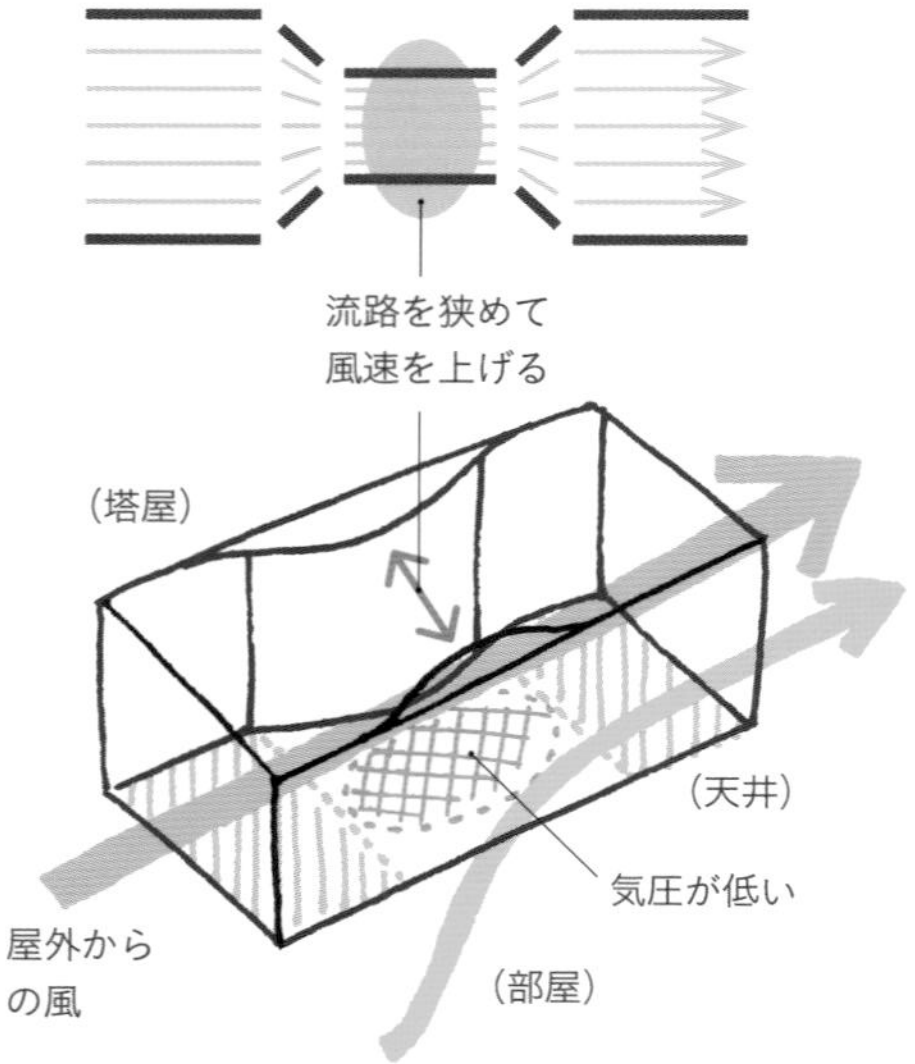
部屋の空気が
引き出される

空気はある所で通り道が狭くなると、その部分で流れが速くなり気圧が下がる。この現象のことをベンチュリ効果という

風が塔屋を通る際に発生するベンチュリ効果　図2

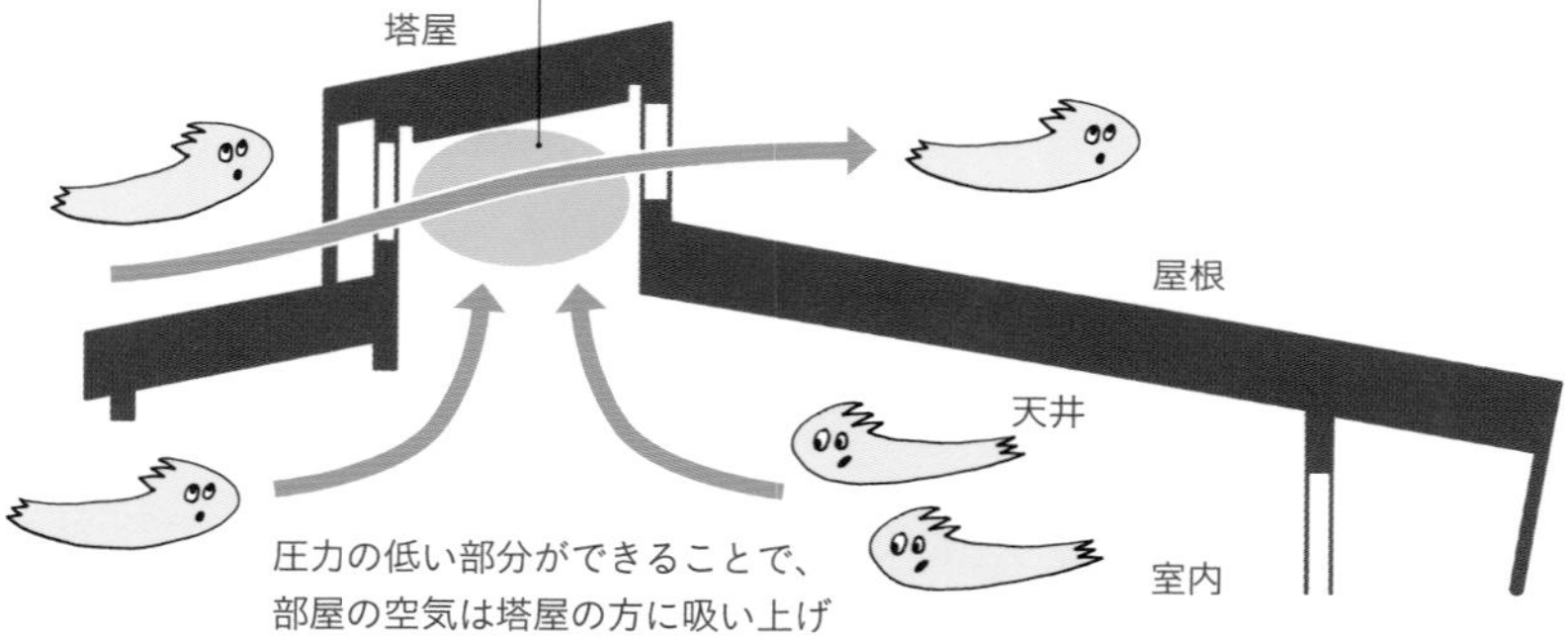
塔屋に入って来た風がこの部分を通り
過ぎる時に加速され気圧が下がる
られ通風が促進される

風の通り道を絞る

空気が管の中を流れているとき、ある所で通り道が狭くなると、その部分で空気の流れが速くなり、気圧が下がる現象が起こります。これをベンチュリ効果と呼びます。住宅密集地であっても、屋根の高さでは比較的障害物が少ないので、屋根付近を流れる風を使ってベンチュリ効果を狙うことも室内に通風を促す有効な方法の一つです。

ベンチュリ効果を利用するポイントは、風の通り道を少し絞るところにあります。流路を絞って風を加速させることで、気圧の低い部分をつくることができます。この部分が部屋の空気を引き込むことで、通風が促進されるからです。

COLUMN 2

家の中に風の渋滞をつくるべからず！

風の流れやすさを確保する仕掛けが必要

「窓を大きく開けているのに風が通らない」、と感じたことはありませんか？ そんな時は「風の渋滞」が発生しているかもしれません。

図のように、いくら窓を大きく開けたとしても、その先へ通じる出口が小さいと風が渋滞を起こしてしまいます。風が渋滞を起こすと流れが悪くなり、その部屋の渋滞を抜けた分の空気しか外からは入ってこなくなってしまい、結果として風の通り道全体で通風量が少なくなってしまうのです。

部屋に風を通したいと思ったら、例え人がいないような部屋でも、風の通り道全体で空気が流れやすくなるように工夫することがとても大切です。

例えば、間仕切りドアをルーバー付きのものにする、引き戸にする、ドアストッパーを付ける、欄間を設けるなどが有効です。

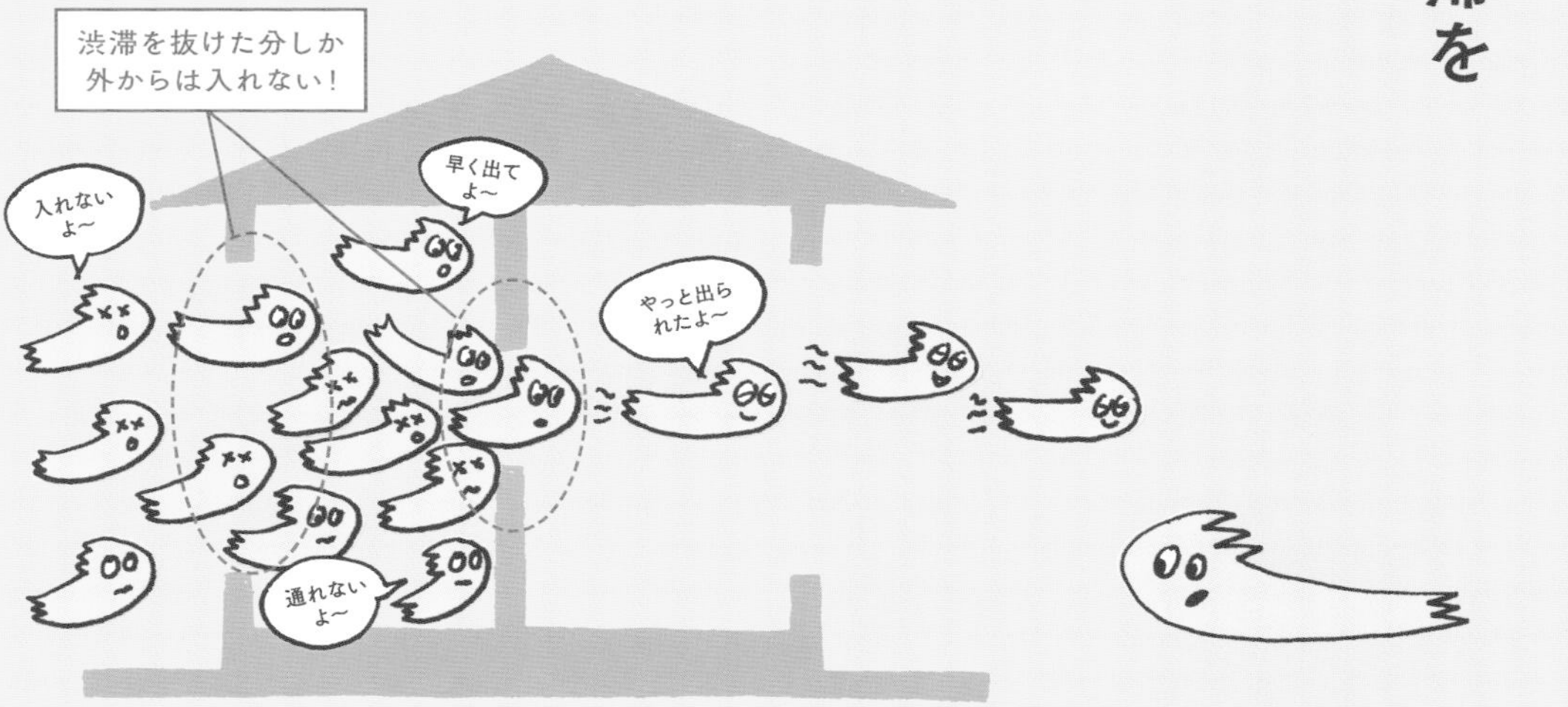

棟付近に塔屋を設ける

図1・図2のように、緩勾配の屋根の棟付近に塔屋を設けると、屋根面に沿って昇ってくる風が塔屋に流れ込みます。塔屋の内部には風の通り道が狭くなるように丸みを帯びた壁を設けておきます。

塔屋に入ってきた風がこの部分を通るときに加速され、気圧が下がります。すると圧力の低い部分ができることで、部屋の中の空気は塔屋の方へ吸い上げられるようになり、結果、通風が促進されるようになります。

Theory. 08

空気の浮力を利用した重力換気（温度差換気）を行う

空気にも浮力がある

水槽にピンポン球を沈めて手を放すと、ピンポン玉は浮き上がります。ピンポン玉は水よりも比重が小さいので浮力が働き、この力で浮き上がっていきます。熱気球もこれと同じ原理で浮き上がります。暖められた空気は膨張し、周りの空気より比重が小さくなります。この比重の小さい（暖まった）空気をバルーンに溜めることでより大きな浮力を得て、人や荷物を上空へ浮き上がらせます。空気にも浮力があるのです（図1）。

暖気と寒気は中性帯でつり合っている

建物の中の気温が屋外よりも高いとき、室内の暖かい空気は浮力によって建物の上部から外へ出ようとします。一方、外の冷たい（重い）空気は、建物の下部から中へ入ろうとします。この2つの力は外壁を介して互いに押し合い、ある高さでつり合います。つり合った所を中性帯といいます。軽い空気が外へ出ようとする力と重い空気が中に入ろうとする力は、中性帯を起点として、中性帯から離れるほど大きくなります（図2）。

重力換気のポイント

したがって、地窓などの低い位置の窓と、天窓や頂側窓などの高い位置の窓を組み合わせて高低差を大きくとることで、重力換気（温度差換気）による換気量がより大きくなります。屋外で風が吹いている場合は、通風と重力換気が同時に起こります。

このときは風の入口・出口と重力換気の入口・出口を合わせることが重要です（図3）。

ウインドキャッチャー効果を利用する場合は、建物の下の方（例えば1階）で風を受け止め、2階の窓や頂側窓、天窓等から暖まった空気を逃がすことで、重力換気の力との衝突を避けられます。

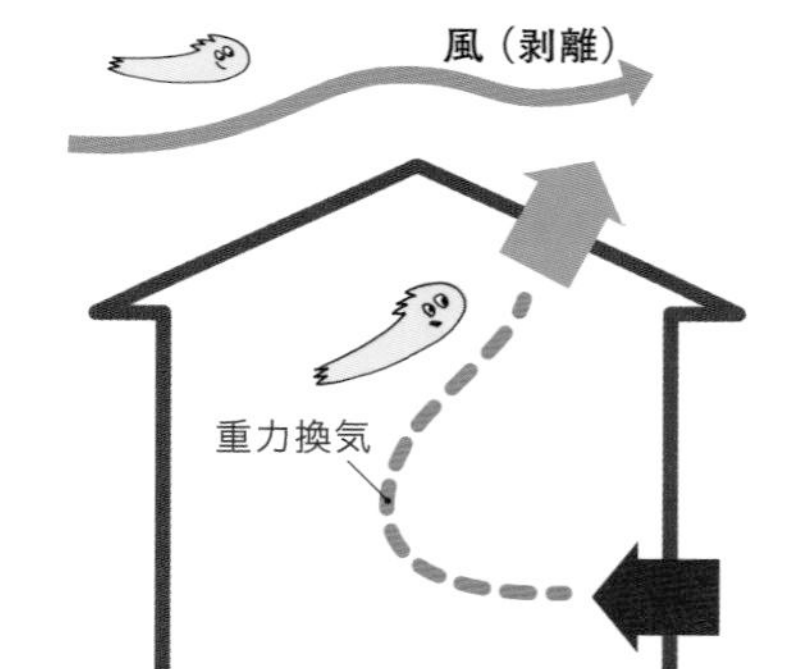

勾配屋根の風下側に天窓を設け、風下の棟付近の負圧を利用することも効果的

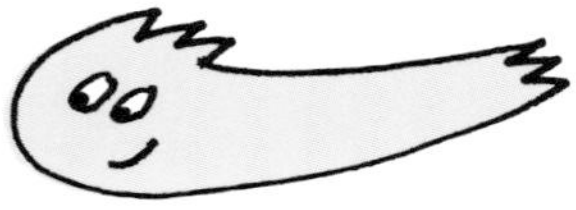

比重が小さな暖かい空気は上昇する｜図1

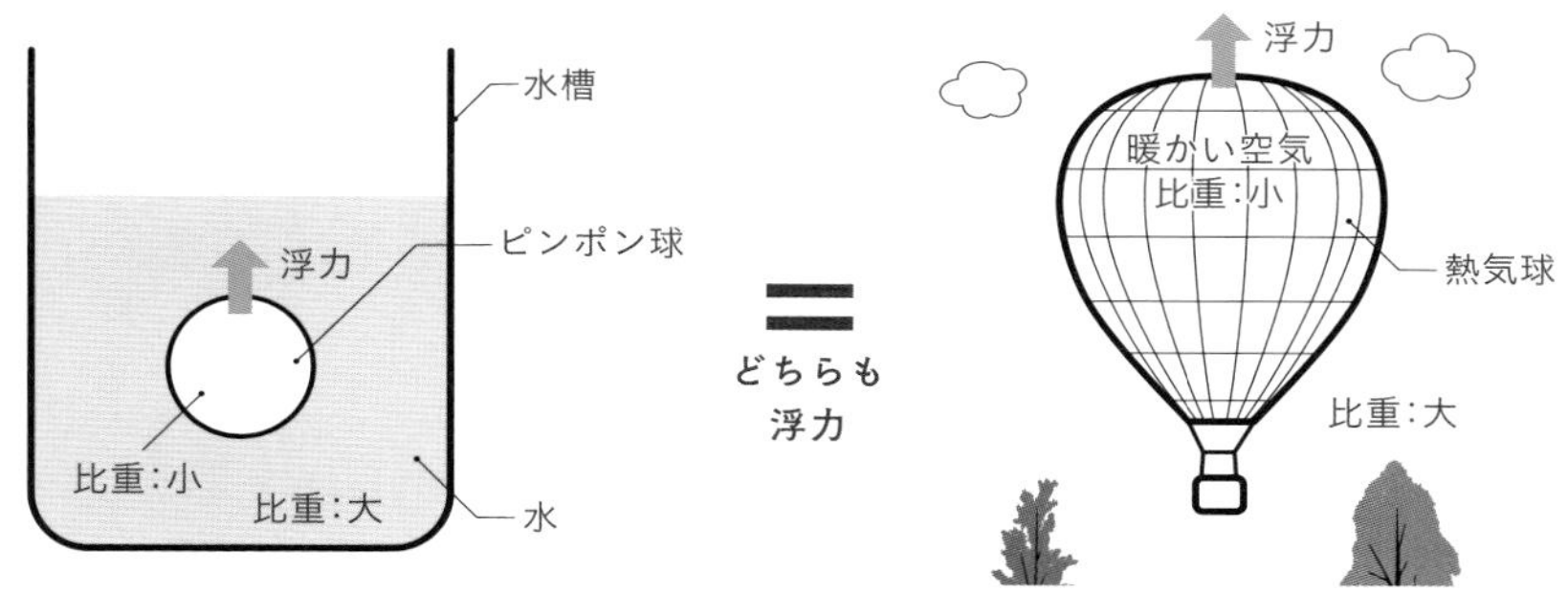

外壁にかかる空気の圧力｜図2

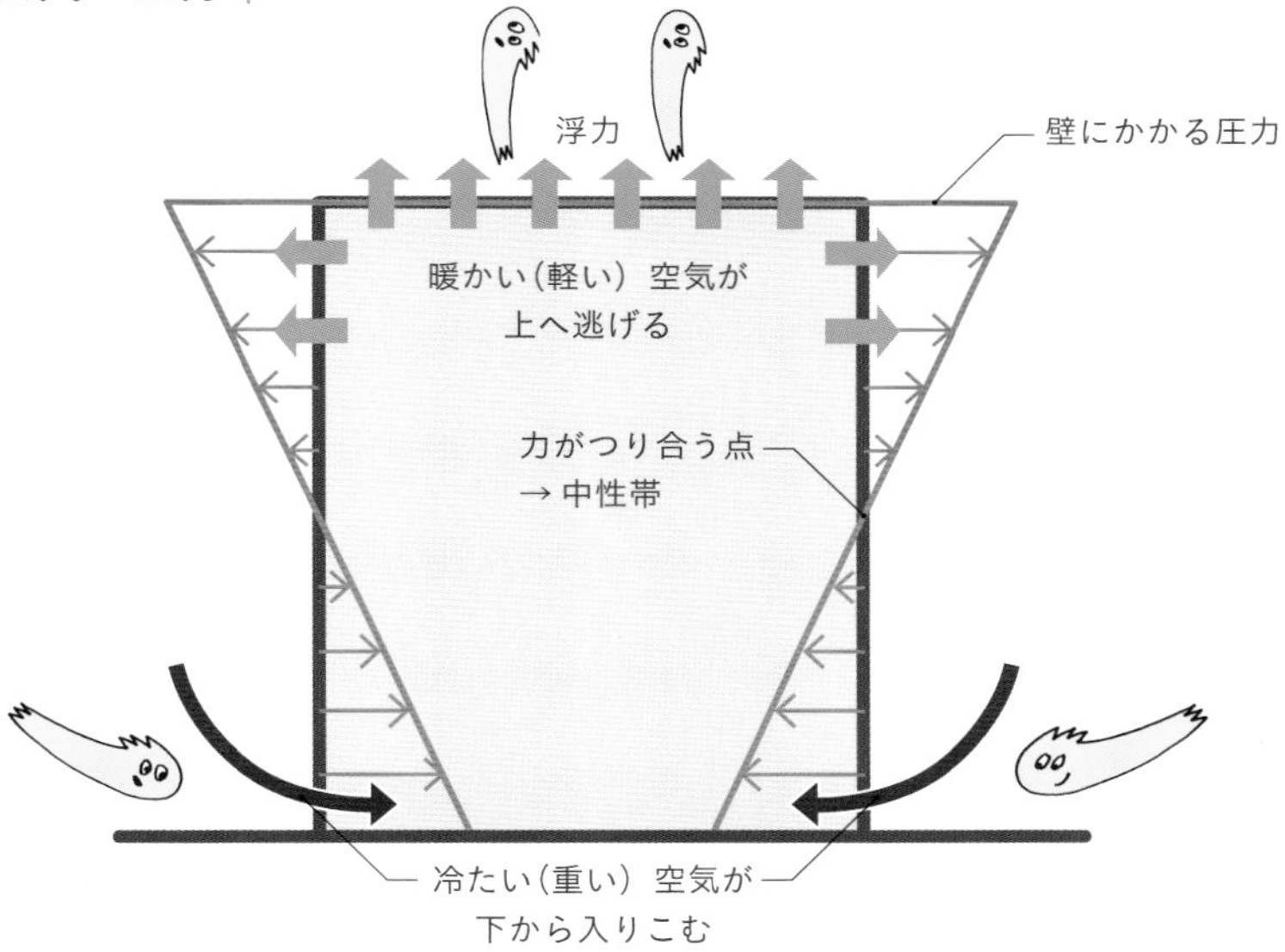

通風と重力換気の関係｜図3

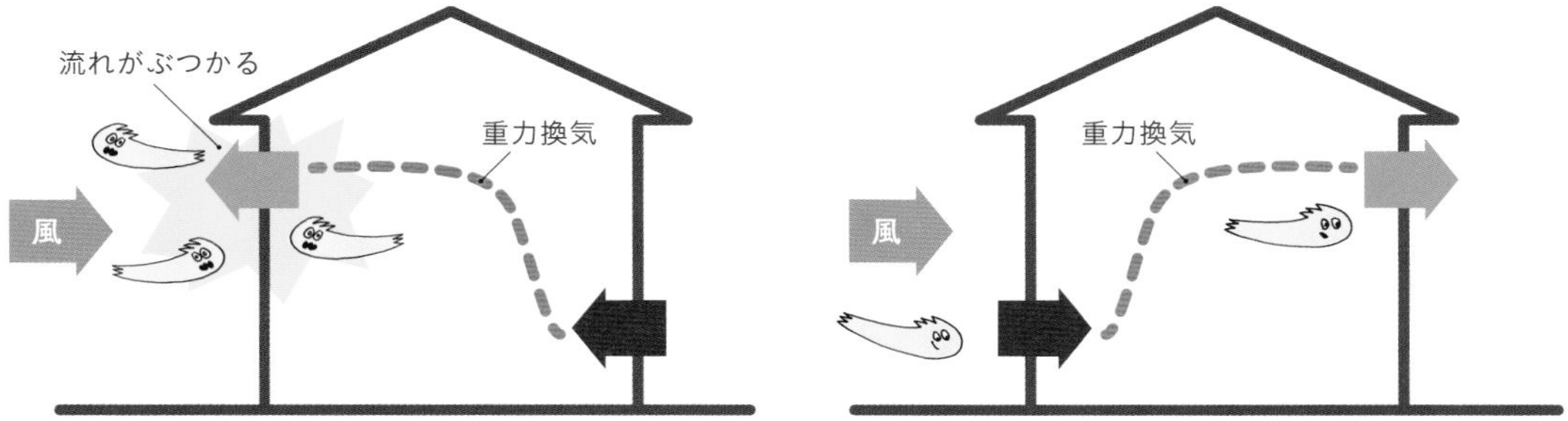

風上側の窓が高い位置だと、重力換気によって建物の中から外へ出ようとする力と、風によって外から建物の中へ入ろうとする力がぶつかり、換気量が少なくなってしまう

風の入口になる窓を低い位置に、風の出口になる窓を高い位置にすることで、通風の流れと重力換気の流れが一致して、よりスムーズに換気ができる

パッシブデザイン住宅

用語の基礎知識

1 窓

本書は、住宅の専門家以外にも、
これから家を建てようという一般の方々、
建築設計を学ぶ学生さんにも読んでいただきたいと考えています。
本書を読み進める中で、用語で躓《つまず》いてしまわないよう、
通風に関係した用語について解説しています。
専門家のみなさんにも活用いただけるよう
ワンポイント解説付きとしています。
なお、同じ用語で2種類以上の呼び方があるものについては、
最もポピュラーだと思われる方を優先して記載しました。
まずは、風が出入りする窓に関する用語について解説していきます。

◎地窓（じまど）

建物の床近く、または床面に接して設けられた窓（イラスト参照）。古くから日本家屋で使われてきたため和のイメージが強いですが、近年は高窓と組み合わせて重力換気を促すために洋室で使われることも多くなりました。

柔らかな光を取り入れたり、外にいる人と視線を交えずに座った状態で庭の緑などを眺めることができる優れものの窓です。

京町家などでは、暑い夏に地窓越しに庭を眺めた時に〝かすかな風にゆれる笹の葉を見て涼を感じる〟といった、いかにも日本人的な繊細な感覚に訴えるアイテムとしても活用されています。

◉高窓（たかまど）／ハイサイドライト

天井近く、または天井に接して設けられた窓や、天井よりも高い位置に設けられ、主に垂直面に取り付けられた窓を指します。採光や排煙に効果がありますが、地窓と組み合わせることで重力換気（温度差換気）を促す効果もあります。高い位置にあるため、プライバシーを保ちながら、採光や通風を促すことができます。

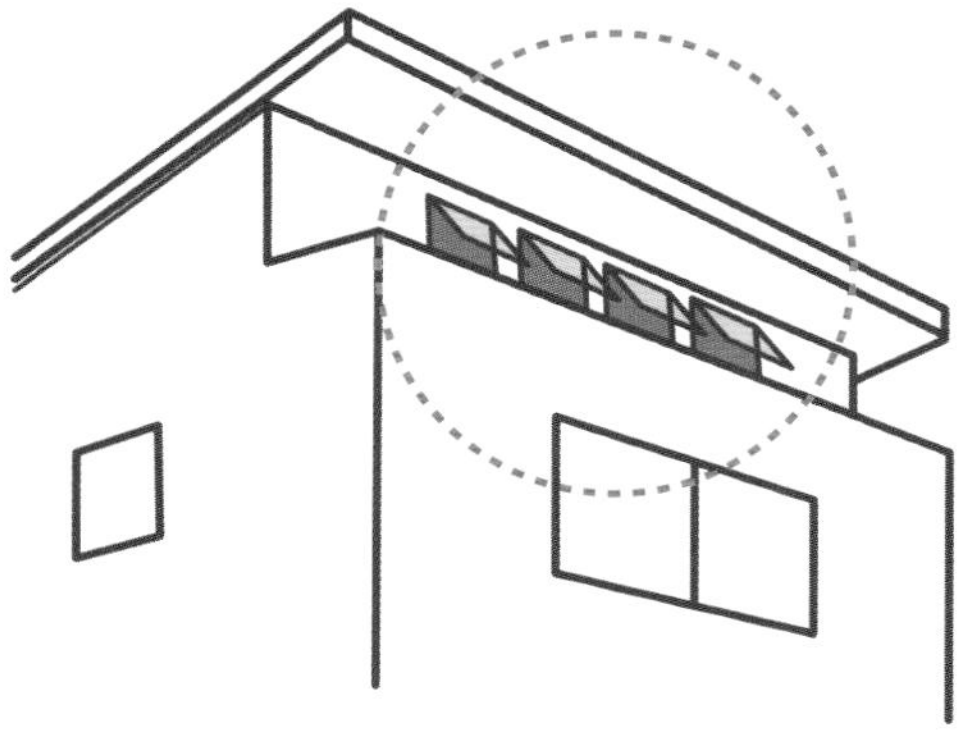

ワンポイント・アドバイス

ハイサイドライトはどこに取り付けたら効果的か？

環境工学的には、ハイサイドライトは壁の中性帯よりも上部、吹抜け空間などでは壁にかかる圧力が正圧になる天井から1／3程度の高さの範囲に設置すると、通風上効果的でよいといえます。

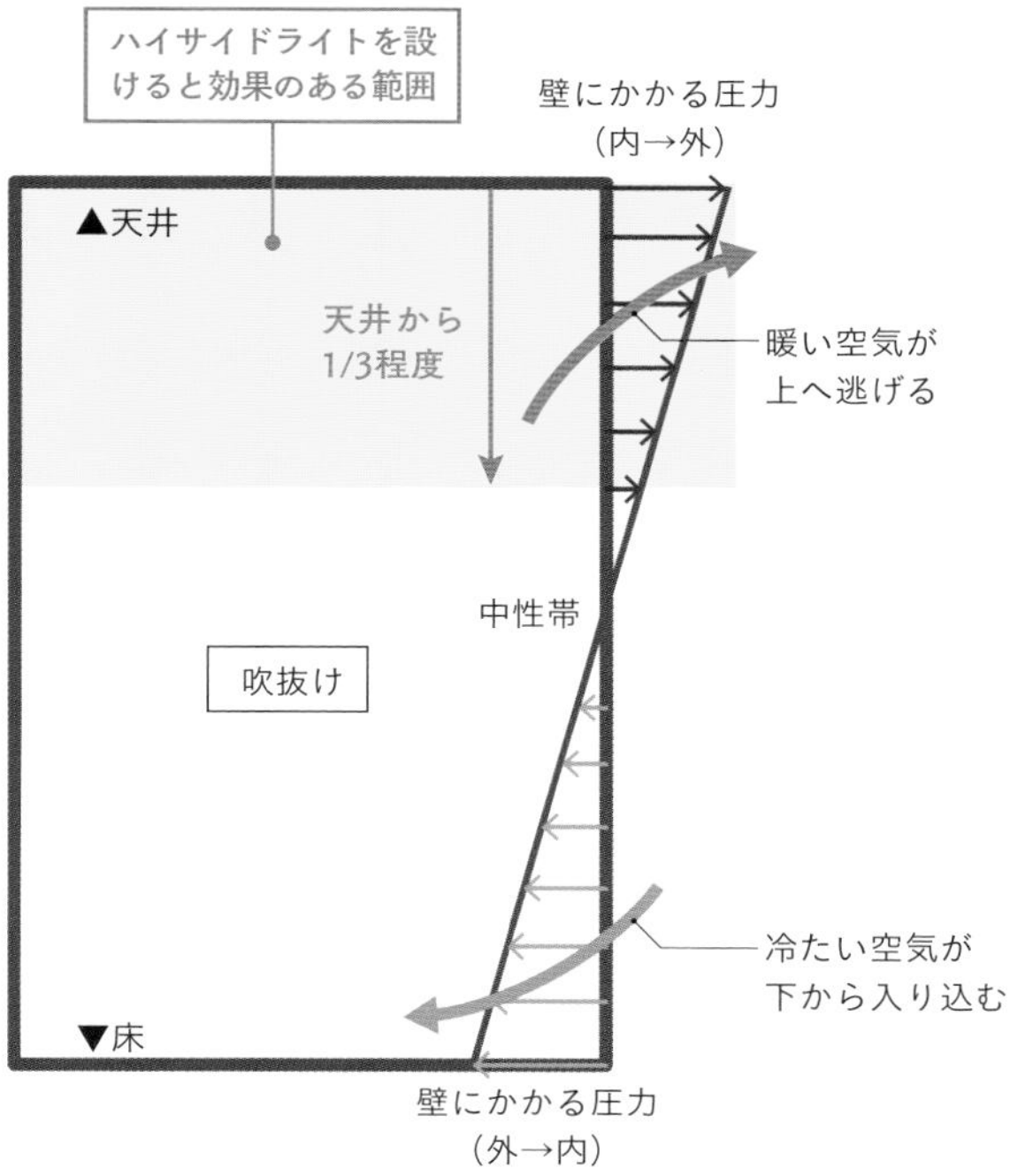

ハイサイドライトを設けると効果のある範囲
壁にかかる圧力
（内→外）
▲天井
天井から
1/3程度
暖い空気が
上へ逃げる
中性帯
吹抜け
冷たい空気が
下から入り込む
▼床
壁にかかる圧力
（外→内）

ワンポイント・アドバイス

閉鎖的な空間に開放感を与えることができる

ハイサイドライトは洗面所やトイレなどの閉鎖的な空間に設けた場合、晴れた日には青い空や空に浮かぶ雲などを望め、気持ちのよい感覚に浸ることもできます。

◉天窓（てんまど）／トップライト

屋根面（または天井面）に設けられた窓。階段室や玄関ホール、吹抜けなど、上下階の部屋とのつながりがある空間の天井などに設けることで、温まった空気を効率よく排出し、快適な環境をつくるのに効果があります。

また、太陽の光を効率的に取り入れられる窓でもあるため、狭小地や住宅密集地での採光手段として重宝します。その反面、取り付ける方位に十分に留意しないと、室内が温室状態になるので注意が必要です。

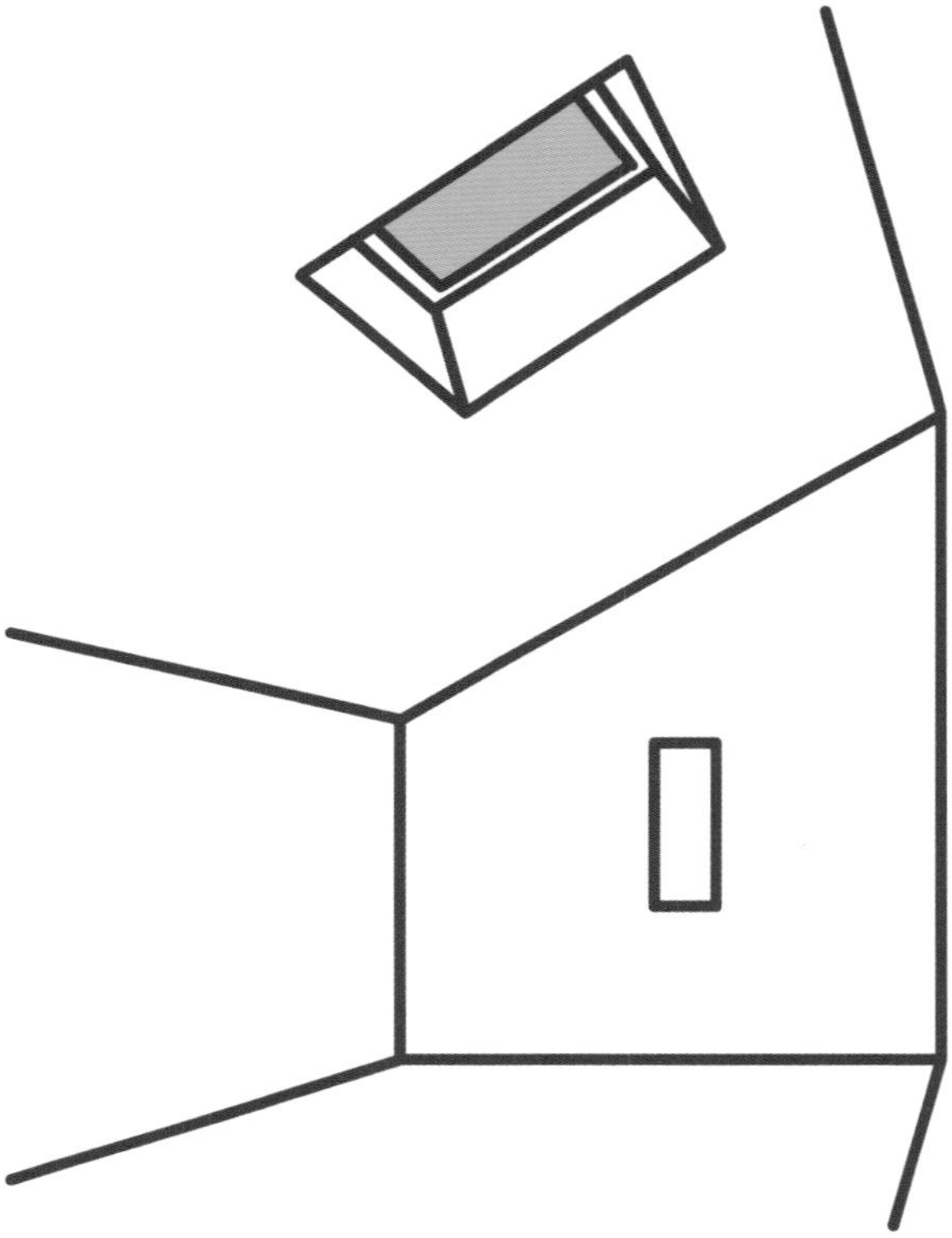

2

第2章

Fact 事実

住まいの風の本当の姿が見えてきた！

～実証実験での検証からわかってきた風の動き～

Fact.
01

卓越風はいつも同じ方向から吹いているわけではない

卓越風に関する誤解が多い

通風設計の誤解の一つ目は、卓越風についてです。卓越風には「主風」「地域特有の風」などいくつかの表現がありますが、ある地域・ある季節に一定方向から吹く頻度の高い風のことをいいます。

自然の風を活用した住まいを計画する際、最も注目されるのがこの卓越風であり、次の①～③のように考える方が多いのではないでしょうか。

①卓越風は、ある季節には一定の向きから吹く

②風配図（**図1・図2**）で卓越風を読み、卓越風の向きを考えて、風が入りやすいように建物の配置を考える

ある地域・ある季節における風配図のイメージ | 図1

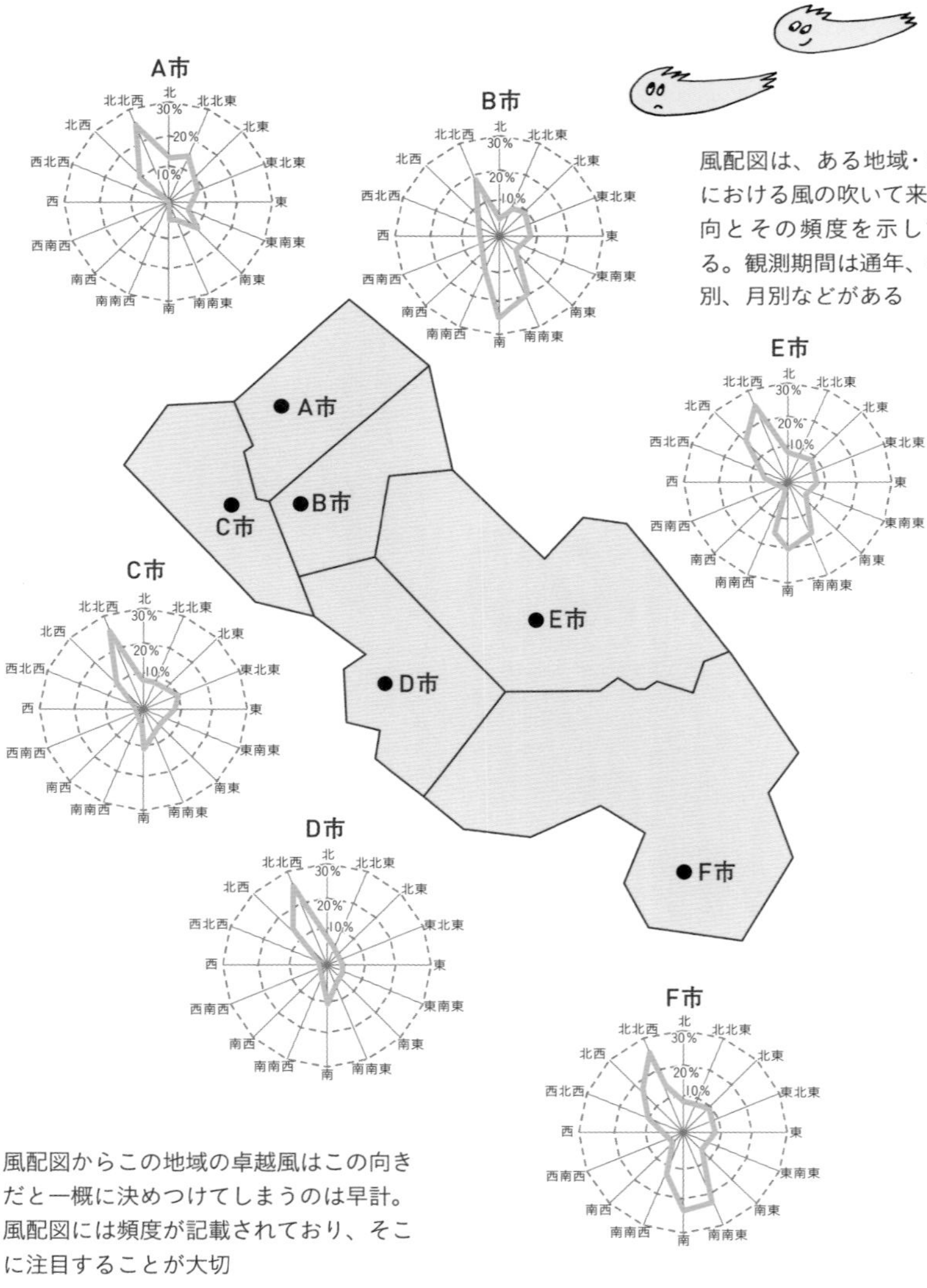

風配図は、ある地域・季節における風の吹いて来た方向とその頻度を示している。観測期間は通年、季節別、月別などがある

風配図からこの地域の卓越風はこの向きだと一概に決めつけてしまうのは早計。風配図には頻度が記載されており、そこに注目することが大切

③卓越風の向きから建物の形、窓の位置を決める。すると、小さな窓でも効果的に風を取り入れることができる

卓越風に拘り過ぎていないか?

①と②は間違いではありませんが、③になると実際にうまくいかない場合も多々あります。

卓越風がどの方向から吹くのかを把握することは大切ですが、卓越風の向きに拘るだけでは住宅密集地などでは家の中に風を取り入れることは難しいのが現実です。

風配図から敷地周辺の風を決めつけない

各地域の風配図は、『自立循環型住宅への設計ガイドライン※』の参考資料に記載された気象データや気象台ホームページなどで確認することができます。前者では併せて、平均風速や平均温度なども確認できます。

そこで実際の風配図を確認すると、ある期間にある一定方向から風が吹く頻度は100%ではなく、地域にもよりますが、20~30%が多いことがわかります。一定方向から吹く風の頻度が高いことは確かですが、風配図から「この地域の風はこの向きから吹く」と決めつけるのは早計といえます。

住宅、植栽などを含めた総合的な計画を立てる

自然の風が通る快適な住まいの設計に当たっては、計画地の気象データなどから卓越風のおおむねの向きをつかみ、周辺建物や道路状況を把握し、敷地に流れるであろう風を思い描いて住宅だけでなく、外構および植栽などを含めた総合的な計画を立てる必要があります。

これは簡単なことではありません。総合的な計画立案の詳細については、第4章で具体的な実例を交えて解説します。

風配図は風の吹いてきた方向、頻度を示す ｜ 図2

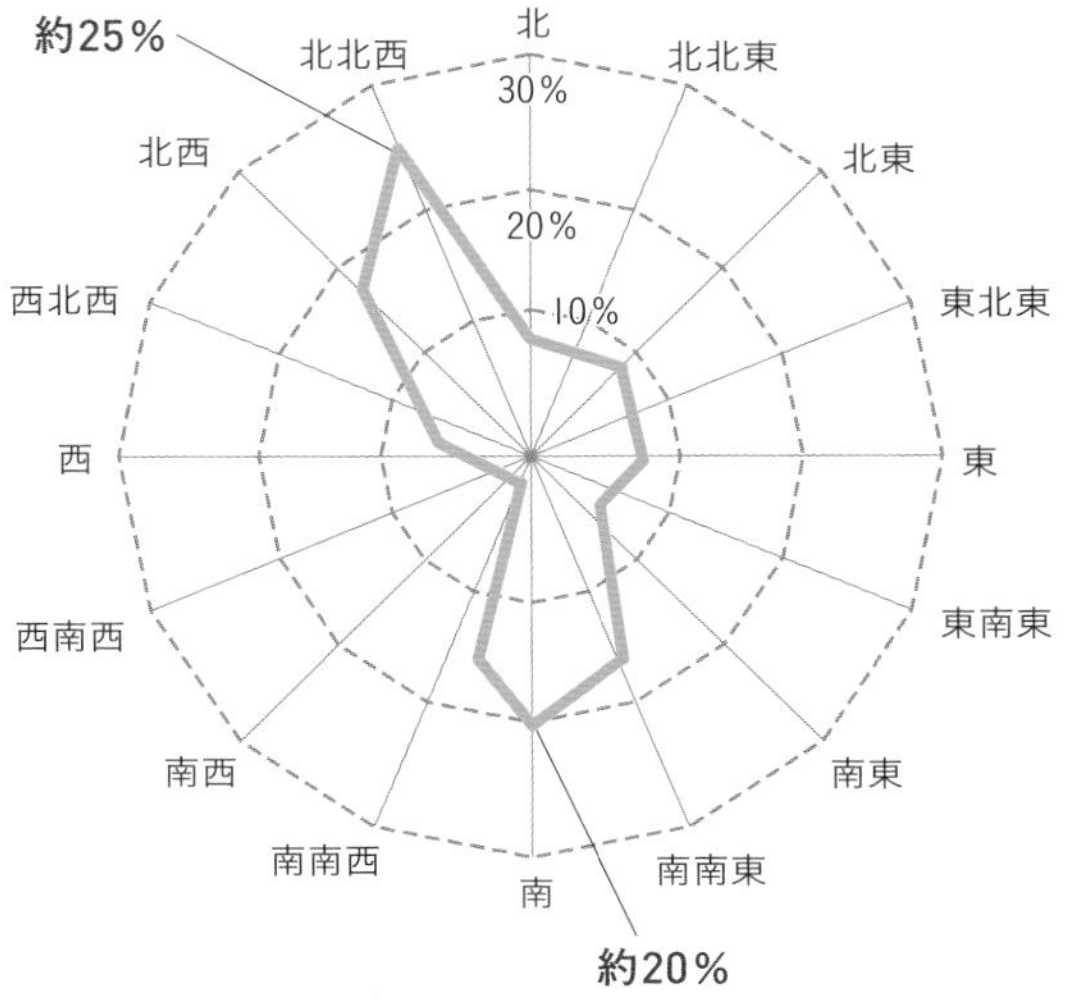

この風配図のイメージ図からは、ある地域のある観測期間中、最も頻度が高く吹いたのが北北西からの風で約25%の割合であり、次いで南からの風で約20%であったことがわかる。
ある向きの卓越風が実際に吹くのはせいぜい20〜30%の割合であり、これを一概に100%であるかのように見なして通風計画を立てるのには無理がある

※「自立循環型住宅設計ガイドライン」国土交通省国土技術政策総合研究所・独立行政法人建築研究所監修、財団法人 建築環境・省エネルギー機構発行。3.1章自然風の利用・制御用気象データ資料では、自然風利用による冷房エネルギーの削減効果を検討するため、アメダス気象データから地域に吹く風、風を取り入れるうえで大切な気温、相対湿度などを確認できる

Fact.
02

市街地では風はどう吹いているのか？

建物単体と複数棟における通風環境のイメージ | 図1

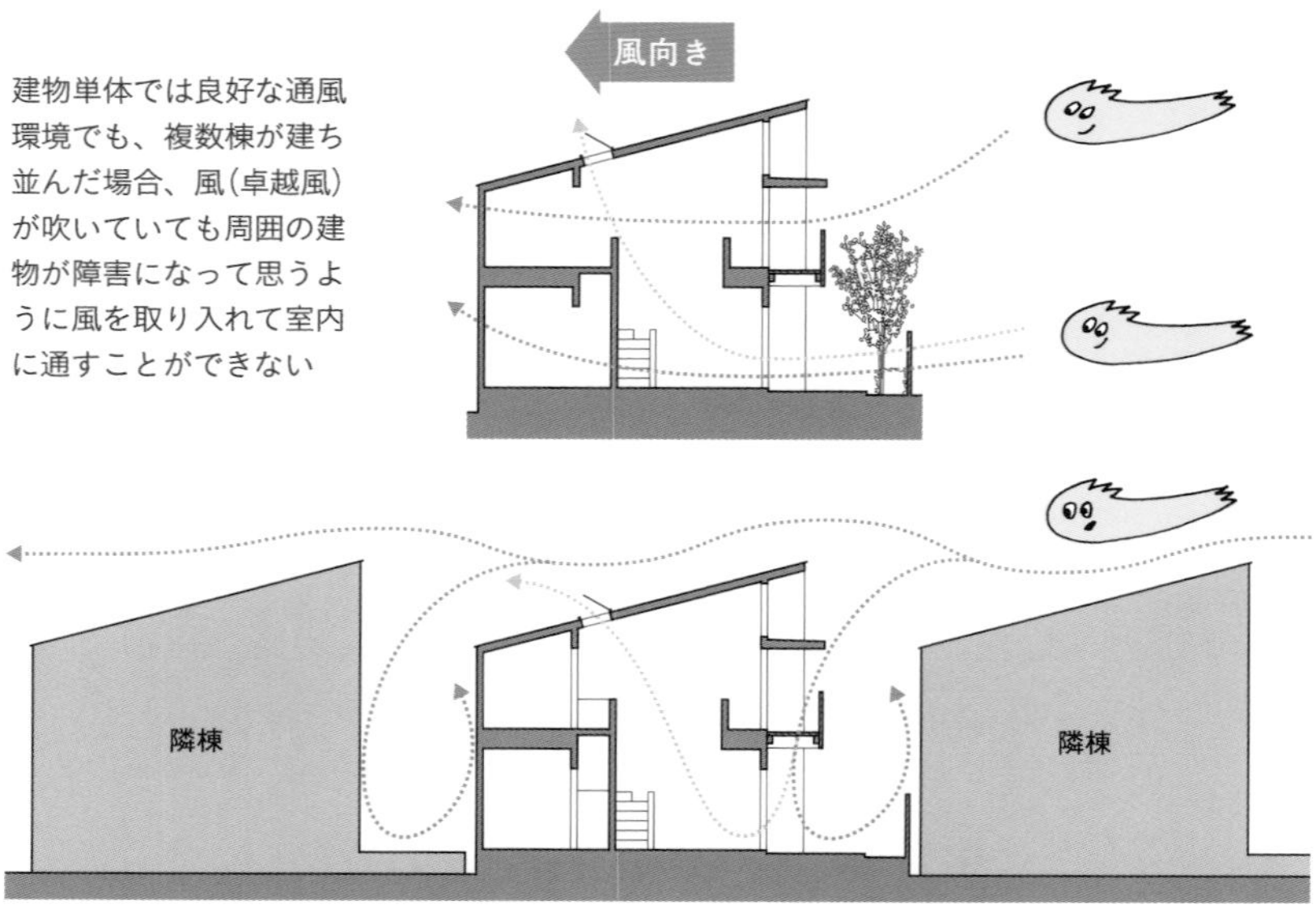
建物単体では良好な通風環境でも、複数棟が建ち並んだ場合、風(卓越風)が吹いていても周囲の建物が障害になって思うように風を取り入れて室内に通すことができない
風向き
隣棟
隣棟

地上付近の風の流れをシミュレーションする

通風設計の誤解の一つ目である卓越風についての続きです。

住宅が密集する市街地の地上付近では、風は実際にどのように吹いているのかが見えてくると、卓越風を捉えることが意外と難しいことがわかると思います。野原の一軒家のような建物単体では、良好な通風環境が得られるのはわかりますが、周囲に住宅が建てこんだ市街地ではどうなのか？

そんな疑問を解くために、建物単体と市街地を想定した複数棟の通風環境の違いを風洞実験とシミュレーションで確認してみました。

図1は、建物単体および複数棟における通風環境のイメージです。

結果として、建物単体では良好な通風環境が、現実の住宅地に近い複数棟が並ぶ場合は周囲の建物が障害になり、思うように風を取り入れたり、室内に通すことができず、単体の場合の約1／10程度の通風量になることがわかりました。

図2は、市街地を想定した複数棟の建物間に流れる風の流れを確認したシミュレーション画像です。

地上5mから俯瞰した平面画像では、建物間に流れる風は、隣棟間隔が狭い側では寒色系になっていて流れにくいのが、すぐ横に隣家が無い側の建物の脇は暖色系になっており、風が通り抜けていることがわかります。また断面画像では、屋根高さ付近では勢いよく流れている風が、建物

住宅市街地を想定した通風のシミュレーション結果　図2

建物間に流れる風の様子：南風、地上5m（平面）画像

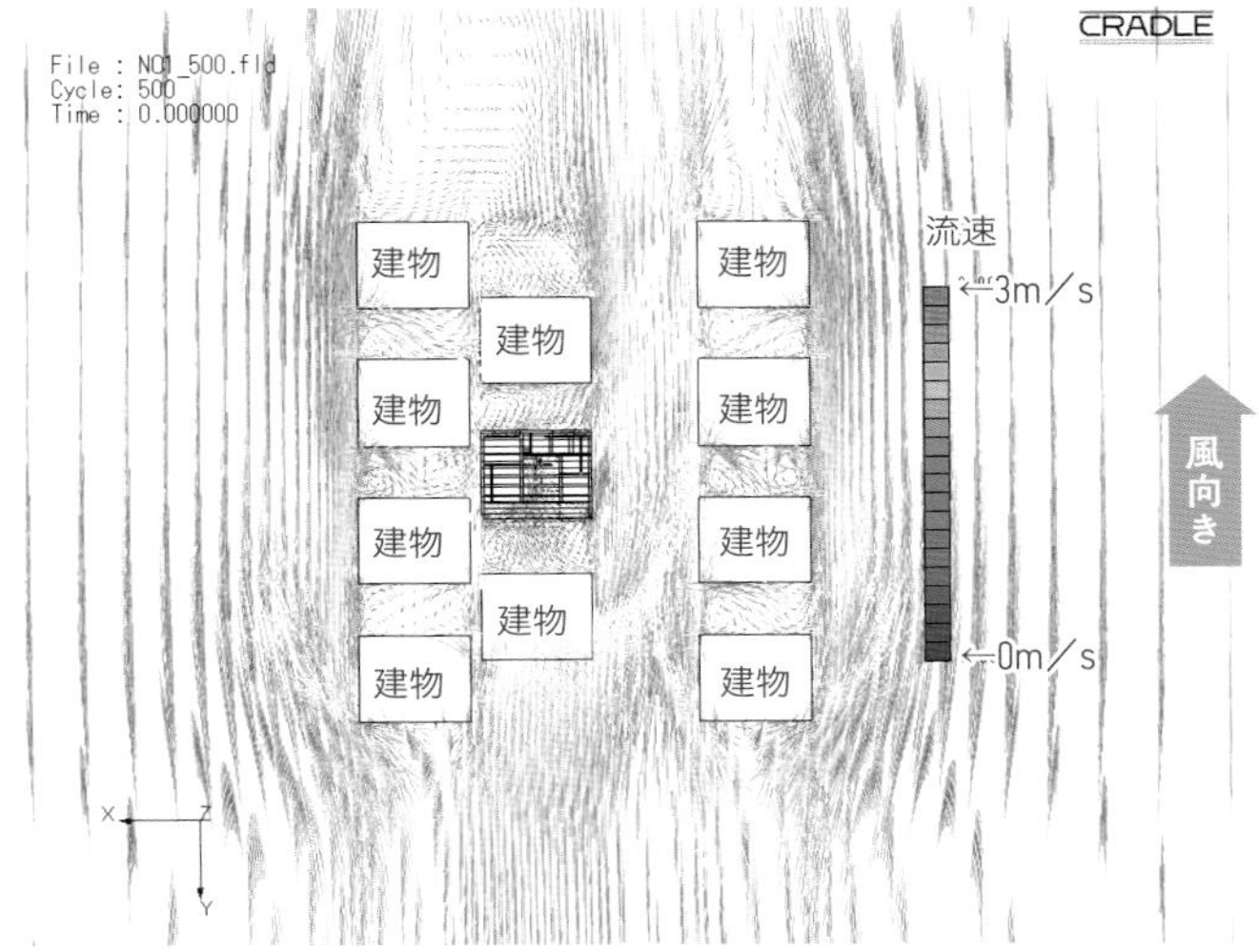

建物間隔が狭い側では流れにくい風（寒色系）が、すぐ横に隣家の無い側の建物の脇では風（暖色系）は素早く抜けている

建物間に流れる風の様子：南風、天窓位置（断面）画像

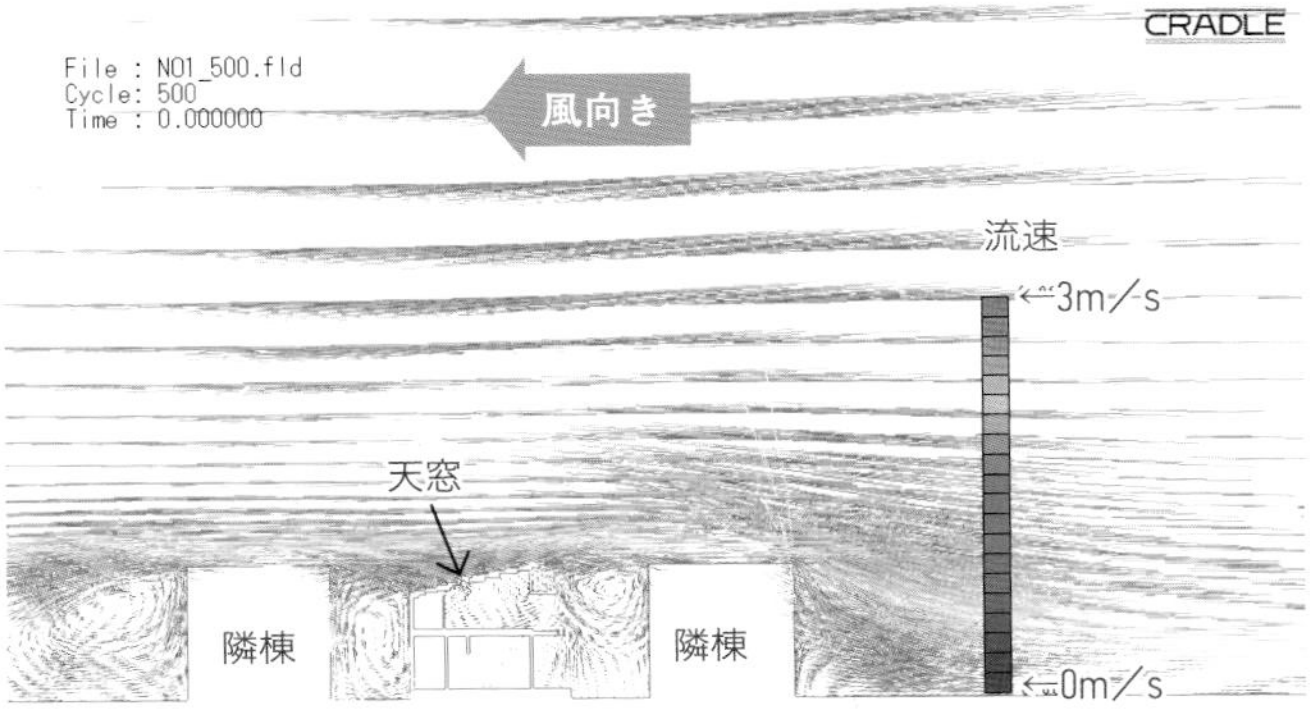

屋根高さ付近では勢いよく流れている風（暖色系）が、建物が密集している地上付近では弱く（寒色系）なっていて流れにくい

が密集している地上付近では弱くなっていることがわかります。

捉え難い自然の風をどう捉えるのか？

それでは、捉え難い風をどう捉えたらいいのでしょうか？

市街地の地上付近では風が捉えにくく1階、2階の窓から室内に風を導くのは難しいため、卓越風のデータを参考にしつつも、各現場で周りに建つ建物の状況や敷地周辺に吹く風の流れを把握する必要があります。風配図はあくまで吹く風の頻度を表しているので過度に頼らず、状況に応じてケースバイケースで考えるべきでしょう。

そこで市街地に建つ住宅では、次の2カ所の風を有効に活用することが通風計画の鍵になります。

①屋根付近の風
②建物の脇を流れる風

これらについては、すでに第1章22〜25頁で解説した通りです。

Fact.
03

窓を開けると卓越風は簡単に捉えられるのか？

よくありがちな風の通り道を示した間取り図の例 | 図1

風の「入口」と「出口」の2カ所、設ければ風は通るの？
卓越風の吹く向きに建物を合わせて、窓を設けると、「入口」から風が入って「出口」から抜けます…といった解説もあるけど、通風の工夫がないプランでも風は通るの？

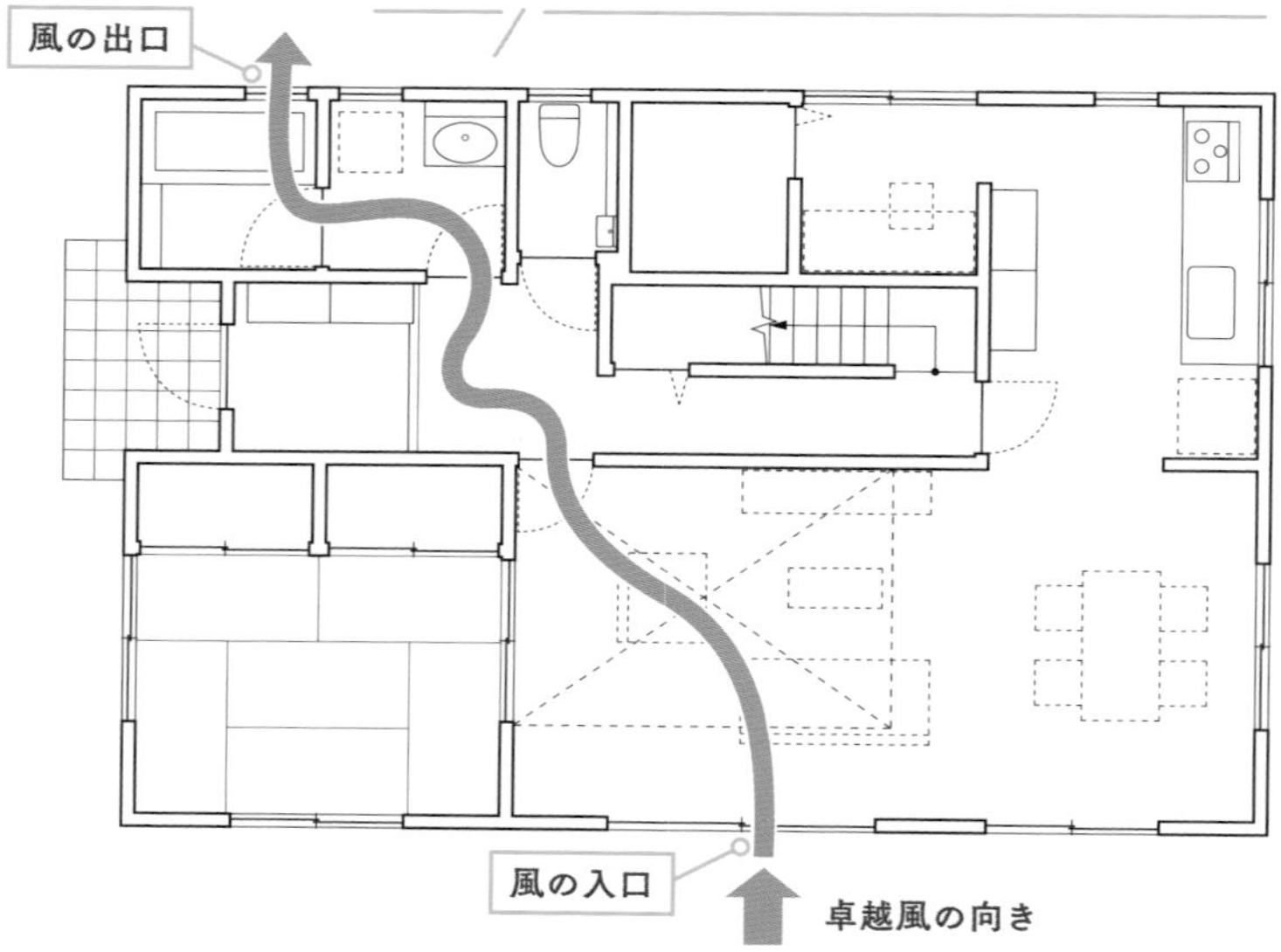

「入口」と「出口」を決めれば風は通るのか？

　通風設計の誤解の二つ目は、卓越風を捉える窓についてです。卓越風の向きに合わせて部屋の窓を配置して開けても、市街地では風を捉える工夫をしないと、効率よく風を捉えることも、室内を快適な通風環境にすることも難しいのが現実です。

　1階・2階にある窓の一方を「入口」もう一方を「出口」と決めつけても、風は気まぐれですので「入口」と「出口」が逆になったり、2つの窓とも「入口」または「出口」になる場面もあります。こちらの意図通りに風はうまくは流れてくれないことが多いのです。

　ここで、「私の家では、私が設計した家では風は入って来ているぞ」と言う声が聞こえて来そうですが、それは意識した、しないに関わらず、偶然にも通風の理屈に合った開口や環境になっていたからに他なりません。

　図1は「洗面所の扉を少し開けると浴室の窓に風が通る」と、説明のある間取り図のイメージです。リビングダイニングから洗面・浴室に至る曲がりくねった経路、その先にある小窓。このような間取りと窓形状でも、途中の建具を少し開けるだけで風が通る、と解説されています。本来、通風効果を出すには、間仕切りやドアはできるだけ少なく、ひとつながりの空間が理想です。ここでは、そんな条件はおかまいなしです。

超音波3D風向風速計による窓付近の風の観測結果 ｜ 図2

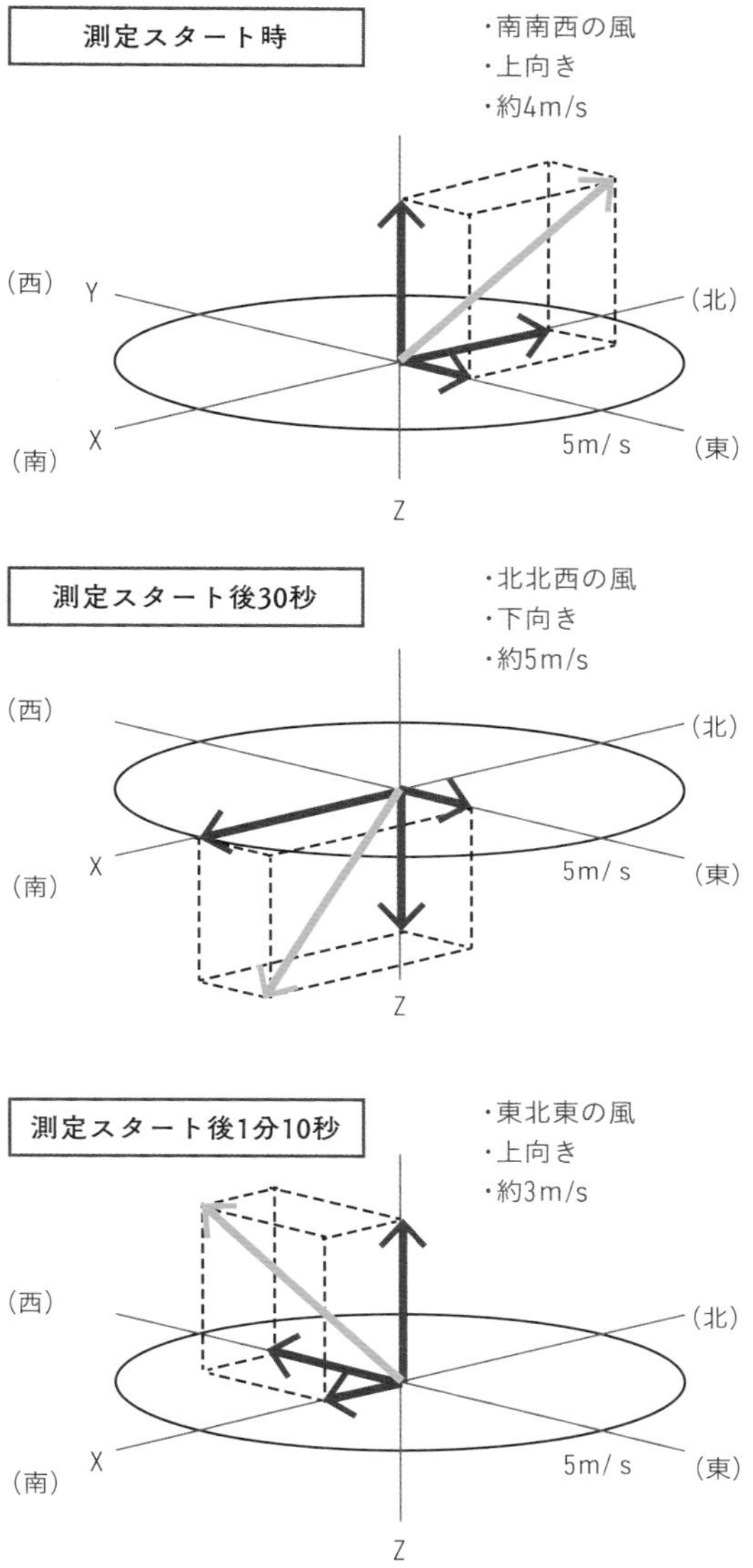
測定スタート時
・南南西の風
・上向き
・約4m/s
（西）
Y
（北）
X
（南）
5m/ s
（東）
Z
測定スタート後30秒
・北北西の風
・下向き
・約5m/s
（西）
（北）
X
（南）
5m/ s
（東）
Z
測定スタート後1分10秒
・東北東の風
・上向き
・約3m/s
（西）
（北）
X
（南）
5m/ s
（東）
Z

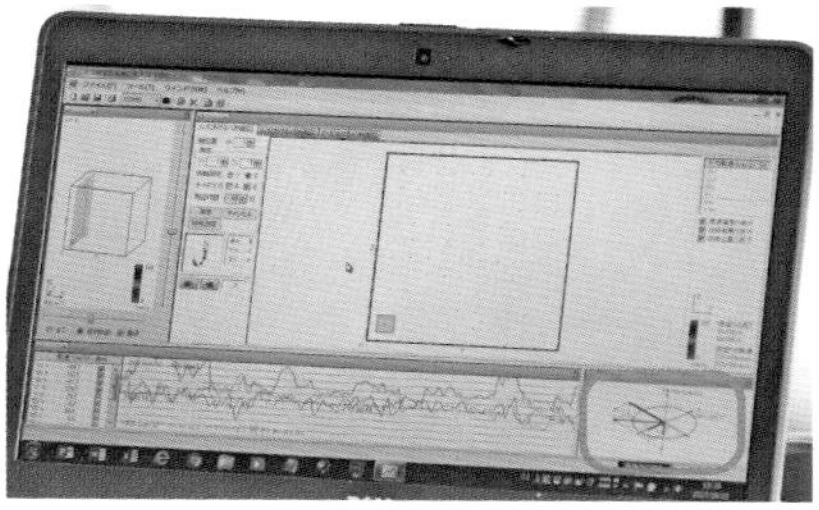

超音波3D風向風速計SAT-600のデータ（左図は、写真の赤囲み部分を拡大・図式化したもの）

目にも止まらぬ速さでくるくる変わる風向風速計が示すデータを図で表現することで、建物の窓付近の風向きと風速が、分秒単位で変化しているのがイメージできるかと思います

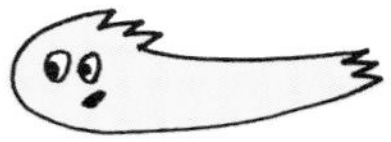

：実際の風向きと強さ

：XYZ軸に分解した風向きと速さ

市街地では分秒単位で風向き、風速が変化する

市街地の住宅周囲では、風は周辺環境の影響を受け、時々刻々と変化していていつも同じ向き、一定の速さで吹いているわけではありません。そのため、卓越風の向きや風の入る窓を特定し、この窓配置なら風が入る、入らないと断定しずらいのが現実です。例えば、春の卓越風は南向きといっても、その住宅周囲で一日中南風が吹いているわけではなく、風向きの頻度以外にも、周辺建物の密集度合や建物の高さなどにも影響されます。

図2は、建物の窓付近に超音波3D風向風速計を設置して実測した際のデータ（パソコンの赤丸部分）を簡略図式化したものです。赤い矢印は風向きと風速を表しています。このベクトルから、風向きと風速が分秒単位で変化しているのをイメージしていただけると思います。

注：40、42頁の図はあくまで誤解の多い事例を模式化して説明するもので、特定の物件や事業者の取組みを表すものではありません

Fact.
04

マジックアローを雰囲気で図面に描き加えていないか？

自由奔放な矢印でマジックアローが描かれた間取り図の例 | 図

風が流れる理屈などお構いなしに、マジックアローが記入された間取りの例。あくまでイメージですが…

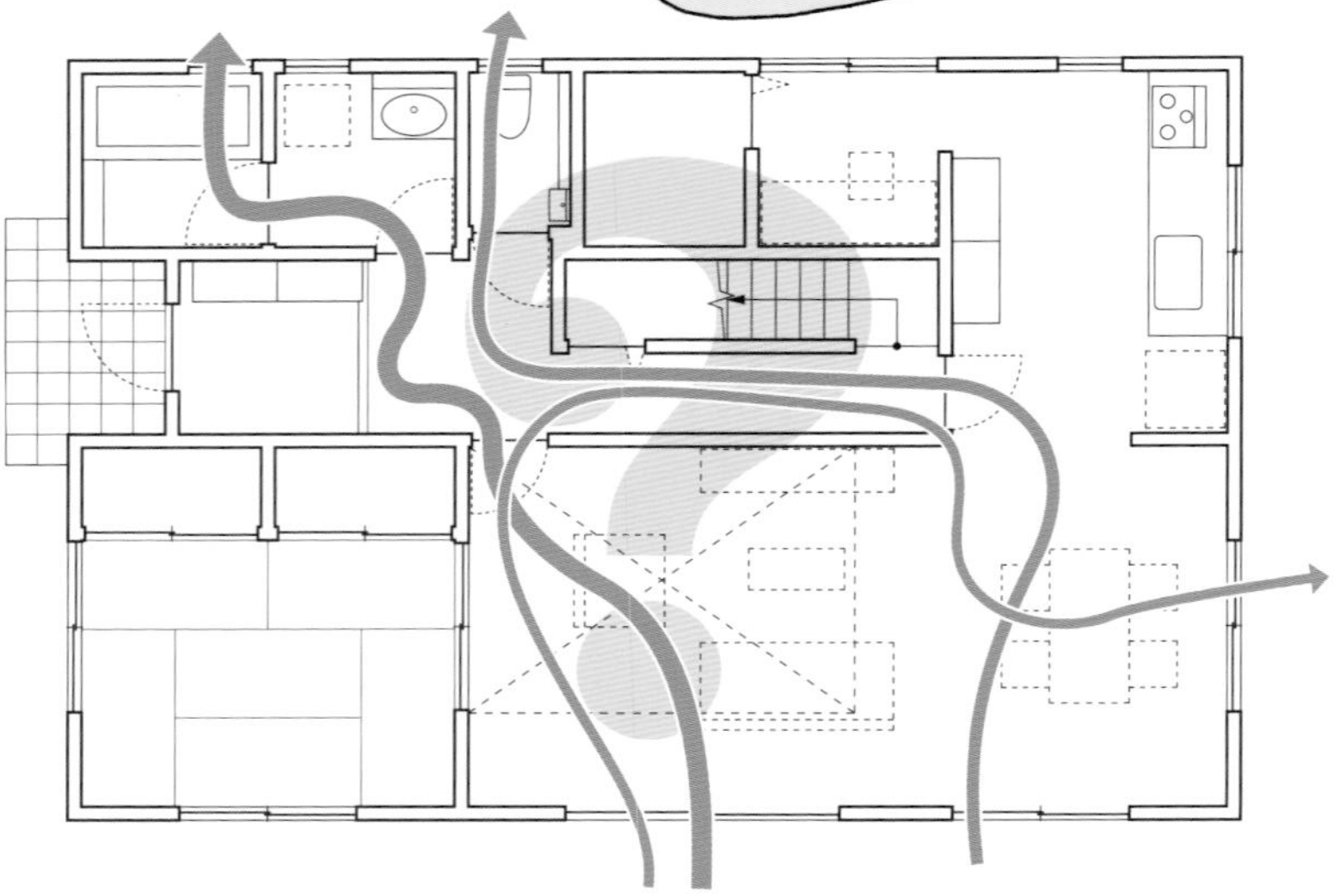

奔放に舞い踊るマジックアローに注意！

通風設計の誤解の三つ目は、風を表す矢印「マジックアロー」についてです。

見えない風の流れが自由奔放な矢印で可視化されている平面図、断面図が世の中にあふれています。本来あり得ないような風の流れや、アクロバティックな動きを与えられている矢印が多々見受けられます（図）。

これらは平面的に表わされた風の動きを示したものがほとんどであり、立体的に捉えられていなかったり、あるいは人の暮らしの中で実際にどこに通風が必要か考慮されていなかったりします。

例えば、料理をしている時に足元が涼しい、風呂上りに気持ちがよい、といった具体的な生活における快適なイメージにつながっていない場合が多く見受けられます。

風の矢印の表現には注意しよう！

風を活用する住まいの設計は、空間構成や外観デザインなどに大きく影響されます。住まいの平面だけで考えるのではなく、主にどこから風を抜くのか、上下階の繋がり、生活者の居場所などを考慮したうえで計画することが必要です。

ただし、他の表現は難しいため、通風設計の図面に風の矢印は描かざるを得ません。あたかも家中のどこもかしこも風が流れるような、表現はできる限り止めたいものです。

Fact.
05

住宅に自然の風を取り入れると何がいいのか？

通風利用による省エネルギー効果

ここで改めて住宅に自然の風を取り入れる効用に触れておきたいと思います。通風設計を語る場合、卓越風の取り入れ方、風の流れ方などの解説にウェイトが置かれていることが多く、自然の風を取り入れるメリット、建物のどの場所に通風があるとよいのか、省エネルギー目的なのか、快適さを求めるのか、などが曖昧です。

省エネへの寄与も必要

通風利用による省エネ効果は、もともと住宅における冷房エネルギー消費量が少ないこともあり、住宅全体の年間消費エネルギーから考えると、残念ながらあまり大きな効果は期待できないといえます。とはいえ、過去50年余りの家庭エネルギー消費割合をみると、冷房はエアコンの普及もあり、2018年度は1965年度比で6・4倍、エネルギー消費量で約11倍にも増加しています。消費量全体に占める割合は小さいながらも、まったく無視するのも憚《はばか》れる数字です（**図**）。家庭部門のエネルギー消費量の増加を考慮すると、通風利用による消費エネルギーの削減も必要だと感じます。

家庭の用途別年間エネルギー消費量の推移｜図

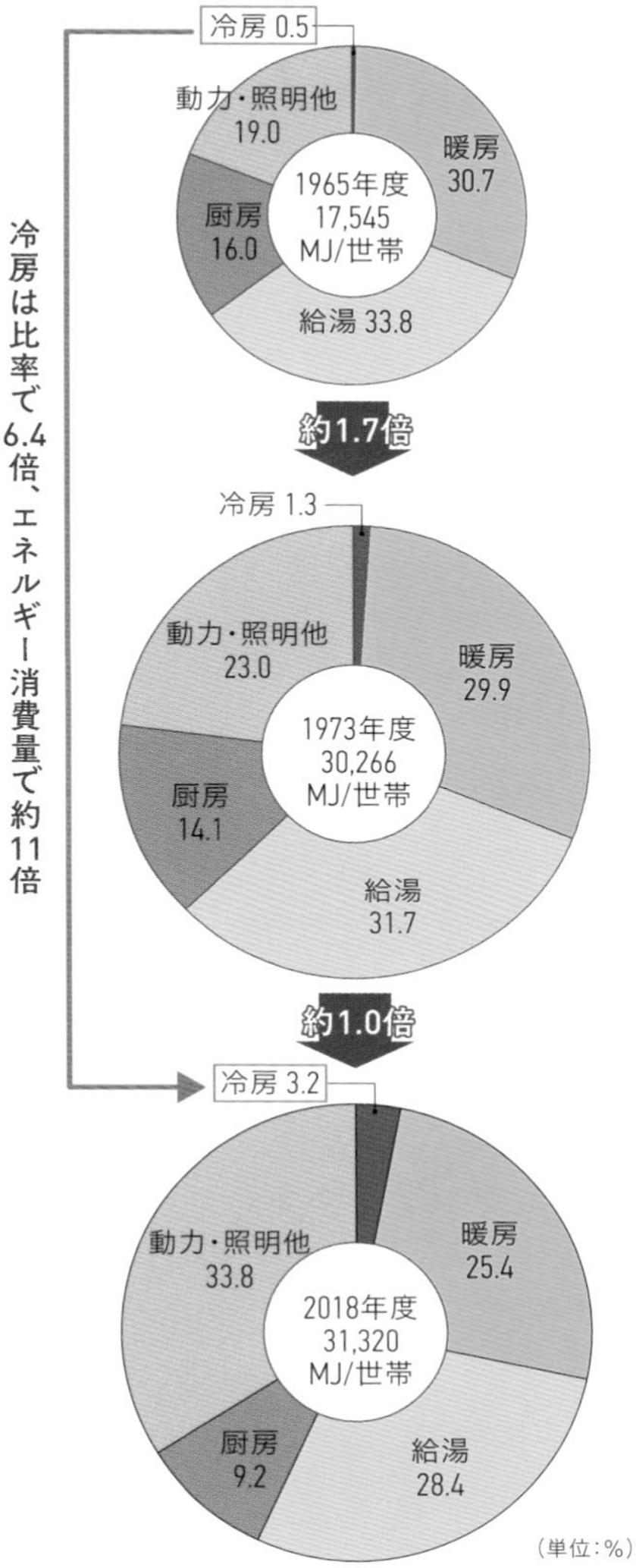
冷房は比率で6.4倍、エネルギー消費量で約11倍
冷房 0.5
動力・照明他 19.0
暖房 30.7
厨房 16.0
給湯 33.8
1965年度 17,545 MJ/世帯
約1.7倍
冷房 1.3
動力・照明他 23.0
暖房 29.9
厨房 14.1
給湯 31.7
1973年度 30,266 MJ/世帯
約1.0倍
冷房 3.2
動力・照明他 33.8
暖房 25.4
厨房 9.2
給湯 28.4
2018年度 31,320 MJ/世帯
（単位：%）

出所：資源エネルギー庁『エネルギー白書』より作成。MJ＝メガジュール

Fact.
06

自然の通風を促す住空間には多面的な効用がある

風の気持ちよさを中心に解説

住宅に風を取り入れる効用を挙げたのが左頁の図です。性能・機能面については、すでに専門書等でていねいに解説されていると思いますので、本書では主に人の感覚面を中心に、住み手のコミュニケーションや実用面にも触れつつ解説しています。われわれは、通風利用のパッシブデザイン住宅を計画することで省エネにも配慮しつつ、多くの人に住まいの気持ちよさを体感していただきたいと願っています。

通風を促す住空間をつくるには、窓だけでなく空間づくりにも工夫が必要です。そうした住宅は空間に広がりがあって、見た目にも美しい室内をつくることにもつながっています。

高性能住宅で感じる風の気持ちよさ

気密・断熱性能に優れた住宅の室内に自然の風を取り入れた時に感じる心地よい肌感覚は、例えば、町の交差点に立って信号待ちしている時に感じる風や、外皮性能が劣る家で窓を開けて入って来る風の感覚とは少し異なります。

気温や湿度、放射、風の速度など諸条件によっても異なりますが、公園や森の木陰で感じる爽やかな風の感覚に近く、自然でとても気持ちがよいものです。

この快適さは、木陰は日射を遮り地面の温度上昇を防いでいるため、放射熱の影響が少ないからです。同様に外皮性能が高く、日射遮蔽が考えられた住宅で、風が気持ちよく感じられるのは、放射熱の影響が少ないからだと考えらます。

感覚には個人差があるものなので、１００人に質問して１００人が同じように感じるかどうかはわかりませんが、少なくとも筆者にはそう感じられます。

風の強弱の変化が気持ちよさに関係している

さらには自然の風には風速による強弱があり、その強弱が人の心地よさに関係することが実験室と実際の建物を使った被験者実験によってわかってきました。

風の感じ方や効用などについては、第3章でさらに詳しく解説しています。

mini COLUMN

ウイルスなど感染症の家庭内感染予防対策としても有効

換気システムなどに比べ、大きな換気効果が期待できる自然通風は、ウィズコロナの時代において手洗い、うがいとともに家庭内でできる感染予防対策として有効です。

風の効用例 ｜ 図

実用系

- 洗濯物を乾かす
- カビ、ダニを防ぐ

- 高齢者の熱中症予防
  ※期間は限定的
- ペット(犬、猫)快適

- 感染症の家庭内感染予防
- 開放的な家づくり
- 街に開いた家づくり

性能･機能系

- 排気する
- 排熱する
- 換気する

- 省エネ

コミュニケーション系

- 自然と親しむ
- 季節の移ろいを感じる
- 日本の四季を感じる

- 近隣、家族とのコミュニケーションを育む

感覚系

- 気持ちのよい空間
  - 涼感を得る
  - 体感温度を下げる
  - 蒸し暑さを和らげる

  - 見た目の涼しさを誘う
  - 日本の風情を味わう
    ※暖簾、簾、葉の動きなど

- 広がりのある室内空間
- 美しい空間

本書では、風で気持ちいいと感じる空間をつくる、感覚系の話を中心に解説。風通しのよい家をつくることで生まれるコミュニケーションや実用的な効用について触れていきます

公園の木陰：日射が遮られ、放射熱の影響を抑えるので風が気持ちよい

交差点：日影をつくる遮蔽物がなく、アスファルトの放射熱の影響を受けるため風が吹いても気持ちよいと感じにくい

高性能住宅で感じることができる風は、公園などの木陰で感じる気持ちよさと通じるものがあります

Fact.
07

塔屋と緩勾配屋根を活用して風を取り入れる

写真1｜建物の中央に風の出口になる塔屋、緩勾配屋根が特徴のPFパビリオン・G棟外観。塔屋の下部が「空気の箱」のような大きな吹抜け空間になっていて1、2階の窓から風を誘因する効果を狙っている

写真2｜吹抜けで1階とひとつながりの空間になった2階内観。深い軒のある南西面のバルコニー側は全面開口に。夏の日射を遮りつつ、冬の日差しを招き入れる

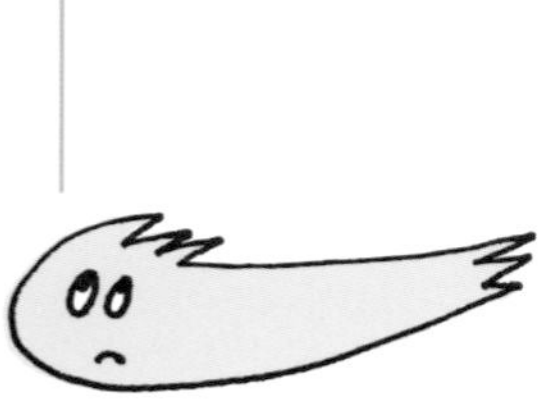

次に、風が心地よいパッシブデザイン住宅の具体例として、とよたエコフルタウン「PFパビリオン」の2例を紹介します。

事例1 PFパビリオン・G棟

PFパビリオン・G棟は、通風を効果的に行うため屋根を緩勾配とし、塔屋、吹抜けを配置したひとつながりの空間構成が特徴です。風下側の塔屋の窓が風の「出口」となるように計画されています（**写真1～3、図**）。

住宅が建て込んだ市街地で効率的に風を取り入れるにはまず「出口」を決めることが大切です。G棟では2寸の緩勾配屋根の棟付近に塔屋を設け、その風下側の窓を風の「出口」と

G棟の風の流れのイメージ（南西-北東断面）｜図

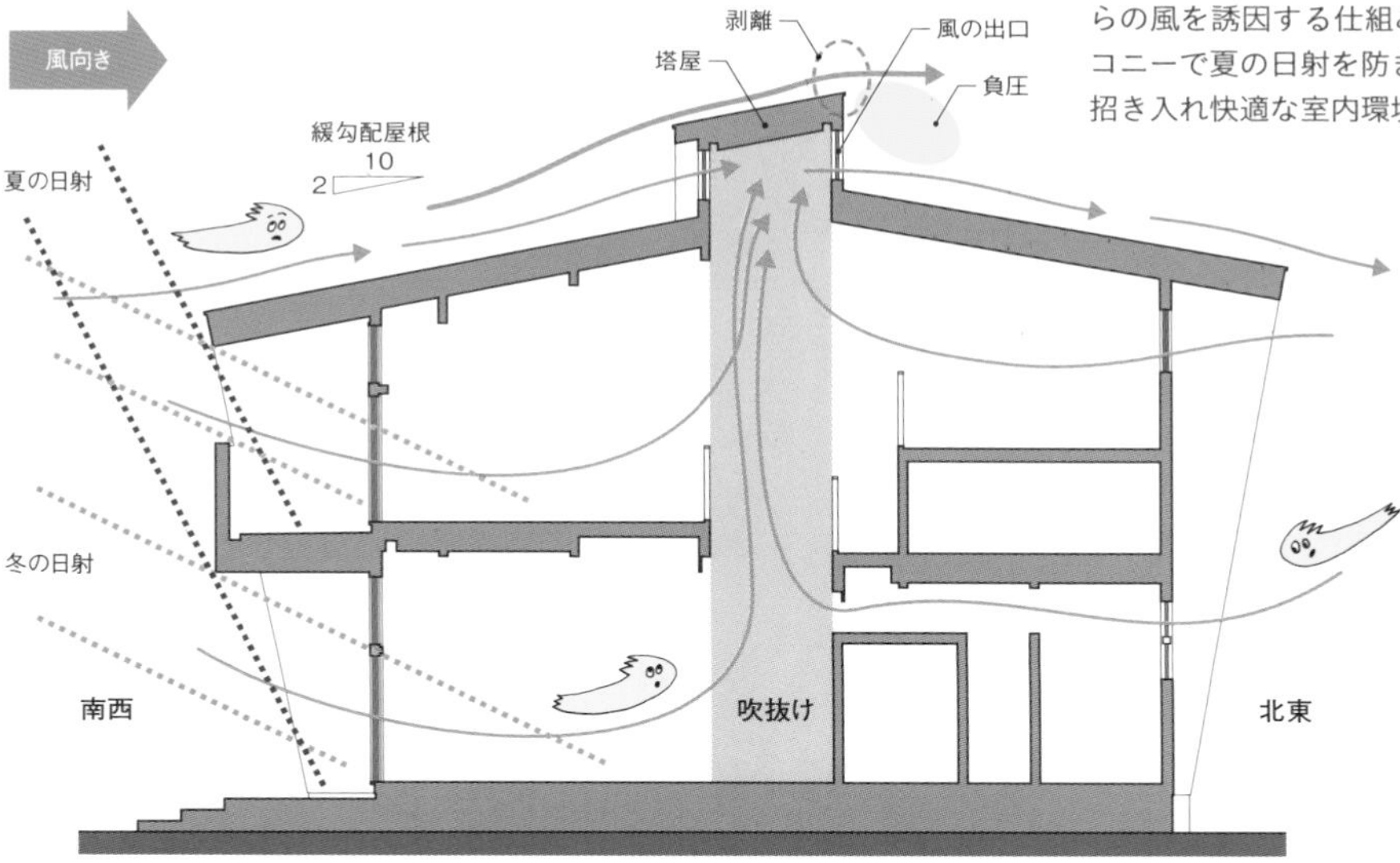
風向き
剥離
塔屋
風の出口
負圧
緩勾配屋根
10
2
夏の日射
冬の日射
南西
吹抜け
北東

塔屋を風の出口として計画した。緩勾配屋根に沿って流れてきた風が塔屋を抜ける時に生じるベンチュリ効果や重力換気などで、吹抜けを介して1階、2階の窓からの風を誘因する仕組み。深い軒・バルコニーで夏の日射を防ぎ、冬は日差しを招き入れ快適な室内環境を保つ

していています。緩勾配の屋根面に沿って上って来る風が塔屋を通る時のベンチュリ効果、塔屋の屋根を越える風の剥離によって発生する負圧、重力換気等で吹抜けを介して四方の窓から室内に風を通す計画です。

良質な風を取り入れる

屋根勾配は、5寸や6寸の場合には風は屋根面に衝突して跳ねてしまいますが、2寸や2・5寸の緩勾配の場合は屋根面に沿って流れるという性質を利用しています。**図**は南西－北東断面ですが、南西、北東だけでなく、他方向からの風が吹いても塔屋周辺での剥離効果等によりほぼ風向きによらず1階、2階にある風を取り入れたい窓から風を取り入れることができ、風の通り道にいる人が実際に涼感を得ることができました。

また、良質な風を取り入れるため南西面の軒とバルコニーを大きく張り出し、主に夏期の日射を遮蔽しています。

写真3｜大きく張り出した南西面の軒とバルコニー。夏の日射を遮りつつ、冬の日差しを招き入れる。両サイドの張り出したウインドキャッチャー壁は風を室内に導くのに効果がある

Fact.
08

筒状の中庭を設置、上部空間を風の出口とする

写真1｜筒状の中庭、緩勾配屋根が特長のPFパビリオン・R棟外観、点線部が壁で塞いだ中庭

写真2｜PFパビリオン・R棟内観。LDKから中庭を見る

事例2 PFパビリオン・R棟

次は、PFパビリオン・R棟の例で、いわば応用問題的な計画です。平屋の建物の北側に中庭を設けて、その中庭を壁で塞いで筒状にしています（**写真1・2、図1・2**）。

ほぼ風向きに関係なく風を誘因する

事例①と同様の考え方で、**図1**の右側部分の筒状にした中庭と屋根に囲われた部分の上部に、屋根に空いた穴のような吹抜け空間をつくり、風の「出口」として計画しました（**図2**）。

屋根勾配を事例①と同じく2寸の

R棟の風の流れのイメージ 南北断面図 ｜ 図1

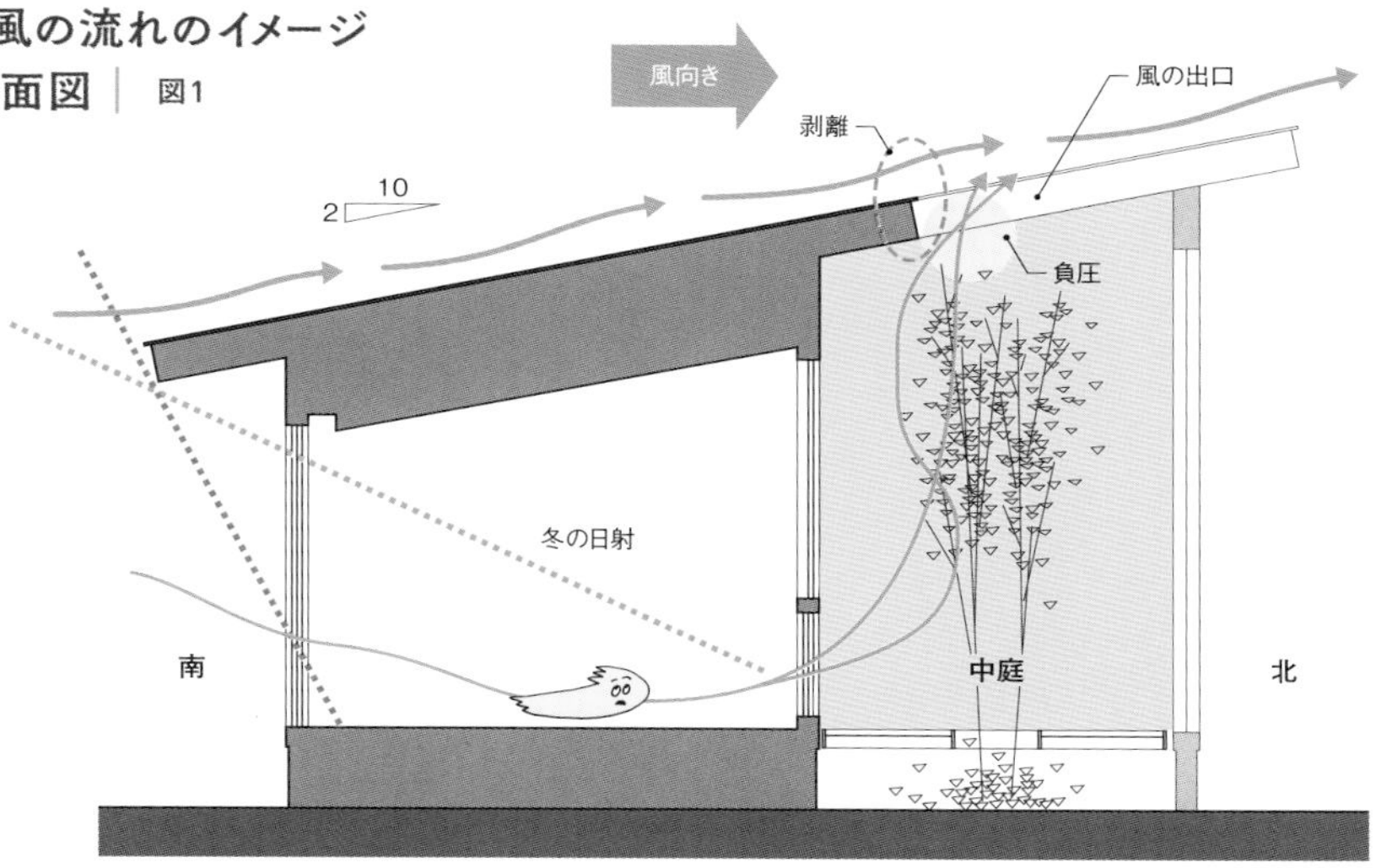
風向き
風の出口
剥離
2
10
負圧
冬の日射
南
中庭
北

PFパビリオン・R棟平面図 ｜ 図2

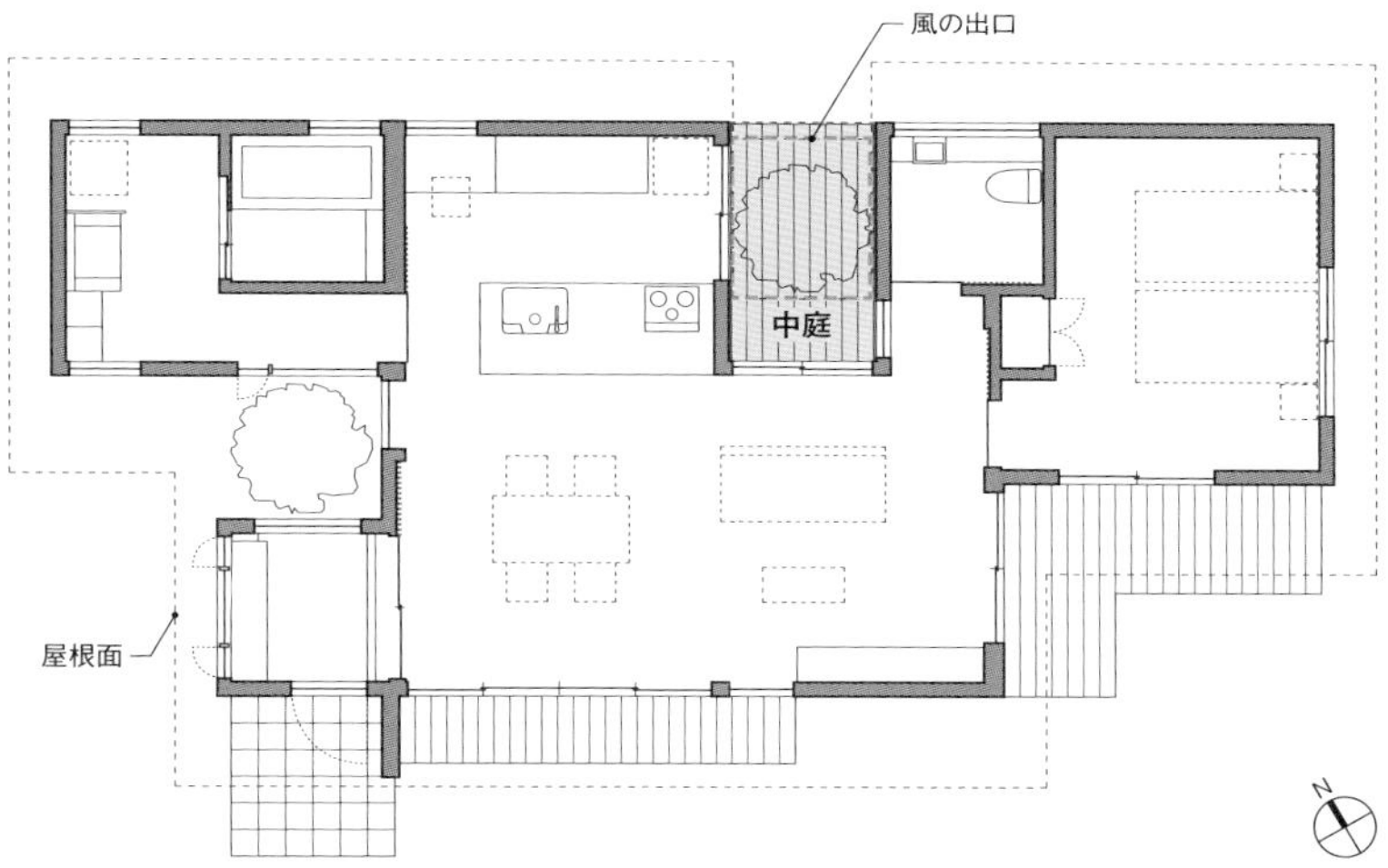
風の出口
中庭
屋根面
N

R棟（リフォーム棟）は既存の建物を大規模リフォームした（風の出口になる北側の中庭の新設や室内に風を通しやすい間取り変更など）という展示上の設定によるもの。実際はパッシブデザインの効果や省エネ部材を体感するための新築のパビリオン

中庭上部の空間を風の出口とし、屋根面から風を引き剥がす剥離現象と重力換気で地窓などから風を誘因し、室内に風を通す計画としている。G棟（**46頁**）と同じように軒の出を大きくして夏の日射を遮り、サッシの上端位置を高くして冬の日差しを室内に導くようにしている

緩勾配にして、屋根に沿って風が流れやすい環境にしています。

屋根に沿って流れてきた風が筒状の中庭部分の上部を通り過ぎる際、風が流れる面に突然、穴の開いた空間が現れることで剥離現象が起きます。こうした屋根から引き剥がす力と重力換気等によって、ほぼ風向きに関係なく東西南北の窓から風を誘因する効果を狙っています。

Fact.
09

室内の風の動きを実験検証！重力換気による流れを「見える化」

地窓は常に風の「入口」で 高窓は常に風の「出口」？

図は、普段目にすることが多い、重力換気（温度差換気）を表現した「地窓から高窓に流れる風」のイメージ図です。「地窓から入った冷たい空気が室内で温まって上昇し、高窓から出ていきます」などと説明されていることが多いかと思います。

こうした解説では、地窓は「入口」高窓は「出口」と決まっている場合が多く見受けられます。ところが実際の建物で実験を行ってみると、地窓が「出口」で高窓が「入口」になる場合も当然あります。しかし、室内外の気温差、風圧などの影響で「入口」と「出口」が逆になったり、一つの窓が「入口」と「出口」になる場合さえあります。

地窓が「入口」高窓が「出口」は風の流れを一面的に捉えたものでしかないのです。重力換気に限らず、風の流れは矢印で示されることが多く、「どこを」「どのように」流れるかは感覚的に単純に表現されていて、実際に実験などで確認した流れとは異なっています。

気流可視化装置で 風の流れを「見える化」

では実際、風はどのように流れているのでしょうか？ 当初われわれは、3D風向風速計を使って多点で測定していましたが、これだと測定点まわりの風の流れしか確認できないため、風速計がない箇所は類推するしかありませんでした。そこで、さらに広範囲の風の流れ方を目視で確かめるため、気流可視化装置を使って風の流れを「見える化」して検証しました（**写真**）。

気流可視化装置は、強力なレーザー光を照射した空間に、フォグマシンから噴霧した煙で風の動きを目視するものです。コンサート会場のスモークにレーザー光が当たるのと同じ原理です。では、実際の重力換気ではどのような風の流れ方になっていたか、次頁以降で検証結果をみてみましょう。

よく目にする重力換気のイメージ｜図

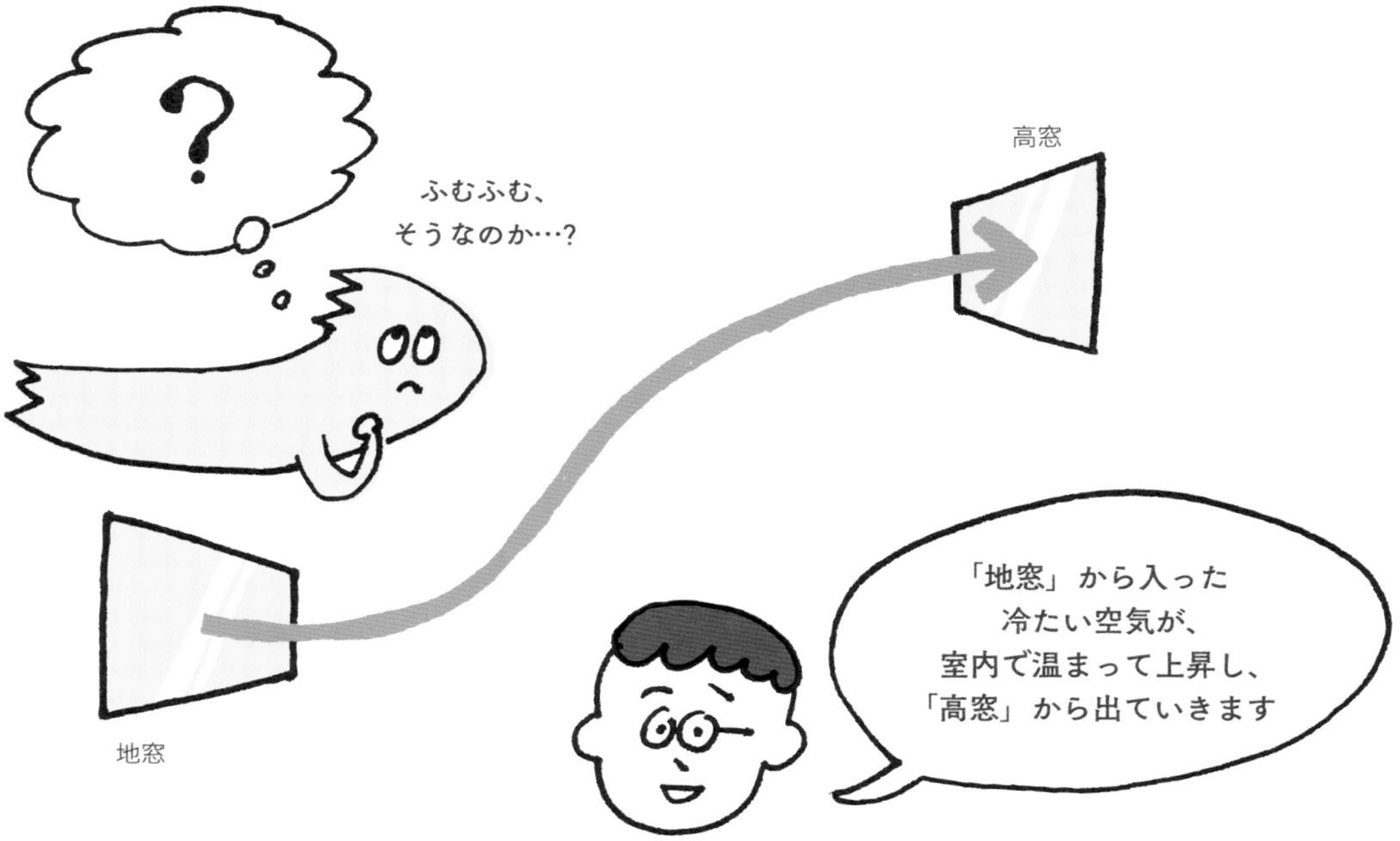
ふむふむ、
そうなのか…?
高窓
地窓
「地窓」から入った
冷たい空気が、
室内で温まって上昇し、
「高窓」から出ていきます

写真｜気流を可視化するための実験検証の様子。暗くした室内で気流可視化装置を使い、レーザー光を照射した空間に、フォグマシンから噴霧した煙で風の動きを「見える化」した。目視で小さな渦状の風が移動する状況を確認することができた

Fact.

10

地窓・高窓ともに風の出入りを複雑頻繁に繰り返していた

実証実験を行ったR棟の洗面所まわり平面図 | 図1

PFパビリオン・R棟の洗面所にある地窓と高窓を使って重力換気時の風の姿を確認すべく、実験を行ってみた。洗面化粧台の上部には横すべり出し高窓②が設置されている

写真1 | 横すべり出し高窓②

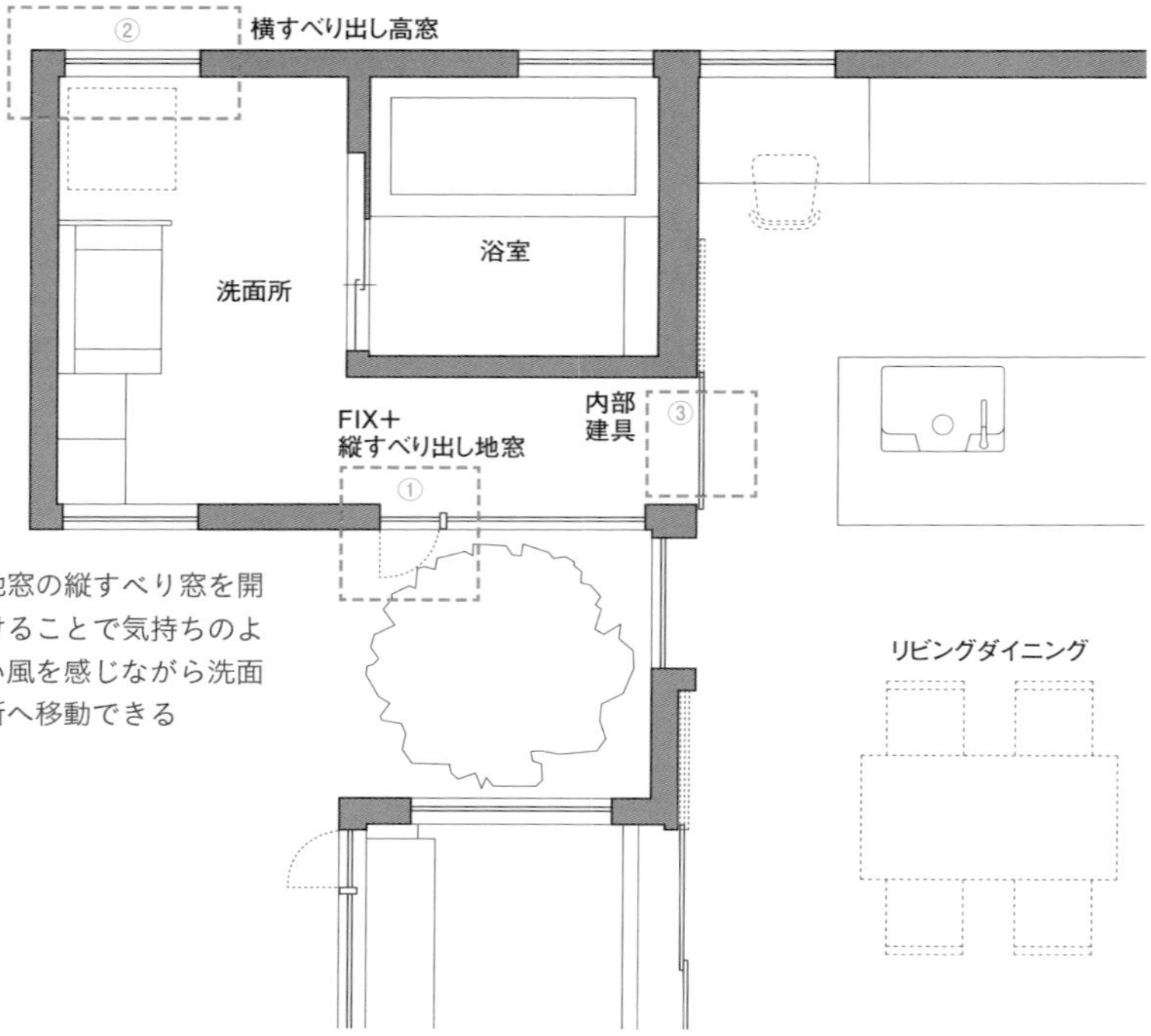

地窓の縦すべり窓を開けることで気持ちのよい風を感じながら洗面所へ移動できる

写真2 | FIX+縦すべり出し地窓①

R棟・地窓と高窓で実験

PFパビリオン・R棟で、室内の温度差などによる空気の浮力を利用して換気を促す、重力換気（温度差換気）の風の動きについて実験検証しました。具体的には、洗面所のFIX＋縦すべり出し地窓①と、横すべり出し高窓②の状況を調べてみました（図1、**写真1・2**）。

測定時の条件としては、①と②以外の窓と、他の部屋に通じる内部建具③は閉じ、高窓②の近傍に24時間換気システムの排気口があったため、影響を考慮して換気システムはOFFとし、リビングダイニングにあるエアコンもOFFとしました。

いわば暖かいコーヒーに冷たいミルクを注いだ状態

測定した洗面所の窓配置を、一般的な風の流れに当てはめると、図2のようになるはずです。

ところが、実際の風の流れはそれ

矢印で表現される重力換気による風の流れの一般的なイメージ｜図2

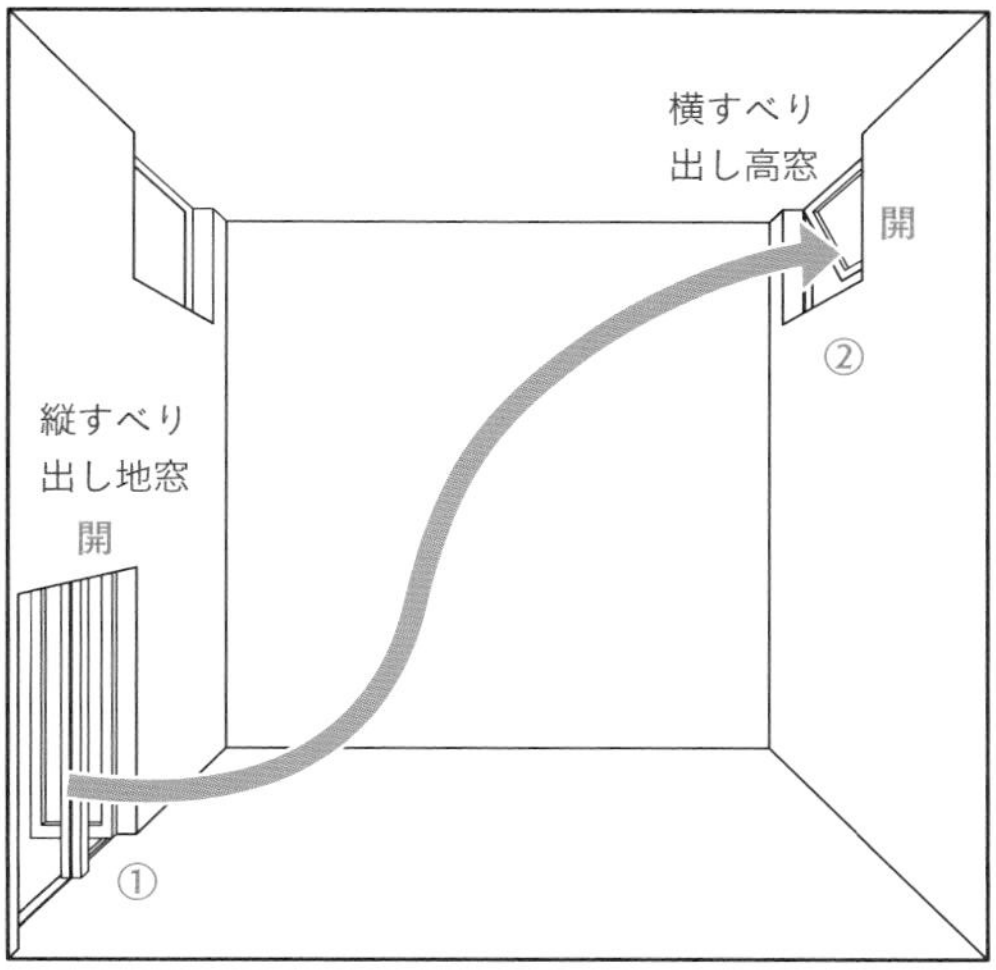

多くの設計者が思っている「冷えた空気が地窓から入って高窓に抜ける」重力換気のイメージをPFパビリオン・R棟の洗面所にあてはめたイメージ図。しかし、実験してみると実際の風の流れは少し様子が違っていた

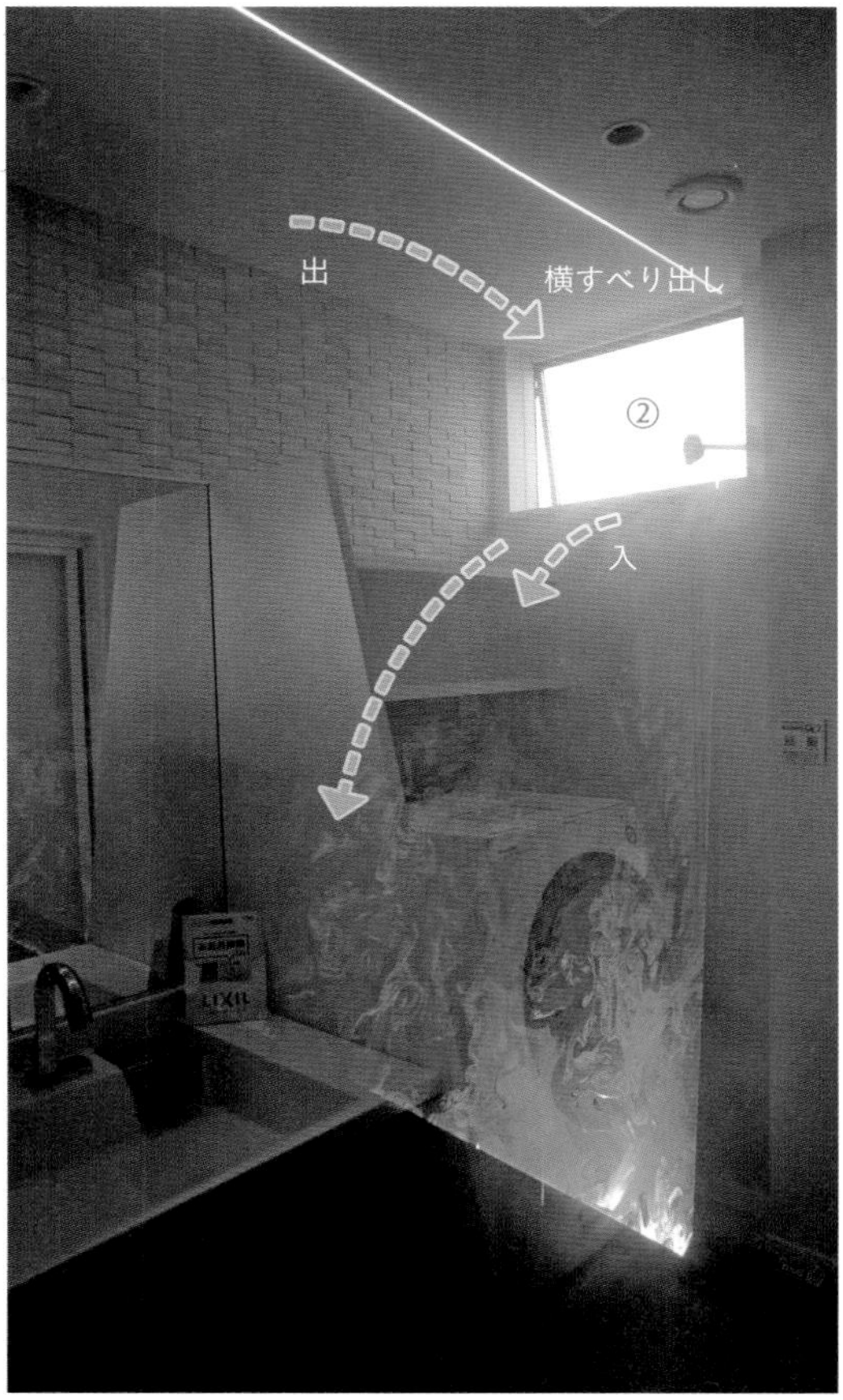

写真3｜重力換気の実験をした時の風の流れの写真。地窓①から入った風は暖まっておおむね壁沿いに上昇し、天井伝いに高窓②の上部から出るとともに、高窓②の下部から冷えた外気が入ってきた

実験検証で見えてきた気流の断面イメージ ｜ 図3

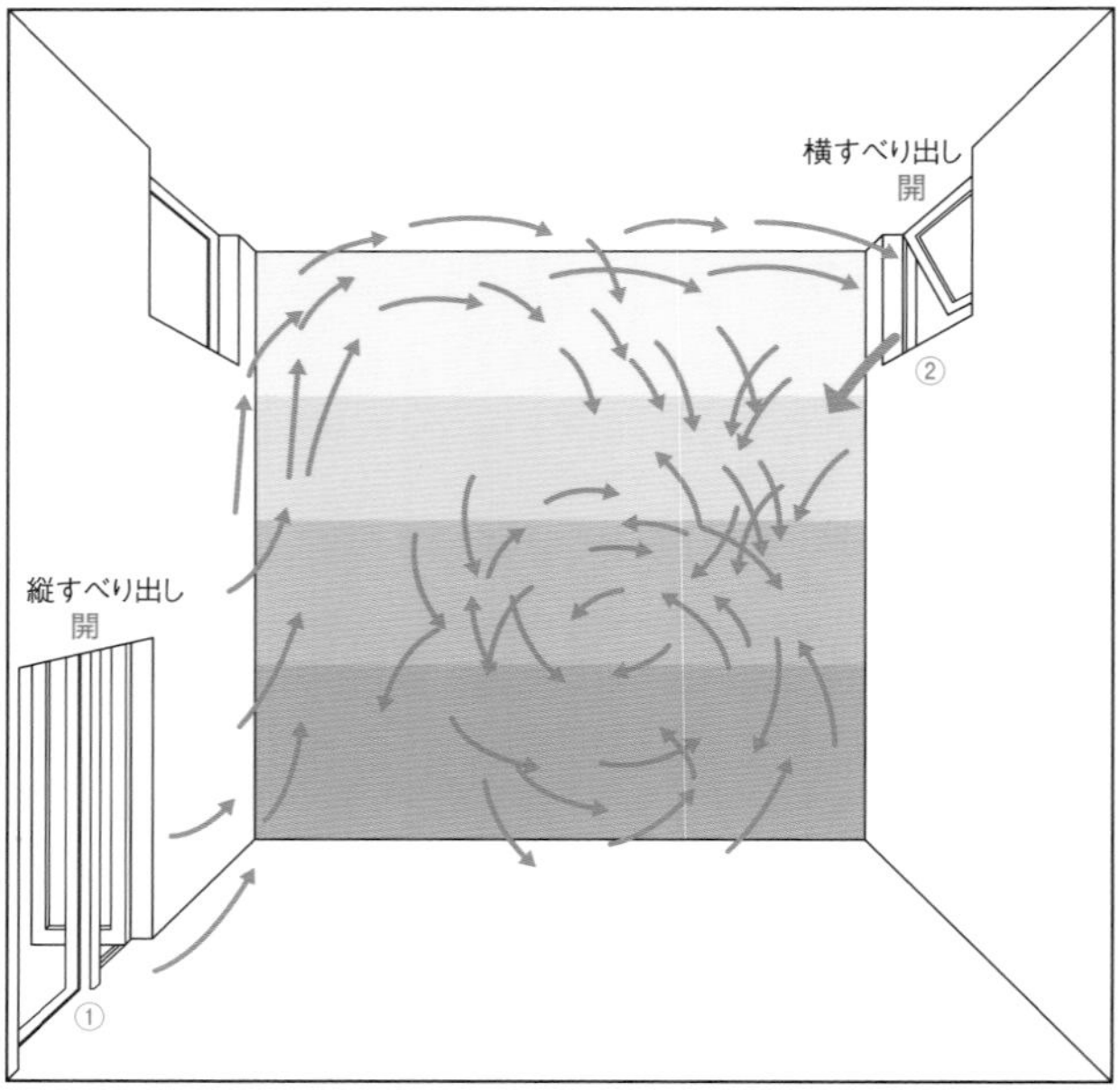

53頁の**写真3**を判りやすくしたイメージ図。実験をしてみると、地窓から入った空気は壁や天井に沿ってゆらゆら上昇し、移動して高窓に抜け、高窓下部からは外の冷えた空気が入り、自由落下して室内の空気と混ざりあい複雑な動きをしていた。**前頁**の**図2**の地窓から高窓に抜ける重力換気の図は、風の流れを単純化した模式図程度と考えたほうがいい

と異なり、**写真3**のように複雑な状況が確認できました。少しわかりにくいかもしれませんが、地窓①から入った風は高窓②の上部から外に出るとともに、高窓②下部からは外気が入ってきていたのです。

　地窓①から入り温まった風は上方へ、さらに高窓②の下部から入った風は冷えているので下方へと移動しています。例えるなら、暖かいコーヒーに冷たいミルクを入れた際に、双方の液体が徐々に混ざり合う状態と似た動きをしているといえます。

温度の低い重い空気は落下、温度の高い軽い空気は上昇

実験検証時、狭い室内ゆえに広角レンズで撮影しても全体が入らないため、実際の風の流れをできる限り客観的にイラスト化したのが**図3**です。

　当然ですが、気流に意思があるわけではありませんので、前頁の模式図のように、何もない空中で都合よく方向を変えてくれることはありません。

　図3に示したように、地窓①から入った風はおおむね壁や天井に沿いながらゆらゆらと上昇し、高窓②から外に出ていきます。また、高窓②下部からの「入」の気流は、室内に入るとほぼ自由落下して室内の空気と混ざり合います。

　図内のグラデーションは、温度の低い重い空気は落下し、温度の高い軽い空気は上昇する様子をイメージ化したものです。

縦すべり出し
風の流れる方向

写真4｜地窓①が風の「入口」になっている動画の様子

縦すべり出し
風の流れる方向

写真5｜地窓①が風の「出口」になっている動画の様子

地窓と高窓があると地窓が常に風の「入口」と思っている設計者も多いと思うが、そういうわけではなかった。風向きや圧力差などの変化によって地窓は「入口」になったり「出口」になったりする。**写真4**は地窓が「入口」の時、**写真5**は「出口」の時の様子

地窓も常に風の「入口」になるわけではない

地窓も高窓と同様に、単に「地窓だから」という理由で常に風の「入口」になるわけでありません。風向きの変化、圧力差によって「入口」から「出口」、「出口」から「入口」に変わります。地窓は時に強く、時に弱く、風の「出」と「入」を頻繁に繰り返していました（**写真4・5**）。

風の動きは、平面的にも一本の線で表わされるような単純なものではなく、**図4**に示すように壁などに干渉しながら複雑な動きを見せていました。風の動きは複雑でいつも同じ方向に吹いているわけではないことが、ご確認いただけたかと思います。

実験検証時で見えてきた気流の平面イメージ｜図4

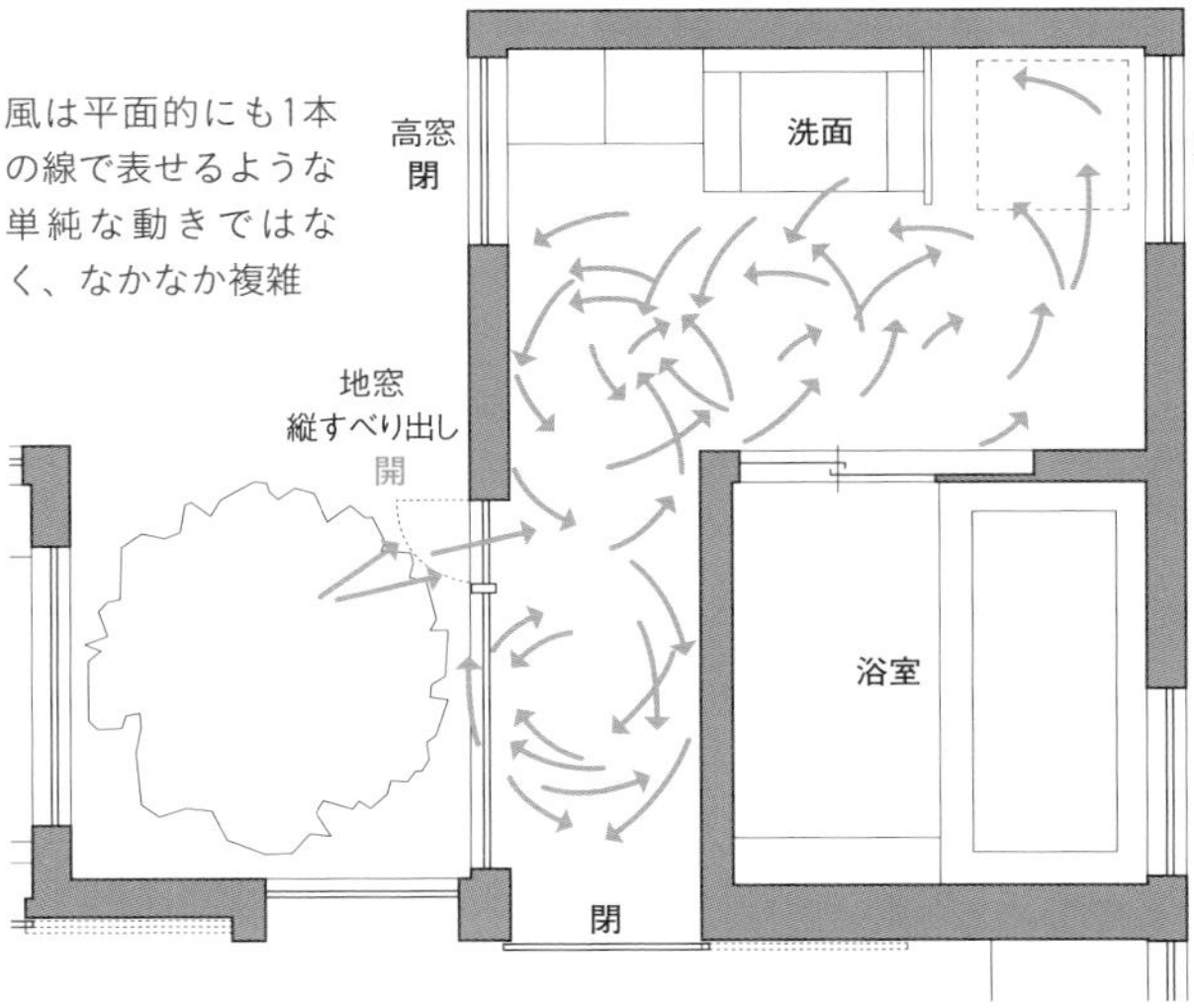
風は平面的にも1本の線で表せるような単純な動きではなく、なかなか複雑
高窓
閉
洗面
高窓
横すべり出し
開
地窓
縦すべり出し
開
浴室
閉

Fact.
11

ウインドキャッチャーによる風の動きはどうなっているのか？

建物と並行に流れる風を効率的に導く

風を取り入れる工夫として、重力換気と並んで紹介されることが多い

ウインドキャッチャーによる風の流れを示したのが**図1**です。市街地などで主に建物と並行に流れる風を効率的に捉えて室内に導くのに有効なウインドキャッチャー窓（または壁）と風との関係を表しています。

よく、ウインドキャッチャー窓があると建物の脇を流れる風が容易に室内に取り入れられ、引違いサッシや上げ下げサッシに比べて換気量が多いことが強調されていたりしますが、実際はどうでしょうか。

周辺状況は刻々と変化

まず「建物に並行に風が吹く」といっても、厳密に並行な風が常に吹くわけではなく、風速も常に一定というわけではありません。実際に実験してみると、僅かな風向きや風速の変化によりウインドキャッチャー窓の周辺状況は刻々と変化しています。

ウインドキャッチャー窓に風が微妙な角度で当たると、風の一部は誘い込むが一部は撥《は》ねる、もしくは風の全部が撥ねるという現象も起きることがわかりました（**図2**）。逆に、時には思わぬ方向からの風によって、風の性質である剥離現象により発生した負圧で、室内に風を吸引することもありました（**図3**）。ウインドキャッチャー窓は風の取り入れに有効ですが、絶えず変化する風を取り入れやすくするもの、頻度を増やすものと認識しておきたいものです。

よくあるウインドキャッチャー窓の通風イメージ | 図1

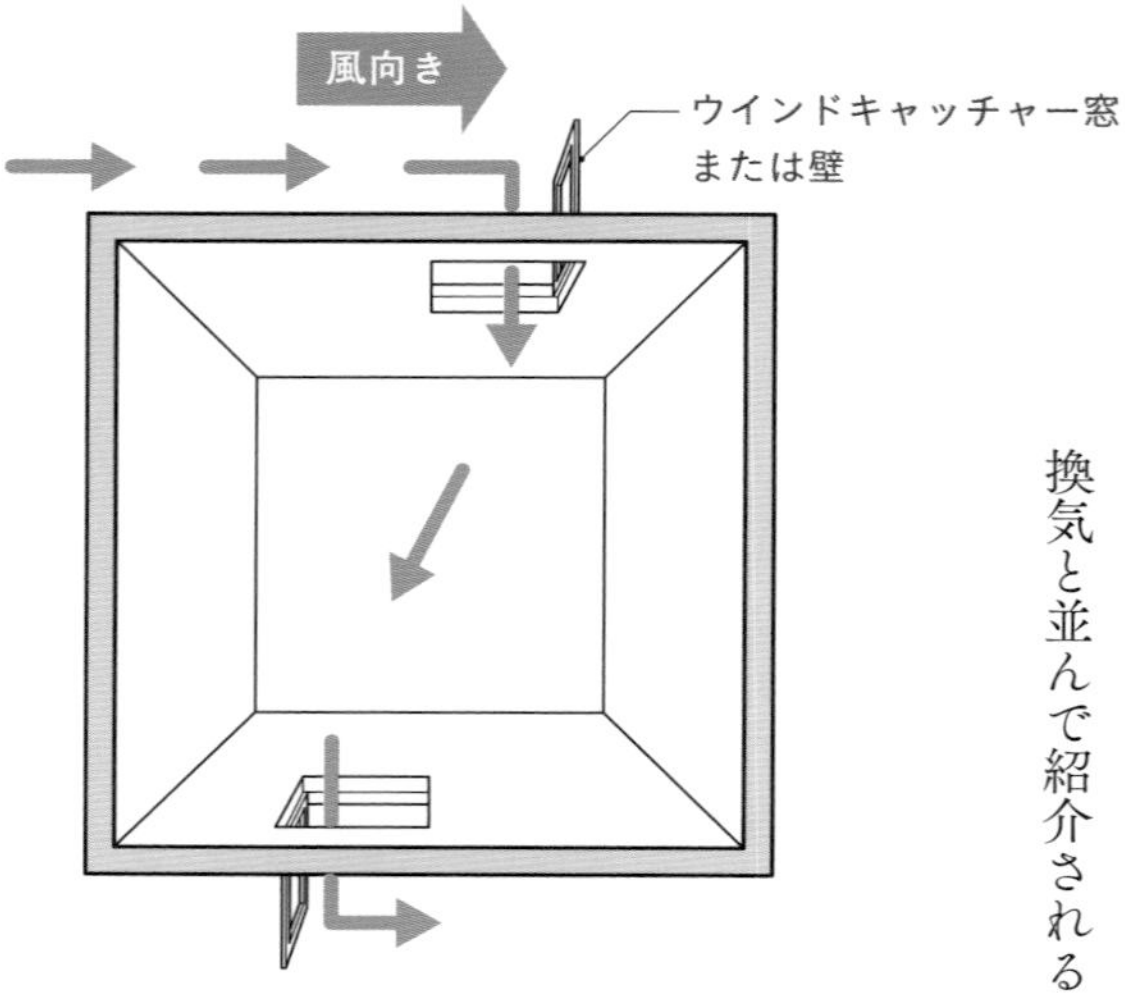

ウインドキャッチャーを知っている設計者の多くが「こんなふうになる」と考える、対面した壁に窓がある時の風の流れ。実際はこの流れ方だけではないことがわかった

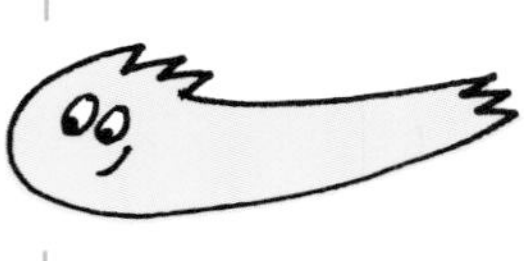

実際のウインドキャッチャー窓の通風イメージ　図2

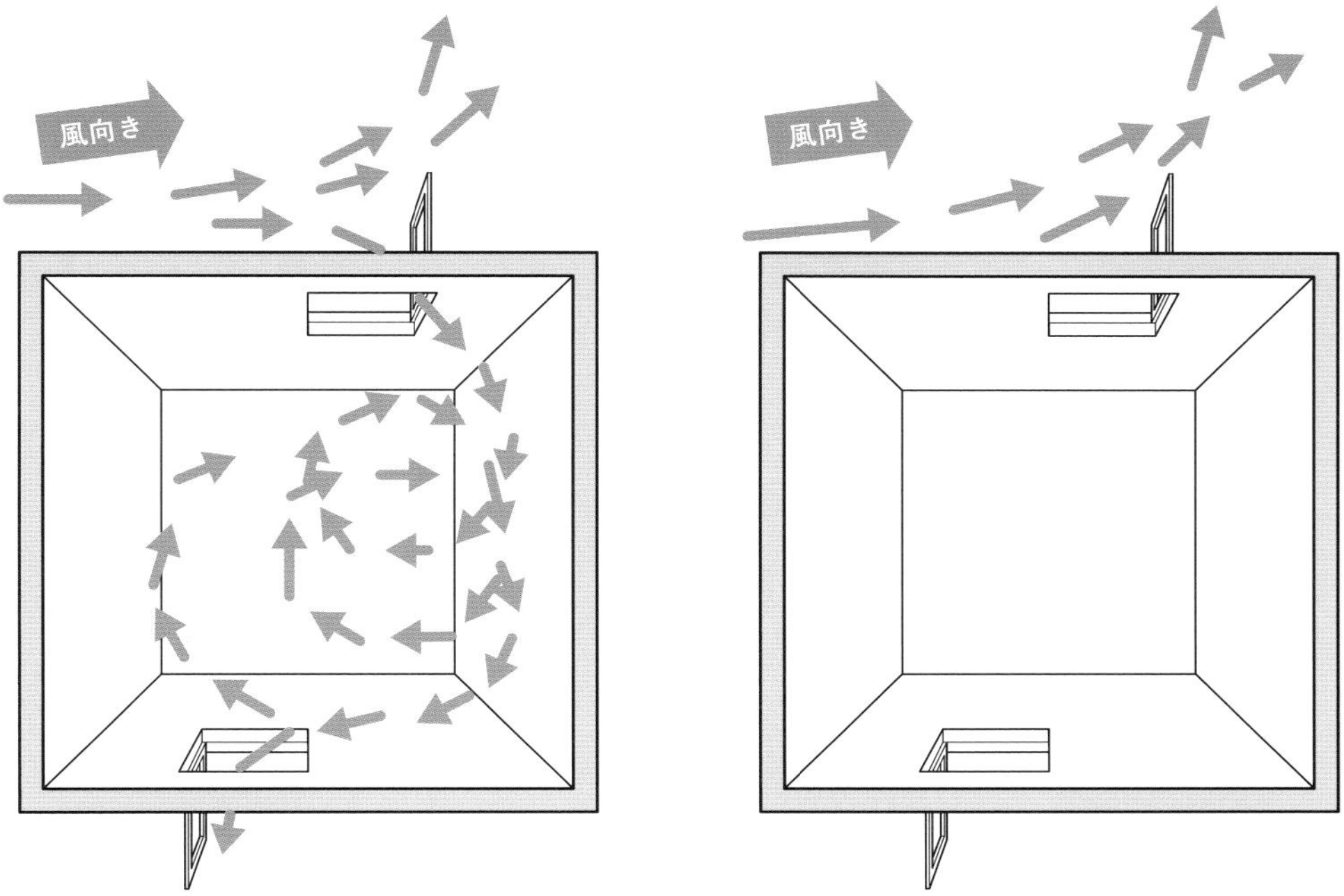

風の一部は誘い込み、一部は撥ねる　　ほぼ全部を撥ねる

実験をしてみると…風の角度の微妙な違いでウインドキャッチャー窓が風をキャッチできなかったり、一部しかキャッチしないこともあり、必ずしも**図1**のような状態にならないことがあることもわかった

実際のウインドキャッチャー窓の通風イメージ　図3

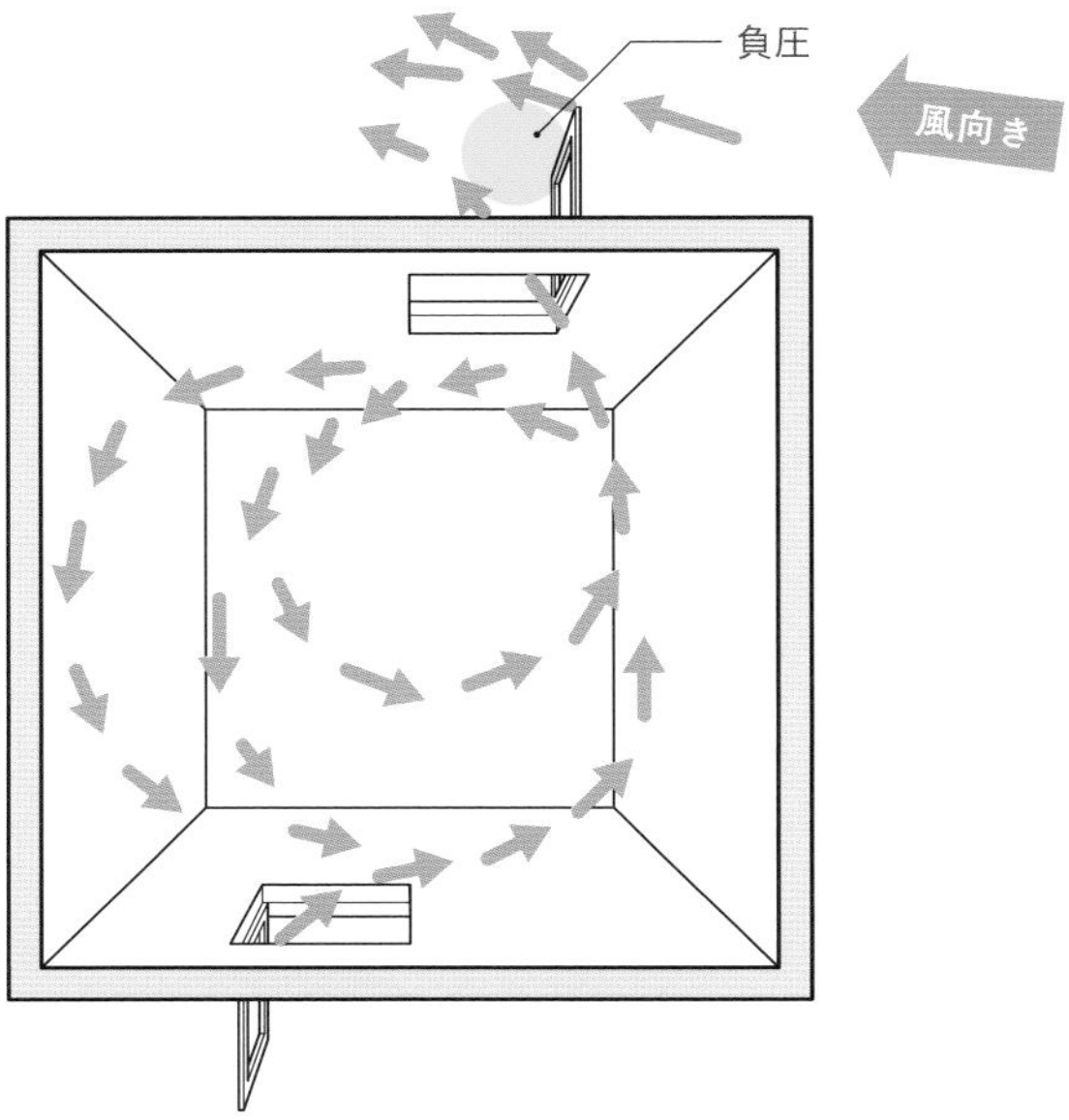

時には思わぬ向きからの風でも、微妙な角度の変化で起こった剥離現象によって発生した負圧の影響で、室内に風を吸引することもあった

「入口」「出口」が複雑に変化

図4は、普段よく目にするウインドキャッチャー窓の風の流れを説明した模式図です。きれいなループ状に風が流れています。**図5・6**は、前頁の画像などをもとに、G棟での検証で確認できたウインドキャッチャーの風の流れを表わしたものです。

検証では単純な動きではなく、非常に複雑な動きをしていることが確認できました。

まず窓③④は、「入口」と「出口」が固定されているのではなく、風向きによって「入口」と「出口」、「出口」と「入口」、「入口」と「入口」、「出口」と「出口」が頻繁に繰り返されていました。

また、**図4**のような矢印からは、風

よくあるウインドキャッチャー窓による通風イメージ ｜ 図4

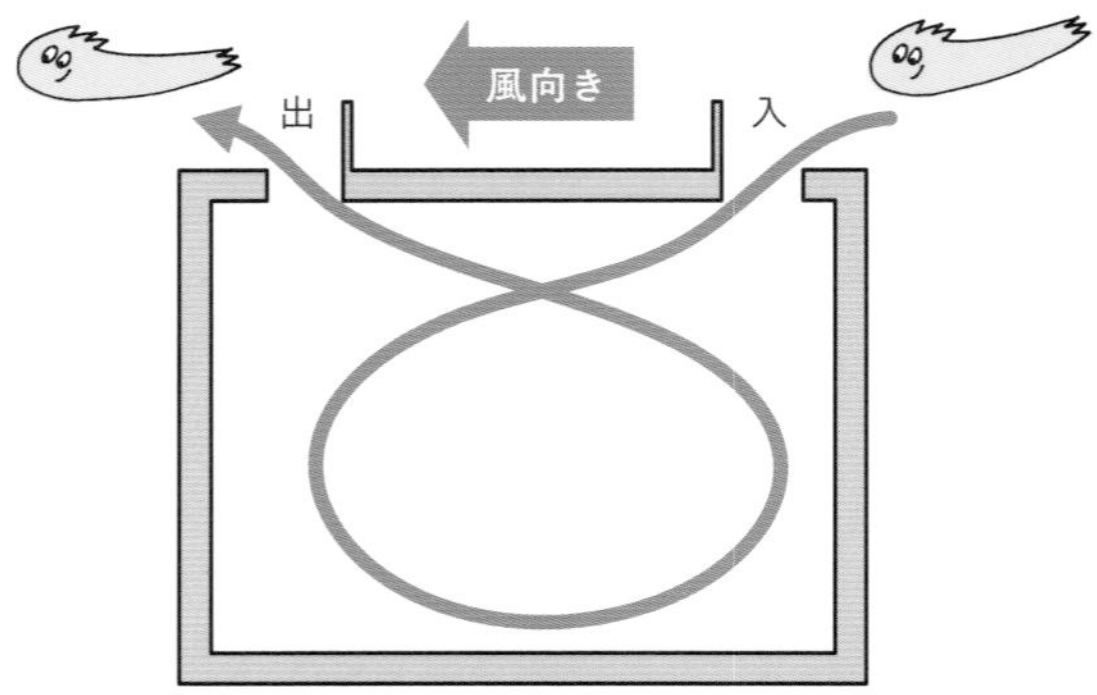

風向き
出
入

この図もよく目にする、同じ壁面に窓がある場合のウインドキャッチャー効果を示したイメージ図だが、風の流れを単純化した模式図なのでそのつもりで見ることが必要

実際のウインドキャッチャー窓による「入口」「出口」の通風イメージ ｜ 図5

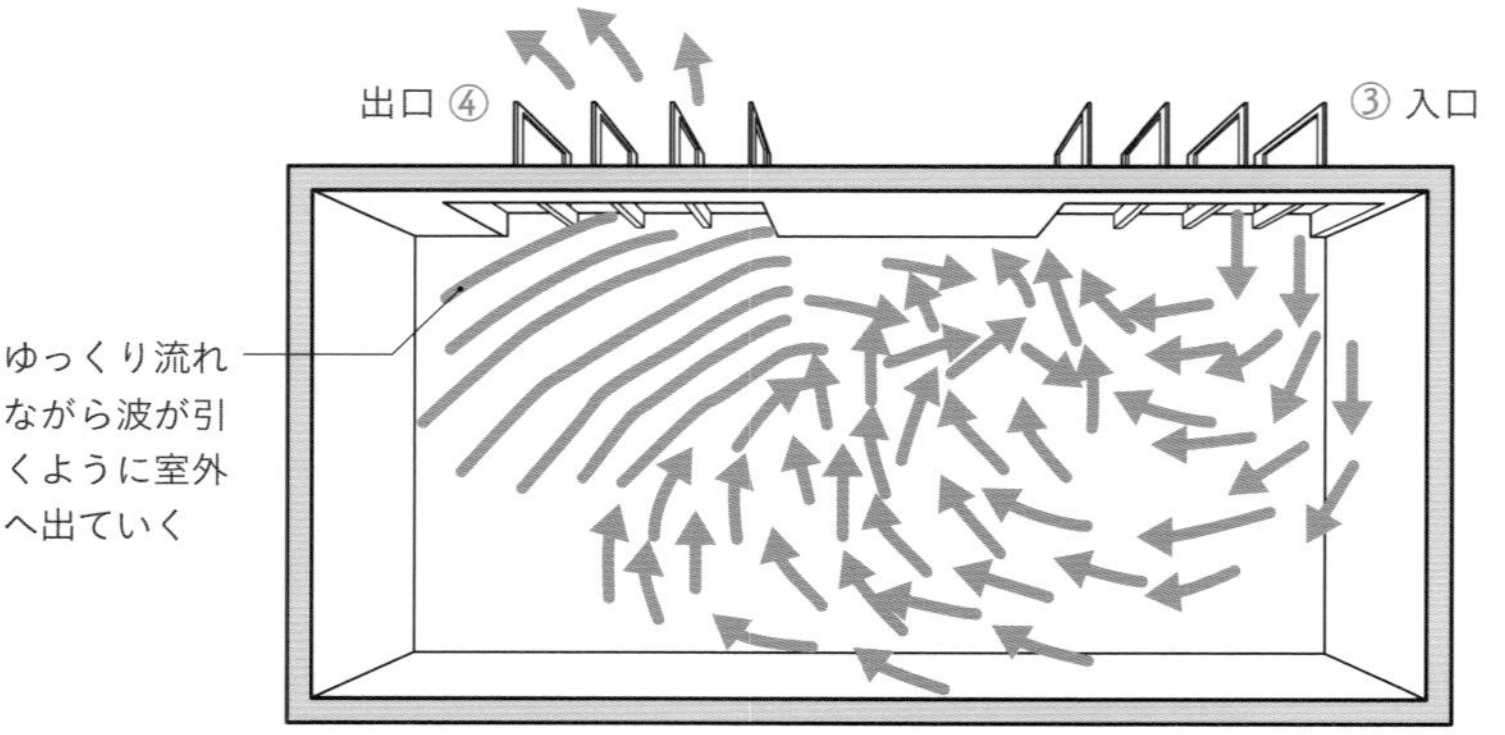

出口 ④
③ 入口
ゆっくり流れながら波が引くように室外へ出ていく

実験時の通風状況、③の窓が入口で④の窓が出口の時の状況を図にすると、こんな複雑なイメージになった

実際のウインドキャッチャー窓による「入口」「入口」の通風イメージ ｜ 図6

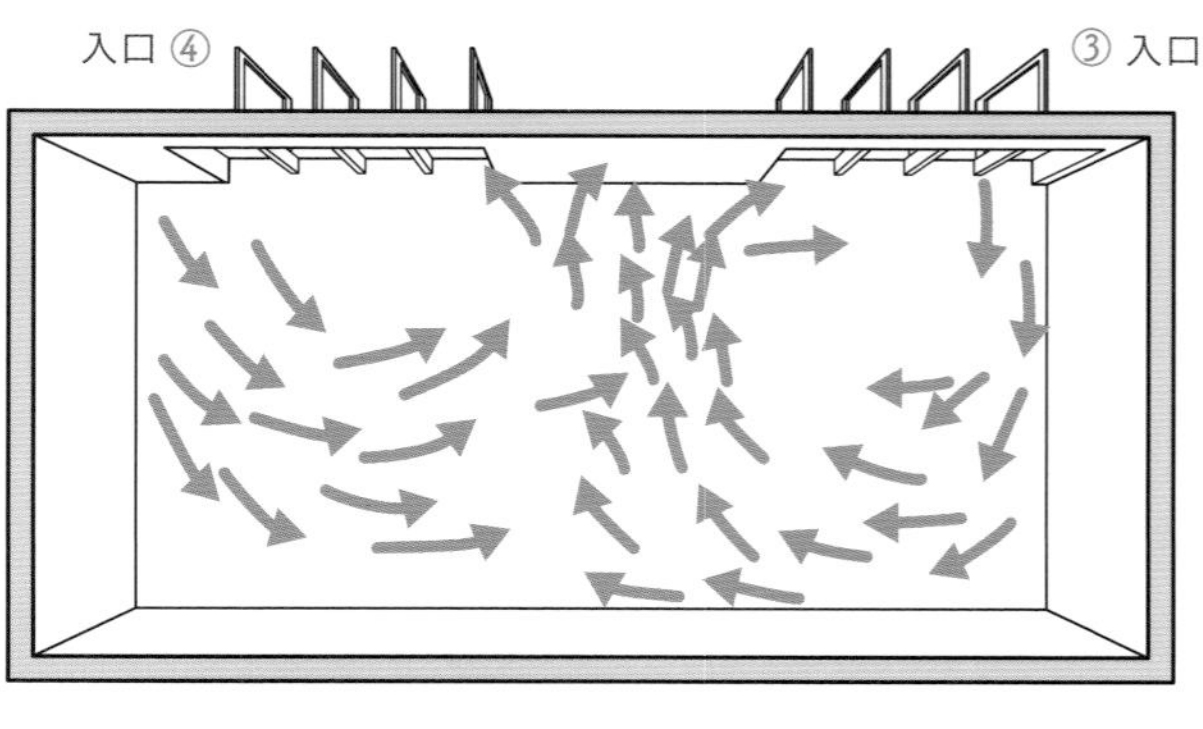

入口 ④
③ 入口

実験時の通風状況、③も④の窓も一時的に風の入口になった時の状況を図にするとこんなイメージになった

が勢いよく入って出る印象を受けるかもしれません。ところが検証時、屋外では風速5m／sの風が吹いていたにもかかわらず、室内では緩慢で静かな風の流れの場合が多く、特に「出口」の側では静かに波が引いていくかのように風が出ていく印象でした。

G棟、南西面側袖壁で検証

次に、ウインドキャッチャー壁の効果を検証した結果を紹介します。G棟2階、LDK南西側バルコニー袖壁は、ウインドキャッチャー壁として計画されています（写真1）。安全上の問題から、屋外ではレーザー光を使用できないため、フォグマシーンのみを使って検証しました。

南東風での有効性を確認

実験の結果、風向きがおおむね南東の場合、ウインドキャッチャー壁にぶつかった風は向きを変え、室内に入り込み、壁が室内に風を取り込むのに有効であることが確認されました（写真2）。ただし、風向きの変化によって、ウインドキャッチャー壁に当たった風が外側に跳ねることがあるのは、窓の場合と同様です。ウインドキャッチャーは窓が注目されがちですが、壁の効用も考慮し計画するとよいと考えます。

写真1｜G棟南西側バルコニー袖壁は、ウインドキャッチャー壁として計画されているので、おおむね南東方向など建物に直角方向の風を室内に導くことができた

写真2｜屋外でのレーザー照射は危険なので、フォグマシンでウインドキャッチャー壁の効果を確認。写真のように、おおむね南東の風が壁にあたって室内に導かれる様子を捉えることができた。フォグマシンの煙で見えにくくなっているが、黒い三脚には3D風向風速計が取り付けられ、その時の風向きと風速が測定されている

Fact. 12

ウインドキャッチャー窓・壁での風の動きの実際

G棟、縦すべり出し窓で検証

PFパビリオン・G棟、1階セミナールームのウインドキャッチャー窓で、風の動きを検証した際の画像を見てください（**写真2・3**）。

セミナールームの床近くには、北西側の外部壁に沿って南西（または北東）に流れる風を取り込めるよう、縦すべり出し窓を部屋の北東側③と南西側④に4窓ずつ、合計8窓を配置し、ウインドキャッチャー効果が得られるよう計画しています（**図1**、**写真1**）。なお、検証時は窓③④以外の窓はすべて閉じ、24時間換気システムおよびエアコンはOFFにしました。

複雑な風の動きを確認

検証結果は、重力換気と同様に、ウインドキャッチャー窓の場合も、目視で**写真2・3**のように複雑な風の動きが確認できました。

PFパビリオン・G棟1階平面図 | 図1

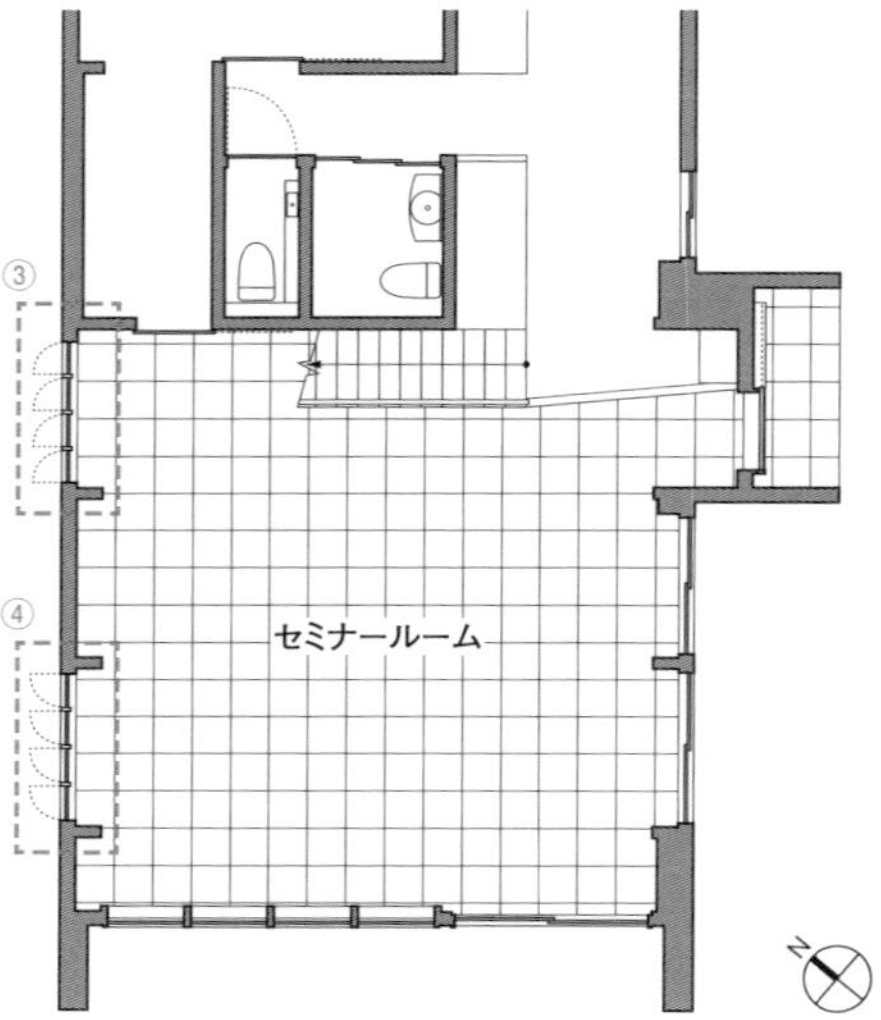

写真1 | G棟1階セミナールームでの実験風景

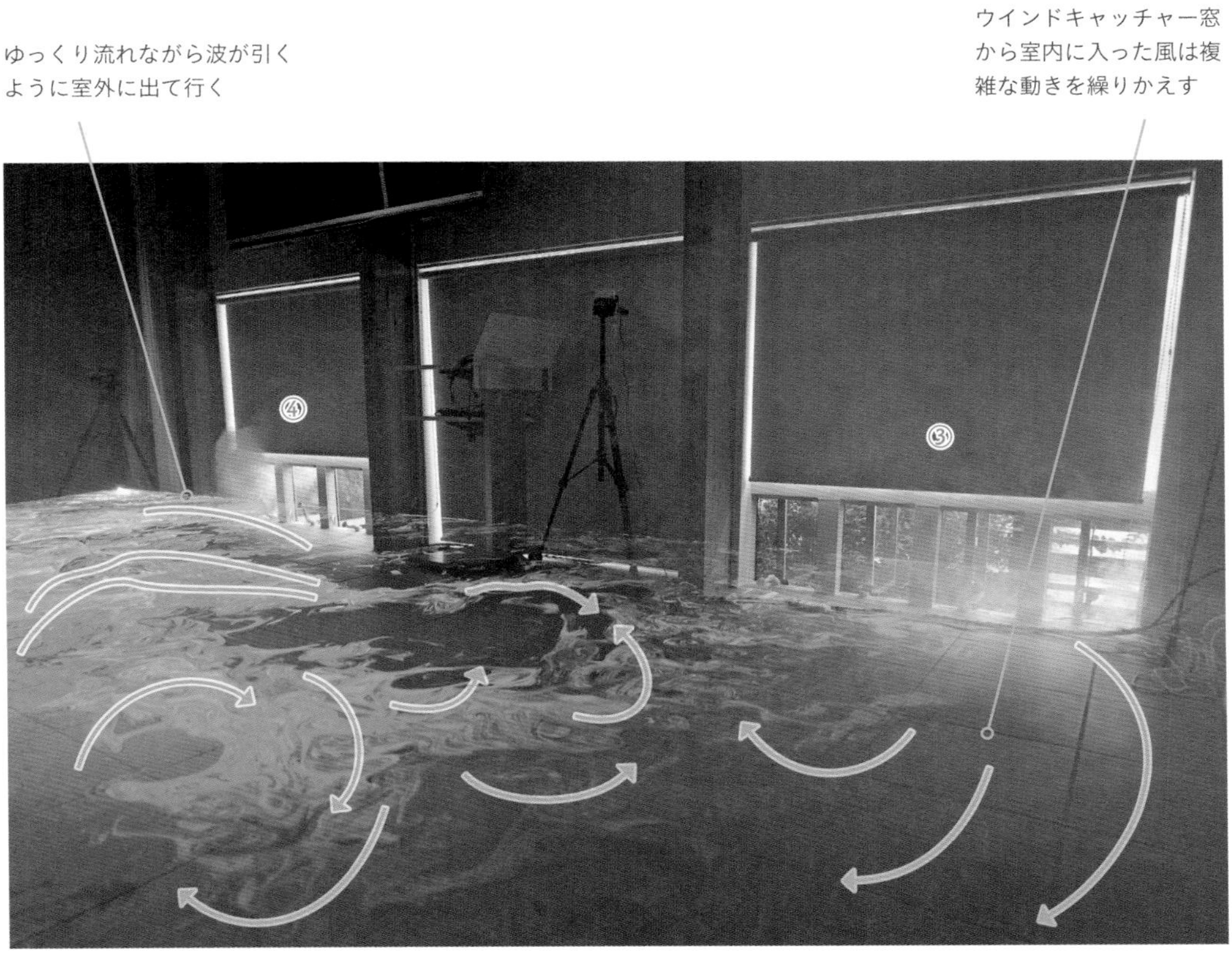
ゆっくり流れながら波が引くように室外に出て行く
ウインドキャッチャー窓から室内に入った風は複雑な動きを繰りかえす
④
③

写真2｜検証時の風の流れ。矢印は実験時の風の流れの状況を説明するためのイメージ

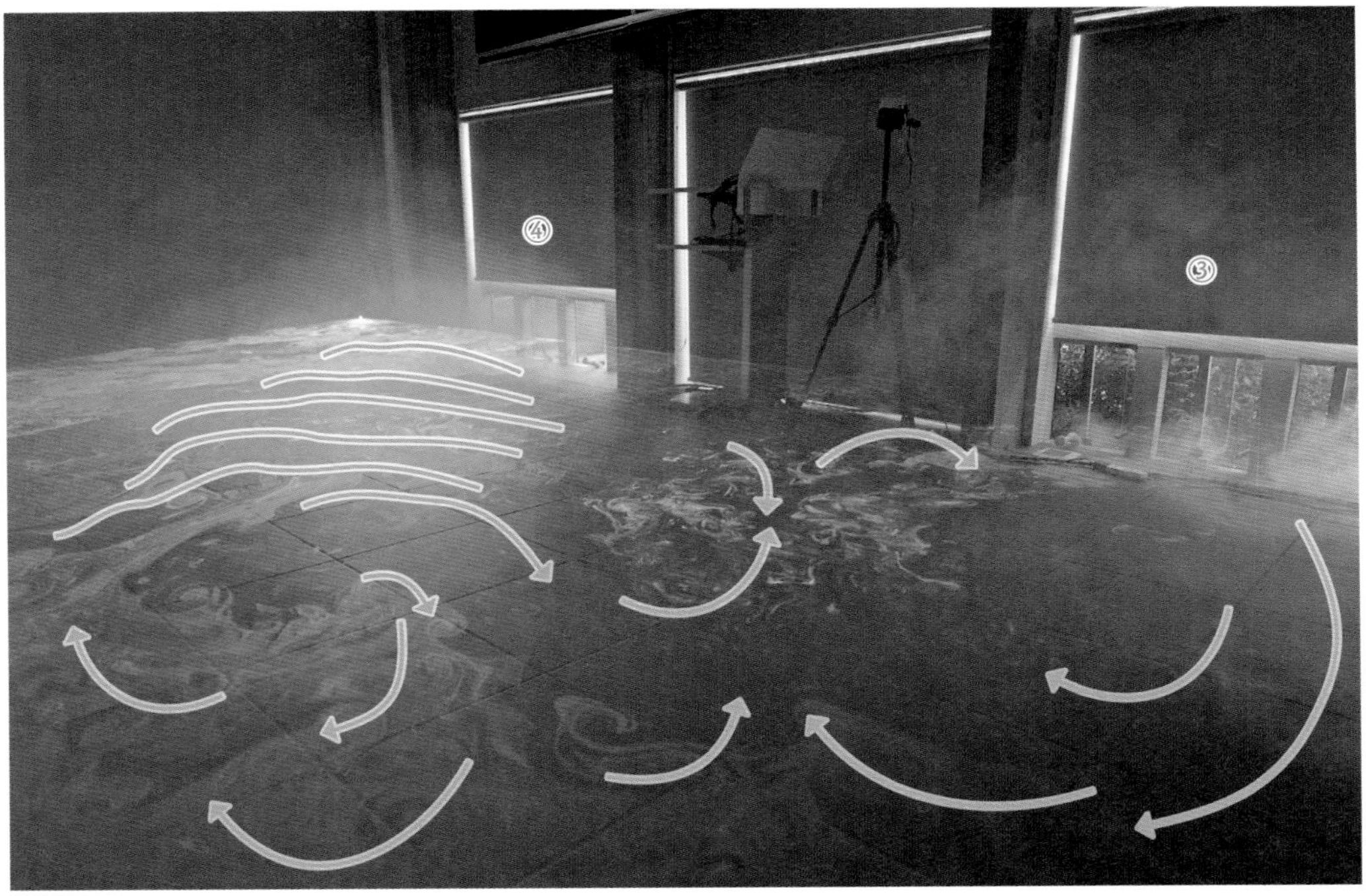
④
③

写真3｜検証時の風の流れ。矢印は実験時の風の流れの状況を説明するためのイメージ

Fact.
13

通風効果を体感できる室内空間と外皮性能とは？

ひとつながりの室内大空間

風の流れる空間の前提条件としては、1階と2階が吹抜けや階段室などでつながった、大きなひとつながりの室内空間になっていること、各階も間仕切りなどが少ない空間であることが必要です（図1）。

従来、大きな吹抜けはエネルギーロスが多く、冬は寒いということで、取り入れることを躊躇する傾向も見られましたが、住宅性能を上げていくと、大きな吹抜けが逆に通風設計の大切なポイントになってきます。

外皮性能（住宅性能）

外皮性能が不十分な住宅でも、窓から風を取り込むことができれば、気持ちよさを体感できるかといえば、そういうわけではありません。外皮性能が低く、壁天井の表面温度が高くなるような住宅だと、夏の夜などは放射熱の影響が大きいため、暑くて通風どころではなくなります。

通風効果を実感できる住まいのベースになる空間は、気密断熱性能が高く、住まい全体がほぼ均一な温度環境であることが必要です。そこで求められる住宅性能は、改正省エネ基準よりも上、できればHEAT20のG1レベル以上の外皮性能を目指したいですね（図2）。

風の流れる室内空間とは ｜ 図1

通風効果を体感できる空間の事例
・吹抜けや階段室などでつながった大きなひとつながりの室内空間
・間仕切りや建具の少ない室内空間

省エネ関連基準 ｜ 図2 ※HEAT20は水準

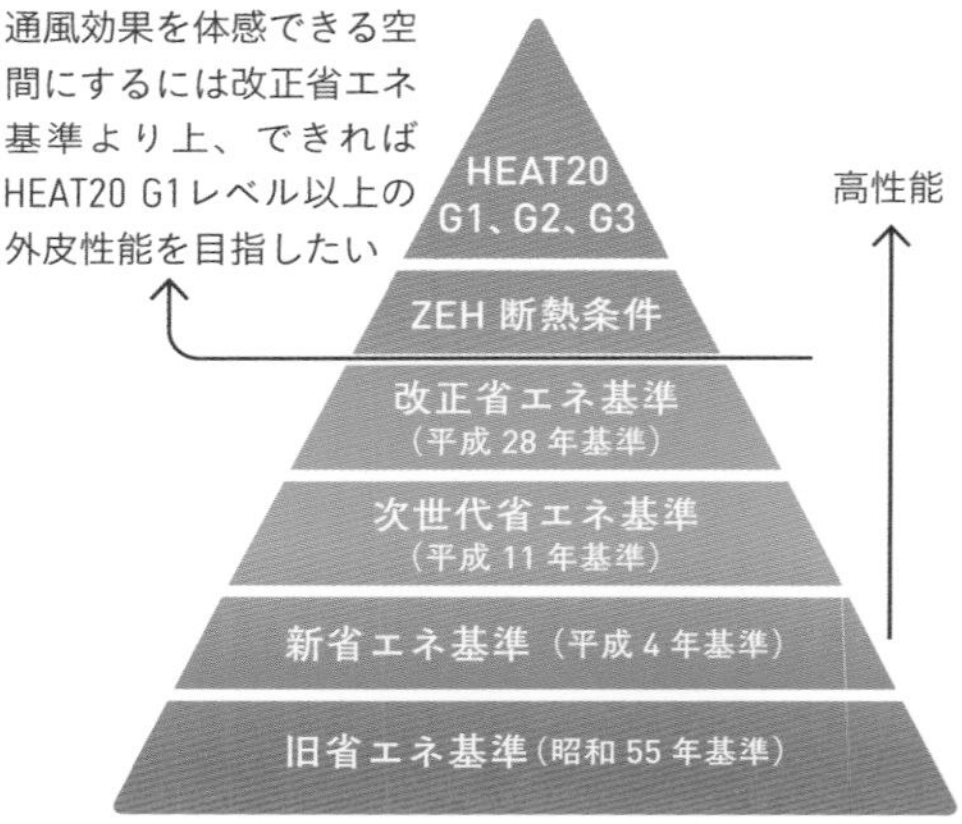

通風効果を体感できる空間にするには改正省エネ基準より上、できればHEAT20 G1レベル以上の外皮性能を目指したい
HEAT20
G1、G2、G3
ZEH 断熱条件
改正省エネ基準
（平成 28 年基準）
次世代省エネ基準
（平成 11 年基準）
新省エネ基準（平成 4 年基準）
旧省エネ基準（昭和 55 年基準）
高性能

パッシブデザイン住宅

用語の基礎知識

2 風

◎風向き

風が吹いてくる方位。例えば、南から吹いてくる風は南風。

◎気流

空気の流れのこと。

◎風速

空気が移動する時の速さ。風速を表す単位は通常m／sが使われます。本書の実験検証時に室内はSATシリーズ、室外はSA10型を使用し測定しています（写真）。

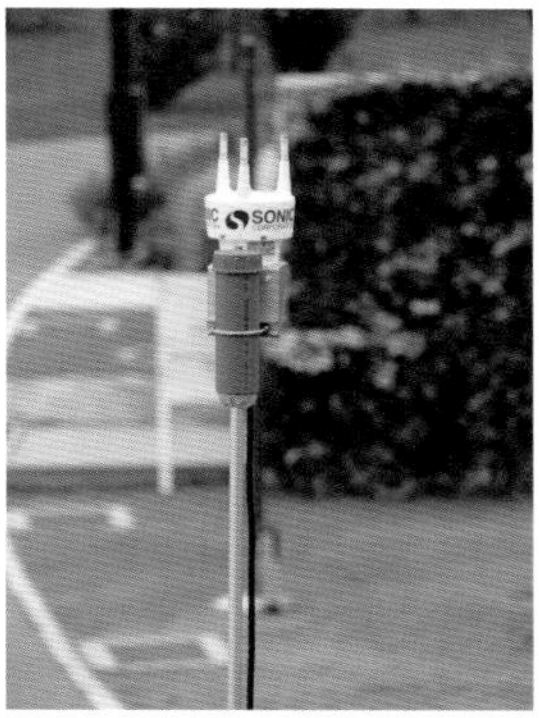

2次元超音波風向風速計
SA-10型

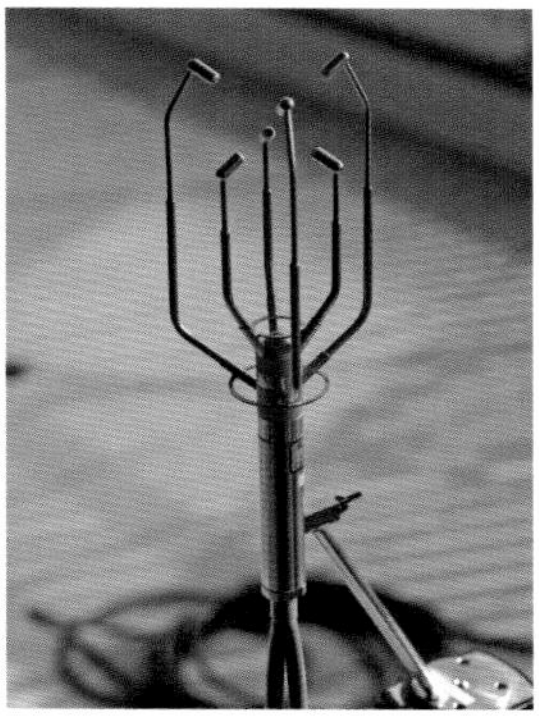

三次元超音波風向風速計
SATシリーズ

ワンポイント・アドバイス

室内で気持ちよい風速はどのくらい？

一般的に、室内で気持ちよいと感じる風速はおおむね1m／sにも満たない微風です。2m／sを超えるような風が吹くと、机の上に置かれた紙などは飛んでいってしまいそうになりますが、風呂上がりなどには爽快に感じるなど、時と場合で気持ちよさの感じ方は変わってきます。

アメダス

気象庁の無人観測施設「地域気象観測システム」。AMeDAS：Automated Meteorological Data Acquisition Systemの頭文字をとった名称。降水量、気温、日照時間、風向き・風速を観測している地点が多い。アメダスの観測データから、年間および月毎に風配図を公表しているので参考にしている設計者も多いです。

風配図（ふうはいず）

ある地域、ある地点の風向きの頻度を表した図（図1）。

風配図 図1

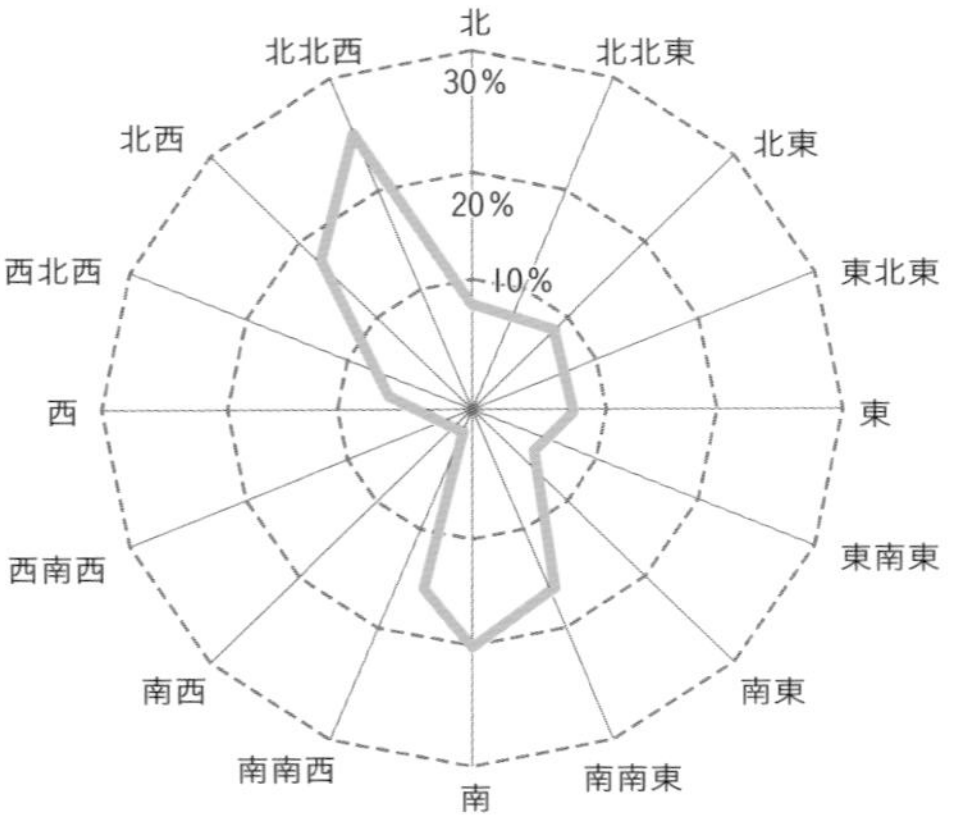

北
北北東
北東
東北東
東
東南東
南東
南南東
南
南南西
南西
西南西
西
西北西
北西
北北西
30%
20%
10%

卓越風（たくえつふう）

ある地域、ある季節に吹く一定方向からの頻度の高い風のこと。

重力換気（温度差換気）

煙突の原理と同じで、建物の内と外、室内の温度差などによって生まれる空気の浮力を利用して換気を促すこと。温度差換気ともいいます。

風（空気）の粘性

空気や水、油のような気体や液体がもつ粘る性質のこと。空気には粘性があるため、風が流れる際には壁や天井などの表面にまとわりつきながら流れていきます。コップの水をかき混ぜると、水が回転するのは粘性によるものであり、空気も同じ性質があると考えればわかりやすいです。通風を考えて間取りを計画する際、重要な風の性質です。

剥離（はくり）

風は壁などの物体に沿って流れる性質をもっていますが、壁などが途切れる所で風が剥がれて流れるようになります。このような現象を剥離といいます（図2）。壁や屋根などから風が剥離すると、そこに負圧（引っ張る力）が生まれるのでこの力を活かし通風を促すことができます。

剥離 図2

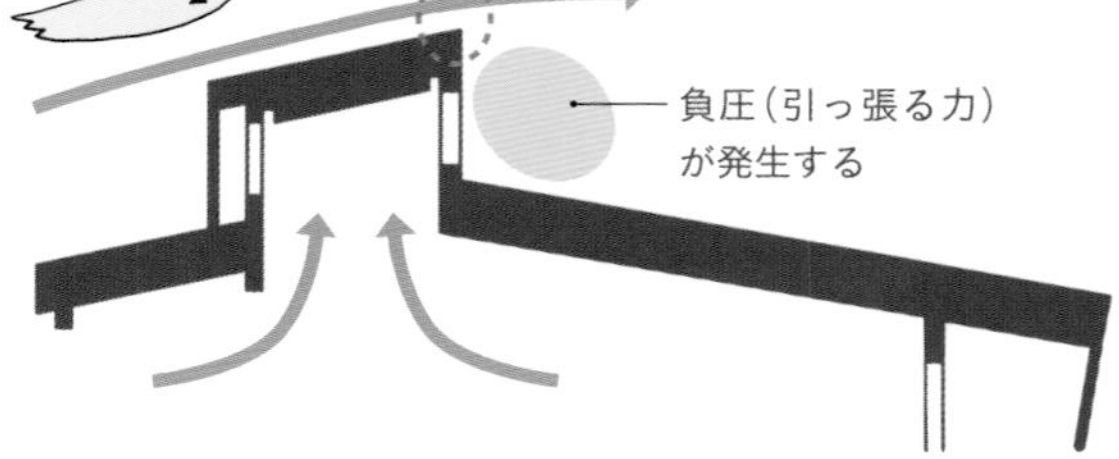

剥離
負圧（引っ張る力）
が発生する

3

第3章

Evidence 根拠

住まいの風と快適な温熱空間を科学する

~風の気持ちよさ、積極的快適性を検証する~

Evidence.
01

温熱快適性への取組みと日本建築の「開く技術」の可能性

いまだ発展途上にある温熱快適性への取組み

紀元前に古代ギリシャのアリストテレスが熱や湿度の概念を提唱してから、現在までに2千年余りの年月が経過しました。その間に温度の概念も定量化、つまりはおおむね数値で表されるようになりました。建築物に空気調和機、いわゆるエアコンが導入され始めたのは、温度や熱の歴史の中では比較的最近の話です。これと並んで温熱快適性の研究が本格化し始めました（**図**）。

昨今、体感温度指標の一つである標準新有効温度SET*※（エス・イー・ティー・スター）によって、室内の温熱快適性は飛躍的に向上したといっても過言ではありません。SET*は、気温だけでなく湿度や風速などが人体の感覚に及ぼす影響を考慮した体感温度指標です。人の感覚を非常によく捉えられる指標として使われています。例えば風が吹いている環境では人は実際の気温よりも寒く感じますが、SET*はこの風の影響を考慮するので気温よりも低く算出されます。SET*はとても有用ですが、使い方を間違えると問題も生じます。

冬期のエネルギー効率を重視した昨今の日本では、これまでの通気性のよい日本の伝統建築のよさを置き去りにし高気密・高断熱住宅を重視したことで、シックハウス症候群の問題が顕在化しました。それを受けて平成15年建築基準法改正で、24時間換気システムの取り付けが義務化されましたが、機械を動かすには電力が必要で、省エネ性に欠ける短所があります。

そこで近年では、自然の力をうまく利用したパッシブデザイン住宅が注目を浴びています。SET*は、主にオフィスのような静穏な環境を対象としていることから、パッシブデザイン住宅のような自然に近い温熱環境を評価・設計するには正しい知識や指標が必要となってきています。

日本建築は「開く技術」で高温多湿気候に対応してきた

日本の古民家は通気性がよく（悪くいえば気密性がない）、夏を過ごしやすくする工夫が多く取り入れられています。屋根はぶ厚い茅葺きで太陽の熱を遮るようにできています。また、深い庇《ひさし》は居住域への直達日射が差し

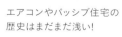

込むのを避ける役割も担っています。柱と梁を骨組みにした建築構法は、大きな開口部を取りやすく、換気・通風を確保しやすくしています。それでも足りない場合は、簾《すだれ》や打ち水をして快適な生活をつくってきました。これらの「開くための工夫」はすべて温熱快適性を向上させる目的があり、経験的に得られてきた先人たちの知恵です。

一方、戦後の日本建築は、いわば殻にこもるようにして、居住域の空気は機械的に制御することで快適性を得るようにつくられてきました。「開く技術」と「閉じる技術」のどちらにもメリット・デメリットがあります。その選択は現在多くは、建築主に委ねられますが、どちらを選択するにしても、きちんとした理論をもとに計画しなければ快適な環境は達成されません。

第3章では、特に住まいの「開く技術」による快適な温熱環境について解説しています。

人類の温度や熱に関する取組みの歴史的変遷 | 図

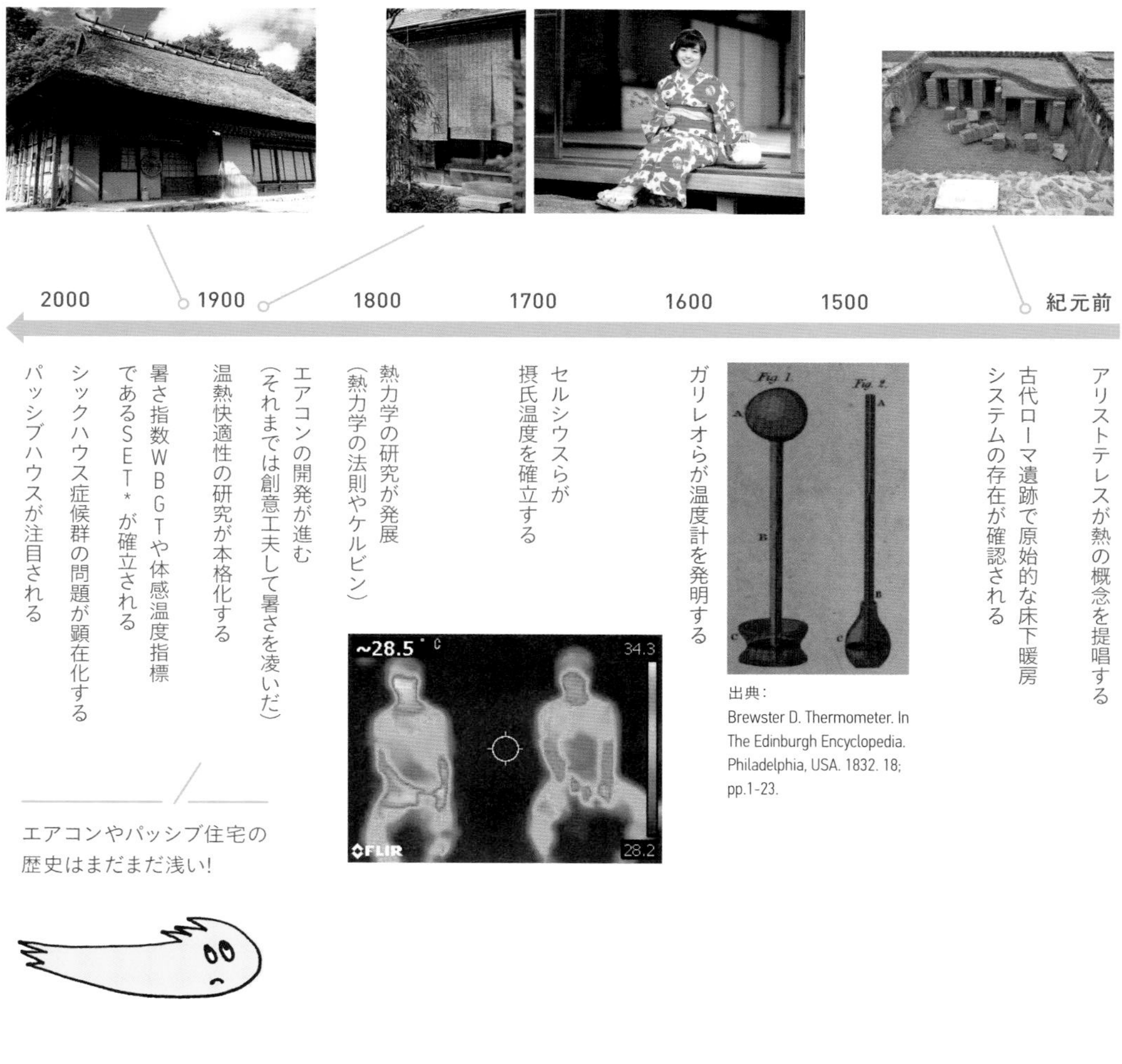
2000
1900
1800
1700
1600
1500
紀元前
アリストテレスが熱の概念を提唱する
古代ローマ遺跡で原始的な床下暖房システムの存在が確認される
ガリレオらが温度計を発明する
Fig. 1
Fig. 2
A
B
C
セルシウスらが摂氏温度を確立する
熱力学の研究が発展（熱力学の法則やケルビン）
エアコンの開発が進む（それまでは創意工夫して暑さを凌いだ）
温熱快適性の研究が本格化する
暑さ指数WBGTや体感温度指標であるSET*が確立される
シックハウス症候群の問題が顕在化する
パッシブハウスが注目される
~28.5 °C
34.3
28.2
FLIR
エアコンやパッシブ住宅の歴史はまだまだ浅い！

出典：Brewster D. Thermometer. In The Edinburgh Encyclopedia. Philadelphia, USA. 1832. 18; pp.1-23.

※：SET*（standard new effective temperature：標準新有効温度）。気温、湿度、風速（0.1m／sを基準）に加えて放射の影響も考慮した人が感じる暑さ、寒さの感覚を表す指標。温熱4要素に加えて作業量、着衣量も考慮した指標でもある

Evidence.
02

人の温熱快適性を決定づける「6つの要素」とは？

人が感じる温熱快適性は複雑で、さまざまな要因が重なった結果として、暖かいや涼しいといった感覚がアウトプットされます。しかし、図に示すように、人の温熱快適性を決定づける代表的な要因は6つであり、それさえ覚えてしまえばあまり難しく考える必要はありません。これらの要素を「温熱6要素」と呼んでいます。

①気温

なじみ深い物理要素で、気温が高いと暑く感じ、低いと寒く感じます。

②湿度

これもなじみ深い物理要素で、湿度が高いとジメジメと暑く感じ、低いとカラッと涼しく感じます。

③放射温度

最もわかりやすいのは、例えば太陽の光です。焚火が温かいのもこの放射温度が高いからです。この放射温度については、軽視すると痛い目をみます。例えば夏場で断熱性の低い住宅は、天井面や窓から入った日光で温められた床面の温度が高くなり、知らず知らずのうちに放射温度が高くなっていることがあります。夏季の住宅では、これが上がらないようにするため、壁や窓の断熱性能を向上させる必要があります。

④風速

風が吹けば涼しく感じます。涼しく感じるには風の量ではなく、風の速さが重要です。

⑤代謝量

筋肉は運動することで熱を発生します。運動量が増えると代謝量、すなわち生成される熱が増え、暑さを感じるようになります。

⑥着衣量

洋服を着ると熱抵抗が上昇し、体温を保持できるため、温熱快適性に影響を与えます。

「温熱6要素」が複合的に人の感覚へ作用している

これら6つのすべての要素は、人体と環境の熱交換に影響を及ぼします。「温熱6要素」からいえるのは、人や状況によって快適性に必要な環境が異なるということです。

例えるなら、女性に比べて筋肉が多く代謝量が高い男性には、強くて涼しい風が適しているように、6つの要素が複合的に人の感覚へ作用していることを考慮する必要があります。

人の温熱快適性を決定づける「温熱6要素」 ｜ 図

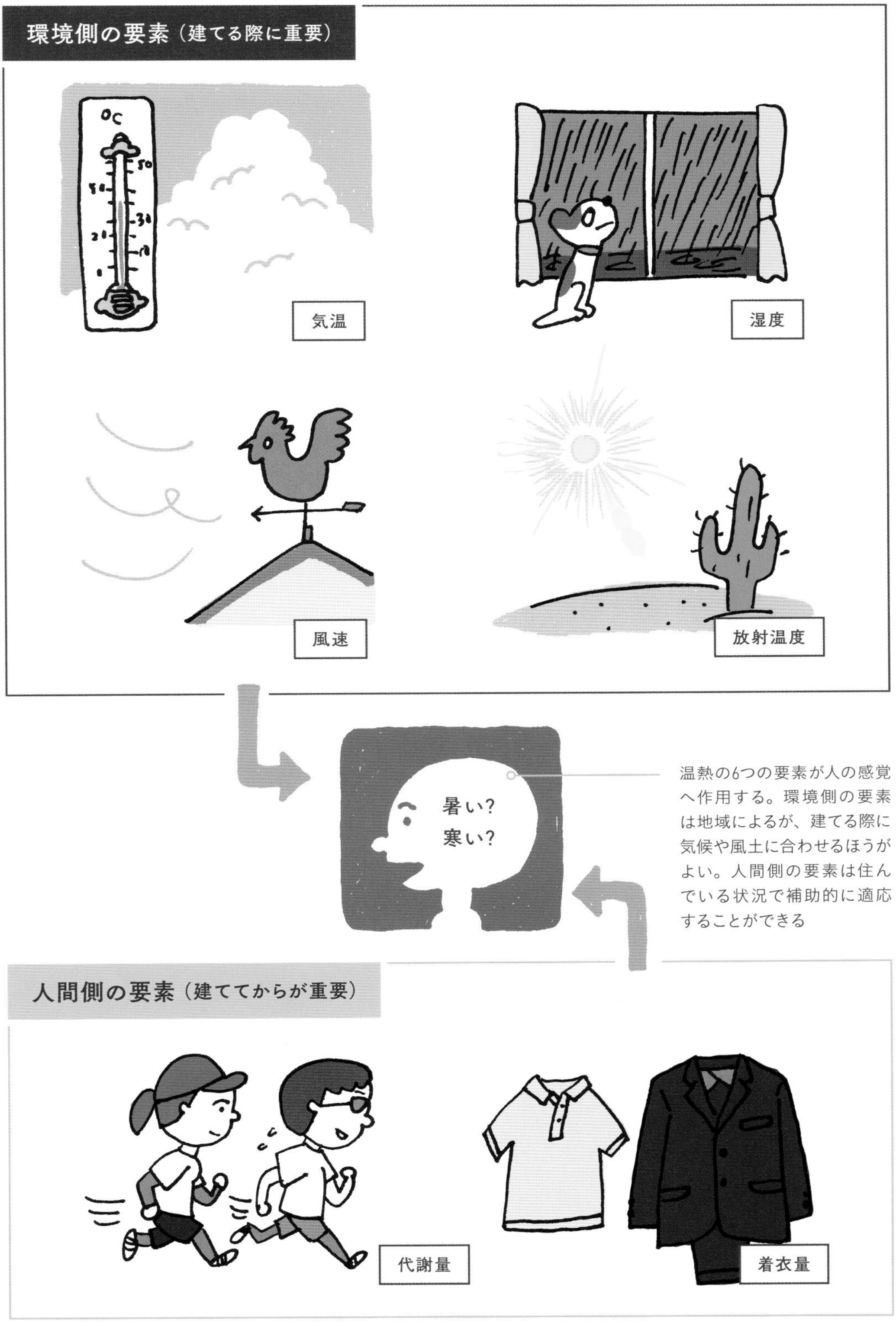

環境側の要素（建てる際に重要）
0C
気温
湿度
風速
放射温度
暑い？
寒い？
温熱の6つの要素が人の感覚へ作用する。環境側の要素は地域によるが、建てる際に気候や風土に合わせるほうがよい。人間側の要素は住んでいる状況で補助的に適応することができる
人間側の要素（建ててからが重要）
代謝量
着衣量

Evidence.
03

人体周辺には対流、放射、蒸発の3種類の熱がある

熱は温度が高い所から低い所へ流れる

熱とは、人間が決めた物理的ルールで、温度が高い所から低い所へ流れると定義されています。一般的には、温度差が大きいほど流れる熱は大きくなります。気温が高いほど暑く感じるのは、人と空気の温度差が小さくなり、体の熱を逃がせなくなるからです。

熱の伝わり方は4種類

熱の伝わり方は対流、放射、伝導および蒸発の4種類に分類されます。このうち対流、放射、伝導の3種類は顕熱に、蒸発は潜熱に分類されます。顕熱と潜熱は簡単にいうと、状態変化（液体の水が気体になるなど）を伴うかどうかです（顕熱は状態変化を伴わず、潜熱は伴う）。

人体周辺の熱は3種類で熱のやりとりが発生

図は、人体周辺の熱のやりとりを示したものです。人体周辺の熱は3種類に分類されます（本来は4種類ですが、伝導による熱は接地面が小さい場合、無視されることもあるため3種類としました）。

①対流

空気などの流体によって伝わる熱は「対流」と呼ばれ、流体の温度や速さ、すなわち風速の影響を受けます。風が強いと涼しいや寒いと感じるのは対流による熱の放出が大きくなるからです。

②放射

物体は熱に応じて電磁波を放出しています。「放射」はこの電磁波などによって伝わる熱のことで、太陽の日差しが代表的なものです。放射による熱は物体間の距離が遠くなるほど小さくなります。太陽の表面温度数千℃の熱が地球に住む人にはポカポカでちょうどよいのは、地球と太陽の距離がとても遠いからです。物体間に他の物体があると遮蔽されるのも放射熱の特徴です。

③蒸発

水（人体の多くの場合は汗）が蒸発する際に気化熱を奪います。これは「蒸発」による潜熱と呼ばれます。汗をかいている場合に、吹いてくる風

人体周辺における熱のやりとり | 図

放射:R
壁温や太陽とやりとり
対流:C
気温とやりとり
蒸発:E
湿度とやりとり
代謝:M
熱
熱
熱
汗腺

風が吹いて涼しいと感じるのは、対流や蒸発による放熱が増えるから

は汗がないときの熱に比べて約16倍の放熱効果があるともいわれています。湿度が高いと暑く感じるのは、汗が蒸発せず、蒸発による放熱ができなくなるからです。

体内の熱を保持または放出する必要がある

これら人の周囲の3種類の熱バランスによって、人は体内の熱を保持または放出する必要があるのです。

Evidence. 04

住まいの快適性を体感温度指標で評価すると……

風速、断熱性能の違いによる体感温度と快適域の変化 | 図1

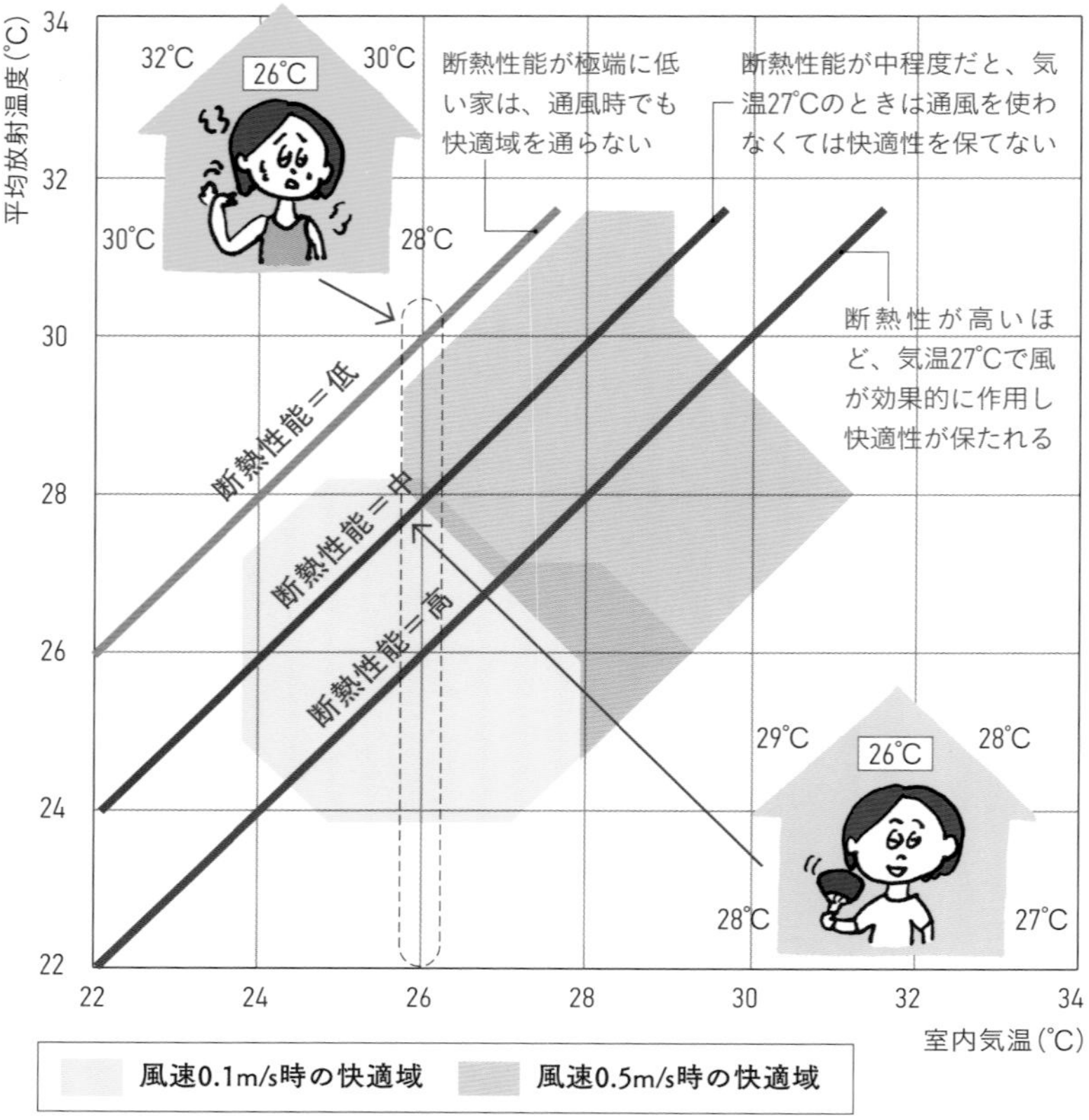

平均放射温度(℃)
室内気温(℃)
34
32
30
28
26
24
22
24
26
28
30
32
34
32℃
26℃
30℃
30℃
28℃
断熱性能が極端に低い家は、通風時でも快適域を通らない
断熱性能が中程度だと、気温27℃のときは通風を使わなくては快適性を保てない
断熱性が高いほど、気温27℃で風が効果的に作用し快適性が保たれる
断熱性能＝低
断熱性能＝中
断熱性能＝高
29℃
26℃
28℃
28℃
27℃
風速0.1m/s時の快適域
風速0.5m/s時の快適域

エアコンで同じ室内気温に設定しても、断熱性がしっかりしていない住宅では壁や天井の温度が高くなり、快適になりにくい。断熱性能が高いと少しの風で快適になりやすい

体感温度指標SET＊で快適域を算出する

前述のように、室内の温熱環境を簡単に評価するのにさまざまな指標があり、その一つが作用温度です。これは、人体の温熱快適性に重要な対流と放射による熱を考慮するため、気温と壁の放射温度および風速の3つの影響を考慮して算出します。体感温度に近いものですが、湿度の影響を考慮していないという問題点もあります。とはいえ、作用温度は室内の断熱性を評価するにはわかりやすく、使い勝手もよいことから、覚えておくとよいでしょう。

繰り返しになりますが、温熱環境指標の代表である標準新有効温度SET＊（エス・イー・ティー・スタ

温熱環境とパッシブ・アクティブ効果の関係 | 図2

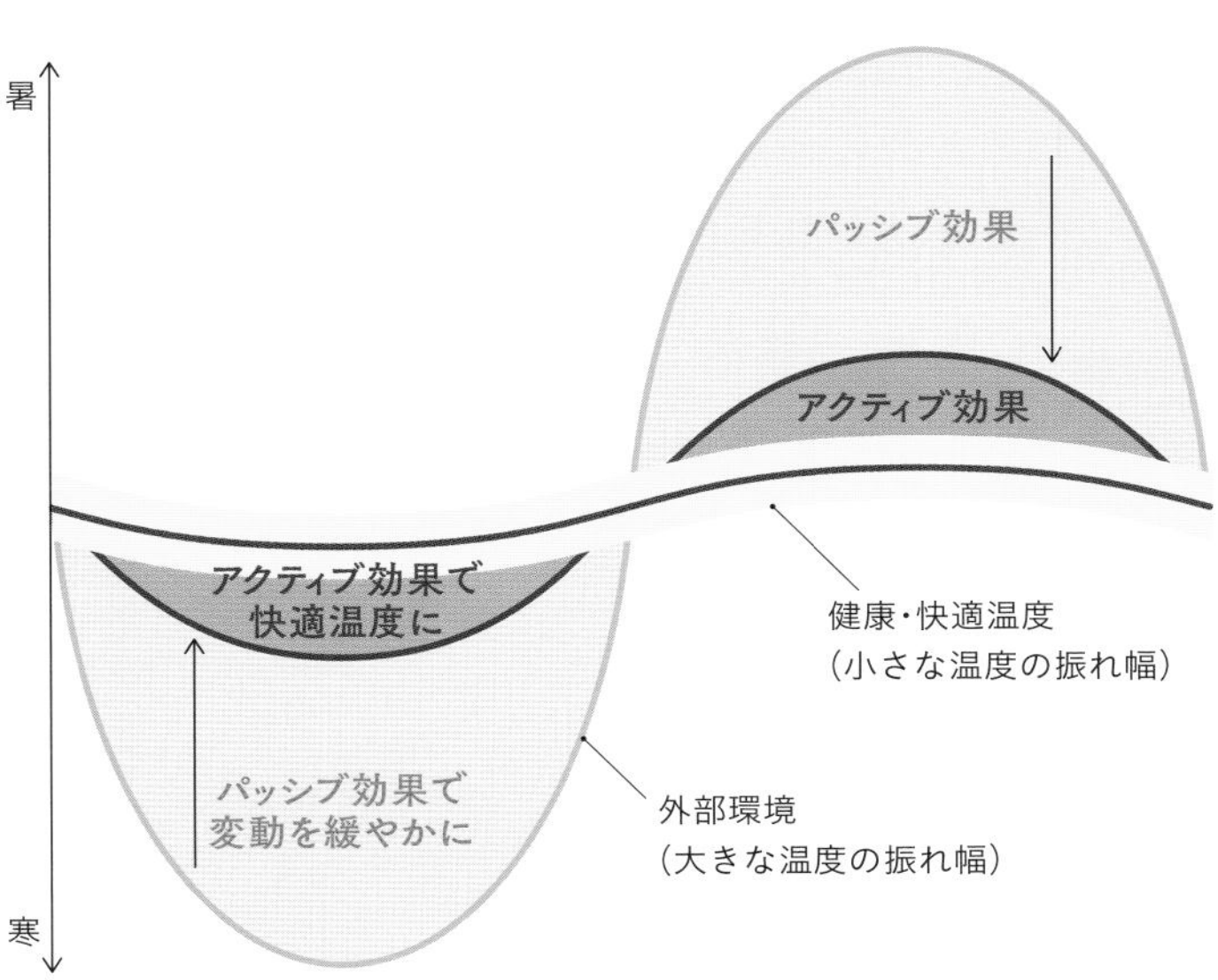
暑
寒
パッシブ効果
アクティブ効果
アクティブ効果で
快適温度に
パッシブ効果で
変動を緩やかに
健康・快適温度
（小さな温度の振れ幅）
外部環境
（大きな温度の振れ幅）

ー）は、気温だけでなく放射温度や湿度および風速などが人体の感覚に及ぼす影響を考慮した体感温度指標です。人の感覚を非常によく捉えられる指標として使われ、例えば風が吹いている環境では実際の気温よりも寒く感じることから、ＳＥＴ＊は気温よりも低く算出されます。

そこで、ＳＥＴ＊を用いて、風速の有無および断熱性能の高低による住まいの快適域を算出しました（図１）。快適域は国際標準に基づき決定しました。

断熱性能が高いほど快適空間を生み出しやすい

結果は、断熱性能が極端に低い家は、図１の橙色の線のようになり、通風時でも快適域を通りません。断熱性能が中程度だと赤色の線となり、気温27℃のときは風速0.5ｍ／ｓ時の通風を使わなくては快適性を保てません。断熱性が高いほど茶色の線に近づき、気温27℃でも風が効果的に作用し快適性が保たれます。つまり住まいの断熱性が高いほど、通風を利用できる環境条件が広くなるのです。

断熱性能基準として外皮平均熱貫流率U_A値があります。U_A値は建物内外の温度差を1℃としたとき、内部から外界へ逃げる単位時間あたりの熱量（換気による熱損失を除く）を外皮等面積の合計で除した値、と定義されています。

つまりU_A値は建物から逃げていく熱量ですので、小さい値の方が建物の断熱性能は高いことになります。U_A値が小さい建物ほど快適住空間を生み出しやすいといってもよいかと思います。

パッシブ制御の不足をアクティブ制御で補う

さらに、住まいの環境をよくする手法には大別してパッシブ制御とアクティブ制御があります。前者は断熱性能を向上させたり、自然換気を促したりすることです。一方、後者は設備などを用いて強制的によい環境をつくり出すことです。パッシブ制御で足りない部分をアクティブ制御で補うことで、快適な環境をつくり出すことが理想的であるといえます（図２）。

Evidence.
05

夏の家は断熱と放熱で制御する

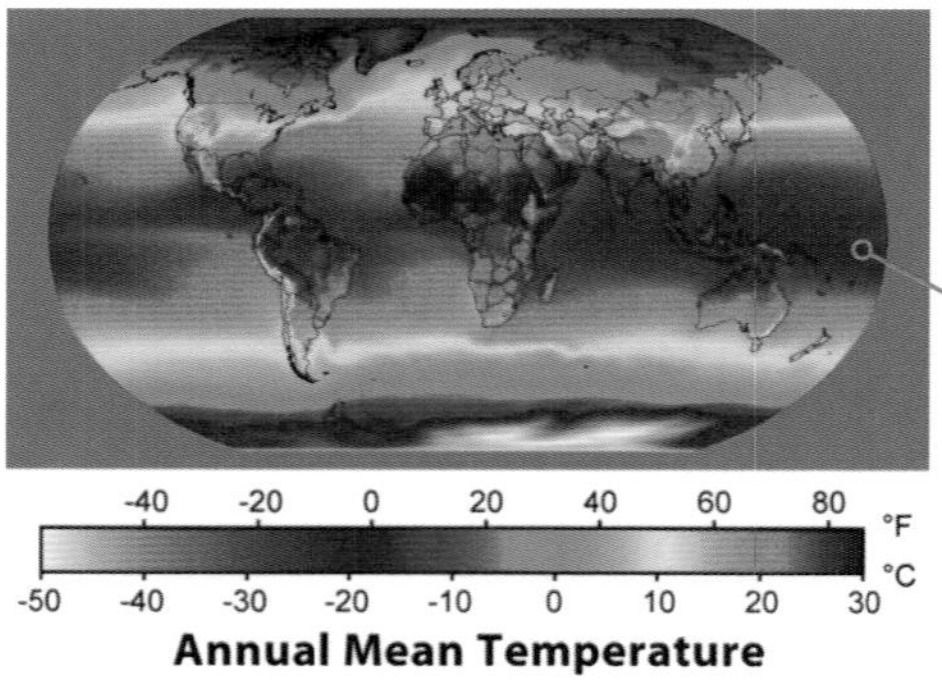
赤道付近は太陽の影響で気温が高い

地表面の平均気温分布 図1

出典：ウィキメディア・コモンズ

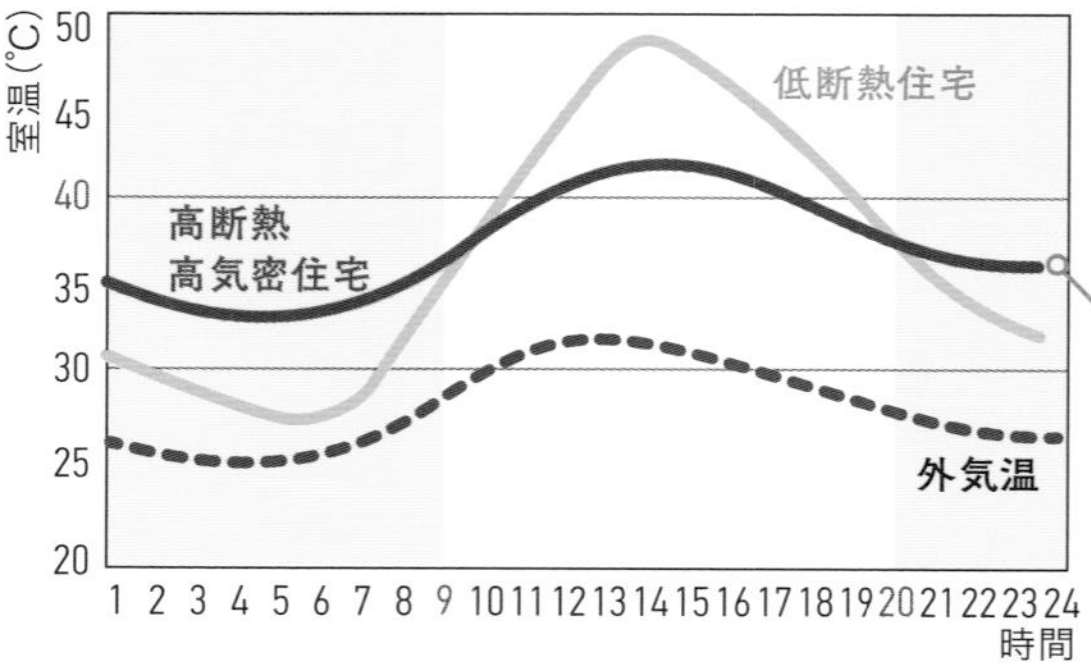

高断熱と低断熱住宅の気温変化のイメージ 図2

日差しをいかに遮るか

気温は毎日の天気予報でも必ず示され、われわれにとって暑さや寒さを説明する最もわかりやすい物理的要素です。気温は当然ながら、緯度との相関性が表れることから、太陽の影響を強く受けます（図1）。これは地球規模でも個々の建築でも同じで、日差しをいかに遮るかが夏の気温の上昇を抑える有効な手段なのです。

高断熱と高放熱がカギ

断熱性能が高い家は居住環境としてとても優れている、というネット上の記事やメディアの報道を見かけます。さまざまな技術が発展した今日では、これは誤りでもありませんが全く正しいとも言い切れません。

図2をみるとわかりますが、高断熱住宅は低断熱住宅に比べて室内の気温の変化が小さくなります。昼間のピークは軽減されているのは確かですが、家に溜まった熱は高断熱なので夜になっても放出できないのです。つまり、高断熱住宅とは、使い方を間違えるとかえって消費エネルギーが増えてしまうのです。そこで必要となってくるのが、住宅の放熱性能、すなわち換気や通風によって熱を逃がす技術です。

夏の昼間の室内気温は、一般的に日差しなどを受けて外気温よりも高くなります。高断熱によって日差しを遮り、気温の上昇を防いだうえで、室内に溜まった熱を換気で放出できれば、気温の制御は思いのままになるというわけです。

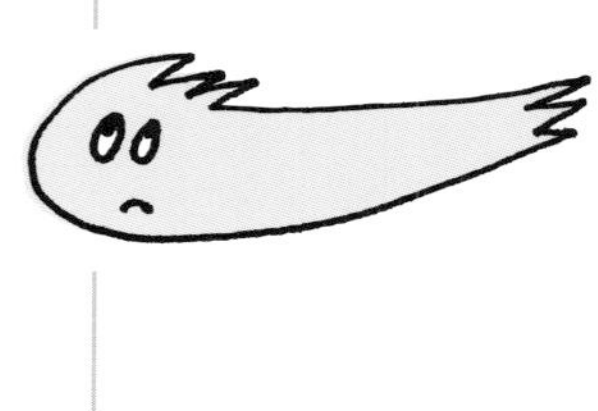

Evidence. 06

夏を快適に過ごすにはまずは日射遮蔽が肝心！

夏の直射日光や照り返しに注意｜図

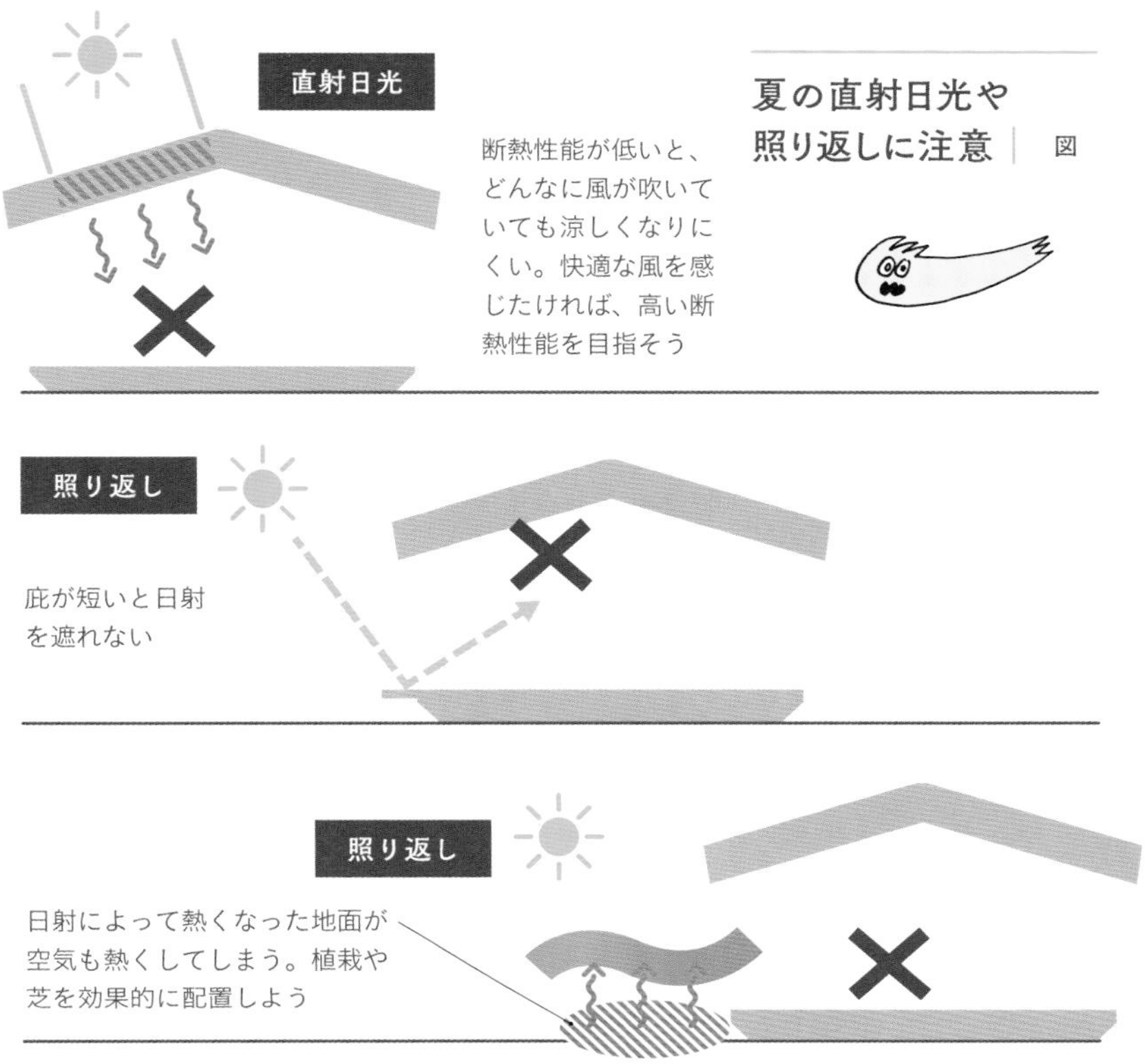
直射日光
断熱性能が低いと、どんなに風が吹いていても涼しくなりにくい。快適な風を感じたければ、高い断熱性能を目指そう
照り返し
庇が短いと日射を遮れない
照り返し
日射によって熱くなった地面が空気も熱くしてしまう。植栽や芝を効果的に配置しよう

物体の表面温度に注意

放射熱を左右するのは、物体の表面温度です。太陽が、遥か1億5千万km離れた地球まで日射による熱を届けられるのは、太陽の表面温度が6千℃と非常に高温だからです。

夏の日差しを遮らないと室内の気温上昇を招く

日射は年平均で単位面積あたり約100W以上であり、10㎡で電気ストーブ1台分ほどに達します。日差しを遮らない場合は夏の室内の気温上昇を招いてしまいます。前頁の図のように低断熱住宅では、屋根面が暑くなり、室内の気温上昇を招きます。また、夏ではデッキなどの照り返しにも気を付ける必要があります。

植栽などで日差しを遮る

建物の南面に大きな開口を設ける場合には、日射によって地面が暑くなり、その地面によって空気が温められてしまうため、庇や植栽などで日差しを遮る必要があります。植栽を計画的に実施すれば、日差しを遮蔽するだけでなく、植物の蒸散や土の利用によって、気温や地表面温度を低下させることができ、建物が取得する熱を減らすことにつながります。

夏の快適性という観点からは、北側の窓も有効です。日差しの当たらない北側から風を取り込めば、換気や通風を有効に活用できます。夏を自然の風で快適に過ごすためには、しっかりと日射遮蔽を行う必要があるのです（図）。

Evidence.
07

快適住環境の計画づくりに有効な測定機器・方法

気温の測定機器

各種センサー技術が発達した現在、気温の測定にはさまざまな機器が使用されています。アナログ式では水銀やアルコールの温度による膨張を利用した温度計や、金属の膨張を利用したバイメタル式温度計があります。本書では、デジタル温度計の利用をおすすめします。

写真は、TandD社の温湿度計「おんどとり」です。これは温度計としては高価ですが、温度だけでなく湿度も同時測定が可能です。測定データはクラウド上に保存され、離れた場所や過去の記録をいつでも見ることができます。それにより、計画段階のデータ収集から竣工後のフォローもしやすいのがメリットです。

放射温度の測定機器

近年ではサーモカメラと呼ばれる、熱の波長を可視化する測定機器があります。視覚的な情報から細部の温度まで測定が可能であり、日射の影響が一目でわかります。夏季に温熱快適性を最も悪化させる要因として日差しがありますが、サーモカメラで測定すれば、植栽計画や通風経路の設計に役立てることができます。

風速計を使わない方法

風の測定は風速計を利用することが理想ですが、風速計を使わずとも可能です。ティッシュ1枚で、建物への風の出入りや、ある程度の風の強さまでもわかります。この方法で情報を知るだけでも、設計に役立てる

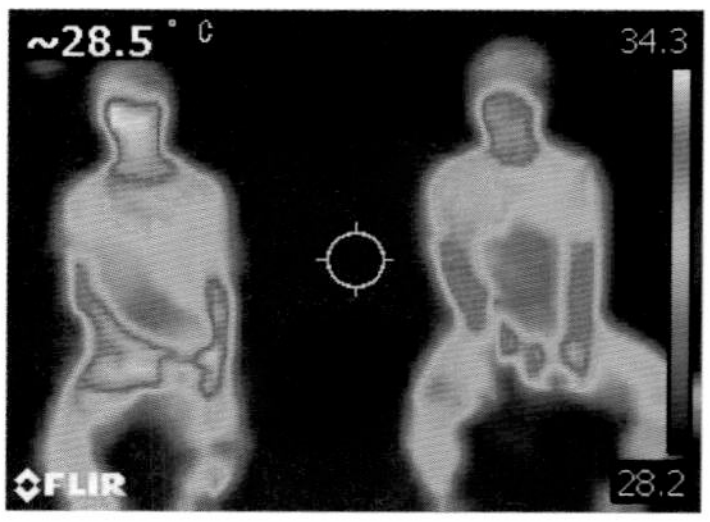

熱の波長を測定するサーモカメラなら細部の温度まで可視化できる

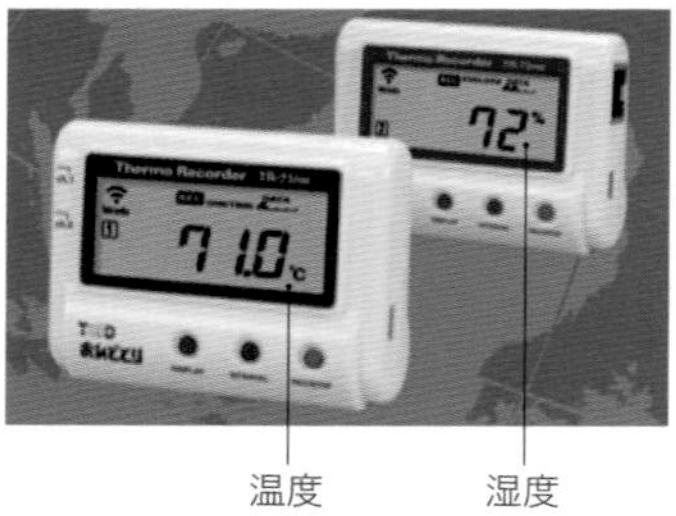

温度だけでなく湿度も同時測定できるTandD社の温湿度計「おんどとり」
出典: TandD社HP

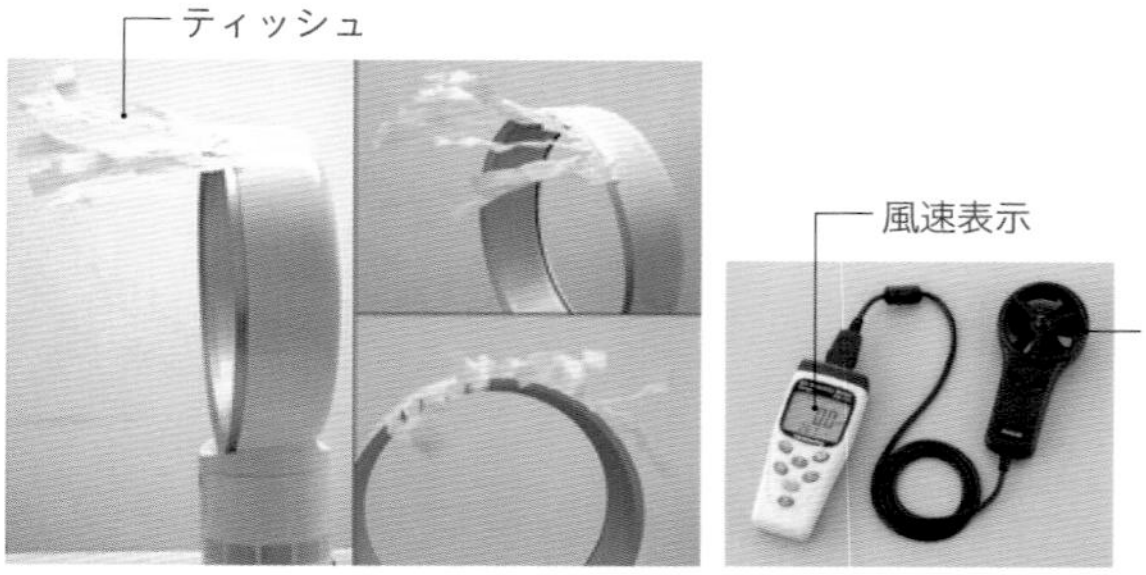

風の測定は風速計を使わずともティッシュ1枚でもできる

ことは可能なはずです。

気象庁観測データの活用

気象庁の観測データを使用することもおすすめします。全国２千箇所以上で測定されており、現場から最も近い観測地点の測定データを選んで閲覧およびダウンロードが可能になっています。データは年毎、月毎、日毎など、自分の使用目的にあわせた閲覧ができるようになっています。これにより、現地調査の前に現場の気候条件が簡易的にわかり、まさしく気候風土にあわせた住宅設計ができる第一歩になります。

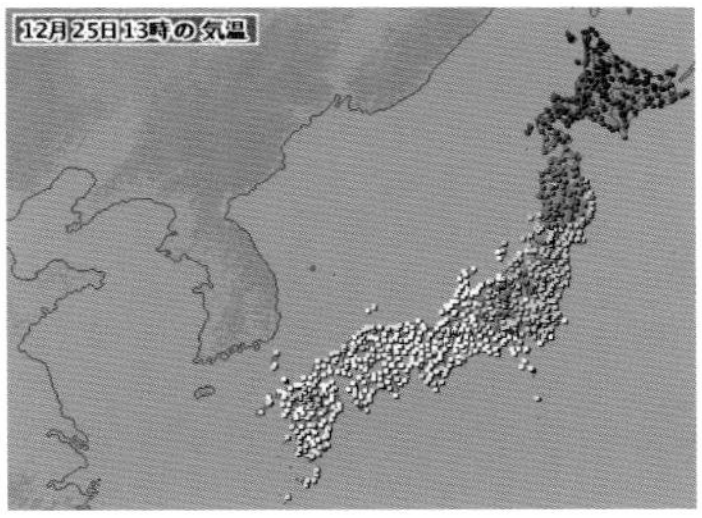

気象庁の「アメダス」で検索することで全国の気象を容易に参照できる
(http://www.jma.go.jp/jp/amedas/)

COLUMN 3

サーマルマネキンで人体周辺の熱の流れを測る

皮膚温度や放熱量も疑似的に測定可能

住まいの温熱快適性の検証には熱の流れを調べることが重要ですが、被験者実験では費用や時間、人的負担が大きくなってしまいます。そこで**写真**のサーマルマネキンと呼ばれる装置を利用することで、容易に人体周辺の熱の流れを測定できます。

発熱装置や温度センサーを内蔵

サーマルマネキンは、内部に発熱装置や温度センサーを有しており、疑似的な皮膚の温度と放熱量が測定可能です。当初は衣服の熱抵抗を測定する目的で開発されましたが、近年では周囲環境の温熱快適性を評価するためにも使用されています。

写真のサーマルマネキンは発汗も可能で、風によって汗が蒸発するときの放熱も測定でき、夏の通風環境の評価に適しています。

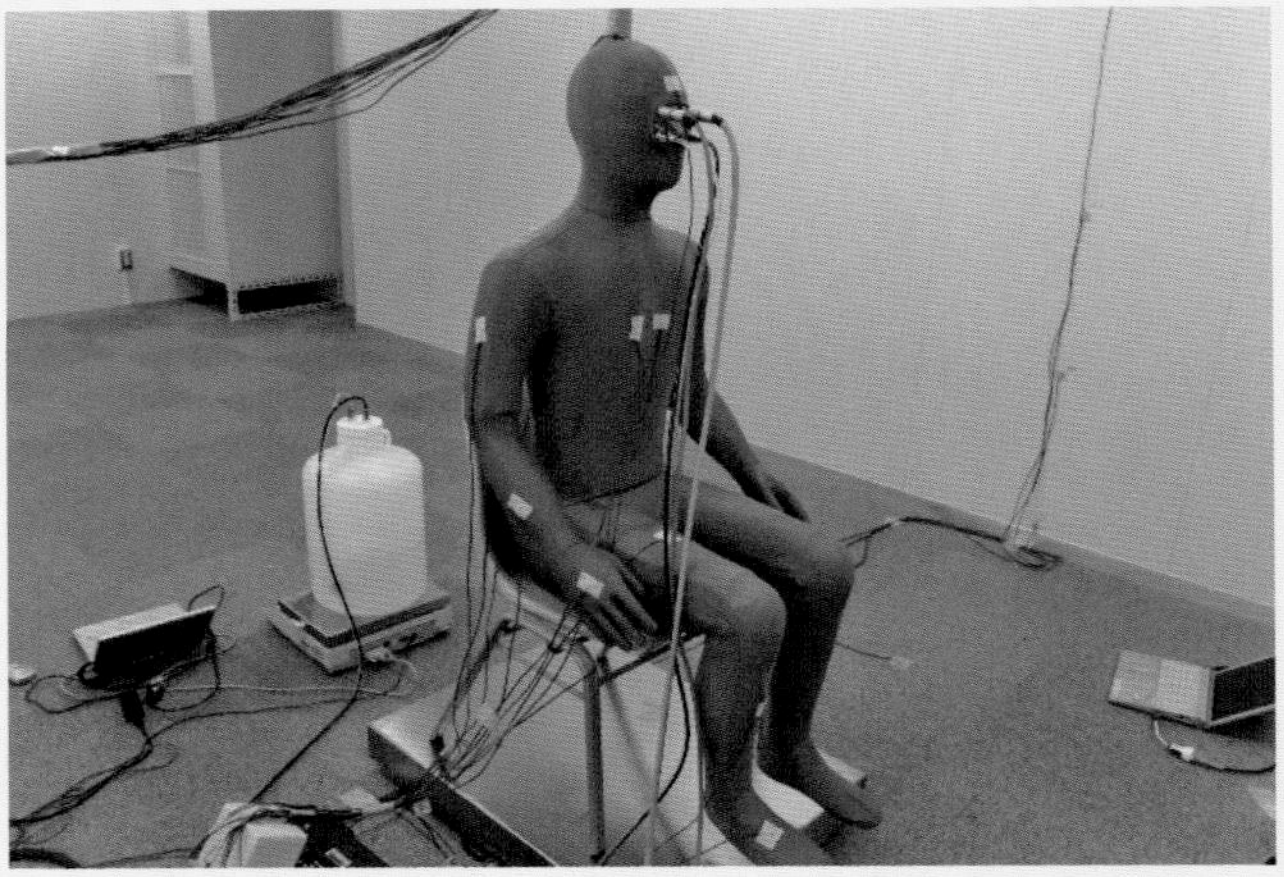
写真のサーマルマネキンは発汗も可能で夏の通風環境の評価に適している

Evidence.
08

住まいにベストマッチな風を計画する

風は状況次第で快適にも不快にもなる｜図1

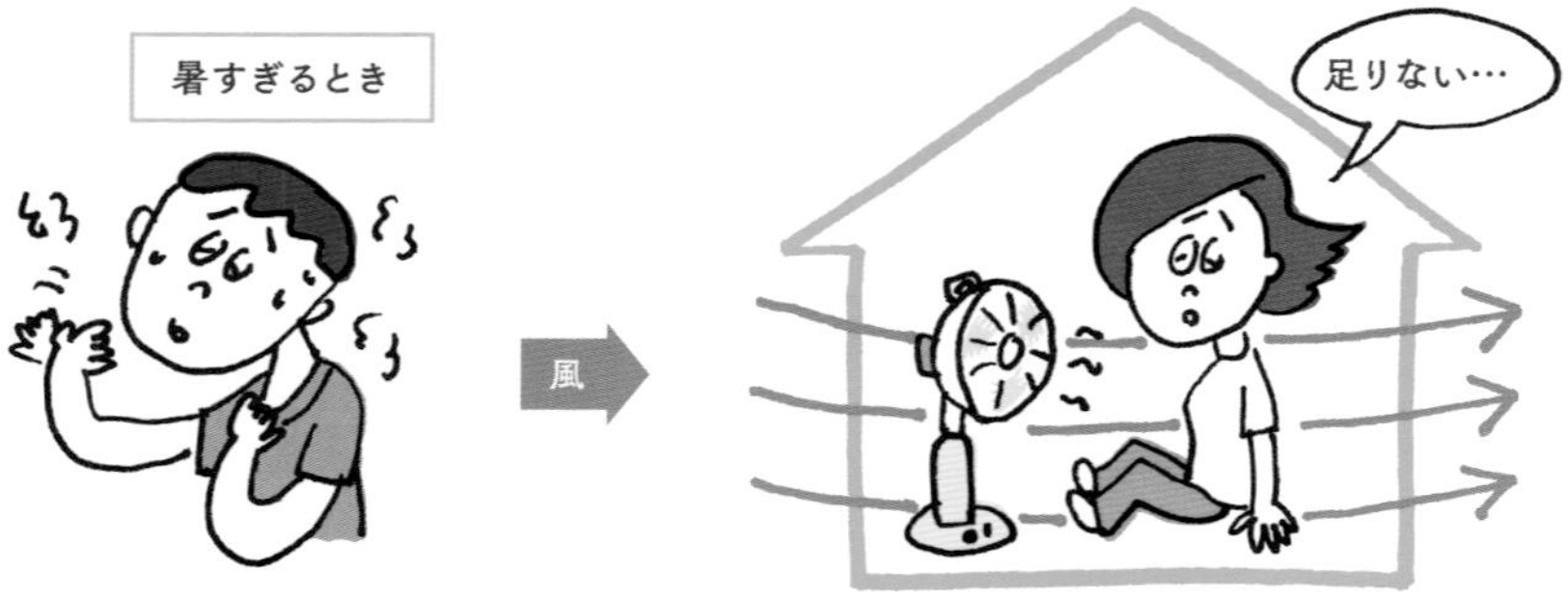
暑すぎるとき
風
足りない…

暑すぎるときは扇風機の併用や、無理せずに窓を閉じてエアコンの利用も

少し暑いとき
風
気持ちいい！

ベストマッチな風が気持ちいい

暑くないとき
風
風があると寒い！

夜など暑くないときは少しの風でいい

人体に関する熱の流れの収支はゼロ

人体に関する熱は、体の中から代謝で発生した熱（収入）と、対流や蒸発などによって放出（支出）されていく熱の2種類に分類できます。これらは、エネルギー保存の法則により、収支はゼロとならなければなりません。エネルギー保存の法則は、貯熱がなければエネルギーの総量は変化しないというもので、発生した熱は必ずすべて放出されることを意味します。

そこで、ある環境において、代謝が10だったのに対して、対流による熱が3、放射による熱が4、蒸発による熱が3だったとします。このような

風が吹くと涼しく感じる理由 ｜ 図2

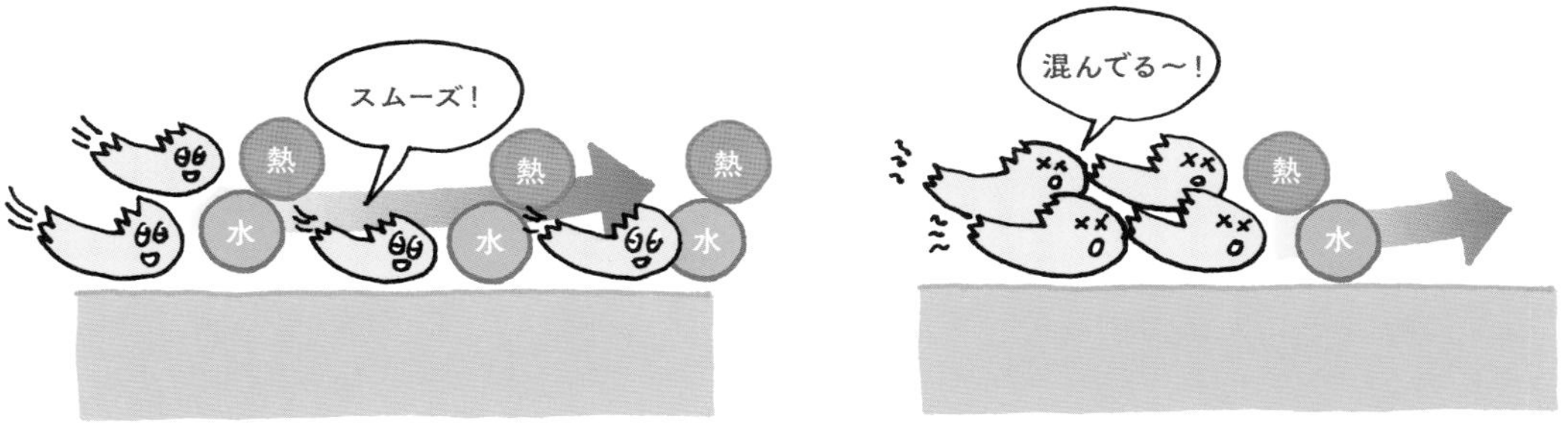

風が吹くと人体周辺の熱や水蒸気の移動が活発になり、空気に熱が伝わりやすくなる

人体周辺の熱や水蒸気が混み合って移動できず、空気に熱が伝わりにくい

とてもバランスの取れた環境に思えるところでも、もし風が吹いてきたなら人は寒く感じてしまいます。

一方で、気温や壁温がとても高く、対流と放射による放熱ができない場合では、人体は汗を大量にかいて蒸発を大きくします。このような状況では、風で快適にすることは不可能に近く、熱中症を避ける意味でもエアコンを使うべきです（図1）。

気流の流れで涼しく感じる

次に、風が人の体から熱を奪うメカニズムについて触れておきます。

風が吹くと涼しく感じる理由は、人体周辺の空気がよく混ざり、空気に熱が伝わりやすく（この熱の伝わりやすさを対流熱伝達率といいます）なることで、熱や水蒸気の移動が活発になるからです（図2）。

熱い飲み物を冷やすために中身をかきまぜたり、ふうふうと息を吹きかけたことはあるでしょう。前者は液体の熱を伝わりやすく、後者は周りの空気の熱を伝わりやすくしているのです。

夏でも風速2mで快適な室内環境

熱の伝わりやすさは、おおむね風の速さで決まります。夏に通風で快適な環境をつくりたい場合は、風量だけでなく、風速を速くする必要があります。われわれの研究結果では、気温が32℃程度と比較的高い環境の中では、風速は毎秒2mほどで快適な環境となることがわかっています。これについては次頁で詳しく解説しています。

快適な風をデザインするには適切な風を取り入れる

このように、快適な風をデザインするには、現場の状況をしっかりと見据えて、思い通りの環境条件をつくれる家づくりをしたうえで、適切な風を取り入れることが重要です。

Evidence.
09

被験者実験で風の気持ちよさを評価する

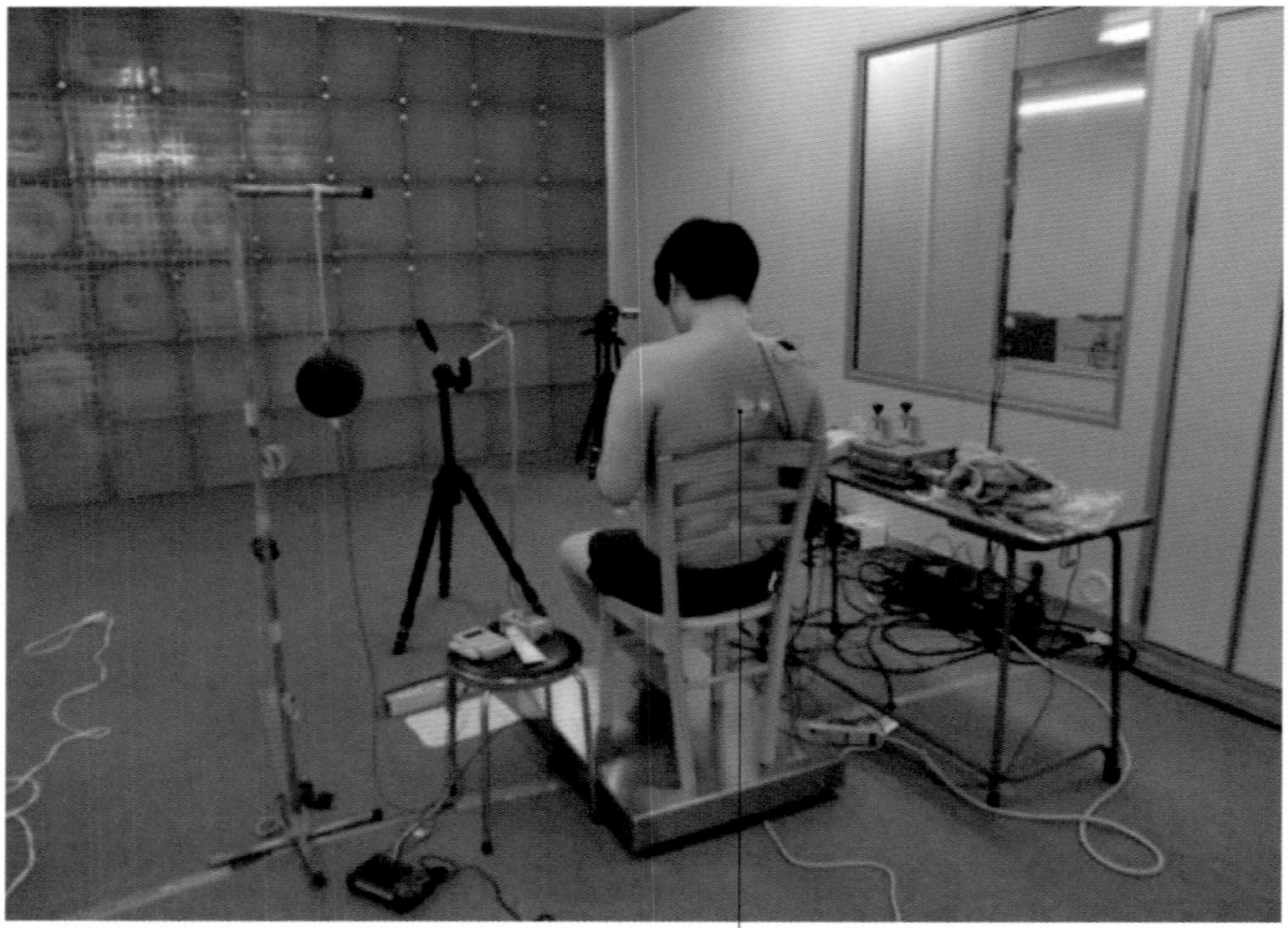

写真｜通風型人工気候室において被験者実験を実施。正面の48台のファンから風が吹いてくる

人に快適な風とは

人に快適な風を明らかにするために、われわれは通風環境の評価の第一歩として、通風型人工気候室における被験者実験を行いました（**写真、図1**）。

実験条件は、気温が28℃・30℃・32℃の3パターンで、風速がステップ的に上昇した場合としました。また風速は大・中・小の3パターンです。気温毎に風速の数値がやや異なるのは、人から奪う熱を同じにするようにしたためです。

気温32℃なら風速2mが最も気持ちよい

結果は、気温が32℃と比較的高い環境の中では、風速は書類が飛ぶほどの2m／sで吹いてきた時が、最も気持ちよさの評価が高くでました（**図2**）。また、他にも興味深い結果がありました。それは気温が30℃の場合では、風速が1.3m／sでも、2.0m／sでも気持ちよさの評価の結果はあまり変わらない、というものでした。

気温30℃なら風速1.3mでも十分

この実験では衣服の影響を無視するために下着のみで実験を行いましたが、気温30℃のときは風速が1.3m／sで十分であることがわかり、書類が飛ぶほどの2.0m／sの風速を設定しなくてもよいことがわかりました。

風の気持ちよさの被験者実験条件

図1

実験条件は、気温28℃～32℃で風速がステップ的に上昇した場合とし、風速は大・中・小の3パターンとした

風の波形は、窓を急に大きく開けた時を想定

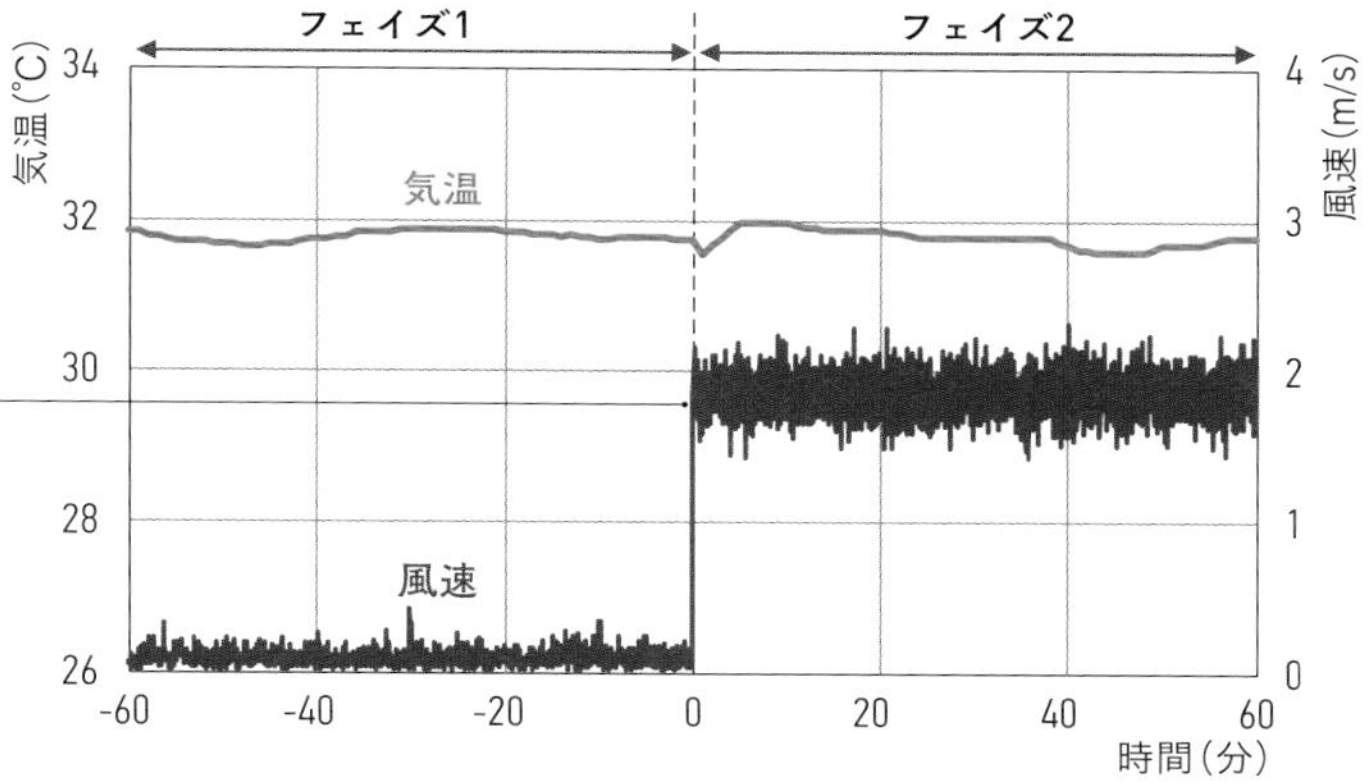
フェイズ1
フェイズ2
気温(℃)
風速(m/s)
気温
風速
34
32
30
28
26
4
3
2
1
0
-60
-40
-20
0
20
40
60
時間(分)

ケース	気温	風速		相対湿度	延べ被験者数
		m/s			
	℃	フェイズ1	フェイズ2	%	
1	28	0.1	0.3	70	4
2		0.1	0.9		7
3		0.1	2.0		6
4	30	0.1	0.3		4
5		0.1	1.3		6
6		0.1	2.0		6
7	32	0.1	0.4		4
8		0.1	1.0		7
9		0.1	2.0		8

風の気持ちよさの評価結果

図2

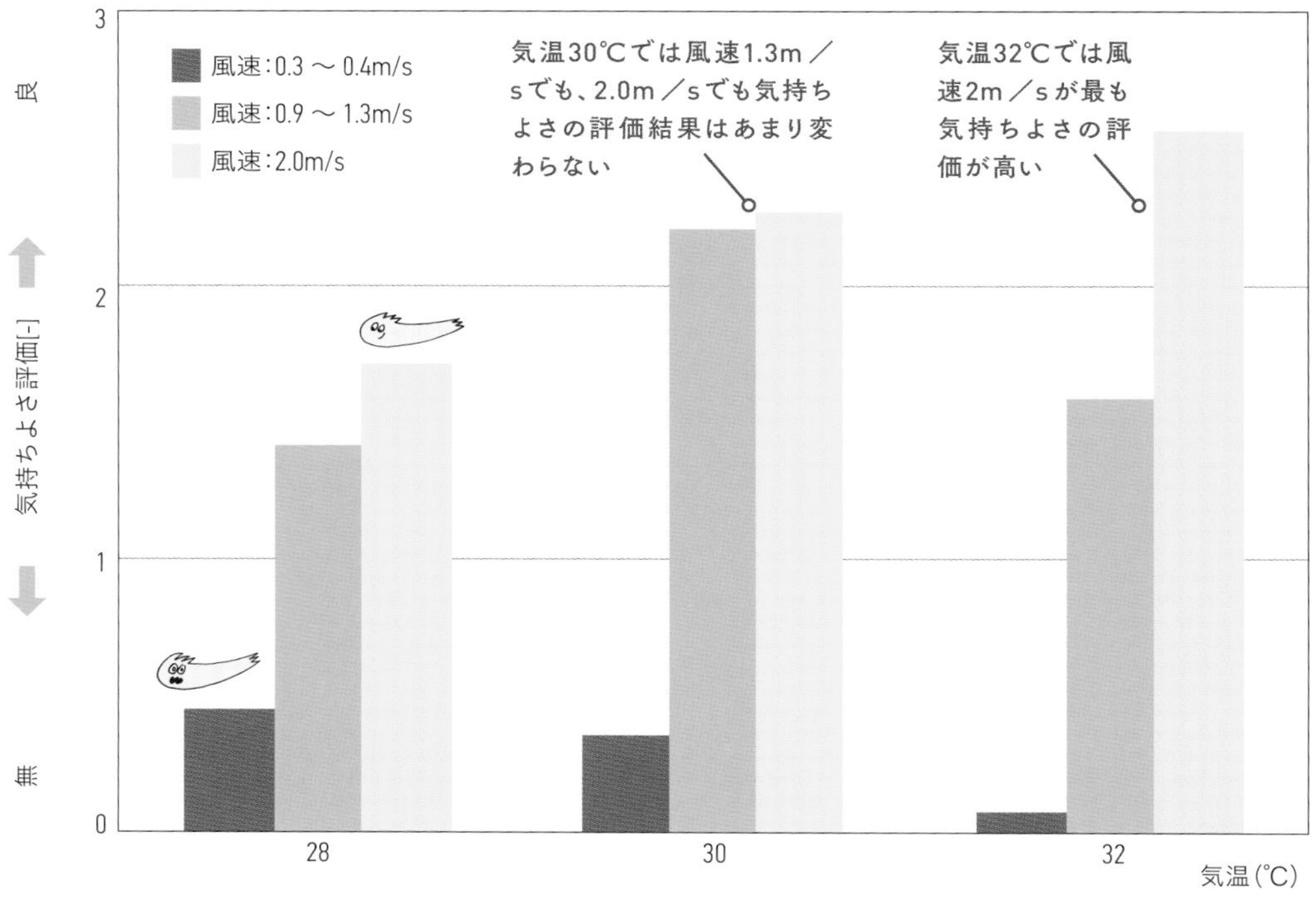
風速:0.3 ～ 0.4m/s
風速:0.9 ～ 1.3m/s
風速:2.0m/s
気温30℃では風速1.3m／sでも、2.0m／sでも気持ちよさの評価結果はあまり変わらない
気温32℃では風速2m／sが最も気持ちよさの評価が高い
良
無
気持ちよさ評価[-]
3
2
1
0
28
30
32
気温(℃)

Evidence.
10

人に快適な通風には周囲環境と風速のバランスが重要

通風と扇風機風の変動特性分析（新潟大学・飯野教授らによる）

図1

通風と扇風機風の時刻歴波形

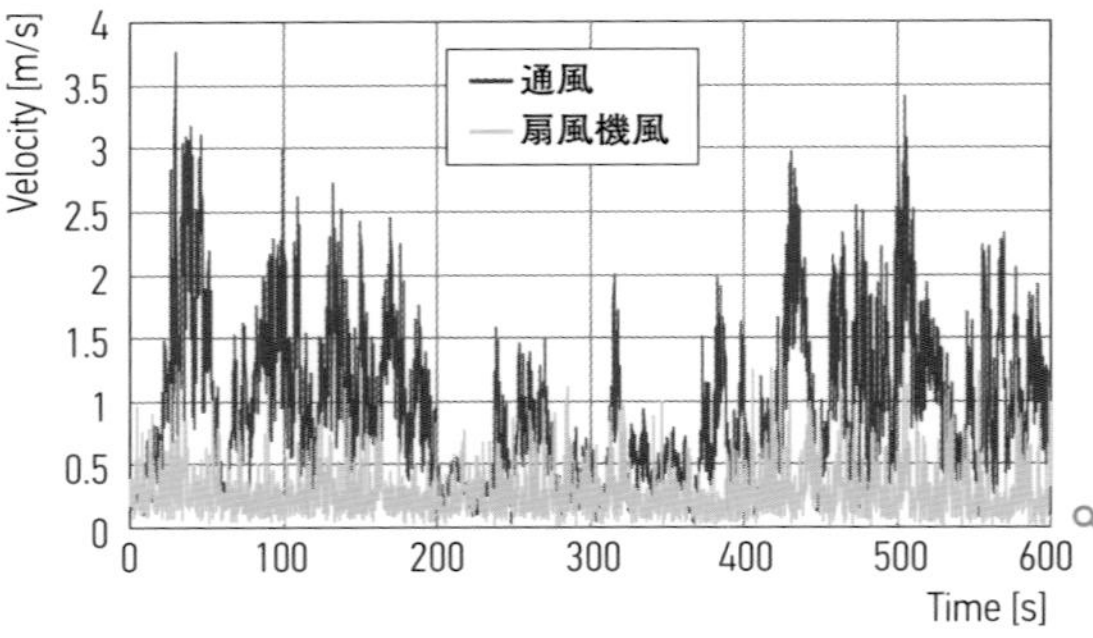

通風と扇風機風の周波数分析結果

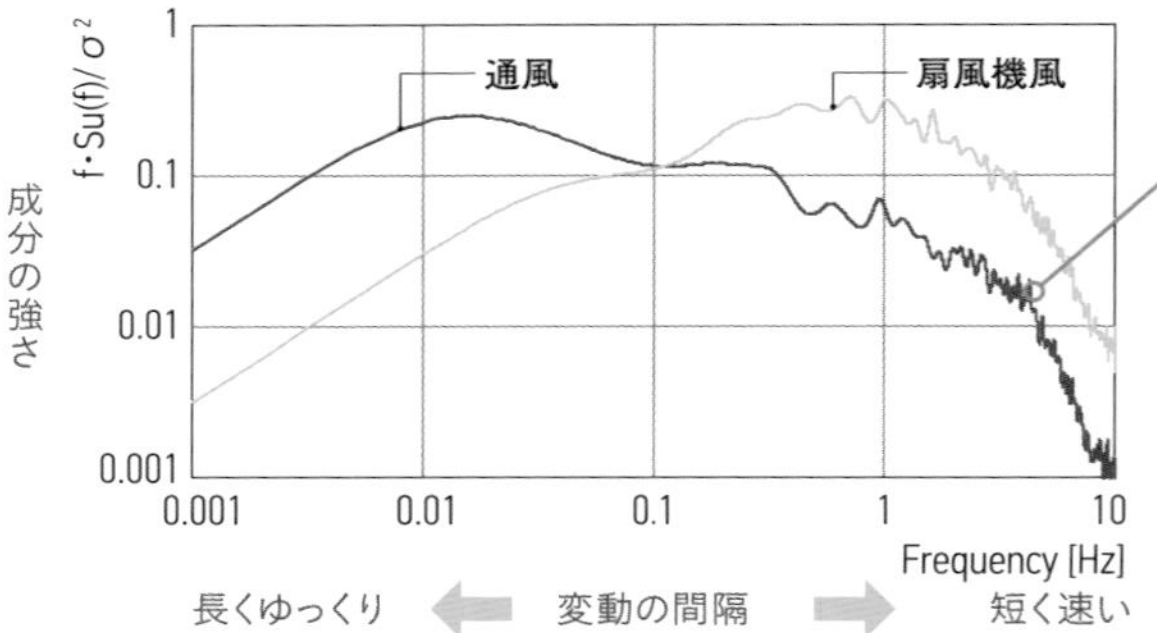

通風は扇風機風よりも緩やかな変動特性が支配的である

風の息、1／fゆらぎが心地よさを生む？

室内の通風では、平均風速や乱れなどさまざまな要因が複合して人の快適性に影響を及ぼします。新潟大学の飯野由香利教授らの研究では、通風と扇風機風の変動特性を周波数分析し、通風は扇風機風よりも緩やかな変動であることを解明しています（**図1**）。

この緩やかな変動特性は1／f（エフぶんのいち）ゆらぎとも呼ばれます。1／fゆらぎは快適性を生む特別な変動といわれていますが、その科学的根拠は不明で、快適な現象の中に1／fゆらぎが含まれていたという場合が多いといえます。

自然風と人工風の気持ちよさを比較実験

自然通風の気持ちよさを測定するために、実験室の人工風環境と、PFパビリオン・G棟の自然通風環境において、被験者による主観申告実験を行いました（**図2**）。

結果は、気温28℃の人工風と、気温33℃の自然風では気持ちよさ評価が低い結果となりました。一方、気温30℃、平均風速0・64m／sの自然風が気持ちよさで最も高い評価結果となりました。

これにより、気持ちよい通風は、周囲環境（例えば気温）と風速のバランスが重要だということがいえます（**図3**）。

出典（図1）：飯野由香利、倉渕隆、高橋潤、遠藤智行：実測に基づく屋上風と通風および空調風の気流特性に関する研究、日本建築学会環境系論文集、第589号、pp.9-14、2005年3月

環境や状況に応じた風の設計が必要

この結果を受けて、住宅で通風が利用可能だと考えられる期間を調査しました。

1日の最高気温が28℃～30℃の範囲日は、2016年5月1日から10月19日までの間に24日間ありました。この間は自然風で十分に生活できるといえます。一方で、気温32℃でも人工風で気持ちよさが得られていました。つまり、風の1/fゆらぎが必ずしも快適感を生んでいるわけではなく、状況に応じた風の設計が必要なことがわかります。

人工風と自然通風の気持ちよさ被験者主観比較実験 | 図2

PFパビリオン・G棟の通風実測

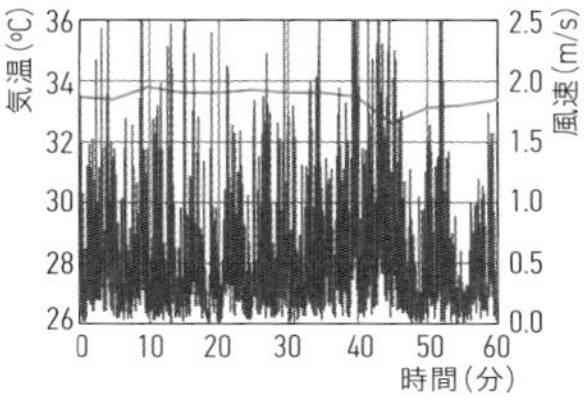
気温(℃)
風速(m/s)
時間(分)

実験室の人工風(矩形波)実験

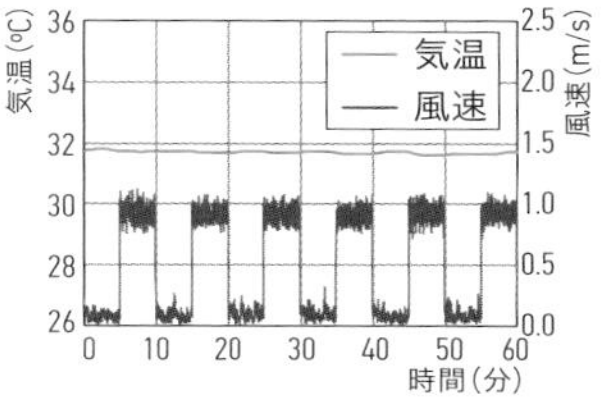
気温
風速
気温(℃)
風速(m/s)
時間(分)

自然風と人工風の実験条件

	7/10	7/12
平均気温[℃]	30	33
平均風速[m/s]	0.64	0.55

	設定値
平均気温[℃]	28, 32
平均風速[m/s]	0.55
周期[分]	10

自然風と人工風の実験風景

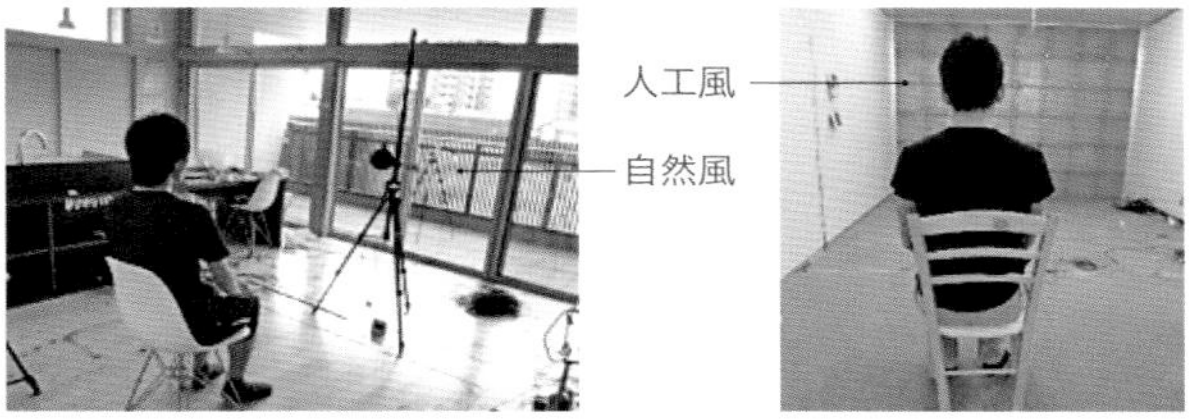
人工風
自然風

気流の種類が気持ちよさ評価に与える影響

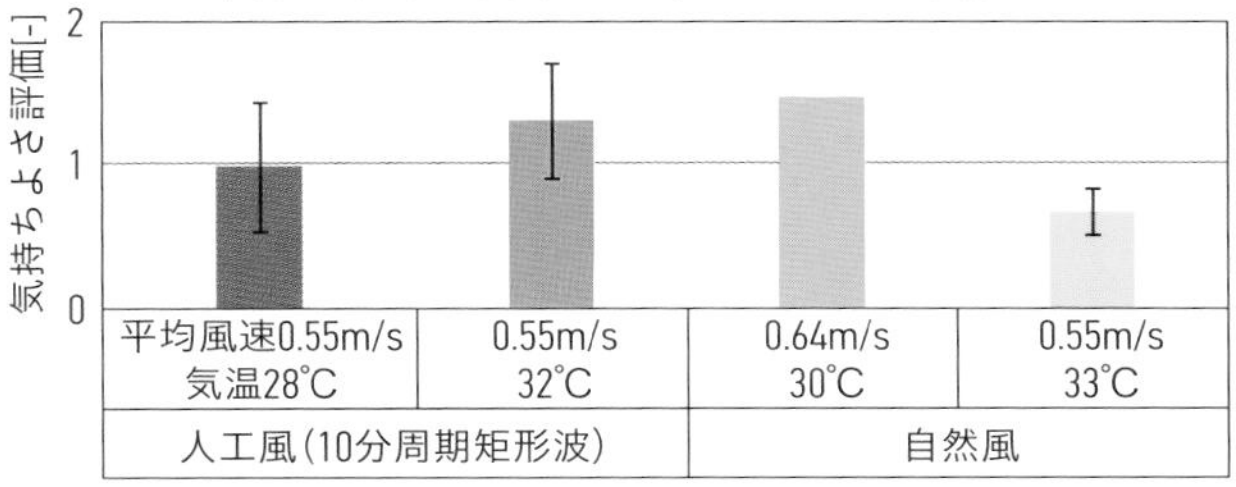
気持ちよさ評価[-]
平均風速0.55m/s 気温28℃
0.55m/s 32℃
0.64m/s 30℃
0.55m/s 33℃
人工風(10分周期矩形波)
自然風

自然風が万能というわけではない。快適な自然風を感じたい場合は、周りの環境が暑くなりすぎないように断熱性能を高くする必要がある

気持ちよい通風は周囲環境と風速のバランスが生む | 図3

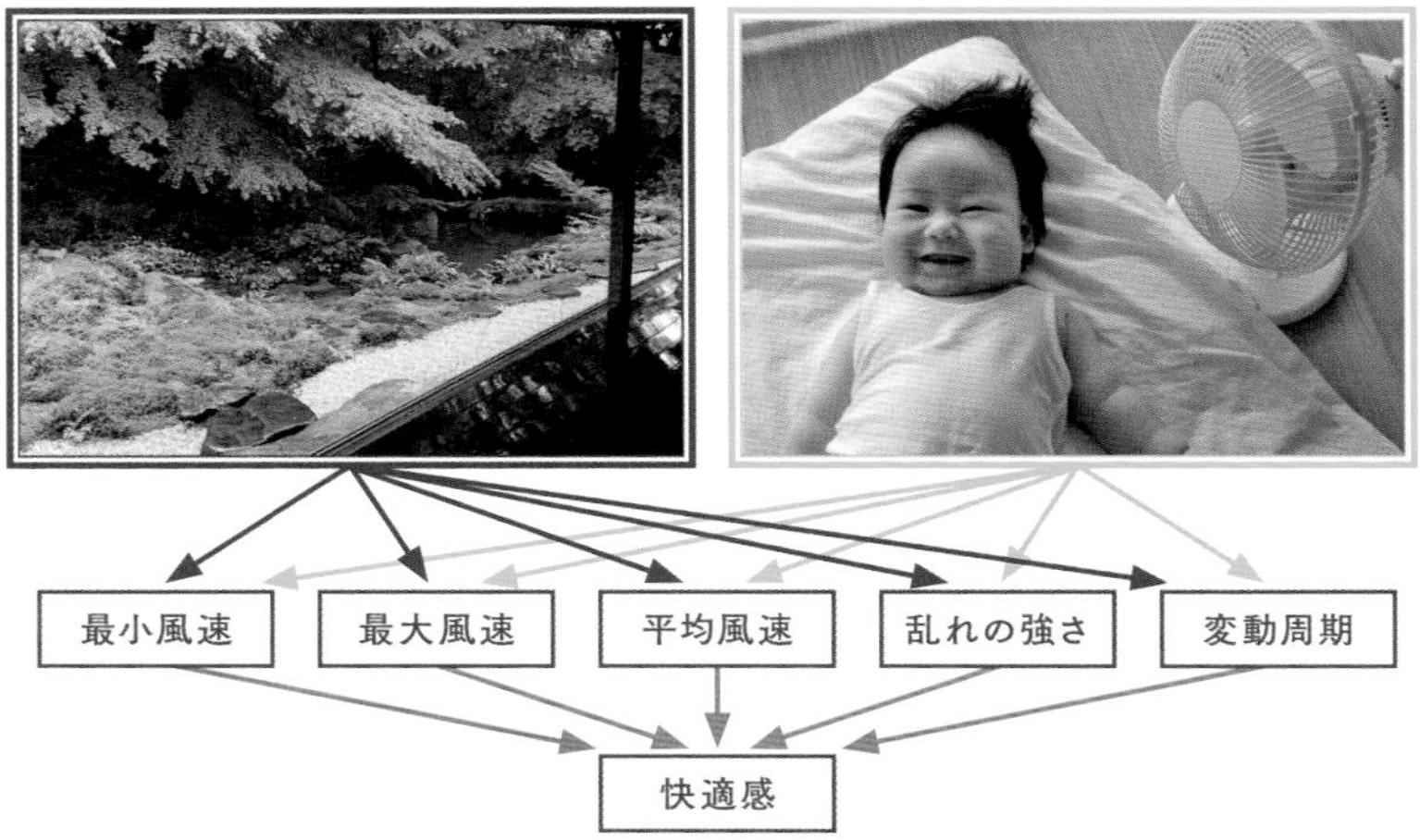
最小風速
最大風速
平均風速
乱れの強さ
変動周期
快適感

気持ちよい風は様々な要素が複雑に影響を及ぼしあっているので、1/fゆらぎが必ず快適であるとはいえない

Evidence.
11

自然の風の力はやっぱりすごい！

室内外の風速の測定結果 ｜ 図1

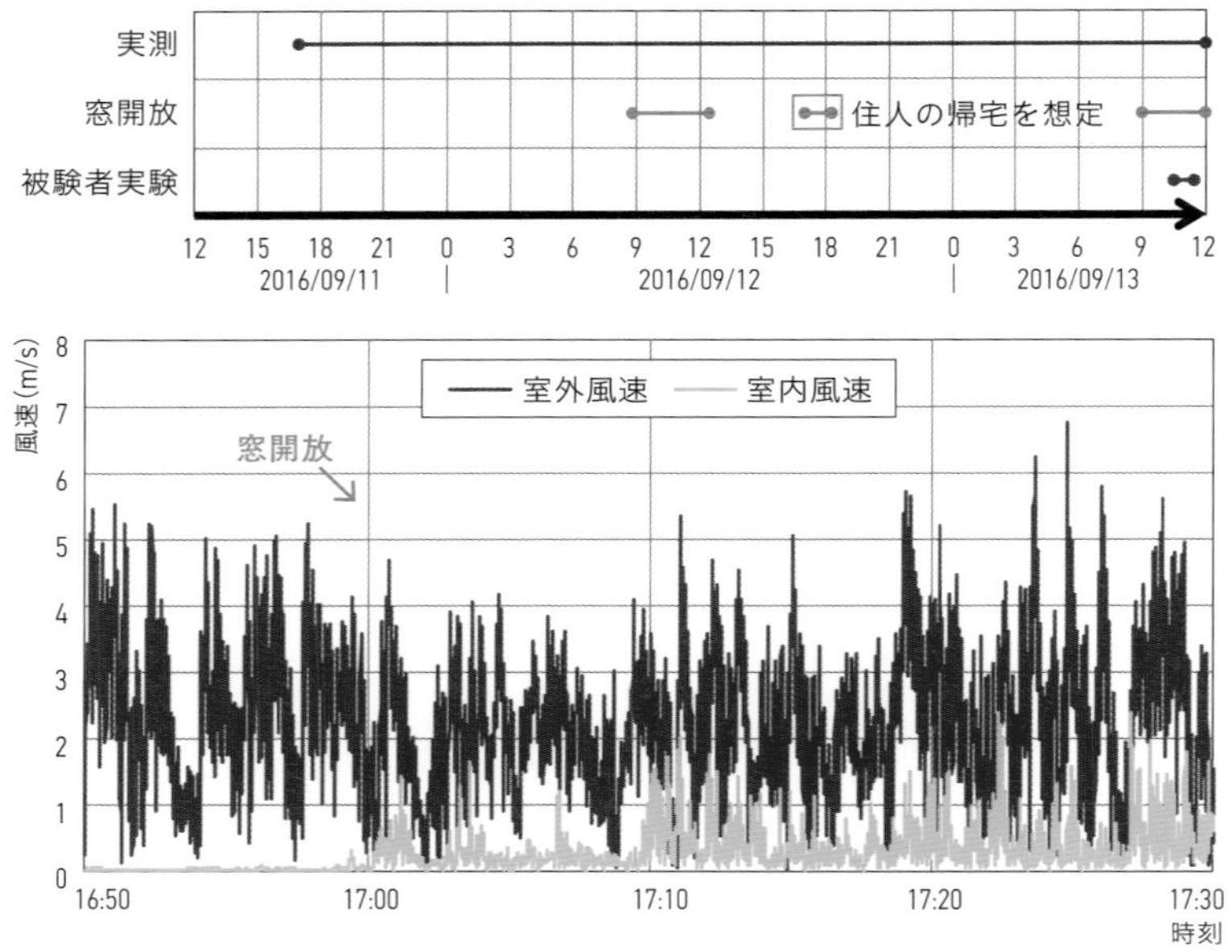

自然換気による室温冷却実験を実施

PFパビリオン・G棟において、住人が夕方帰宅したことを想定した、窓開放による温熱環境改善に関する検証実験を行いました。

実測調査による室内外の風速測定結果によると（図1）、窓の開放後すぐに室内の風速が大きくなっていたことから、窓を開放することで室内に風が吹き込んでいたことがわかります。また、室外の風速が大きくなると室内の風速も大きくなっていました。PFパビリオン・G棟のように、風通しをきちんと計画すると部屋全体が換気されていることがデータで証明されました。

温熱環境の改善に寄与

実験による結果（図2）、窓付近の測定点①の気温は、窓開放から2分経過後に2℃低下し、窓から最も遠い室内の測定点⑯でも気温は1.5℃低下しました。これにより窓から遠い場所まで風が行き届き、温熱環境の改善に寄与していることがわかります。

窓を開ければ2分で快適！

実際、2分程度の自然換気でも室内全体の気温は28℃程度まで低下しています。エアコンを2分間運転してもここまで低下させることは難しいでしょう。自然の風の力はすごいと言わざるを得ません。

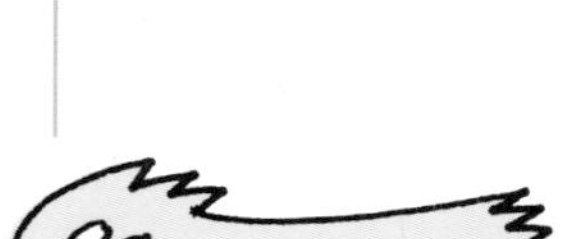

窓開放による温熱環境改善に関する実験検証結果 | 図2

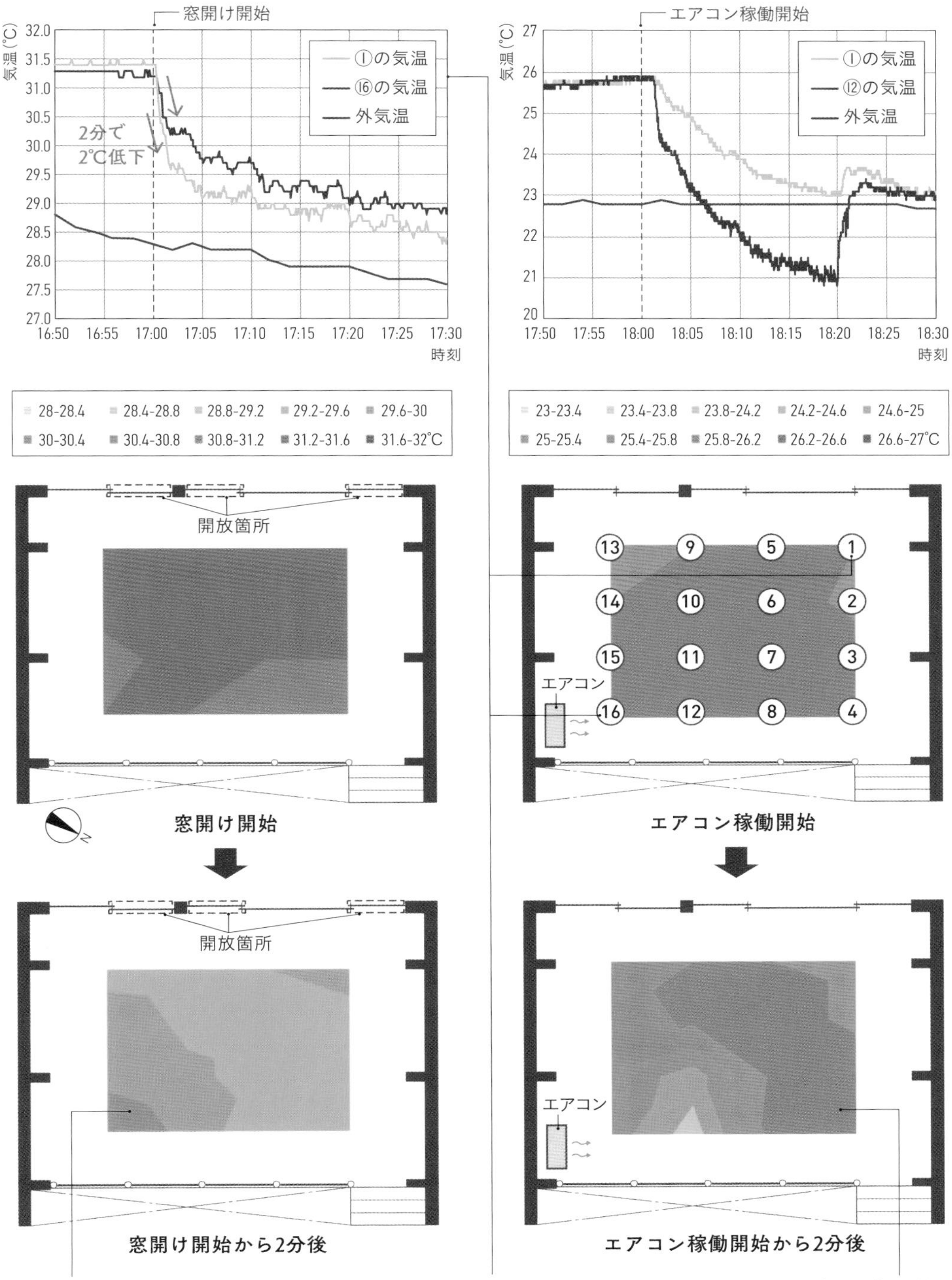

部屋全体が涼しくなる

窓開放から2分経過後に、窓付近の測定点①の気温は2℃低下し、窓から最も遠い室内の測定点⑯でも気温は1.5℃低下した

一部のみ涼しくなる

エアコンだと吹き出しの近い所では温度が下がるが、他の所に冷気が伝わるまでに時間がかかる。窓を開放すると部屋全体が一気に涼しくなる

Evidence.
12

冬でも気流をマスターすれば快適に暮らせる！

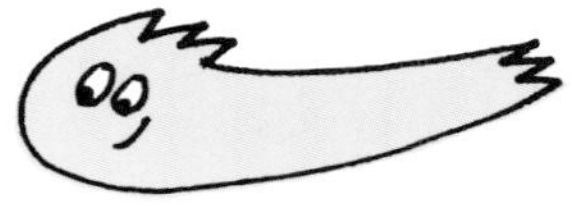

冬季の室内で空気循環実験を実施

暖かい空気は上昇する性質をもっています。そこで室内の高い場所にある暖かい空気を床へ循環させることで、上下温度分布の改善が見込まれます。PFパビリオン・G棟で、空気循環の実証実験を行いました。実験内容は、室内を縦に伸びる空気循環装置（図1）を設置した場合と、ロールカーテンを使用した場合、そして「対策なし」の3つのケースで室内の温度分布を測定するものです。

鉛直温度差の緩和効果を確認

実験による結果、カーテンや空気循環装置によって室内の鉛直温度差を緩和させる効果を確認できました（図2）。

もちろん、冬に室内で風をつくると風による冷却で人は寒さを感じてしまいますが、風が人に直接当たらないように計画すれば、室内の高い場所へ溜まった暖かい空気を有効に利用することが可能となります。これにより、冬の温熱快適性を向上させることができるといえます。

冬はやっぱり高断熱高気密がいい

なお、冬季は窓からの冷気を極力抑えたいものです。窓の断熱性は、断熱材を入れられる壁に比べて脆弱になりやすいといえます。省エネ改修を検討する場合は、まずは開口部の断熱改修を考えてみることをおすすめします。

開口部を見直すと断熱性能だけでなく、気密性も高まり、エアコン代の節約にもなるので一石三鳥ともいえます。

段ボール製ダクト・ファンによる空気循環装置

図1

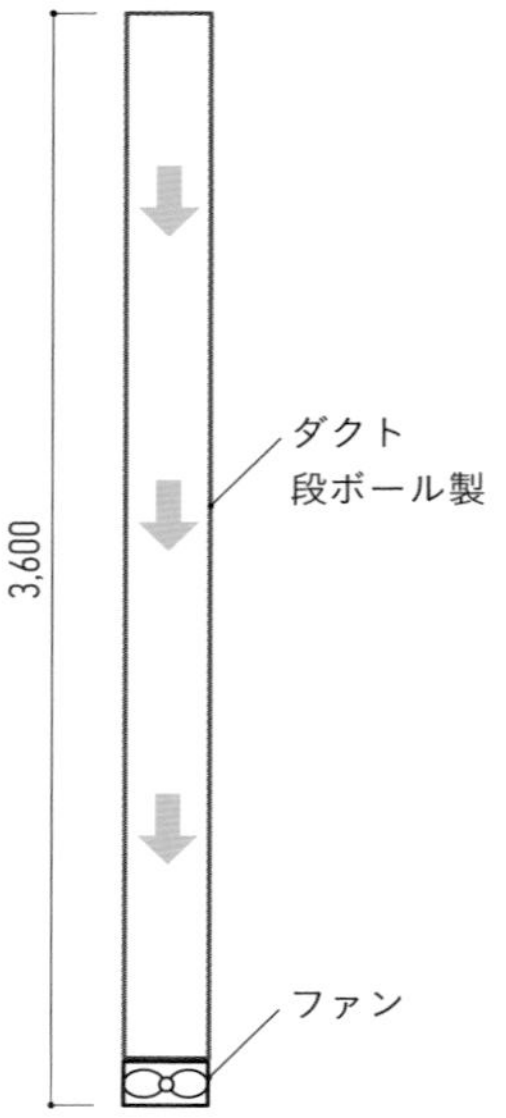

空気循環装置

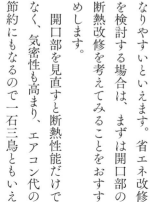

空気循環装置、ロールカーテンによる空気循環実証実験　図2

●空気循環装置で天井付近の暖かい空気を風で引き寄せた場合の気温の鉛直平面分布

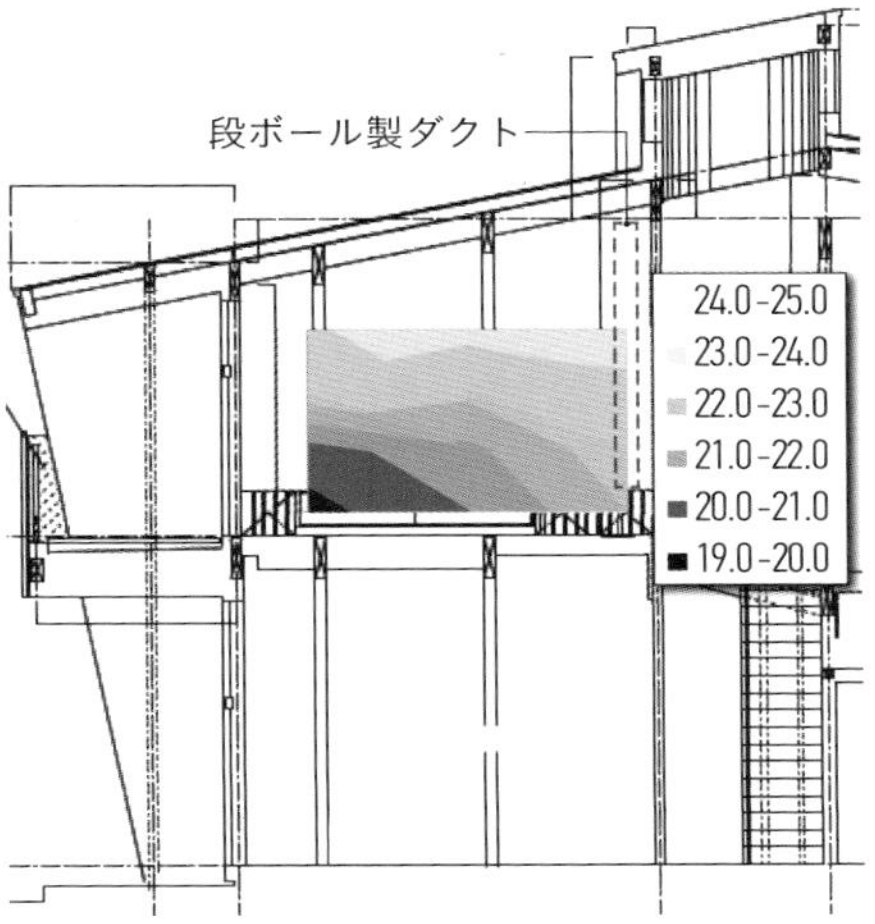
段ボール製ダクト
24.0-25.0
23.0-24.0
22.0-23.0
21.0-22.0
20.0-21.0
19.0-20.0

段ボール製の空気循環装置

●ロールカーテンと空気循環装置を併用した場合の気温の鉛直平面分布

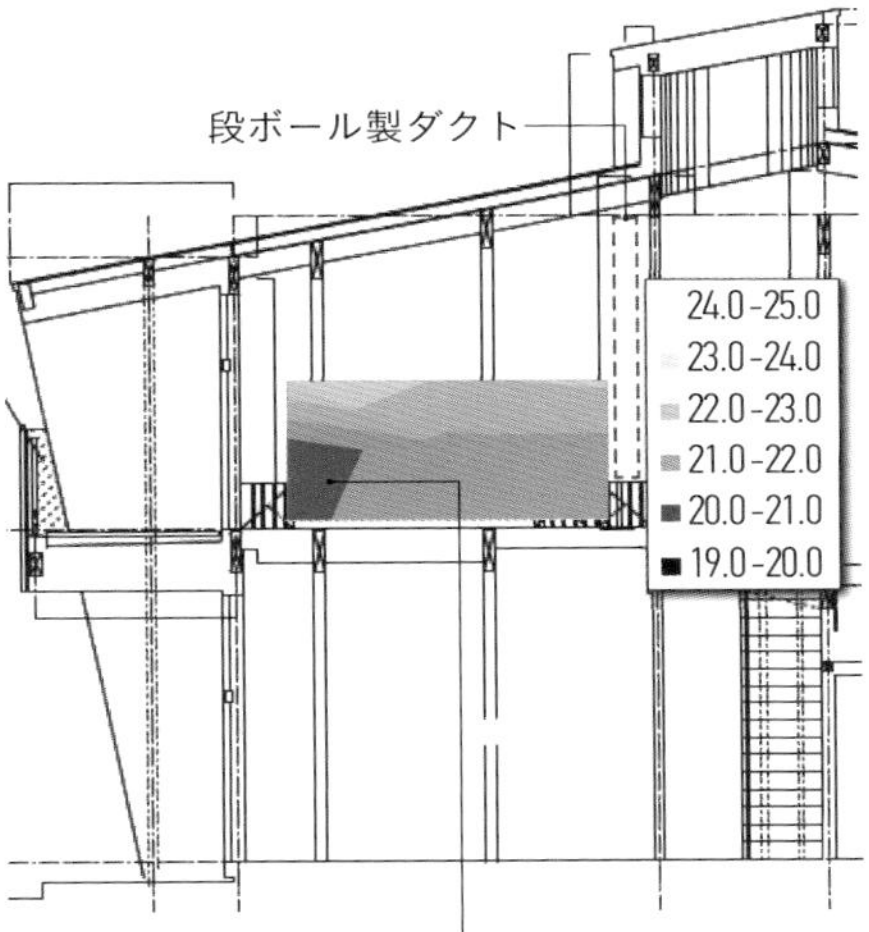
段ボール製ダクト
24.0-25.0
23.0-24.0
22.0-23.0
21.0-22.0
20.0-21.0
19.0-20.0

空気循環装置とロールカーテンによる対策により、窓際の冷気は抑えられている

ロールカーテン

空気循環の実証実験風景

Evidence.
13

自然の風は人に積極的快適性「Pleasantness《プレザントネス》」をもたらす

消極的快適性Comfort

人の快適性の感じ方には、まず不快ではない状態を快適とするComfort《コンフォート》があります。Comfortは快適性を積極的に求めないことから、「消極的快適性」と呼ばれます。これはいわば、夏の暑さや冬の寒さから極力離れ、危険の潜む「自然」から身を守ることで達成される快適性です。近年の建築業界では、省エネ性の観点からも高気密高断熱住宅をつくり、空調で1年を通しほぼ一定の温熱環境にすることが効率的であるとされています。日常における消極的快適性の例はたくさんあります。

①熱　⇩暑くも寒くもない空調室
②香り⇩良い匂いでも、臭くもなく無臭
③光　⇩眩しくも暗くもない明るさ

Comfortは、人が特段なにも感じない中庸な空間や状態のことを指し、時間的または空間的な変化のない状態でなければ得られないものです。

例えるならロープウェイもComfortで便利な乗り物です。険しい山道を通らず、快適に山頂を目指しますが、登山の達成感をそれほど味わうことはできないデメリットもあります。

積極的快適性Pleasantness

Comfortが不快を取り除くことで得られる快適性であるのに対し、Pleasantnessでは積極的に快感をつくり出す必要から「積極的快適性」と呼ばれます。これには、夏の通風や冬の日差しが該当します。積極的快適性は、自然の中で起きることが多いのですが、人工的につくれない快適性というわけでもありません。

①熱　⇩夏に吹く一陣の風
②香り⇩意図的に香りをつくるアロマセラピー
③光　⇩雨上がりの太陽の清々しさ

Pleasantnessには、時間的または空間的なギャップがあります。

ただし、一度生じたPleasantnessは時間的に消失してしまう傾向にあります。風も香りも太陽光も、時間が経過するとそのよさが薄れていきます。

Pleasantnessはジェットコースターの例えが適当でしょうか。穏やかさとはかけ離れていますが、スリルを欲している人には高度が高くなるにつれて期待が膨らみ、落ちていく瞬間に高いPleasantnessが生じます。自然の風はPleasantnessにあたるといえます。

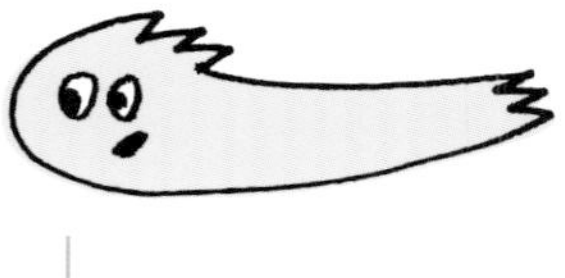

COLUMN 4

通風による快適な過ごし方の工夫を考える

赤ちゃん風、お父さん風、快適な風には個人差がある

風が入ってくると予想される窓面付近に日射も入ってくる場合は、長い庇を設けたり、樹木を植えたりすることで風を利用する幅が広がるでしょう。夏の日差しを遮れない場合は、北側の上質な風を使うなどして、暮らし方で快適に過ごす方法もあるといえます。

いろいろな風が吹くよう窓の配置を工夫する

また、赤ちゃんと高齢者、男性と女性、人種の違いなどによって、温度や湿度の感じ方は異なります。これは汗腺の発達具合や筋肉量の違いによる体内の熱生産量の違いなどがこうした感じた方の個人差を生むとみられます。赤ちゃんは熱生産量も小さいので、そよそよした風が気持ちよく、お風呂上りのお父さんは強い風を好むといったことは想像しやすいのではないでしょうか。

日常の生活スタイルや個人差に対応するために、いろいろな風が吹くように窓の配置を工夫することも、家族皆が過ごしやすい家づくりのための一つの方法であるといえます。

建物南西面と北東面で7月の気温差は約6℃

ＰＦパビリオン・Ｇ棟の南西面と北東面の気温差を7月に測定したところ、南西面が北東面よりも約6℃高い結果が得られました。この原因は日差しがテラスに当たり、風が暑くなったテラスの上を通ってくるためです。

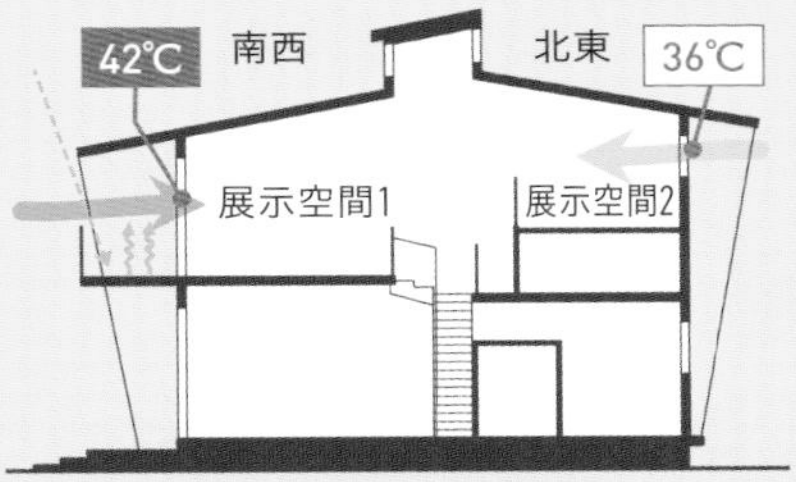
42℃
南西
北東
36℃
展示空間1
展示空間2

赤ちゃん・子ども：そよ風のある所
お父さん：風の強い所
お母さん：風の弱い所
北側からの良質な風

パッシブデザイン住宅

用語の基礎知識

3 熱・住宅性能

外皮

住宅の外まわり…外壁、屋根（または天井）、窓、床などを指します。

HEAT20（ヒート20）

住宅のさらなる省エネ化をはかるべく2009年に発足した「20年先を見据えた日本の高断熱住宅研究会」(Society of Hyper-Enhanced insulation and Advanced Technology houses for the next 20 years)の略称。

G1、G2、G3といった独自の断熱性能推奨水準を設け、単なる省エネツールとしてではなく、室温を指標に使いG1、G2、G3の家がどのような室温環境になるかを示しながら主に一般ユーザーの啓蒙を図っています。

G1、G2、G3

「HEAT20設計ガイドライン」で提示された断熱性能推奨水準。省エネルギー基準の平成28年基準を上まわる3つの高い断熱性能水準が提案されています。G3がもっとも高水準。

パッシブデザイン設計

パッシブ（passive）とは、アクティブ（active）の対語で受け身とか受動的とか訳されることが多いですが、住宅建築では機械設備になるべく頼らず太陽光、太陽熱、風、地中熱など自然の力を活用する住宅の設計手法のことをいいます。

4

第4章

設計

Design & Case Study

心地よい風のパッシブデザイン住宅のつくり方

～環境整備および通風・空間設計と実例紹介～

Design.
01

風のパッシブデザイン住宅のつくり方

植栽で住宅敷地内の環境を整える

空間の気持ちよさを普段の生活に活かせる住まい

外部に開いた空間をつくる

自然の風が通る快適な住まい

建築家として家づくりを考える際、建築主の意向を踏まえつつ、室内にあっても部屋の外の空気感を感じられる空間をつくることを考え続けてきました。窓を開いた時に、ふぅーと自然の風が体をなでてくれるような、そんな気持ちよさを感じられる空間が人には必要だと思うからです。

外部に開いた空間の先には空や木々、外の風景がある、そうした空間の気持ちよさを普段の生活に活かすことができる住まいがパッシブデザイン住宅であると考えています。

外部に開かれた、自然の風が通る快適な住まいをつくるに当たっては、まず敷地をじっくりと見て、どのよ

自然の風が通るパッシブデザインのイメージ

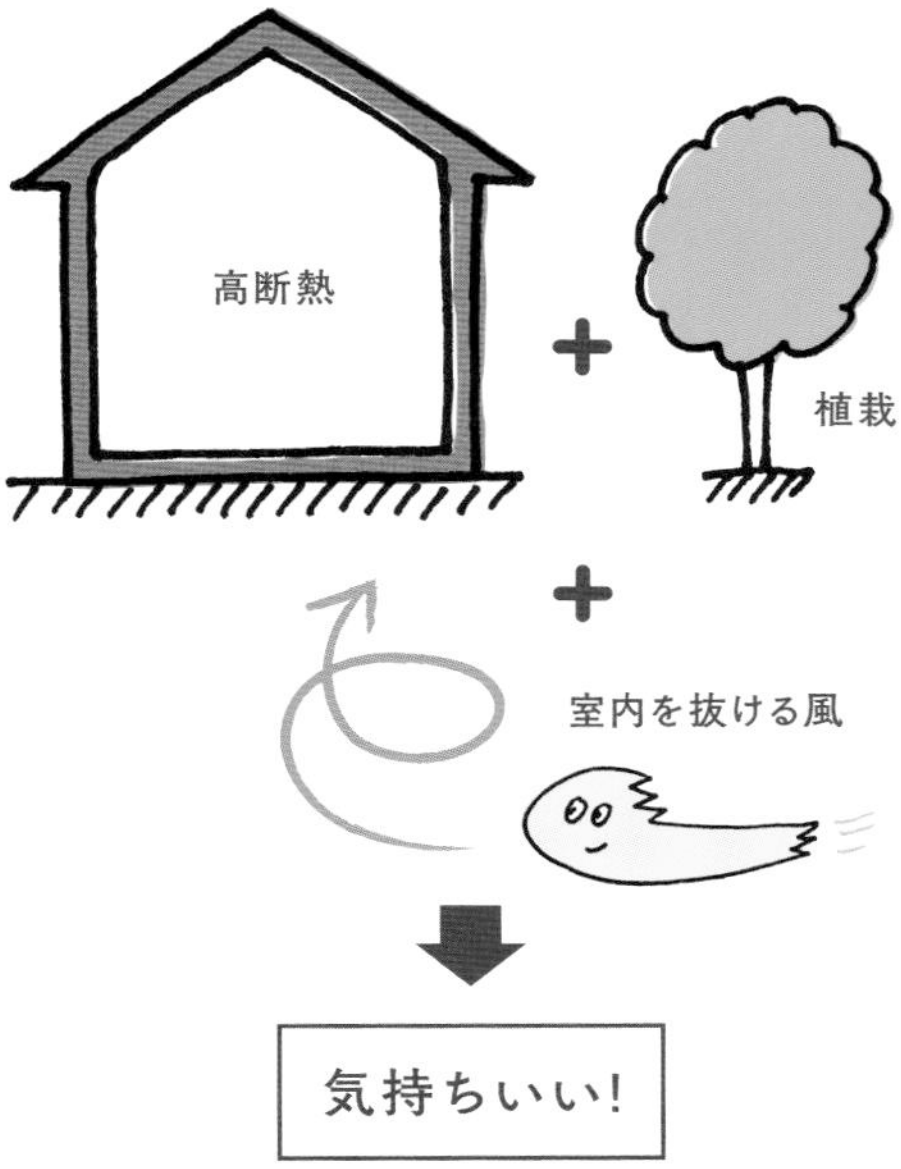

敷地をじっくりと観察する

敷地のどの部分に室内を開くか

うな風の通り道をつくり出せるかを考えます。家の日当たりを考えることも当然大切ですが、風の通り道を考えることは、敷地のどの部分に室内を開くか、開く場所の外部環境をどのようにつくっていくかを決定付けることにつながるからです。

家づくりは土地に根ざす行為

そこで敷地内を隅々まで歩き回り、どの場所からどんな景色が見えるか、風はどう吹いているかなどをじっくり観察していきます。そうすることで些細なことも発見でき、この場所に暮らすことを実感できるからです。そうして、外部環境を住空間にどのように活かせるかを想像しながら設計イメージを膨らませていきます。お施主さんと一緒に敷地に立ちながら、そこで感じたイメージを共有するようにもしています。家づくりとは、その土地に根ざす行為ですから、この感覚の共有はとても重要です

第4章では、自然の風を感じて気持ちよく過ごすことを一番に考えたパッシブデザイン住宅のつくり方を具体例をあげながら解説します。

日差しと通風を活かした住まいづくり

Design.
02

事前調査で敷地周囲の環境を読む

地域、街、室内から室外を見る目線が重要

パッシブデザインとは、要は自然の力をできる限り利用した住まいづくりのことです。住宅を計画するにあたっては当然ながら、敷地周囲の環境を調べることからはじめます。

敷地周囲の環境を調査し、家づくりに環境面でプラスに利用できるもの、環境面でマイナスに作用するものを整理します。具体的な視点として、地図上で俯瞰する「地域を見る目線」(図1)、敷地の周りを歩いて「街を見る目線」、敷地内に立って「家の中から外を見る目線」が重要です。

そこで次に敷地調査にあたり、現地に行く前に調べておくこと、現地での調査ポイントを解説します。

地図で敷地周囲の環境・建物を確認 | 図1

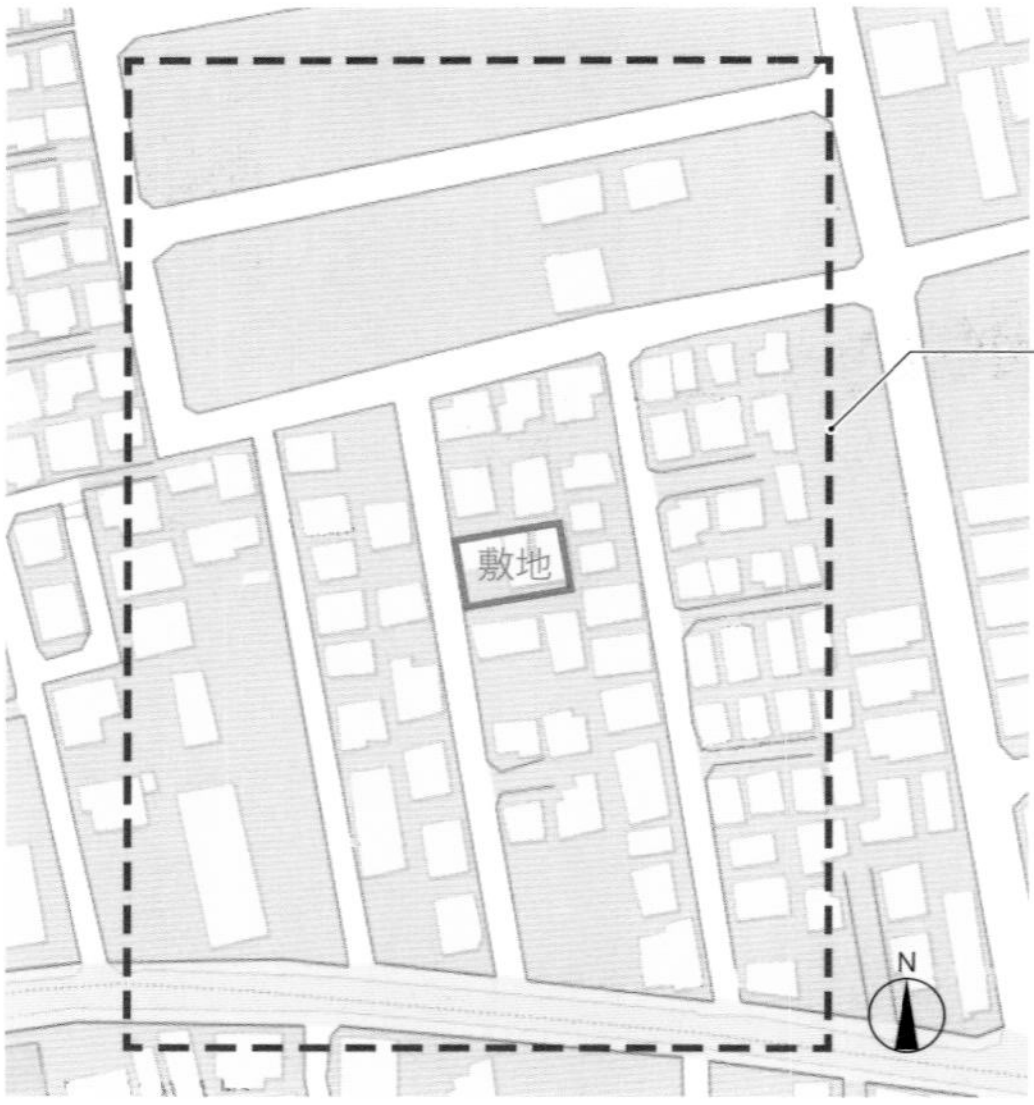

押さえておきたい敷地周辺の範囲

風配図で風向きと頻度を知る | 図2

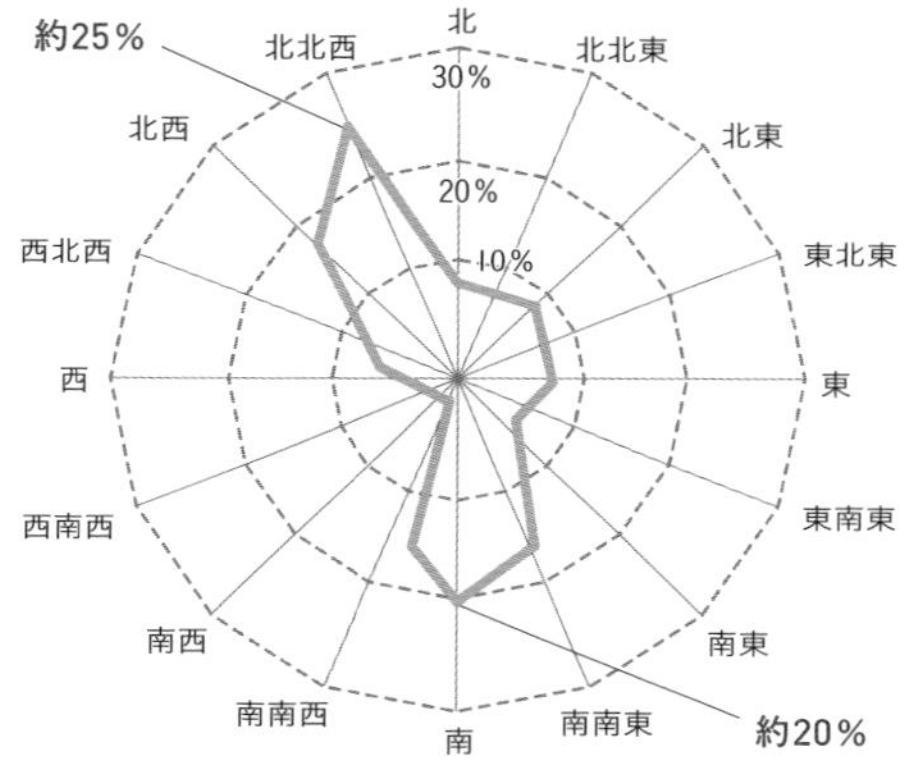

風配図は当該地域での風の吹く方向とその頻度を示している。観測期間は通年、季節別、月別などがある。図は、一般的な風配図の例を示したもの

風配図により敷地上空の卓越風を知る

まず、風配図により敷地上空を吹く卓越風の方向と頻度をつかみます(図2)。風は気まぐれといいますが、まさにその通りで絶えず方向を変えながら吹いています。風配図はあくまでもその土地における風向きとその頻度を示すものであることを念頭

敷地の航空写真と周辺環境の読み方の例 | 図3

＋ この街区には空き地があり、現在は風が抜けやすいが、将来的には建物が建つ可能性が高いと思われる

＋ 北東側隣地の住宅の庭の緑がつくる涼気が利用できる

－ 北側隣地には風が通るカーポートの空間があるが、夏はコンクリート面に熱が溜まりやすい

＋ この敷地は都内に位置し、夏の風は南方面から吹くことが多いので、南北方向の前面道路は風が流れやすい

－ 南側隣地は現在は空き地であるが、隣家が建った時の日差しの状況を想定してその効果的な利用を計画する

－ この街には全体的に緑が少なく、夏の熱だまりになる道路に日陰をつくる街路樹もない。夏には暑さが増してしまう街並みである

＋ 東側隣地は家が密集しているため日陰が多く、風を取り込む空間として利用できる

凡例 ＋：プラス面の要素
－：マイナス面の要素

に置きながら、室内に風を取り込みたい4月頃から10月頃までの昼間と夜間の風向きとその頻度をつかんでおくようにします。

写真データで敷地周囲の環境要因を探る

次に、敷地上空からの写真データ（Googleマップなど）で風の通り道や熱の溜まり場など住まいの環境に影響する要素、具体的には敷地周辺の建物、道路、緑、川などの分布状況をつかみます（図3）。

そして敷地周囲の建物の密集状況や高さなどから、上空と地上面での風の通りやすさや日差しの入りやすさを把握します。

また道路や空き地、隣地建物との隙間空間などから風の抜ける状況をつかみます。

さらには隣接地の緑や川、池など夏場に比較的気温が低く、風を取り込む際に利用できる要素も整理しておきます。

Design.
03

現地調査で街を見る目線、敷地を見る目線をもつ

街を吹く風の速さをイメージする｜図1

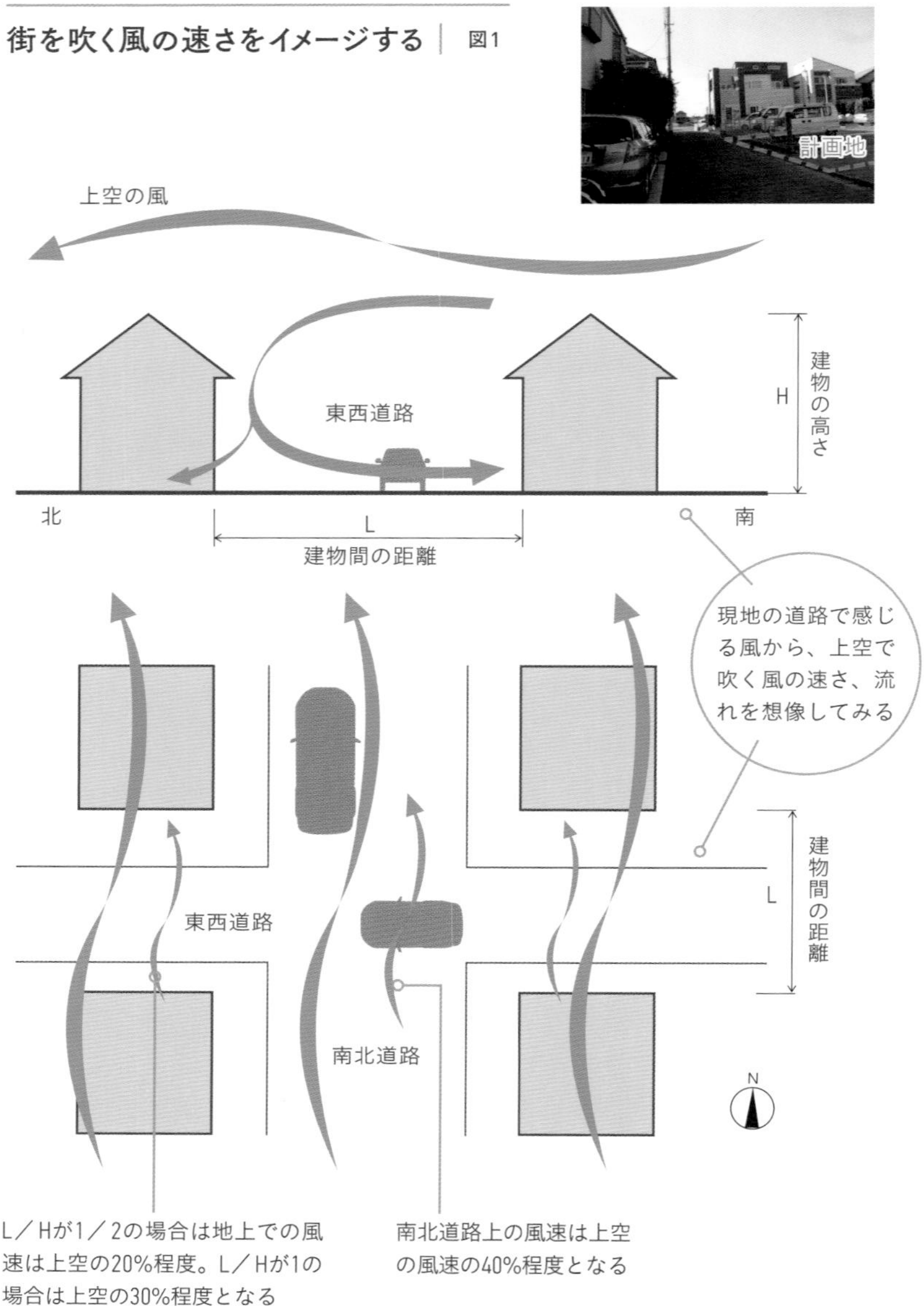

計画地
上空の風
建物の高さ
H
東西道路
北
南
L
建物間の距離
現地の道路で感じる風から、上空で吹く風の速さ、流れを想像してみる
建物間の距離
L
東西道路
南北道路
N
L／Hが1／2の場合は地上での風速は上空の20％程度。L／Hが1の場合は上空の30％程度となる
南北道路上の風速は上空の風速の40％程度となる

敷地周辺を歩き回り街全体を見る

事前調査でGoogleマップの航空写真などで敷地周辺の建物や空間、道路、緑の状況についてだいたいの見当をつけた後、現地調査で敷地周囲の実際の様子を確認します。そして、風配図による風の向きと実際の敷地で感じる風の方向や速さを比較してみましょう（図1）。

風を取り入れたい季節には、風はどのように流れそうか、敷地周囲の建物の形態や密集度、道や建物相互の空間などを眺めながらイメージしていきます。市街地を想定した風洞実験では、道路上で感じる風速は、屋根上空を吹き抜ける風のおおむね20

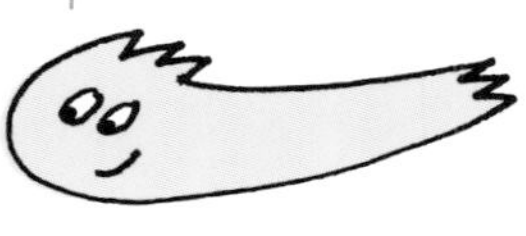

~40%程度といわれています。地上で感じる風から上空に流れる風の速度を想像できます。

敷地前で全体を観察する

次に、敷地の前に立ち、事前調査でプラス面またはマイナス面として認識されていた敷地周囲の道路や建物、緑等を詳細にに観察します（図2）。具体的には敷地と道路や隣地の高低差、隣接建物の高さ、緑のボリューム、それらがつくり出す日陰など敷地への影響をつかむようにしましょう。

敷地全体を外側から見る　図2

隣地の土間コンクリートは熱の溜まり場になるため、熱よけの方法を検討する

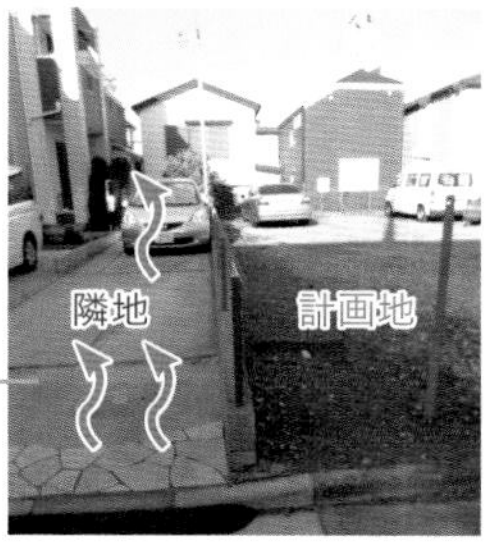
隣地
計画地

夏の熱だまり。放射熱の影響がある

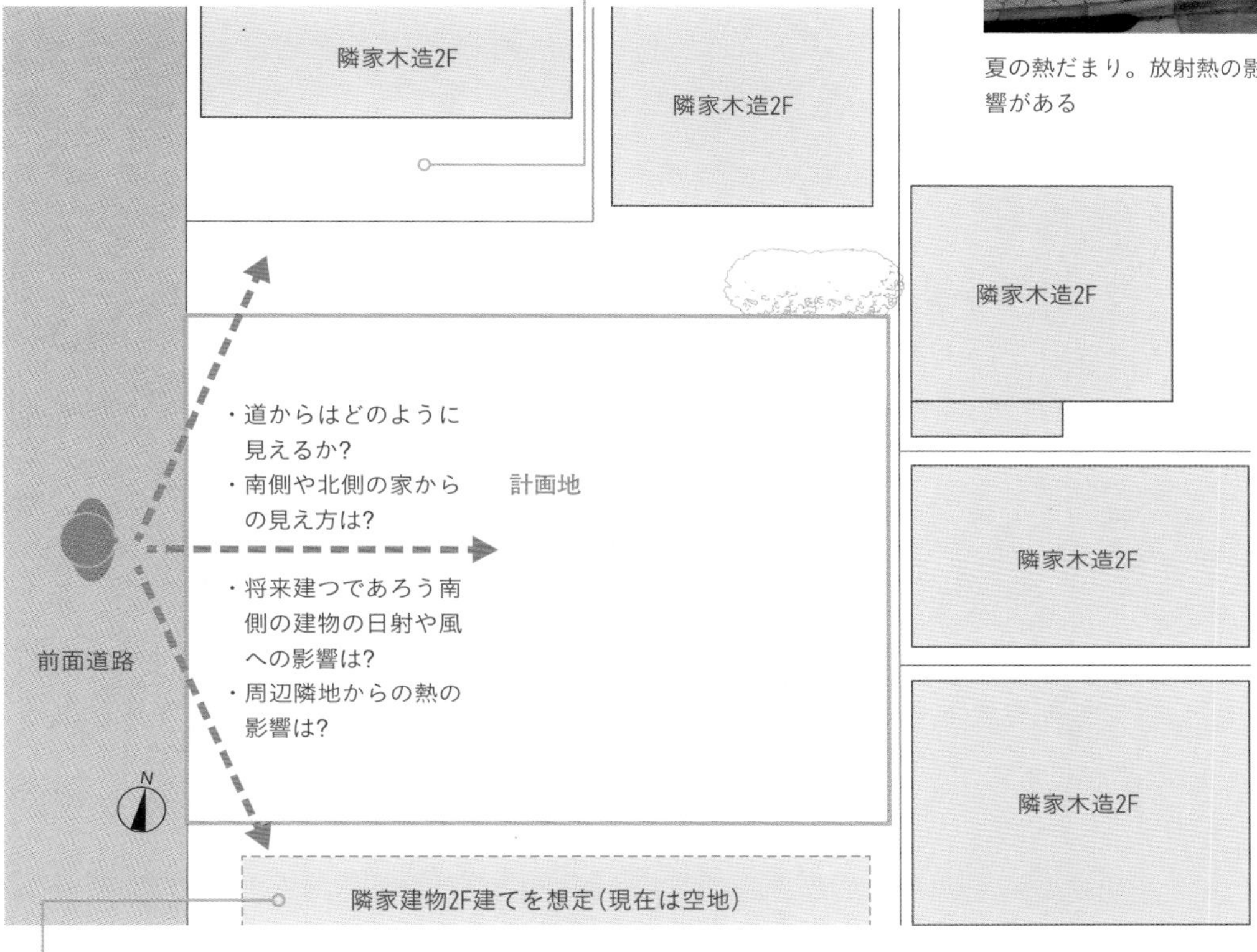
隣家木造2F
隣家木造2F
隣家木造2F
隣家木造2F
隣家木造2F
・道からはどのように見えるか?
・南側や北側の家からの見え方は?
計画地
・将来建つであろう南側の建物の日射や風への影響は?
・周辺隣地からの熱の影響は?
前面道路
N
隣家建物2F建てを想定（現在は空地）

計画地の前面道路に立ち、通行人の視線の方向などを確認し、実際に家が建った時の状況を想定しておく

風の抜け方
隣地建物による
冬の日影
計画地

隣地との高低差、隣家の高さや位置から風の吹き方や抜け、日差しの入り方、眺望などを想定する。隣地は計画時点では空地であるが、将来的には2階建ての建物が建つことも想定しておく

出典（図1）：Y. Kadowaki, T. Endo, T. Kurabuchi and T. Nonaka：Enhancement of cross-ventilation of a detached house using roof surfaces in densely populated urban areas Part2. Numerical investigations about the effects of the roof surface use by CFD, The 2nd Conference of Passive and Low Energy Cooling, 2007

Design.
04

現地調査で室内から室外を見る目線をもつ

敷地内から周囲の状況を観察する

まず、敷地内の中央に立ち、周囲360度を見渡します（図1）。こうすることで計画建物の空間内に入った感覚で日差しや風、周囲の状況を大まかにとらえることができます。敷地を抜ける大まかな風の流れ（風の道）を感じておくようにしましょう。

敷地を外から見た時に感じた日差しや通風の妨げになりそうな隣接地の建物の様子を内部から確認したり、さらには開口部からの景色の見え方などをチェックし、どの方向にどの程度の大きさの開口部を設けていくかなど設計の方向性を検討します。

モデルケースでの敷地周囲の調査ポイント ｜ 図1

■前面道路
前面道路は風の通りが見込めるが、夏は日射熱の熱だまりにもなるため、日当たりの様子などをつかんでおく。併せて道路を行く通行人や車からの視線も把握しておく

■北側
建物の日陰になり、風を取り入れる方向となる。北側隣家との距離、窓、庭の様子をつかんでおく

■西側
西日の入り方、風の抜けを考える。隣家の建物や庭などの隙間空間の様子を見る。この敷地の場合は道路向かい側の住宅が建て込んでいるため西日が遮られる。併せて道路からの風の通り方もつかんでおく

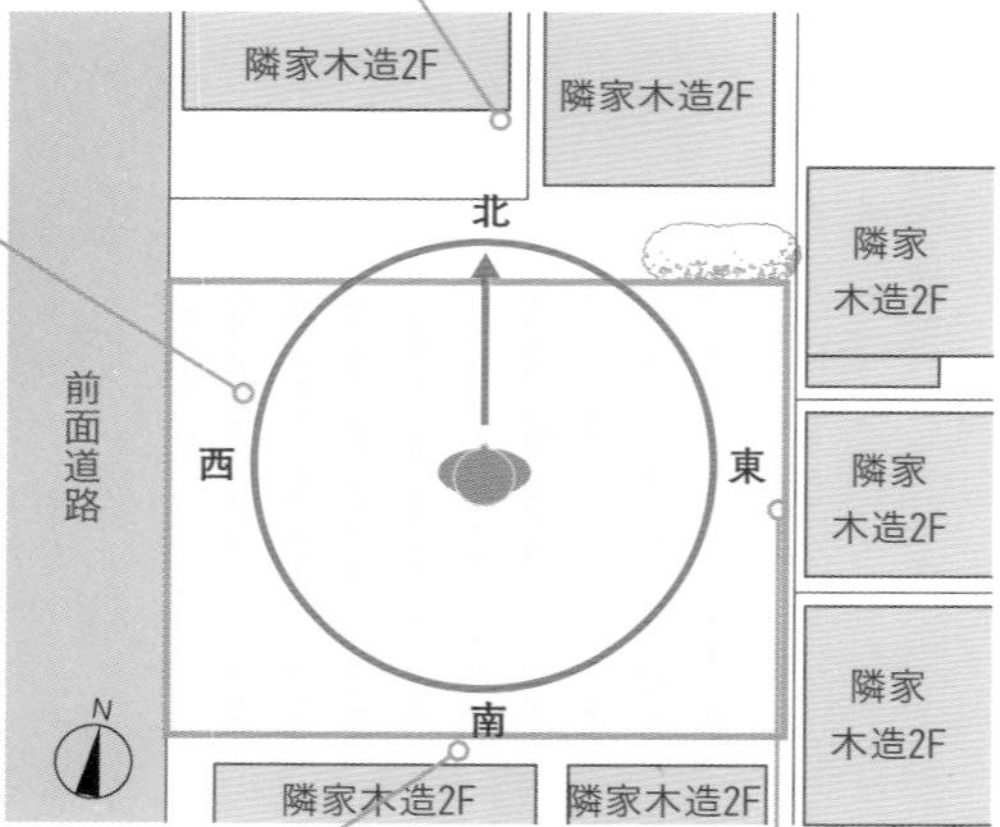
隣家木造2F
隣家木造2F
北
隣家
木造2F
前面道路
西
東
隣家
木造2F
隣家
木造2F
南
N
隣家木造2F
隣家木造2F

■南側
冬の日差しや計画建物の窓からの景色の広がりを考える。現在は空き地だが、将来的には建物が建つ可能性を想定し、窓からの日差しの確保と空や自然への広がりを検討する

■東側
朝日の入り方、風の抜け考える

夏季に風を取り込む位置の目安をつける

大まかに夏季に風を取り込む位置の目安を立てます。併せて風の開口で気になる隣家の窓や道路からの視線を確認しておくようにします。そして、隣接地の住宅の庭や日陰など夏場に気温を低く抑える要素を見つけて調査図に記入しておきます（図2）。

日差しの入り方、日陰のでき方を調べる

さらに、隣接する建物の高さを確認し、日差しの入り方を検討します。現地で測定した隣家のボリュームをJw-cadなどのCAD図面に入力し、各階の床レベルでの日影シミュレーションをします（図3）。

そうすることで、夏の間に利用できる日陰のでき方から冬の日差しの入り方まで具体的に想定できます。

現地調査メモの例 | 図2

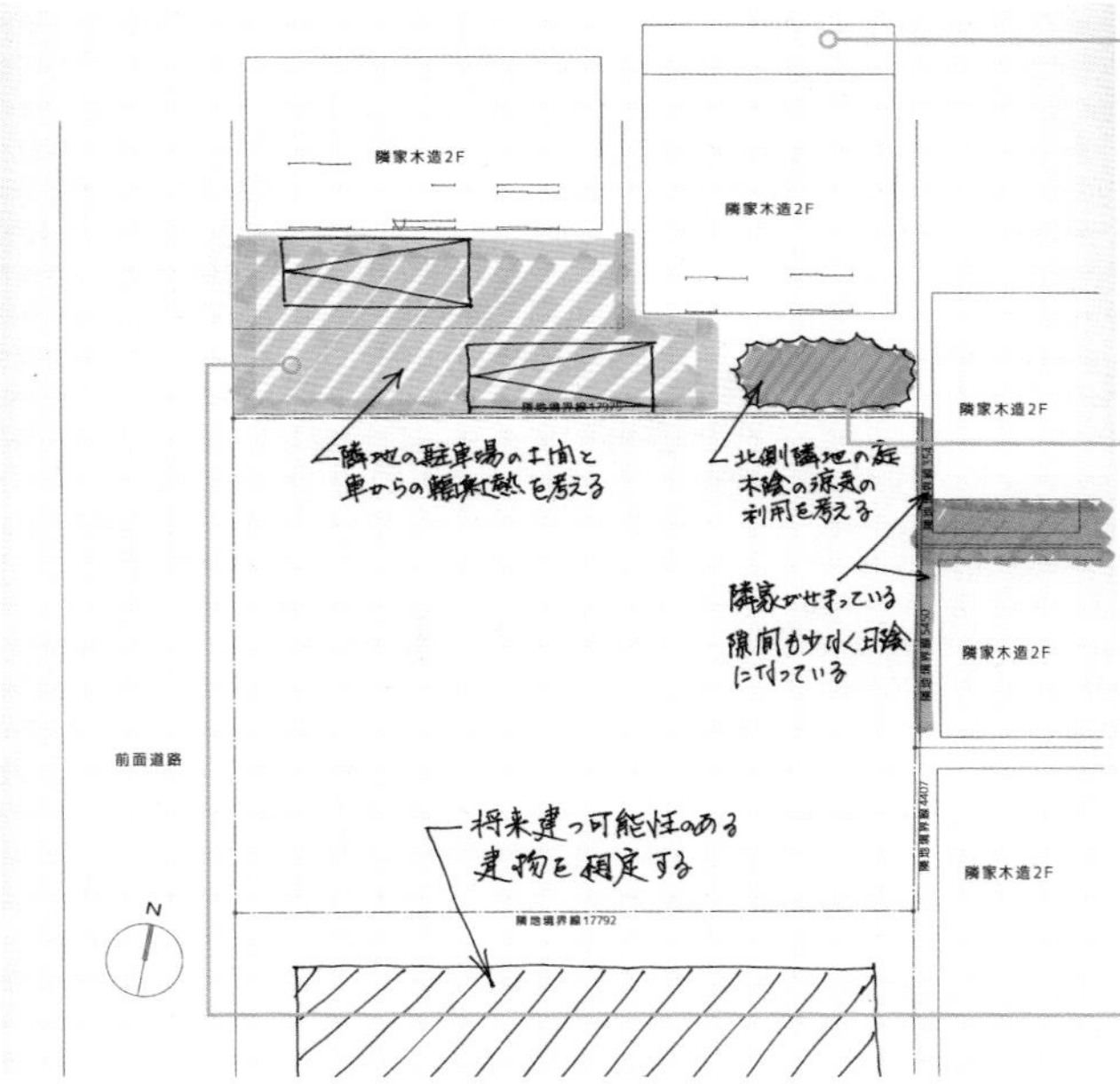

北側隣家

北側隣家の緑

北側隣家のコンクリート土間

CADで日影シミュレーションを行う | 図3

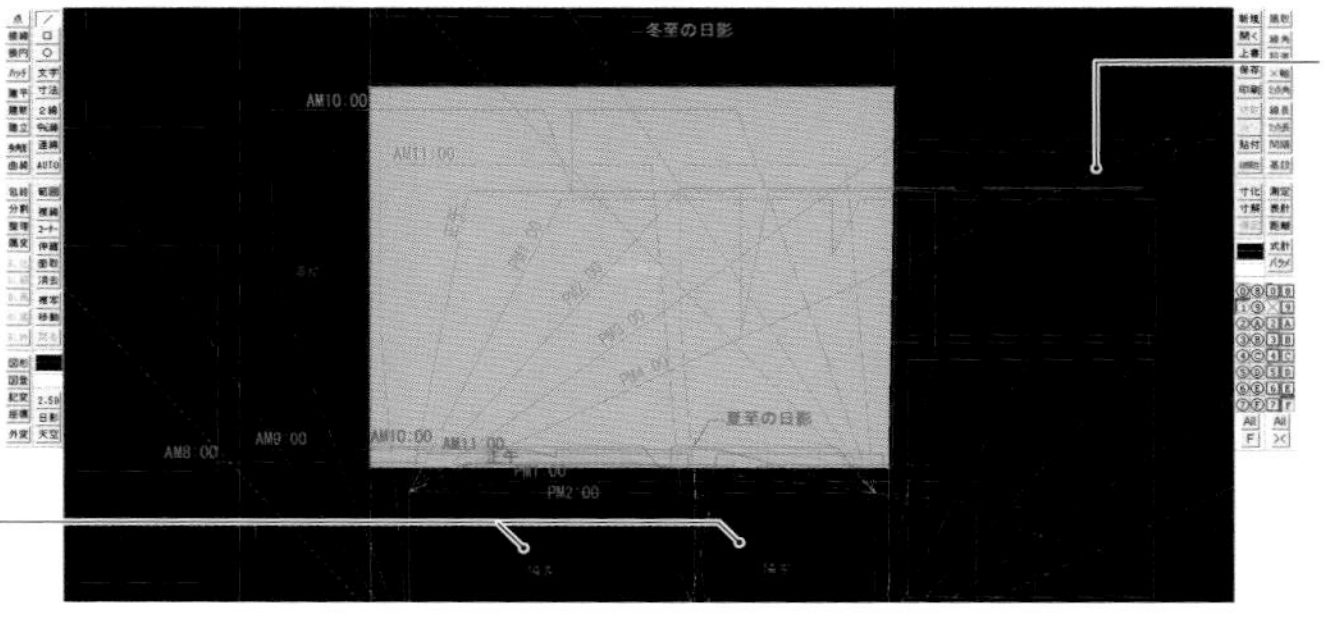

1階レベルでの日影

将来の建築を想定した南側隣家

Design.
05

現地調査で敷地特性をつかむ…
ケーススタディ4例を紹介

個々の敷地における最適解の計画を見つける

案件ごとに立地環境・敷地条件は多種多様です。計画ごとに異なる環境条件の中で、いかにその敷地の特性を見極め、計画の最適解を見つけていくかが、現地調査のポイントです。

家の間取りを想像しながら敷地内を歩き、場所ごとに微妙に異なる日差しや周囲の緑、景色や空の見え方をつかむようにしましょう。

立地ごとの身近な自然の様子を細かに理解することで、気持ちよくくつろげる美しい住空間をつくるための建物配置や最も効果的な採光や採風の方法、開口部の設け方を想像していきます。

Case I　一般的な住宅地の敷地

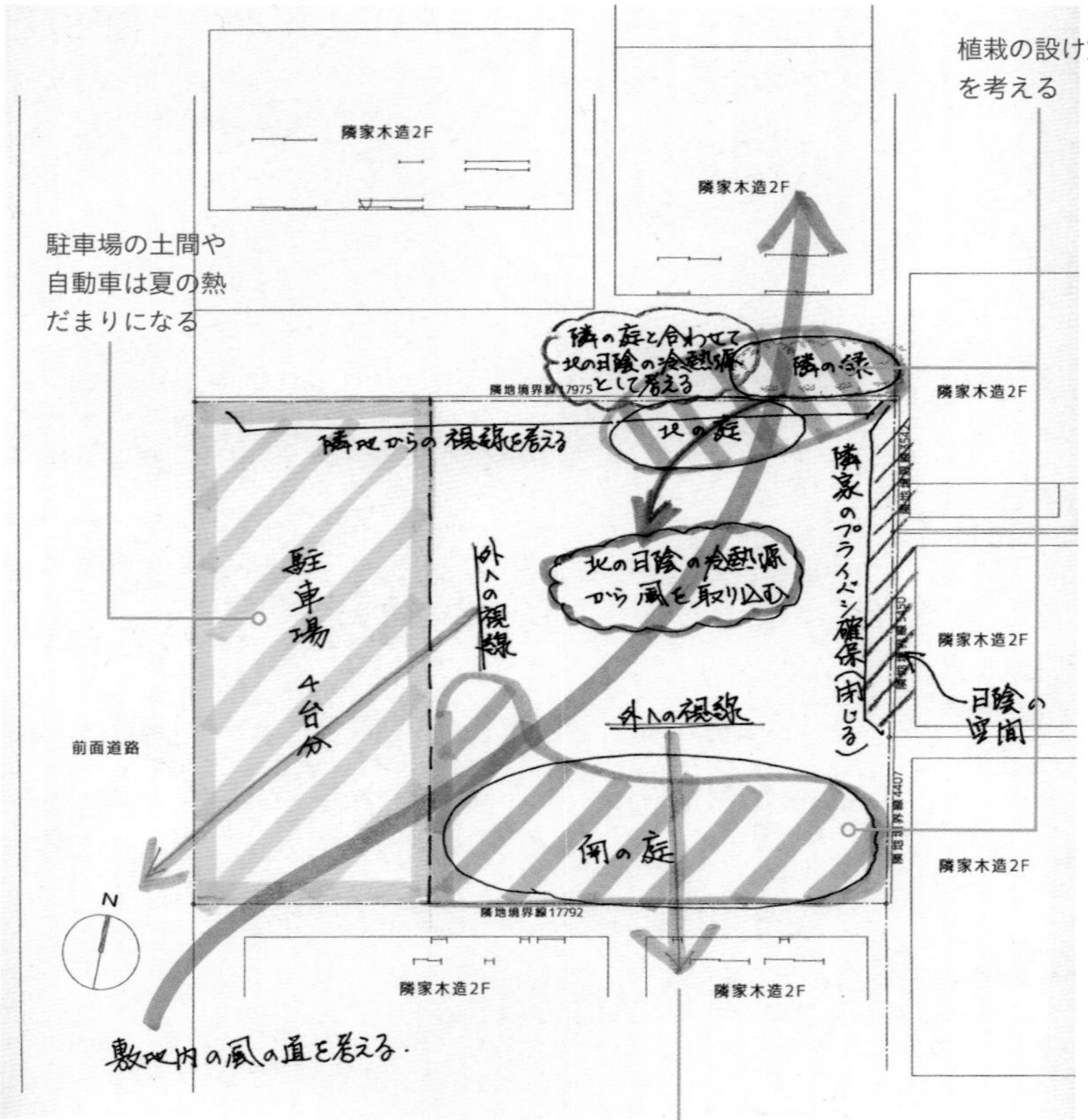
植栽の設け方を考える
駐車場の土間や自動車は夏の熱だまりになる
隣家木造2F
隣家木造2F
隣の庭と合わせて北の日陰の冷熱源として考える
隣の緑
隣地境界線17975
北の庭
隣地からの視線を考える
隣家木造2F
隣家のプライバシー確保(閉じる)
駐車場 4台分
外への視線
北の日陰の冷熱源から風を取り込む
隣家木造2F
日陰の空間
前面道路
外への視線
南の庭
隣家木造2F
N
隣地境界線17792
隣家木造2F
隣家木造2F
敷地内の風の道を考える。

隣家を考慮した、開口部や庭からの眺望としての空の見え方をつかんでおく。このケースでは月見のテラスも検討した

建築主が気持ちよく過ごす姿を想像してみよう

建築主が建物完成後に、室内から美しい景色や葉がそよぐ緑を見たり、自然の風の涼しさを感じたり、暖かな日差しに包まれたりして気持ちよく過ごす姿を想像してみましょう。この時が設計者としても最もわくわくする瞬間でもあります。

異なる敷地条件での現地調査の例

以下に、一般的な住宅地、公園に隣接した敷地、都心幹線道路沿いの敷地、そして自然豊かな高低差のある地形の敷地の、４つのケースについて現地調査の具体例を紹介します。

Case Ⅱ　公園に隣接した敷地

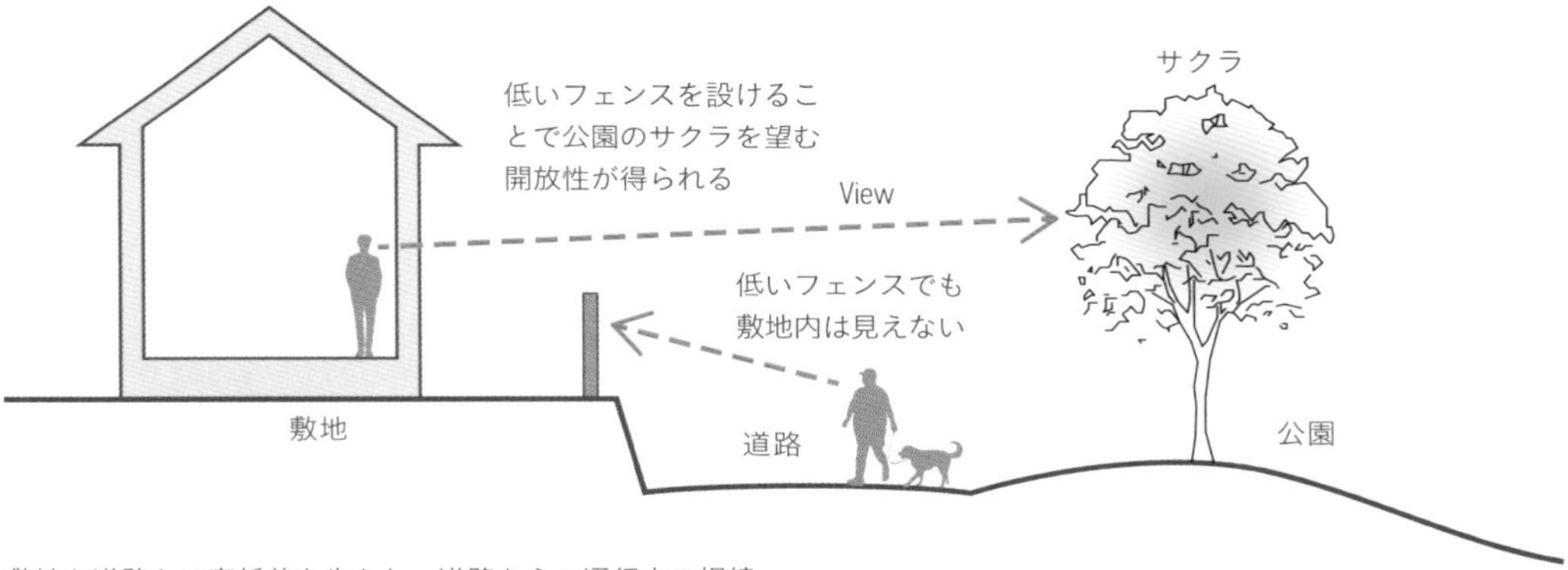

敷地と道路との高低差を生かし、道路からの通行人の視線を遮りながら向かい側にある公園のサクラへの眺望を得る
・フェンスを立てて道路からの視線を遮り、窓を開け放てるようにする
・庭に木を植えサクラの景色とつなげる
・公園の緑がつくる涼気を取り込む

計画建物と隣接した公園のサクラの木へのつなげ方をつかんでおく。低いフェンスで公園の木々を望める空間が得られる

Case Ⅲ 都心幹線道路沿いの敷地

敷地周囲の建物の狭間から見える空や緑をつかんでおく

敷地調査時

隣地の緑と空を
窓で切り取る

周辺に建物が密集する中で、敷地南西角の隣地が庭になっている。豊かな緑の空間となっており、借景と風の通り道として利用する

隣地の庭の緑からの涼風を取り入れる窓を設けたキッチン。風にそよぐ木々の葉の景色も楽しめる。隣家との視線に配慮することも大切

隣地マンションからの視線を避けながら開く

前面道路方向を見る。敷地正面に前方へと延びる道路があるため、建物が途切れて空への眺望がとれる。周囲の建物からの視線を避けて空へのviewを考える

空に抜ける大開口と2階にバルコニーを設けることで眺望と通風を確保する

Case IV 自然豊かな高低差のある地形の敷地

高台の傾斜のある敷地から遠景を望む

敷地調査時に豊かな自然景観のポイントを確認する

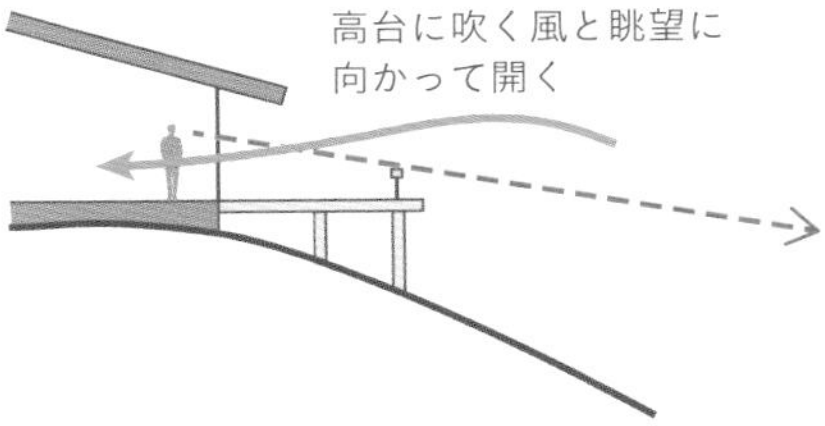
高台に吹く風と眺望に
向かって開く

眼下に池や緑の山々の景色が望めるダイニング

隣家の屋根越しに、なだらかな山波の連なりと空が見える

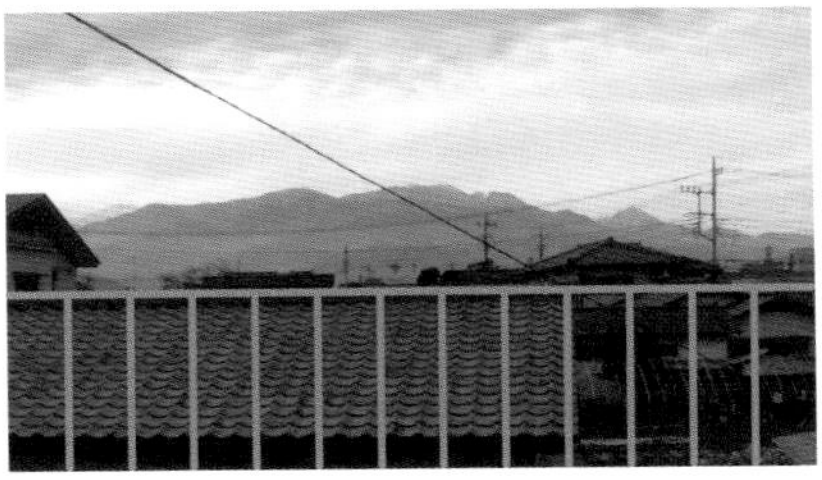

フェンスの高さを検討し山々の景色を切り取る

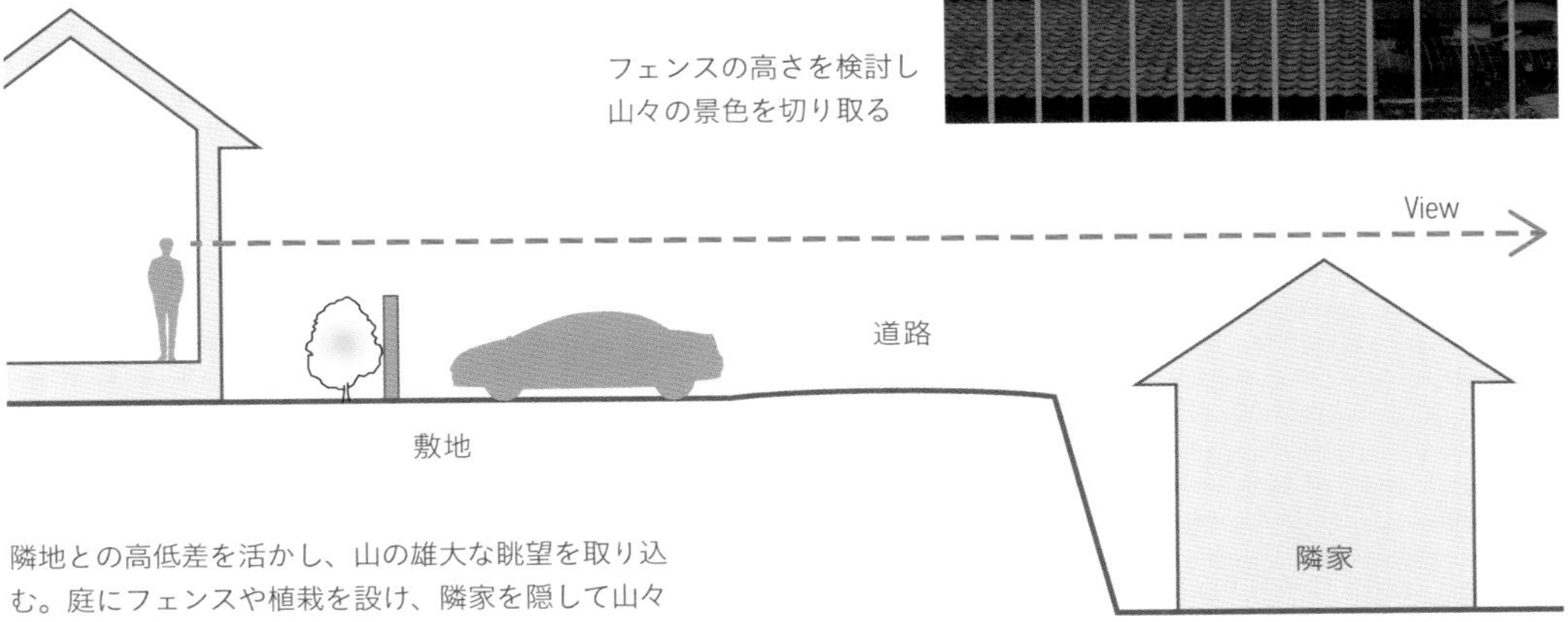
View
道路
敷地
隣家

隣地との高低差を活かし、山の雄大な眺望を取り込む。庭にフェンスや植栽を設け、隣家を隠して山々の景色へとつなげることを検討する

Design.
06

植栽で敷地内の環境を整える

植栽は周囲に涼しさをつくりだす環境装置

敷地調査により周辺環境をつかんだら、間取りづくりに入るのが一般的ですが、ここで少し待って欲しい。パッシブデザインの家を検討する際は、家とそれを取り巻く周囲の環境を考えることが重要です。家の周りには暑さがたくさんあります。

例えば、道路のアスファルトや車、周辺の建物や土間コンクリート。これらの暑さを避けるには緑が有効。特に夏は室内への直射日光は避けたい。そこで、植栽のゾーニング計画が重要となります。樹木などの緑は日差しを受けると葉から水蒸気を放出し、自ら暑くなるのを防ぎます。そして熱を帯びない上質な陰をつくります。

涼しさをつくりだす植栽計画の例 | 図1

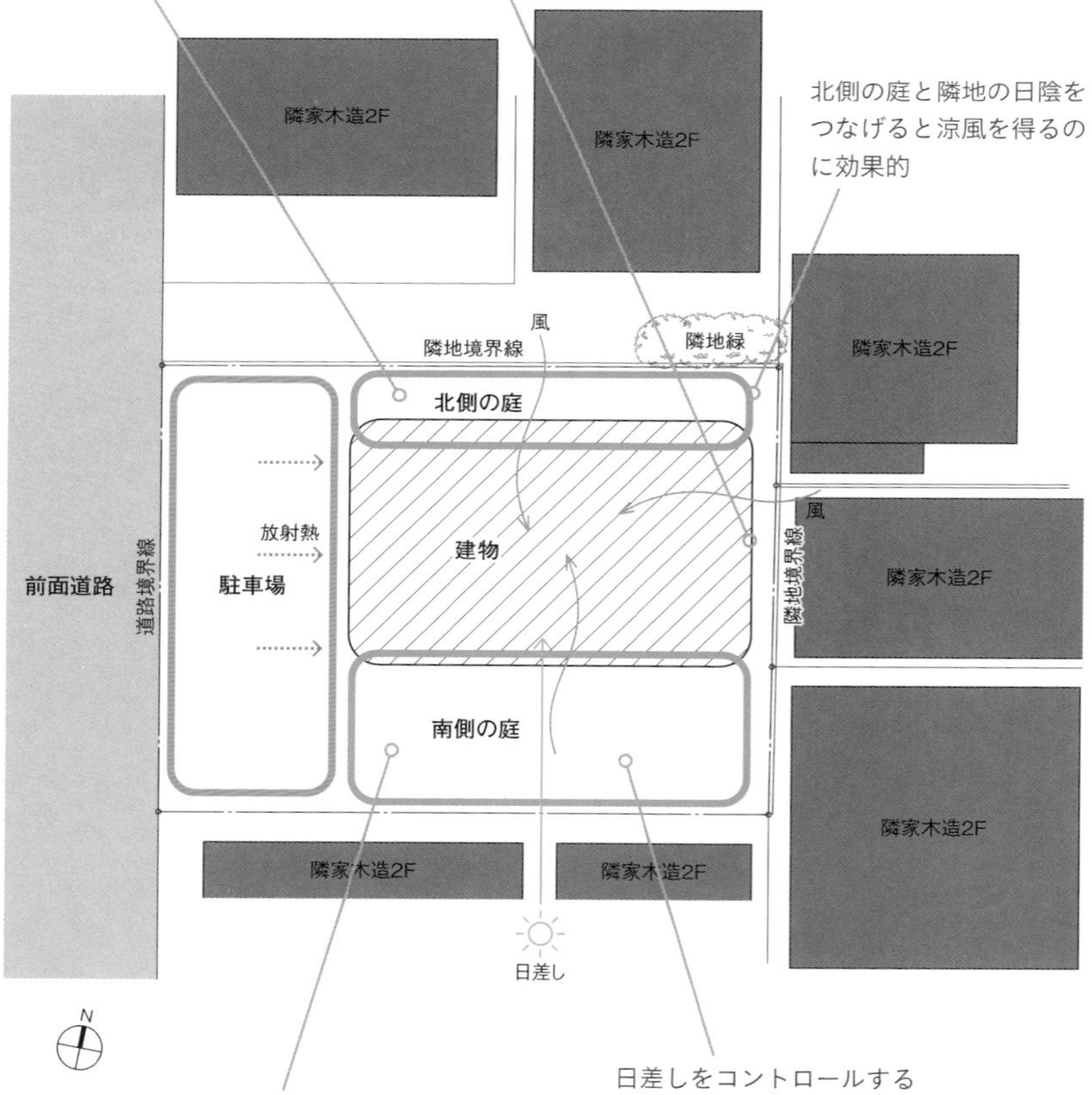
建物北側の日陰から風を取り込む際、周囲からの放射熱をやわらげる北側の庭
建物を隣家に少し寄せて隣地の日陰とつなぎ、隣地からの日陰からの涼風を取り込む
北側の庭と隣地の日陰をつなげると涼風を得るのに効果的
駐車場からの暑さを除けるため植栽を施す
日差しをコントロールする植栽を施す。地面に植栽の影を落とすのも効果的

涼しさをつくりだす植栽計画の具体的なポイント ｜ 図2

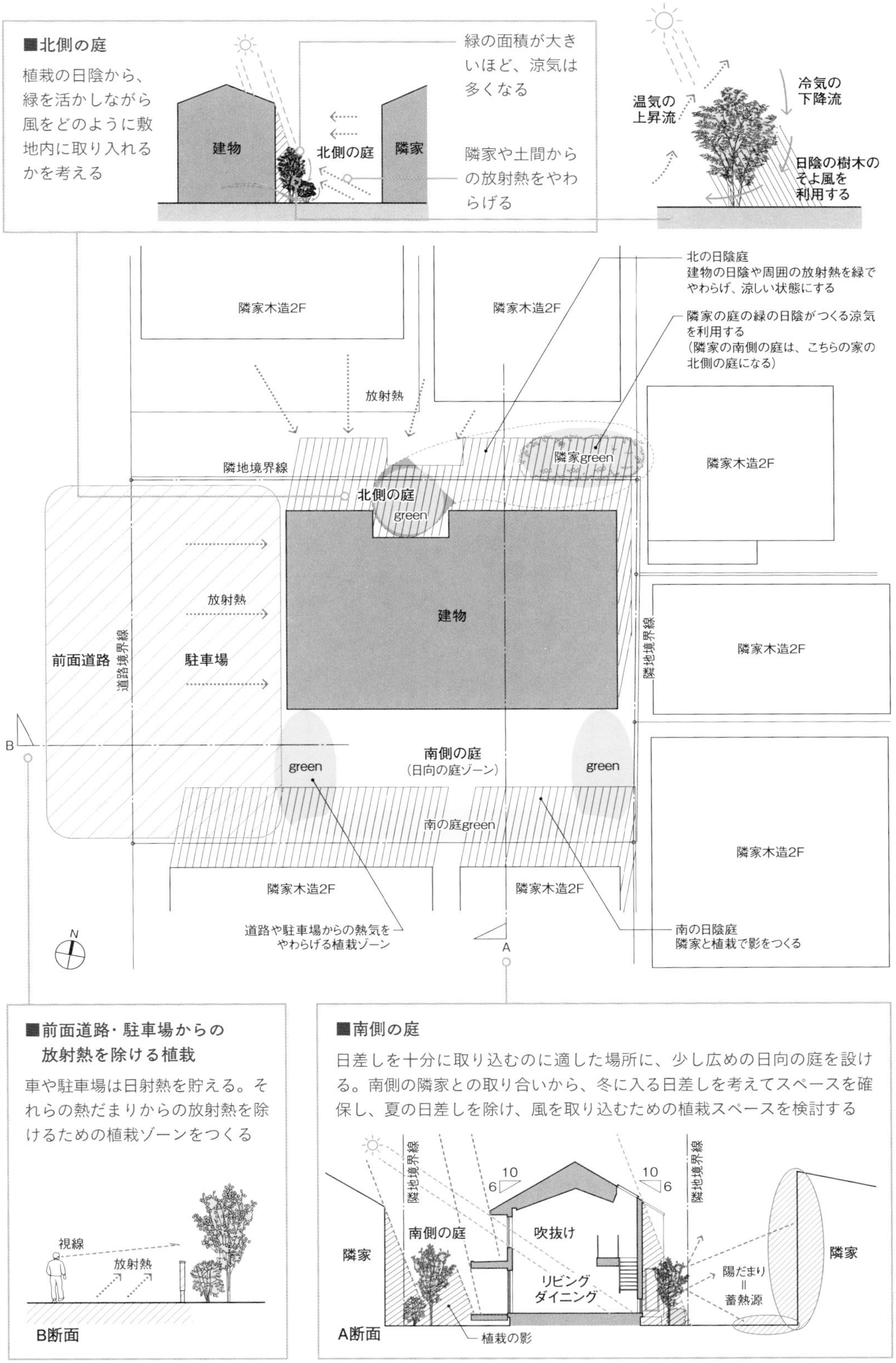
■北側の庭
植栽の日陰から、緑を活かしながら風をどのように敷地内に取り入れるかを考える
建物
北側の庭
隣家
緑の面積が大きいほど、涼気は多くなる
隣家や土間からの放射熱をやわらげる
温気の上昇流
冷気の下降流
日陰の樹木のそよ風を利用する
隣家木造2F
隣家木造2F
北の日陰庭
建物の日陰や周囲の放射熱を緑でやわらげ、涼しい状態にする
隣家の庭の緑の日陰がつくる涼気を利用する
（隣家の南側の庭は、こちらの家の北側の庭になる）
放射熱
隣家green
隣地境界線
北側の庭
green
隣家木造2F
放射熱
建物
隣地境界線
前面道路
道路境界線
駐車場
隣家木造2F
B
南側の庭
（日向の庭ゾーン）
green
green
南の庭green
隣家木造2F
隣家木造2F
隣家木造2F
道路や駐車場からの熱気をやわらげる植栽ゾーン
南の日陰庭
隣家と植栽で影をつくる
N
A
■前面道路・駐車場からの放射熱を除ける植栽
車や駐車場は日射熱を貯える。それらの熱だまりからの放射熱を除けるための植栽ゾーンをつくる
視線
放射熱
B断面
■南側の庭
日差しを十分に取り込むのに適した場所に、少し広めの日向の庭を設ける。南側の隣家との取り合いから、冬に入る日差しを考えてスペースを確保し、夏の日差しを除け、風を取り込むための植栽スペースを検討する
隣地境界線
10
6
10
6
隣地境界線
隣家
南側の庭
吹抜け
リビング
ダイニング
陽だまり
＝
蓄熱源
隣家
A断面
植栽の影

夏は日差しを緑で遮り、冬は落葉樹から取り込む

植栽のポイントは、南側の日差しを避けて日陰をつくる緑と、日差しで熱せられた地面や建物などからの照り返しを避けるための緑です。

南側の庭やデッキなどには日除けとしての植栽、前面道路や夏の日差しで熱せられて暑くなる場所には、熱の緩衝帯としての植栽を施します。また、隣家の庭や隣接する緑、川など、日差しの熱を蓄えていない場所がある場合は、涼しさをつなげられるように、植栽を施して日陰をつくり、風を取り込む庭をつくります。冬に日差しを入れたい所には、落葉樹を植えるようにします。

植栽スペースは最低限、幅600㎜＋メンテ通路

そこで、環境装置としての植栽スペースはどれくらい必要でしょうか。熱を避けるのに必要な植栽スペースは最低限、幅600㎜＋メンテナンス通路といわれます。道路に面して植栽する場合は幅600㎜でも可能です。建物北側には、風を取り込む日陰スペースとなる庭を確保します。

立地環境に適した樹種を選定する

樹木の選定に当たっては、立地環境に適した樹種に留意しましょう。美しい葉や花などの楽しみも考えるとよいでしょう。また、害虫対策を考えることも重要です。

植栽に必要なスペースとは | 図3

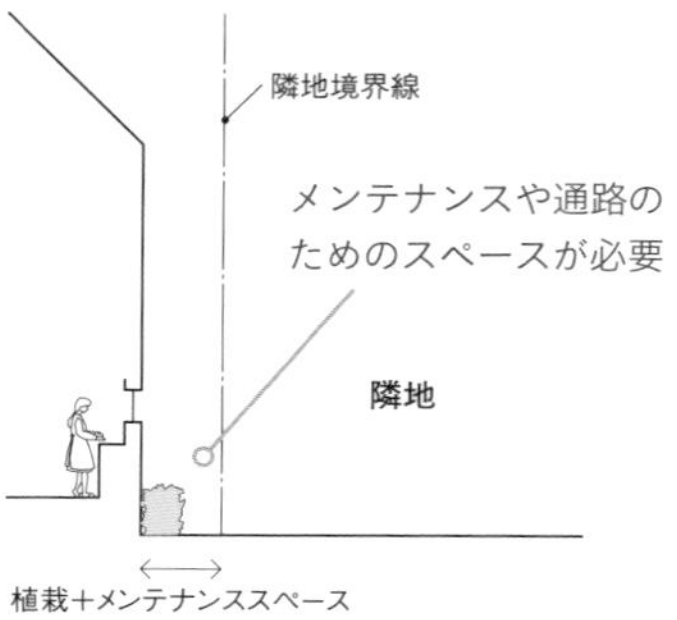
隣地境界線
メンテナンスや通路のためのスペースが必要
隣地
植栽＋メンテナンススペース

植栽の役割と必要なスペース | 図4

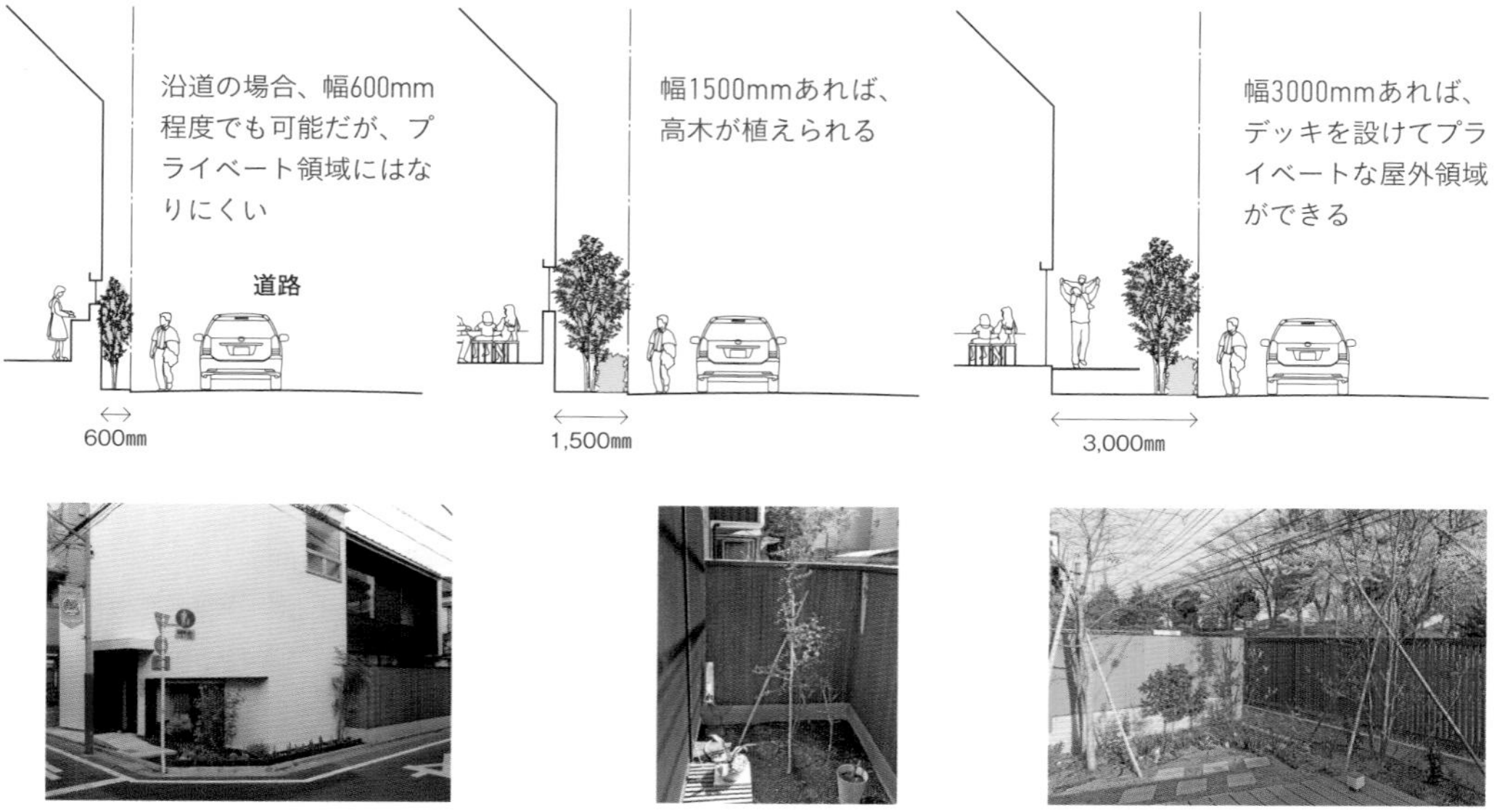
沿道の場合、幅600mm程度でも可能だが、プライベート領域にはなりにくい
道路
600㎜
幅1500mmあれば、高木が植えられる
1,500㎜
幅3000mmあれば、デッキを設けてプライベートな屋外領域ができる
3,000㎜

北側と南側の庭づくりのポイント | 図5

■涼気を取り込むための日陰の庭

夏の日中は、比較的気温が低い日陰から涼気を入れる。そのため周囲からの放射熱を除ける植栽を施す。建物北側に庭を確保し、高木を植えると涼気をつくるのに役立つ

北側の庭の断面図と植栽

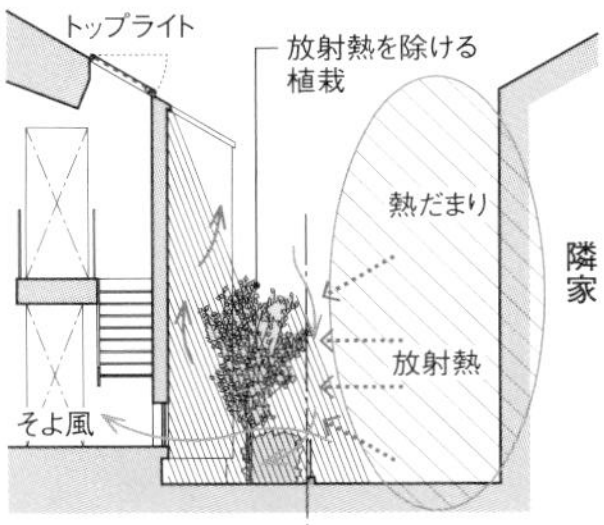

視線除けのフェンス

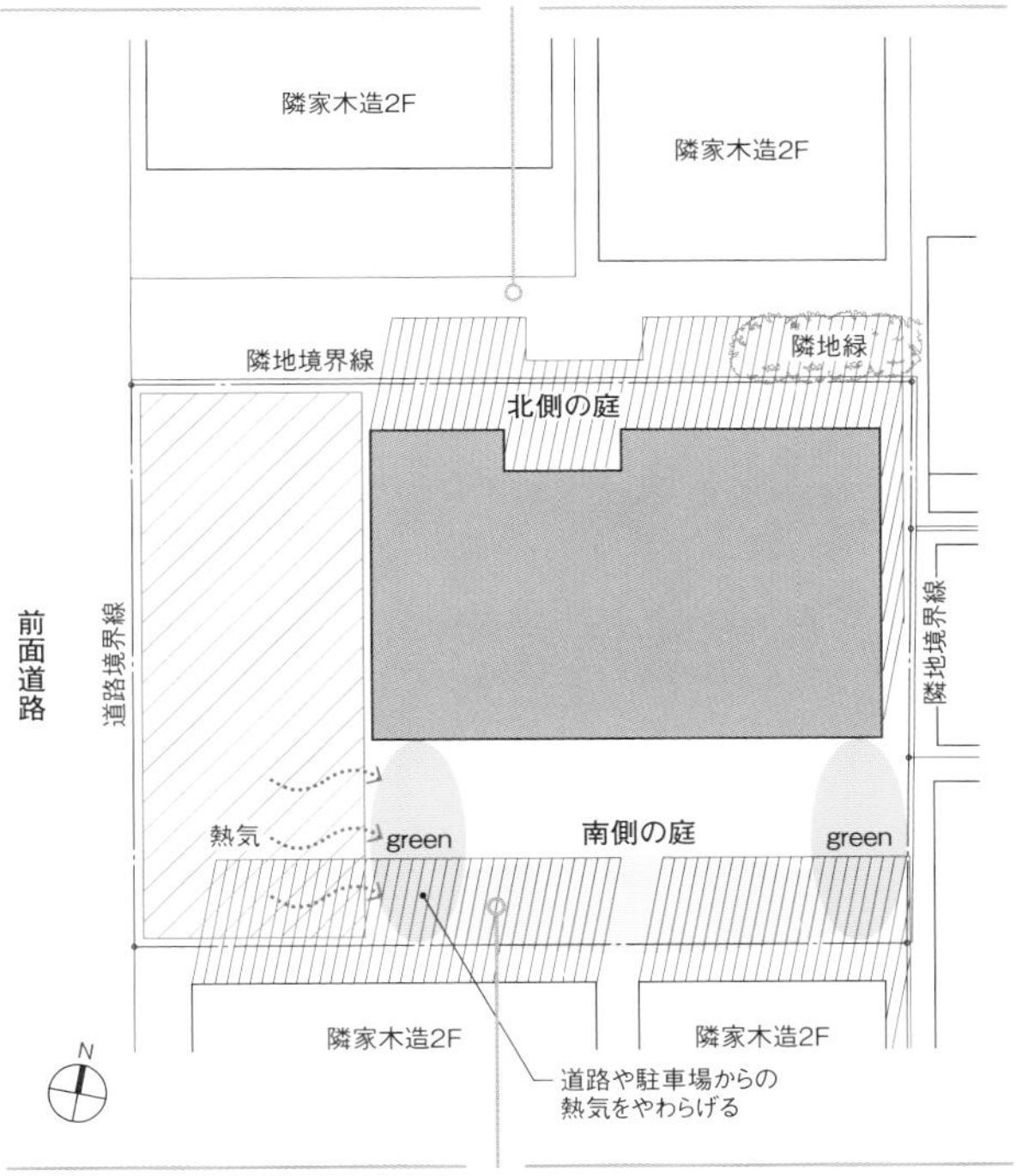

視線除けのフェンス
日陰、車や土間からの放射熱除けの植栽

■日除けや視線除けの日向の庭(植栽)

冬の日差しを取り入れるスペースを確保するとともに、夏は日陰をつくる植栽を設ける。冬は日差しに向けて窓を開け放ちたい、その際、周囲からの視線を遮ることができるように考える。視線除けにフェンスを設けることもあるが、フェンス自体が熱だまりとなる。フェンスからの放射熱除けにも植栽は役立つ。併せて考えたい

南側の庭の断面図と植栽

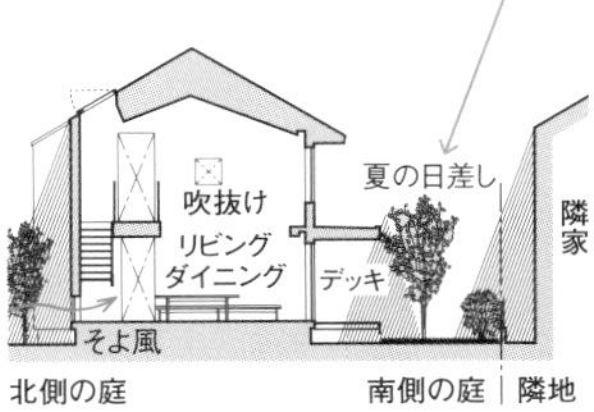

Design.
07

緑の温熱効果と植栽計画の具体例

環境装置としての緑がつくりだす効果

涼しさをつくりだす環境装置としての植栽とはどのようなものでしょ

北の庭
グリーンカーテン

北側の庭と南側の庭の植栽計画の具体例 | 図1

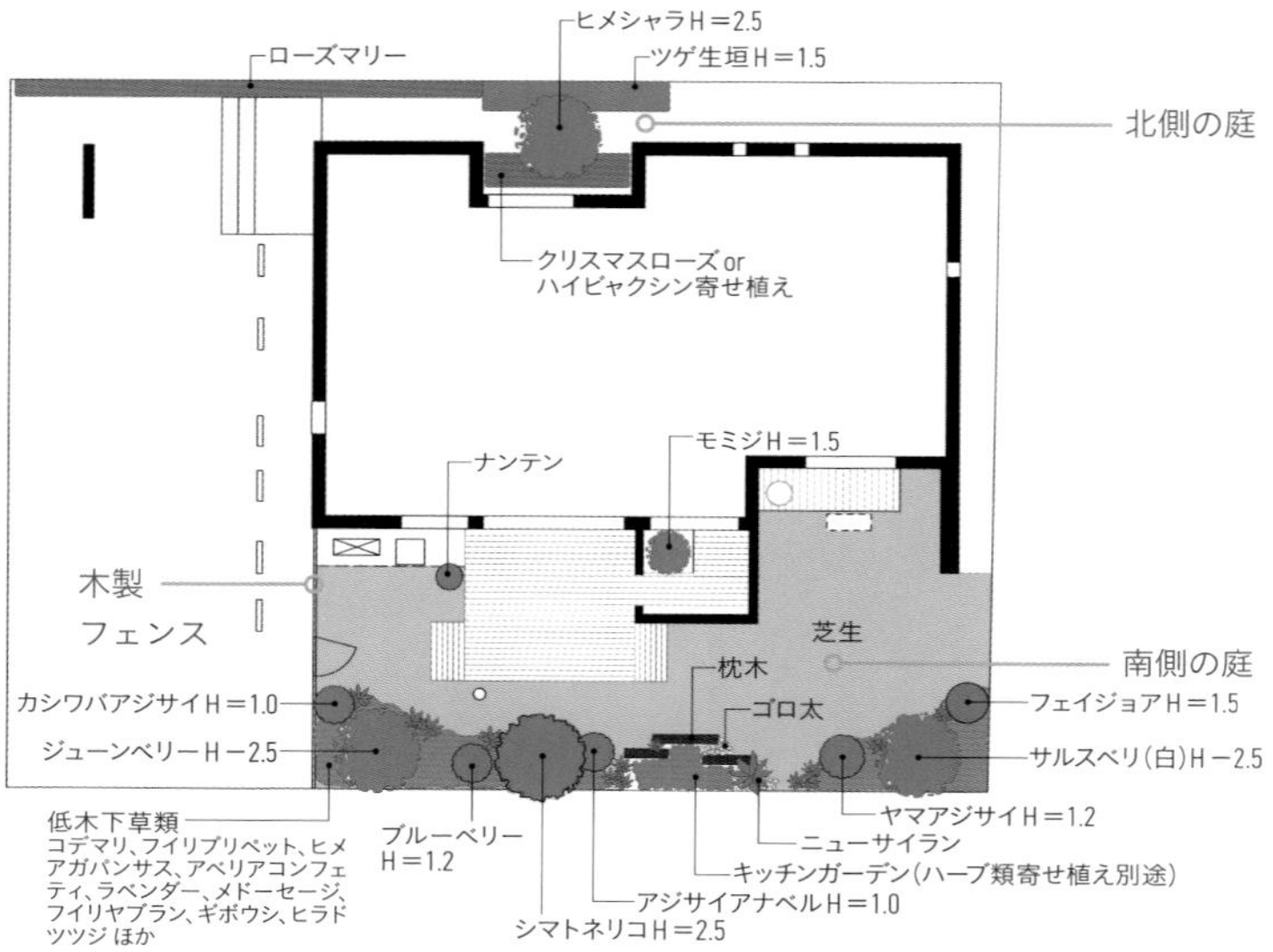

ローズマリー
ヒメシャラH＝2.5
ツゲ生垣H＝1.5
北側の庭
クリスマスローズor
ハイビャクシン寄せ植え
ナンテン
モミジH＝1.5
木製
フェンス
芝生
南側の庭
枕木
ゴロ太
カシワバアジサイH＝1.0
ジューンベリーH－2.5
フェイジョアH＝1.5
サルスベリ(白)H－2.5
低木下草類
コデマリ、フイリプリベット、ヒメアガパンサス、アベリアコンフェティ、ラベンダー、メドーセージ、フイリヤブラン、ギボウシ、ヒラドツツジ ほか
ブルーベリー
H＝1.2
ヤマアジサイH＝1.2
ニューサイラン
キッチンガーデン(ハーブ類寄せ植え別途)
アジサイアナベルH＝1.0
シマトネリコH＝2.5

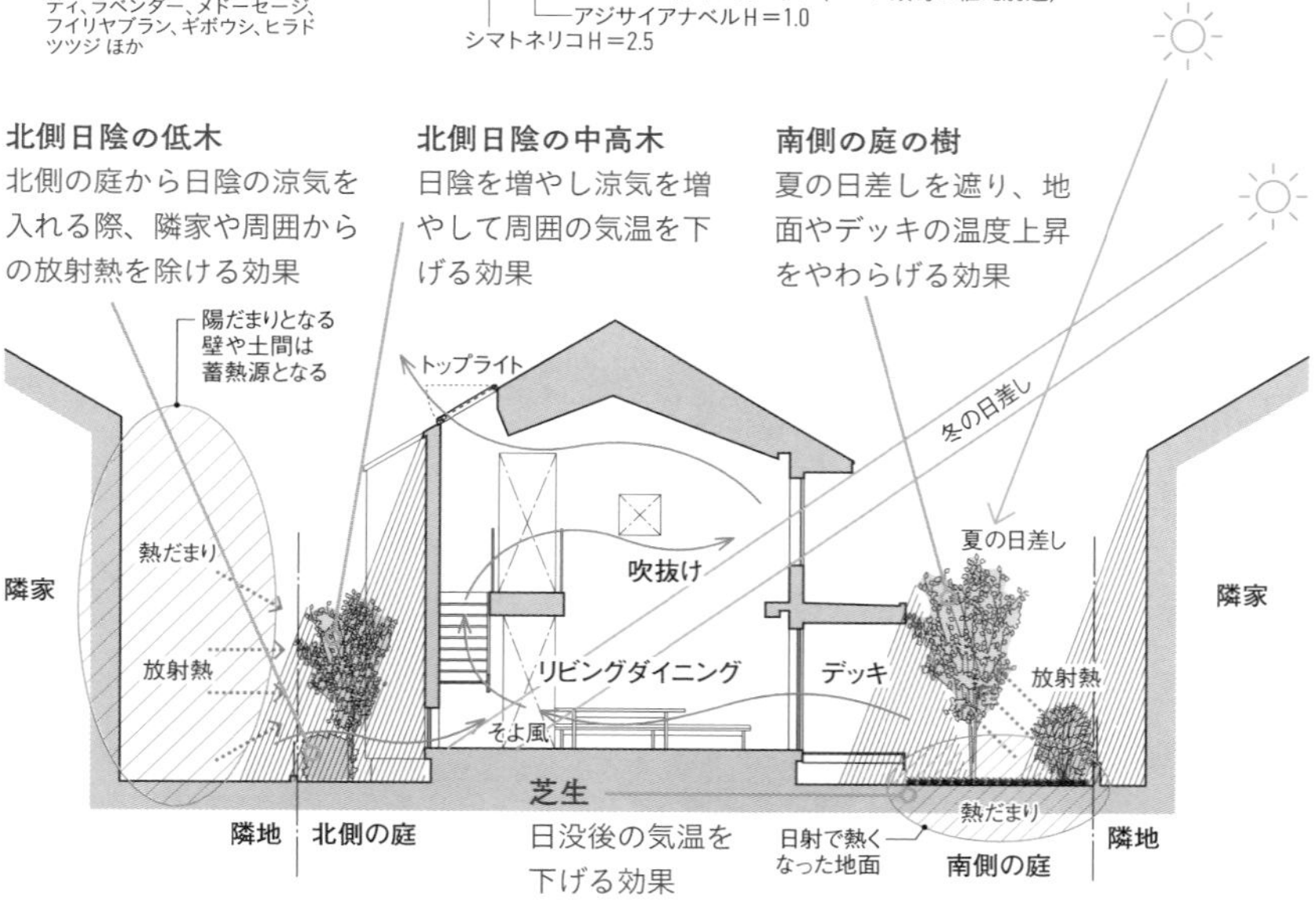

北側日陰の低木
北側の庭から日陰の涼気を入れる際、隣家や周囲からの放射熱を除ける効果
北側日陰の中高木
日陰を増やし涼気を増やして周囲の気温を下げる効果
南側の庭の樹
夏の日差しを遮り、地面やデッキの温度上昇をやわらげる効果
陽だまりとなる
壁や土間は
蓄熱源となる
トップライト
冬の日差し
夏の日差し
隣家
熱だまり
放射熱
吹抜け
リビングダイニング
デッキ
そよ風
放射熱
隣家
芝生
日没後の気温を下げる効果
熱だまり
隣地
北側の庭
日射で熱くなった地面
南側の庭
隣地

うか。

植栽がつくりだす緑陰や、葉の蒸散作用により植栽自体が熱を蓄えない性質を利用した、緑によるさまざまな効果については、おおむね次のようなものが考えられます。

○葉による良質な陰をつくる効果
○周囲の放射熱をやわらげる効果
○緑で覆うことによる敷地や建物への太陽熱の吸収を抑える効果

北側の庭と南側の庭、それぞれの役割を知る

図1は、北側の庭と南側の庭の植栽計画の具体例です。北側の庭、南側の庭それぞれに求める目的に応じて、樹種を決めて配置し、下草や低木で整えていきます。具体的な樹種の選択に当たっては、各種専門書が多く出されていますので、それらを参考にするとよいでしょう。

図2は、緑が周囲の住環境に及ぼす温熱効果のイメージを示したものです。

緑の温熱効果のイメージ ｜ 図2

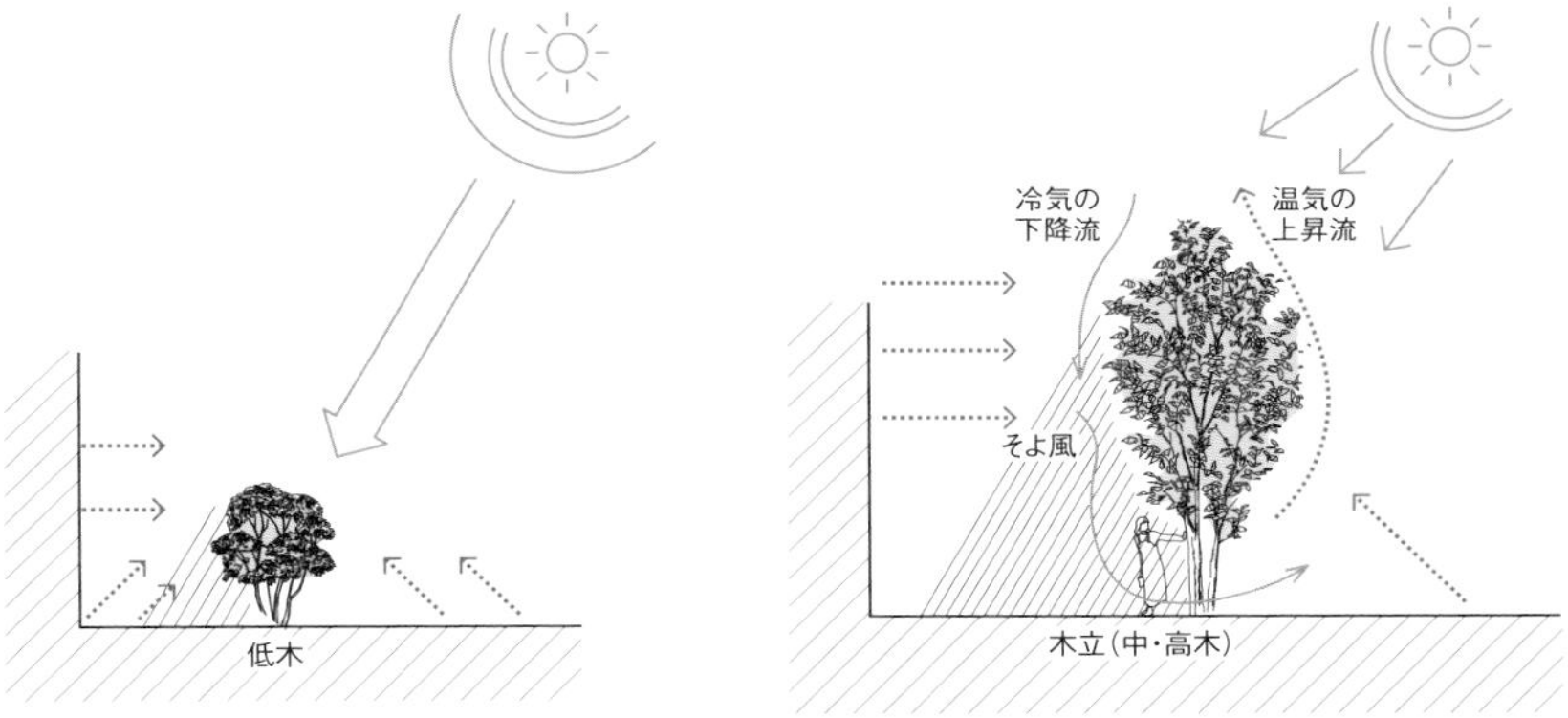

出典1

立木まわりの熱環境としては、葉からの蒸散作用により熱をもたない良質な日陰をつくる効果と、周囲からの熱をやわらげる効果がある。落葉樹と常緑樹を使い分け、各季節の日差しのコントロールや美観や視線のコントロールも行う。
高木の日向側と日陰側では気温差ができる。樹冠近傍の温められて軽くなった空気は、地表面の熱い空気を引き寄せながら上昇する。これを補うように、樹木の日陰側では下降気流が発生するとされる。
低木は日差しを拡散し、照り返しを防ぐ効果や周囲からの熱をやわらげる効果がある

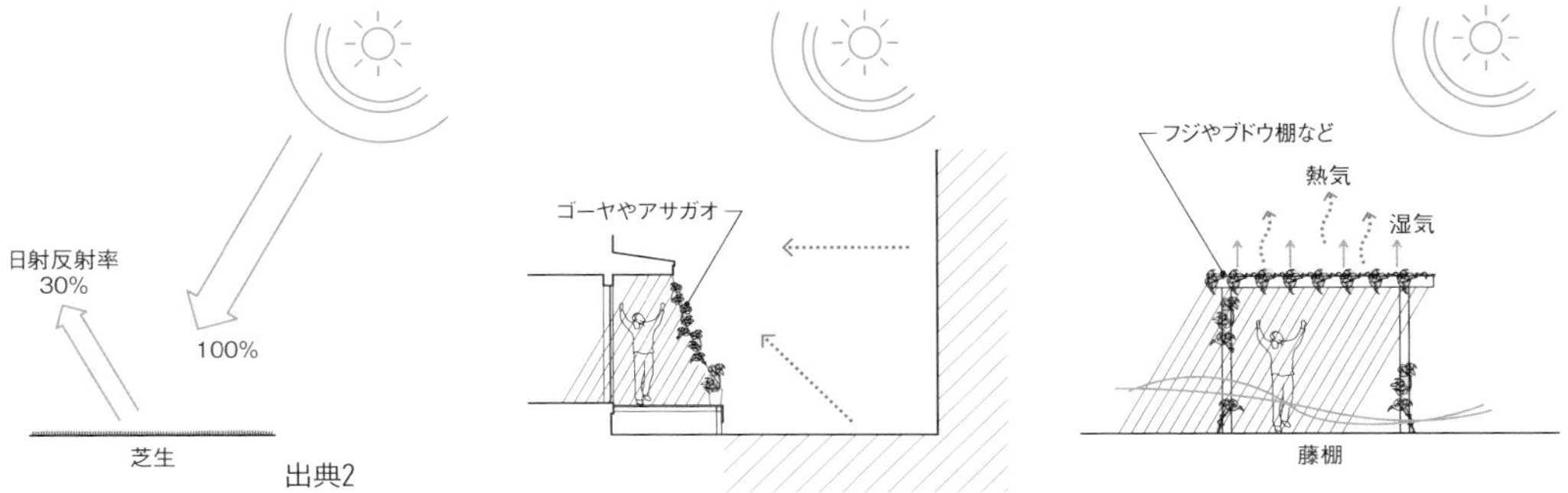

出典2

芝生は、昼間は日差しの照り返しで暑さをつくってしまうが、日差しの熱は吸収しないため、日没時以降の気温を下げる効果がある

グリーンカーテンで日陰をつくる

フジやブドウ棚などを設けることで通路などへの日差しを遮り、舗装面の吸熱を防ぐ効果がある

出典1:「樹木がつくる小さな気候」地球環境-北からの提言-No3地球環境問題を考える会編1994.3
出典2:「建築と都市の緑化計画」日本建築学会編、彰国社刊

Design.
08

風の通り道を考えたプランニングを行う

パッシブデザインから平面・断面計画を考える

パッシブデザイン住宅のプランニングの際は、冬の日差しの入れ方と夏の日差しの遮り方を考えることが大切です。さらに風の利用を考える際は、窓の配置も重要です。夏の涼風の入れ方を計画する時は、風を入れるための外部環境を整えることから始めます。

まずは建物の配置計画を練ります。先に緑をゾーニングした配置計画を考えておくとプランニングがスムーズにできます。敷地調査でイメージした風の通り道を考えながらプランを検討します。

　風は、単に室内を通り抜ければ住まい手は気持ちよさが得られるものではなく、吹く風の温度と風の通り道が重要です。適度な風が住人に当たるように流すことで、風の効果が倍増します。もちろん、室内の熱を逃がすための換気としての風の利用も大事です。平面計画を考える際は、気持ちのよい通風や換気を考えた窓の計画を練ります。室内の通風はまず風の出口を考えます。夏の昼間には、日陰の庭などの気温が低めで樹木が植えてある所から風の入口を計画しましょう。

北側の庭廻り詳細断面 | 図1

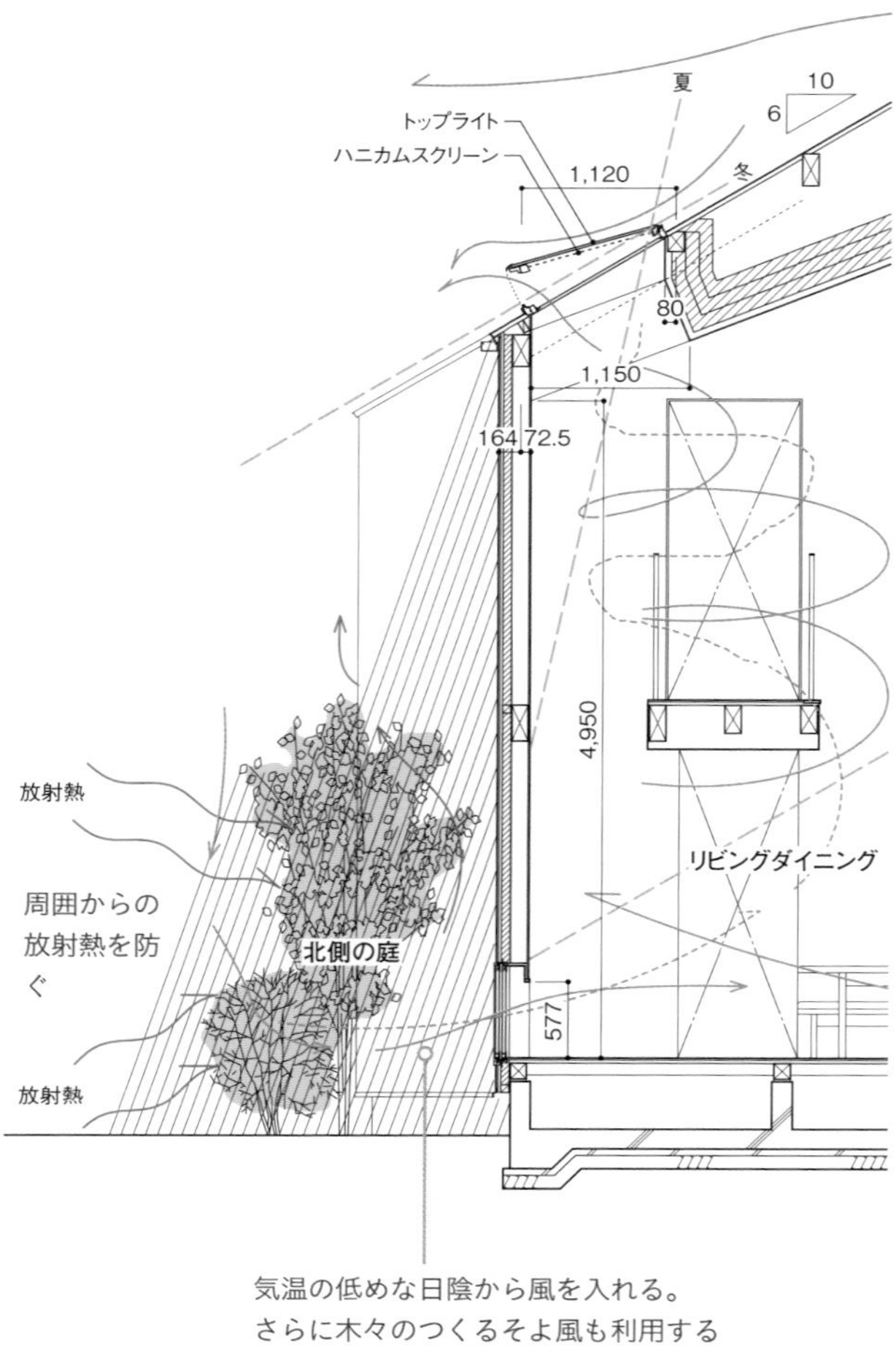

夏
10
6
冬
トップライト
ハニカムスクリーン
1,120
80
1,150
164
72.5
4,950
577
リビングダイニング
北側の庭
放射熱
周囲からの放射熱を防ぐ
放射熱
気温の低めな日陰から風を入れる。
さらに木々のつくるそよ風も利用する

1階の風の流れ | 図2

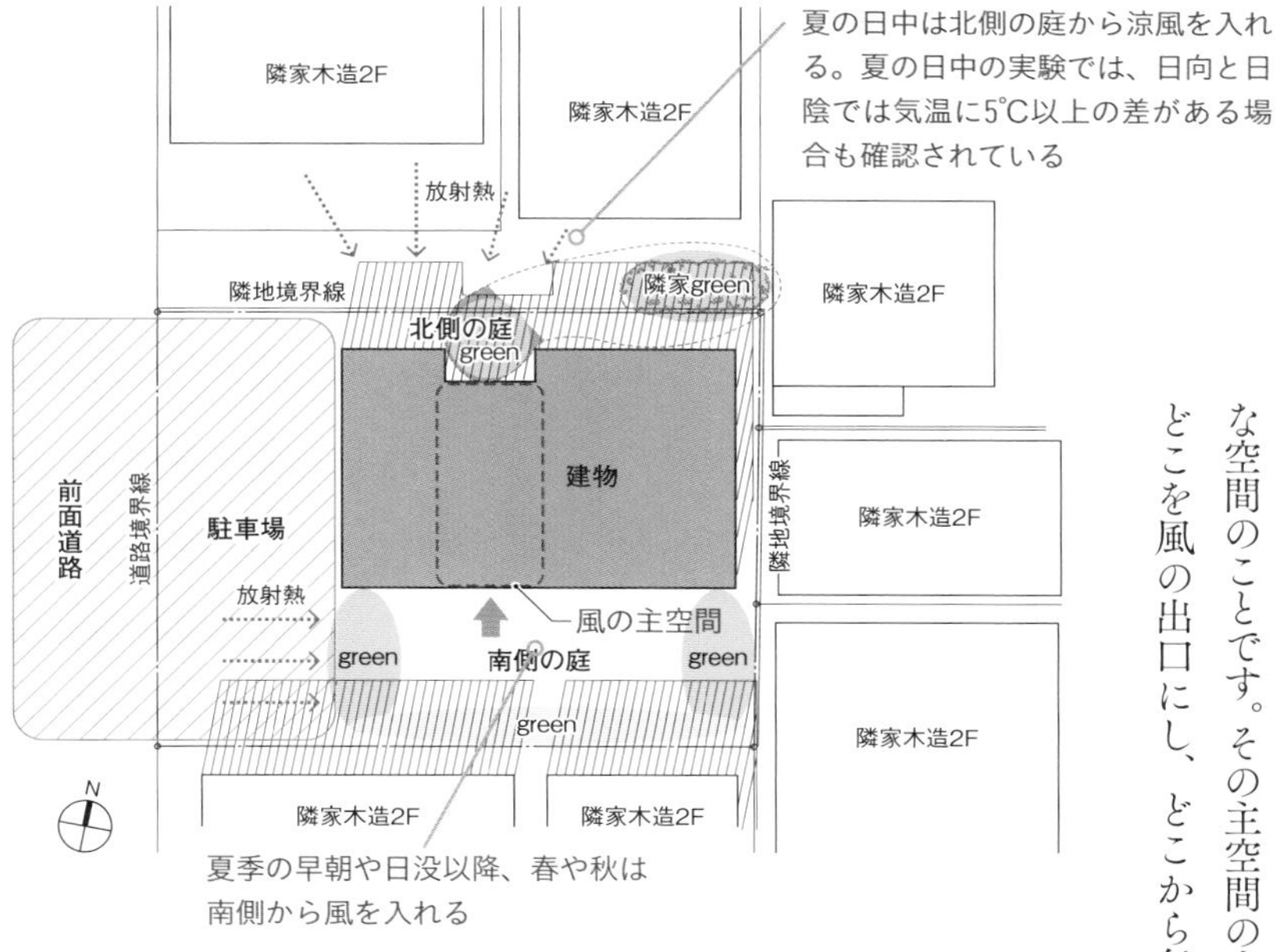
夏の日中は北側の庭から涼風を入れる。夏の日中の実験では、日向と日陰では気温に5℃以上の差がある場合も確認されている
隣家木造2F
隣家木造2F
放射熱
隣地境界線
隣家green
隣家木造2F
北側の庭
green
建物
前面道路
道路境界線
駐車場
隣地境界線
隣家木造2F
放射熱
風の主空間
green
南側の庭
green
green
隣家木造2F
隣家木造2F
隣家木造2F
N
夏季の早朝や日没以降、春や秋は南側から風を入れる

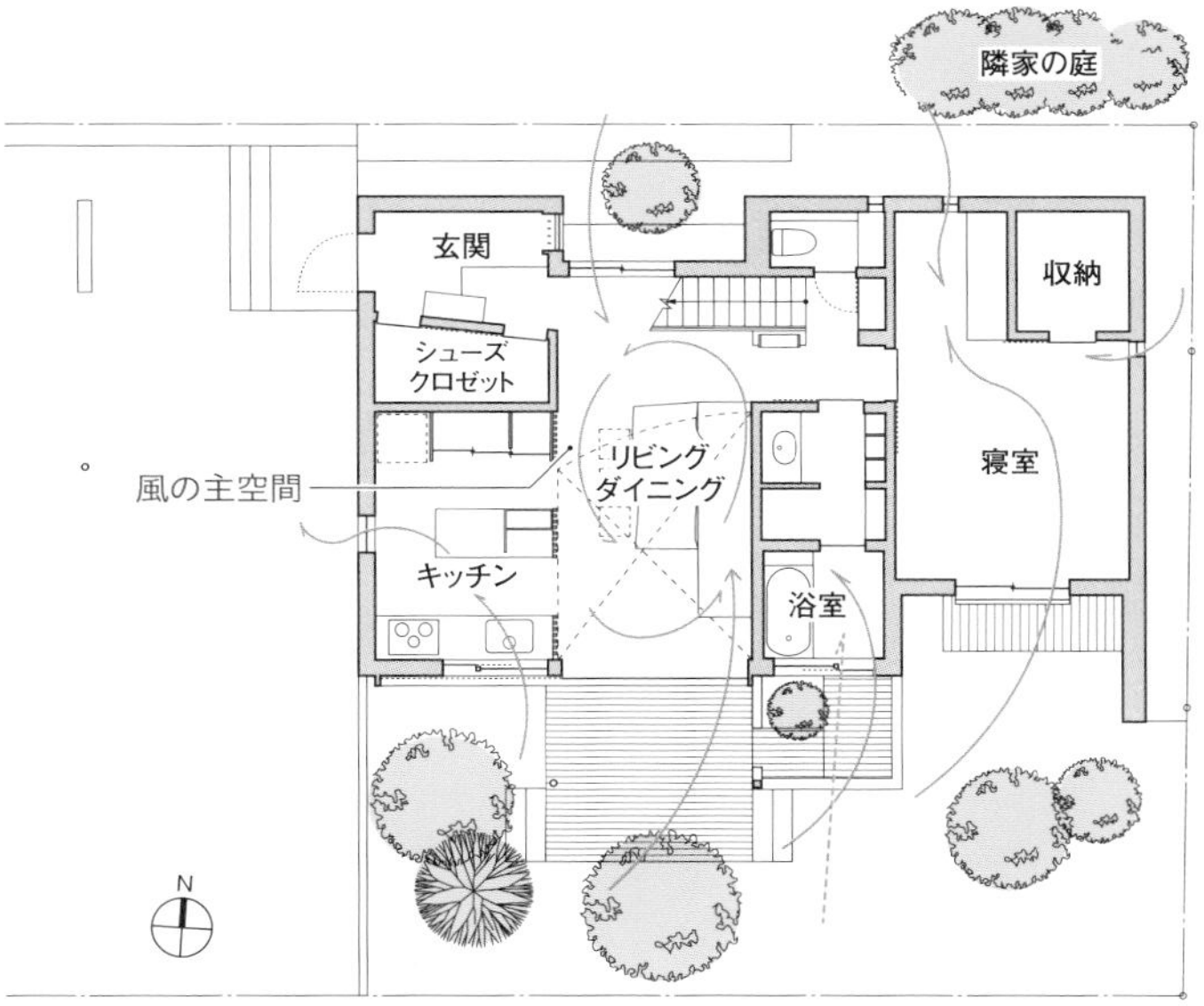
隣家の庭
玄関
収納
シューズクロゼット
風の主空間
リビングダイニング
寝室
キッチン
浴室
N

LDKに大きな風の通り道をつくる

家全体を貫く風の主空間を計画する

風の主空間とは、各階を貫く間仕切りがなく風が吹き抜ける、一体的な空間のことです。その主空間の中で、どこを風の出口にし、どこから気持ちのよい風を引き込む入口とするか。開口部の位置を立体的に検討し、大きな風の道を考えます。

具体的には、生活の中心であり、家族が共用するLDKのような空間になりますが、子供室や趣味の部屋なども含めた一体的・ワンルーム的な空間も考えられます。一般にLDKは南面を重視するため、家の北側日陰に面しないプランが多くなります。ただ、北側の庭の日陰からも風の引き込みを考えると、プランに幅が出てきます。周囲からの放射熱を除けながら風を入れるのがポイントです。

風の流れを考えた個室空間を計画する

寝室や子供室、書斎など仕切られた個室空間も、風の出し方や入れ方、

日差しの入れ方を主空間と同様に考えていきます。主空間に隣接させ、内風用の屋内開口をとり、主空間の窓を風の出口に利用することで風の道をつくる方法もあります。そうすることで個室窓を風の入口だけに利用することも考えられます。

高性能断熱サッシは高価ですが、このように風の入口のみに限定することで数量を少なくし、家全体のサッシ数を抑えることでコストダウンにもつながります。

2階の風の流れ｜図3

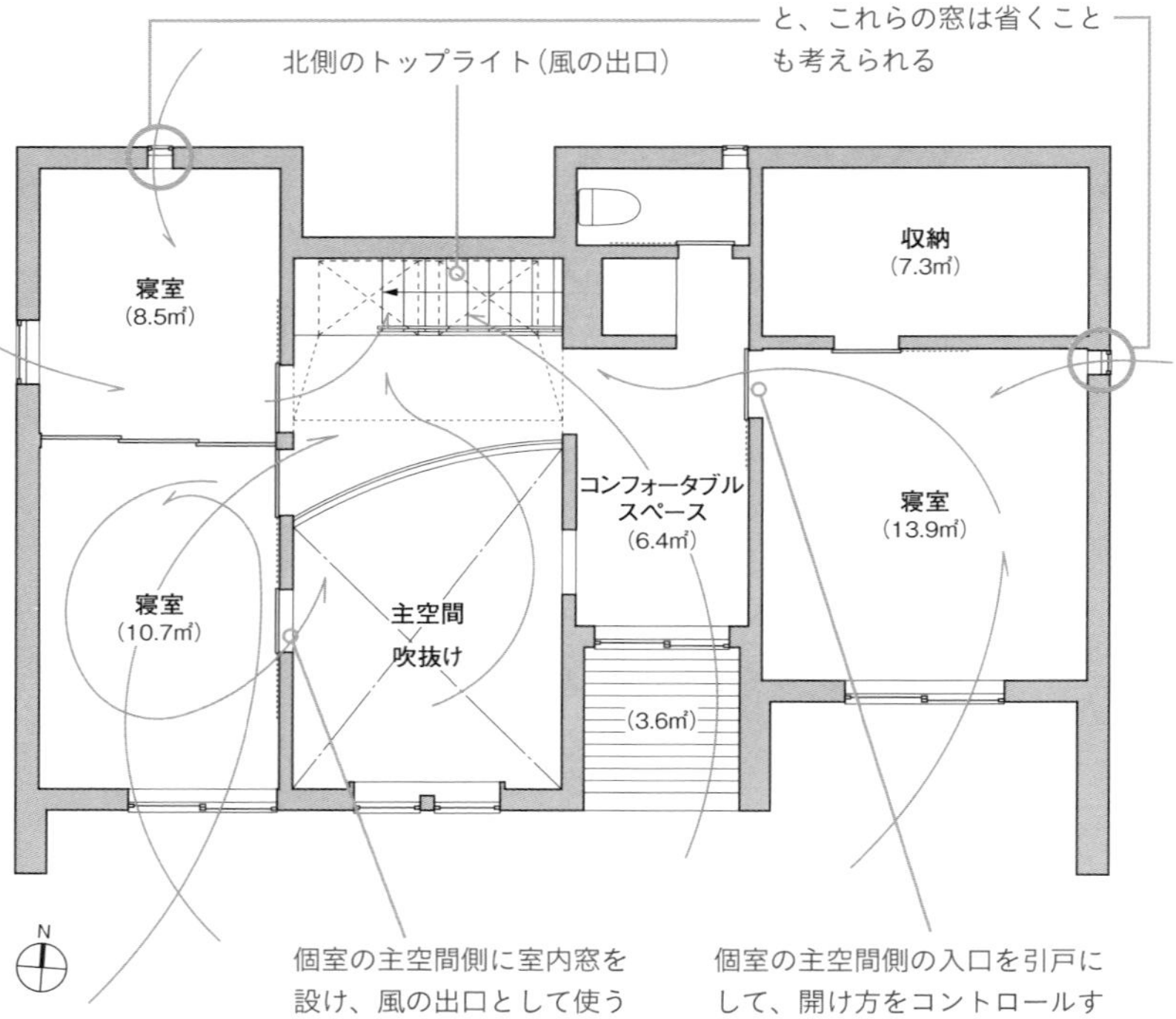
主空間に風の出口を取ると、これらの窓は省くことも考えられる
個室の主空間側に室内窓を設け、風の出口として使うことで、個室の南側窓を小さめにしぼる
個室の主空間側の入口を引戸にして、開け方をコントロールすることで、風の出口として寝室の窓の個数をしぼる

主空間のトップライト(風の出口)

寝室の南側窓からの風の流れ

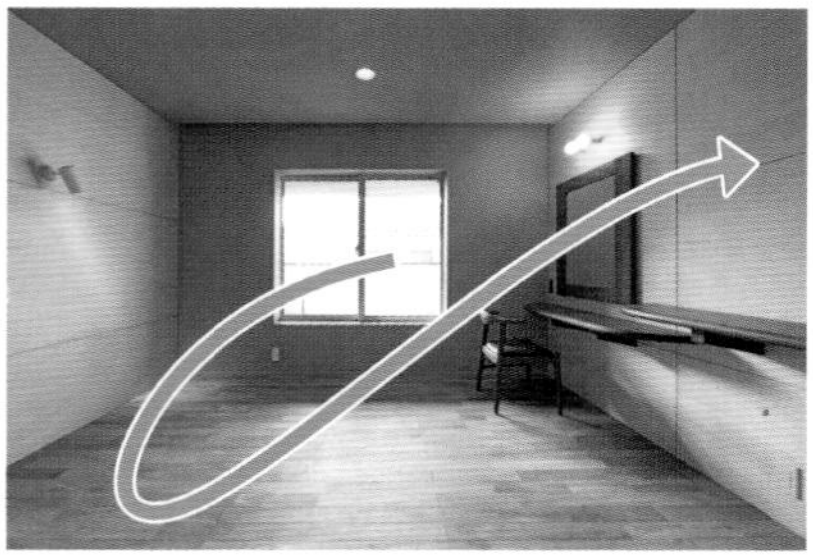

風の流れ、日差しを考えた機能空間を計画する

浴室や洗面所など水廻りの機能空間は、機械換気による積極的な換気を心がける場所ですが、窓を設けて自然換気で気持ちのよい通風がとれるように計画するとよいでしょう。

通風のある浴室は、日差しも入るようにすると洗濯物を乾かす乾燥室としても有効です。乾燥した浴室はカビも生えにくく衛生的。日射熱を蓄えた浴室は、冬の夜の入浴時にも寒くなく、とても快適です。

洗面所・浴室の風の流れ　図4

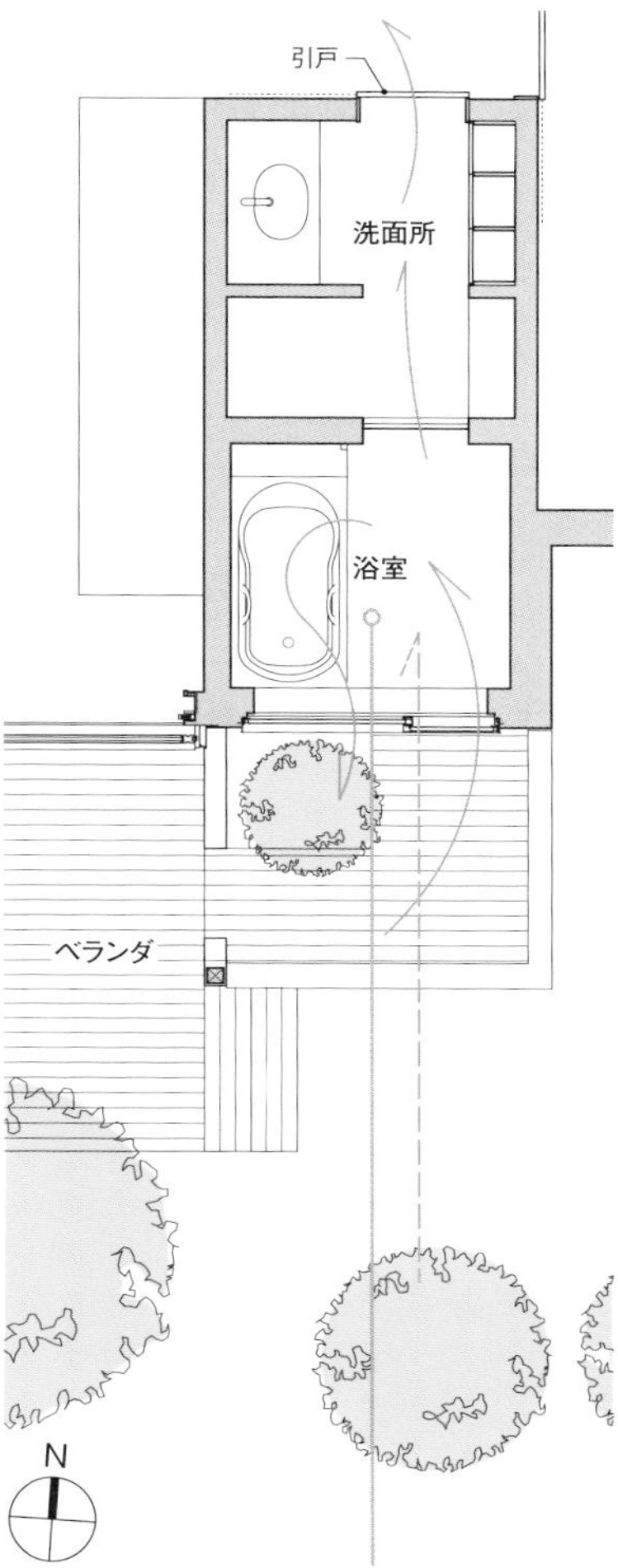

引戸
洗面所
浴室
ベランダ
N

日の当たる浴室は、乾燥室としても利用できる

洗面所
浴室から風と光と熱がえられる快適な空間

室内干し用の物干しバー

南向きの浴室

Design.
09

自然の日差しと通風を最大限に活かした断面計画

日差しは入口を風は出口を考える

パッシブデザインは、自然の日差しと風を気持ちよく、効率よく利用することがポイントです。そのため開口部を決める際は、日差しは入口を、風は出口をどのようにデザインするかが極めて重要になります。

パッシブデザインは住空間を立体的に計画

日差しは、冬は室内に最大限に入れたいが、夏はできるだけ避けたいところです。また、自然の風は春と夏、秋のよい気象条件の日には開口部を最大限に開けて活かしたいですが、冬は外気が入るのを避けたいところです。

それらのことを考えながら、自然の日差しと風を最大限に利用した住空間を計画します。重要なのは、日射計画と同様に、室内の風の通り道も含め立体的に考えることです。

吹抜け空間を利用した開口計画の考え方

室内の吹抜け空間を利用した効率的なパッシブデザインの開口計画では、必ずしも日差しや風の入口と出口が、同一階の平面図には現れてきません。低位置の窓を風の入口とし、トップライトや塔屋を風の出口と考えた入口と出口の高低差を最大限に活かした計画では、同一平面図に風の出口と入口は現れないからです。

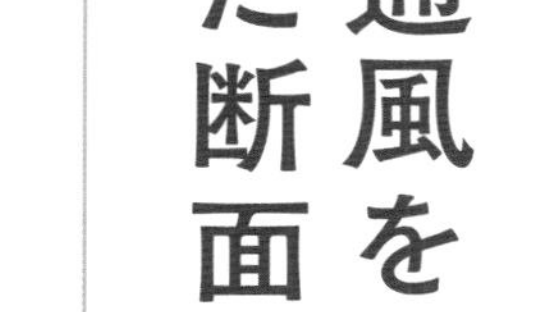

ダイニングキッチンから南庭を見る。日差しが降り注ぐ

低位置の小窓から風を入れると、人に直接当てる風が得られる

ダイニングキッチンから北庭を見る。冷たく重めの空気を床付近に導く地窓を設けている

家全体を貫く主空間の断面計画を考える

風は、室内の低い所から入れて高い所へ抜くようにします。風のプランニングをした主空間の計画を立体的に仕上げていきます。低位置に開いた窓は、風の出口と入口の高低差を利用した重力換気に有効です。そして低い所から入れた風は、人に直接当たる風になり、風が快適な季節には、気持ちよさが得られます。

立体通風に有効な吹抜けは、冬の日差しを室内奥にまで導くのにも有効です。季節ごとの日差しの入射角度を考えながら、主空間の断面を仕上げていきます。夏の日差しを除ける軒も重要な要素になります。

リビングダイニングに日差しと風を取り入れる計画　図1

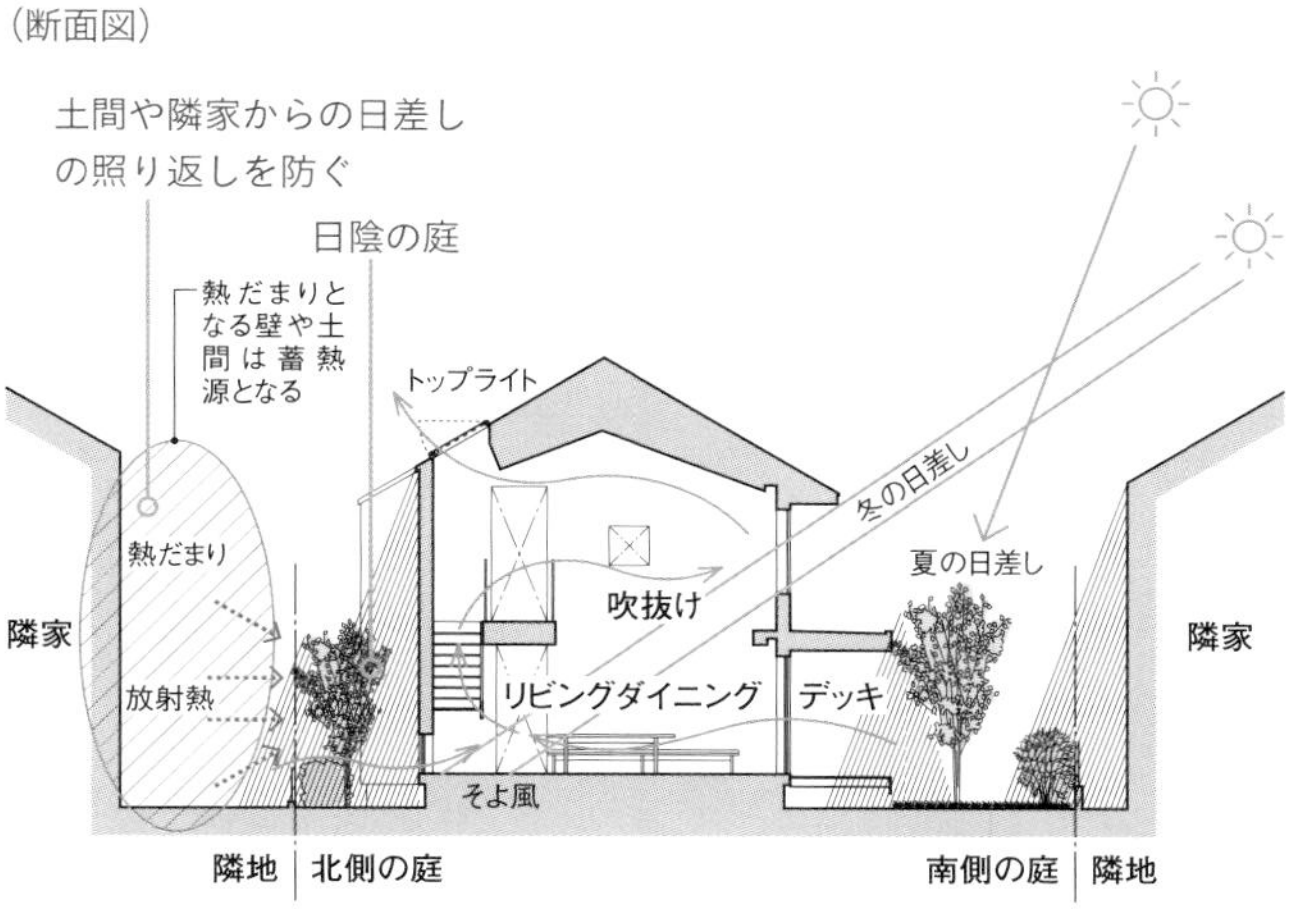
(断面図)
土間や隣家からの日差しの照り返しを防ぐ
日陰の庭
熱だまりとなる壁や土間は蓄熱源となる
トップライト
冬の日差し
夏の日差し
熱だまり
隣家
放射熱
吹抜け
リビングダイニング
デッキ
そよ風
隣地
北側の庭
南側の庭
隣地
隣家

日差しと風を最大限に取り入れる計画　図2

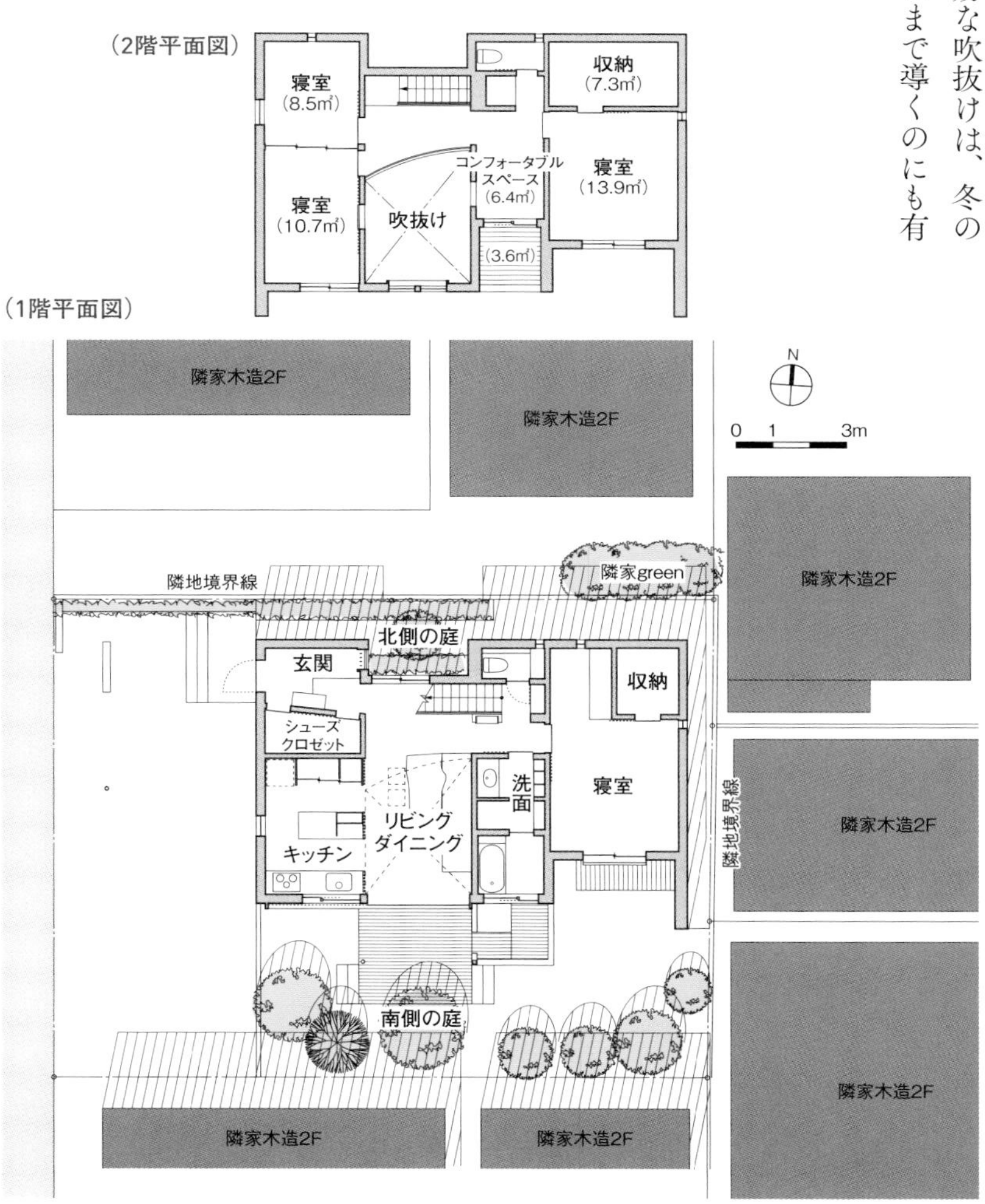
(2階平面図)
寝室
(8.5㎡)
収納
(7.3㎡)
コンフォータブルスペース
(6.4㎡)
寝室
(13.9㎡)
寝室
(10.7㎡)
吹抜け
(3.6㎡)
(1階平面図)
隣家木造2F
隣家木造2F
N
0 1 3m
隣地境界線
隣家green
隣家木造2F
北側の庭
玄関
収納
シューズクロゼット
洗面
寝室
リビングダイニング
キッチン
隣地境界線
隣家木造2F
南側の庭
隣家木造2F
隣家木造2F
隣家木造2F

個室空間の断面計画を考える

家全体を貫く主空間の高所に、風の出口を設けることで高効率な通風計画となることは前述しました。個室空間でも、立体的に通風を考え、日差しの入れ方を加味しながら断面計画を仕上げていきます。

仕切られた部屋間でも日射熱は伝達されていきます。高断熱空間では、熱が冷めにくく蓄積されることを考えて、家全体での熱利用を考えます。吹抜け空間で最大限に日差しを取り入れ、個室でも利用するように工夫するとよいでしょう。

個室空間に日差しと風を取り入れる計画｜図3

（2階平面図）

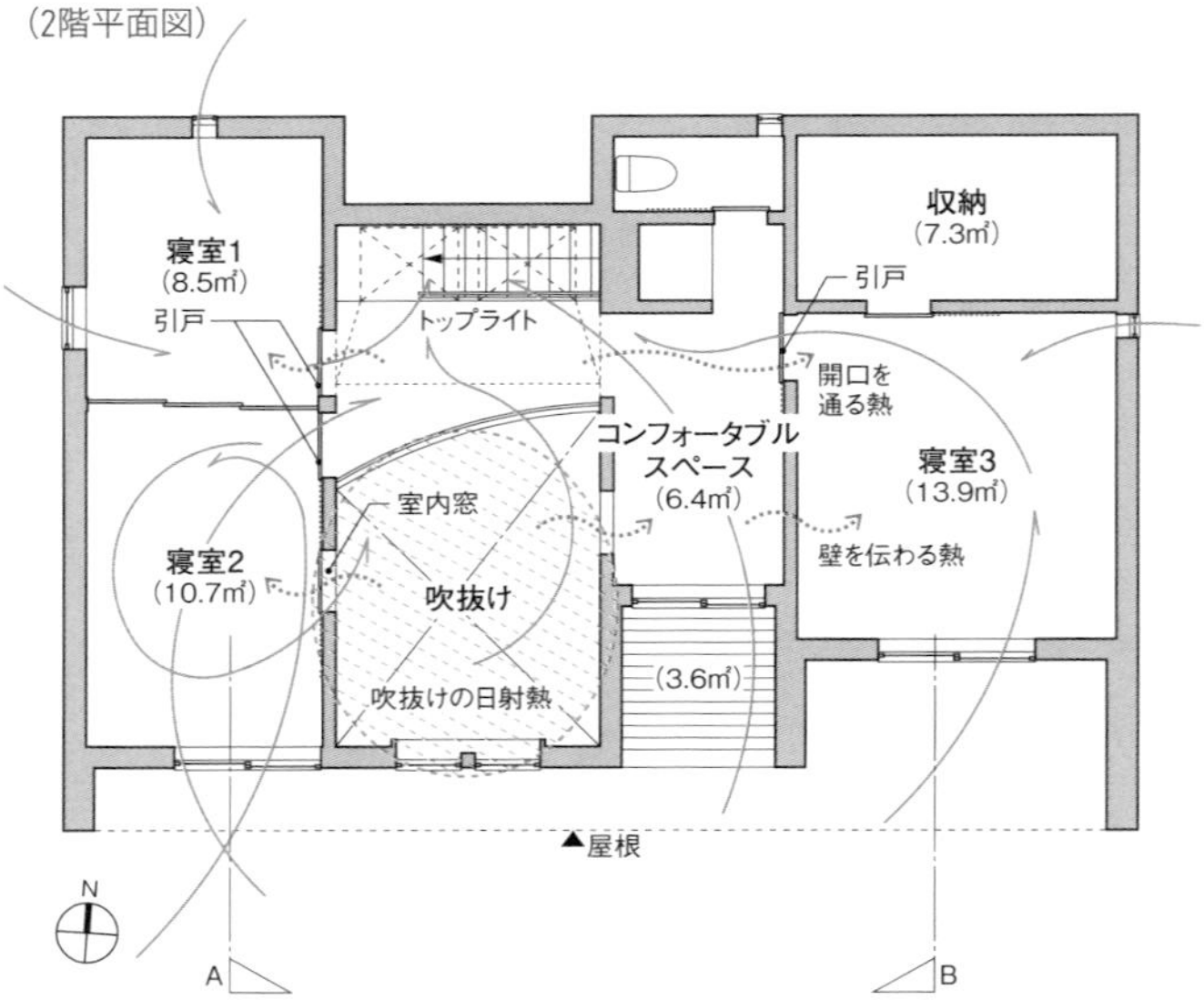

寝室1
(8.5㎡)
引戸
トップライト
寝室2
(10.7㎡)
室内窓
吹抜け
吹抜けの日射熱
コンフォータブルスペース
(6.4㎡)
(3.6㎡)
収納
(7.3㎡)
引戸
開口を通る熱
寝室3
(13.9㎡)
壁を伝わる熱
屋根
N
A
B

（断面図）

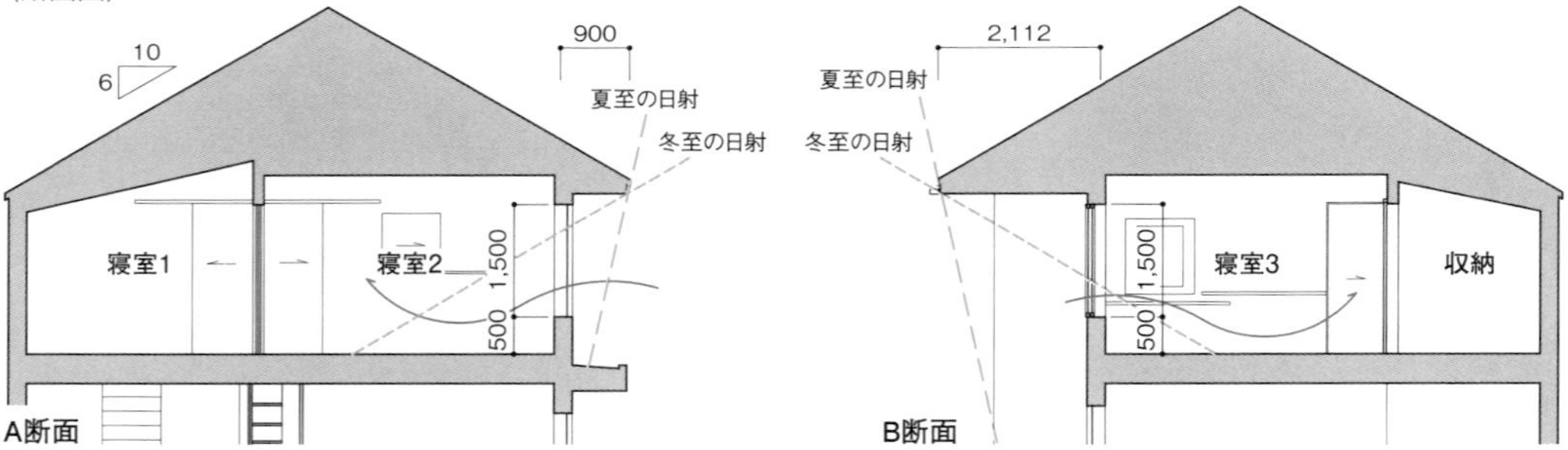

10
6
900
夏至の日射
冬至の日射
寝室1
寝室2
1,500
500
A断面
2,112
夏至の日射
冬至の日射
1,500
500
寝室3
収納
B断面

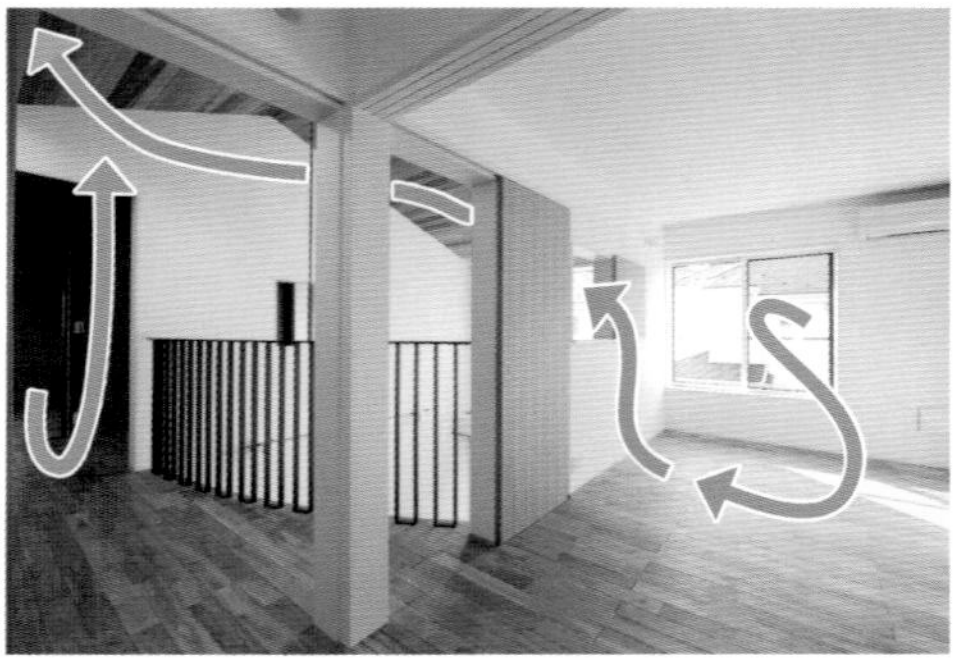

2階寝室1・2の南側を見る。風は南側窓から入り、引戸を通って、トップライトへと抜けていく

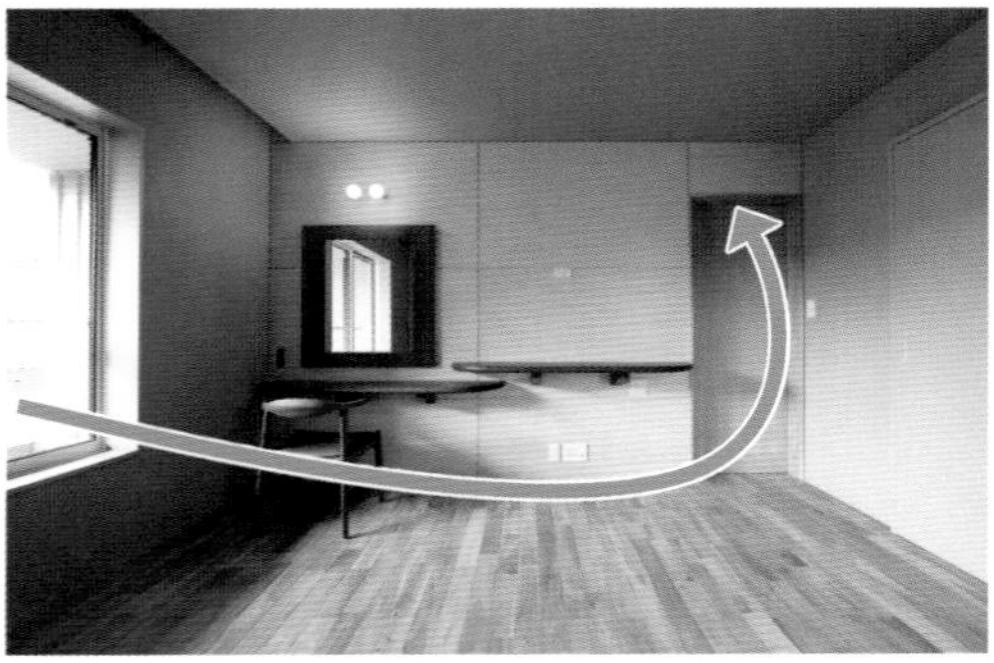

寝室3の吹抜け側を見る。風は南側窓から入り、吹抜け側の小窓を通って、トップライトへと抜けていく

Design. 10

屋根の上空を流れる風を利用して自然の風を室内に導く

風の利用は出口が鍵

風は気まぐれで、吹く方向は時々刻々と変わっていきます。その風を活かすには、風が起こす圧力差を利用した出入りを考えることが重要。

街中では周囲の建物が風の障害物になりますが、障害物が少ない屋根の上空を流れる風を利用することは、室内に風を導く有効な手段となります。

塔屋やトップライトを設ける

屋根の上空を吹く風を利用して負圧をつくり出せる塔屋や、トップライトを設けることで、風の吸い出し効果を利用した室内の通風を考えます（第1章03・04・07参照）。

トップライトを利用し、上空の風で家全体に風を取り込む | 図1

屋根の上空を吹く風速の早い「風」により、トップライト部は負圧になり、屋内の空気を吸い上げることで、室内に風の流れが生じる（風の方向が変化しても剥離効果等で負圧になる）

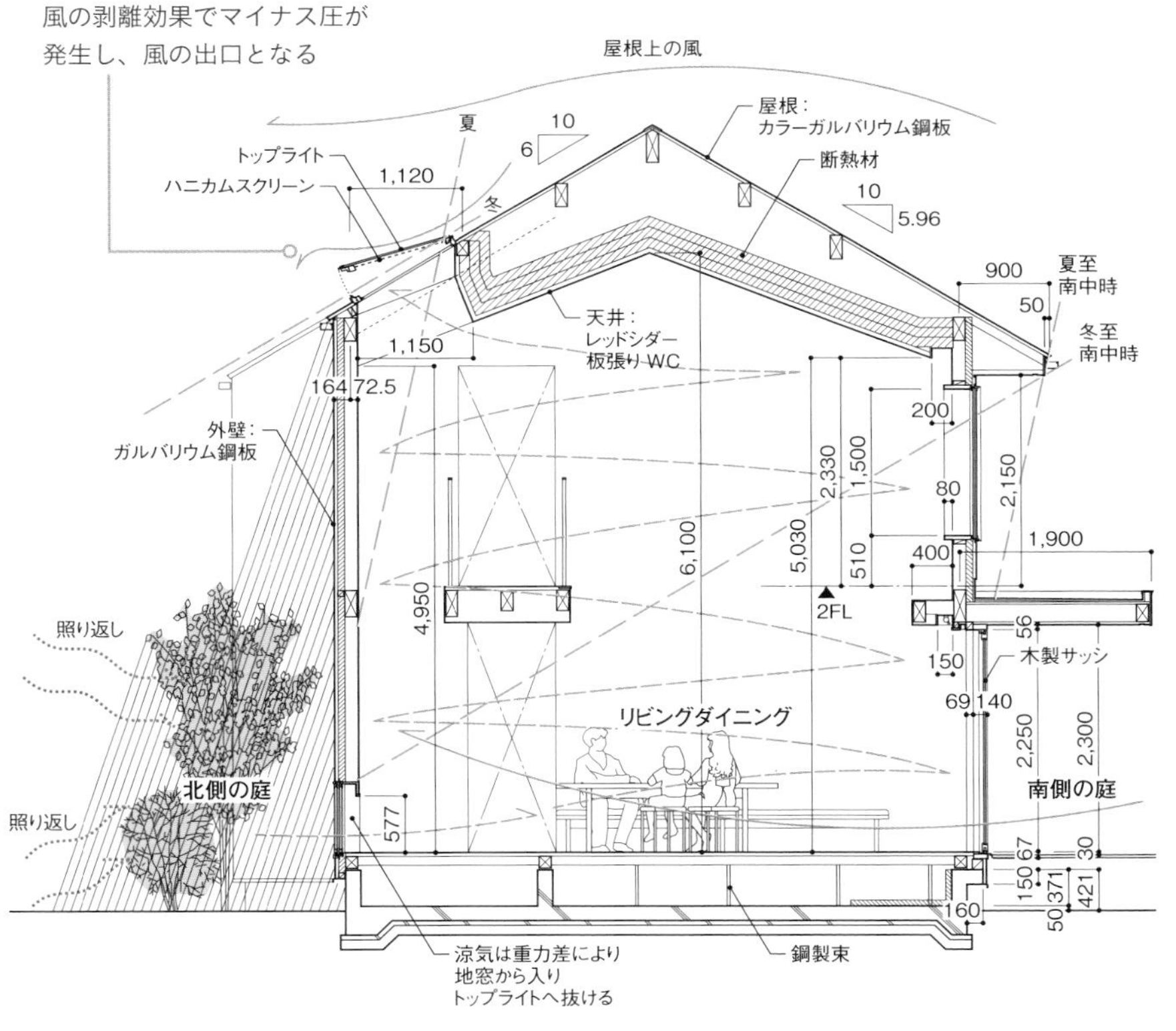
風の剥離効果でマイナス圧が
発生し、風の出口となる
屋根上の風
夏
10
6
トップライト
ハニカムスクリーン
1,120
冬
屋根：
カラーガルバリウム鋼板
断熱材
10
5.96
900
夏至
南中時
50
冬至
南中時
天井：
レッドシダー
板張り WC
1,150
164 72.5
外壁：
ガルバリウム鋼板
200
2,330
1,500
2,150
80
6,100
5,030
510
400
1,900
2FL
4,950
56
照り返し
150
木製サッシ
69 140
リビングダイニング
2,250
2,300
北側の庭
南側の庭
照り返し
577
67
30
150
371
421
50
160
涼気は重力差により
地窓から入り
トップライトへ抜ける
鋼製束

風の出口のバリエーション | 図2

A

①屋根上空を抜ける風による負圧効果
②高所窓による重力換気効果
③塔屋を風が抜ける際のベンチュリ効果
※2方向に開口を設けた塔屋は、すべての方向の風により負圧をつくることができるため、極めて効率よい風の出口となる

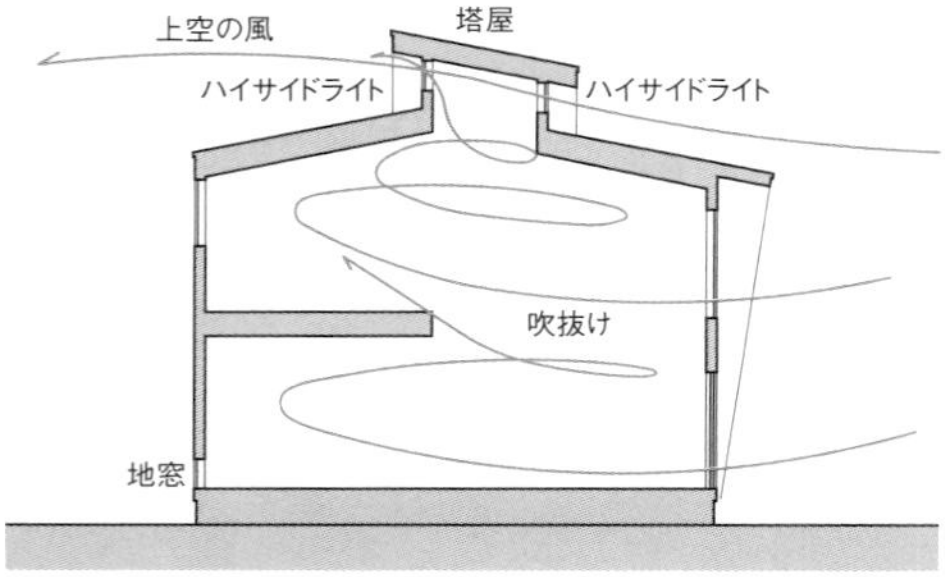

B

①屋根の上空を抜ける風による負圧効果
②高所窓による重力換気効果

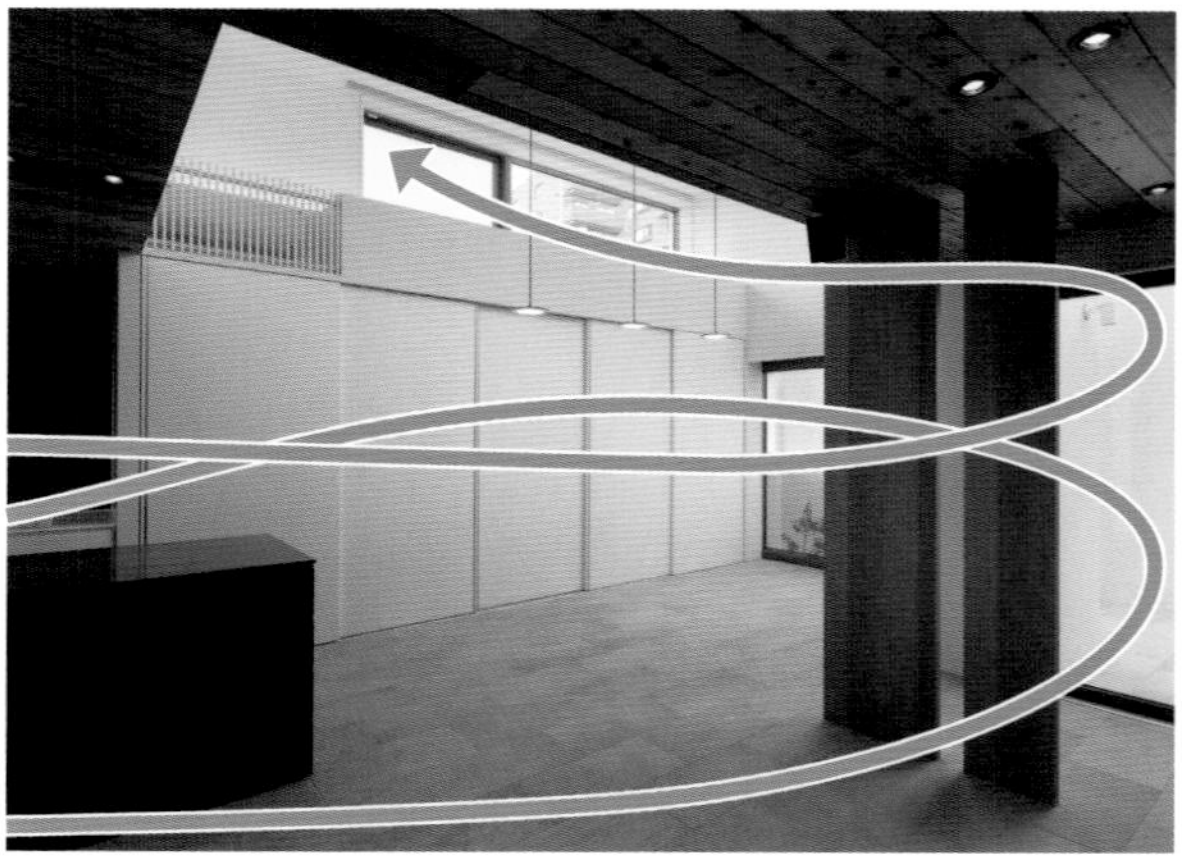

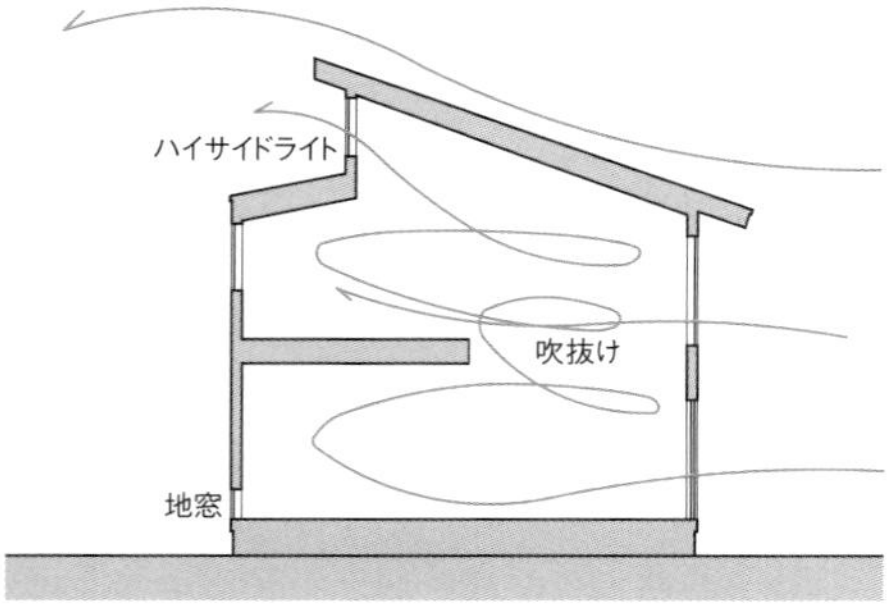

C

①屋根の上空を抜ける風による負圧効果
②高所窓による重力換気効果

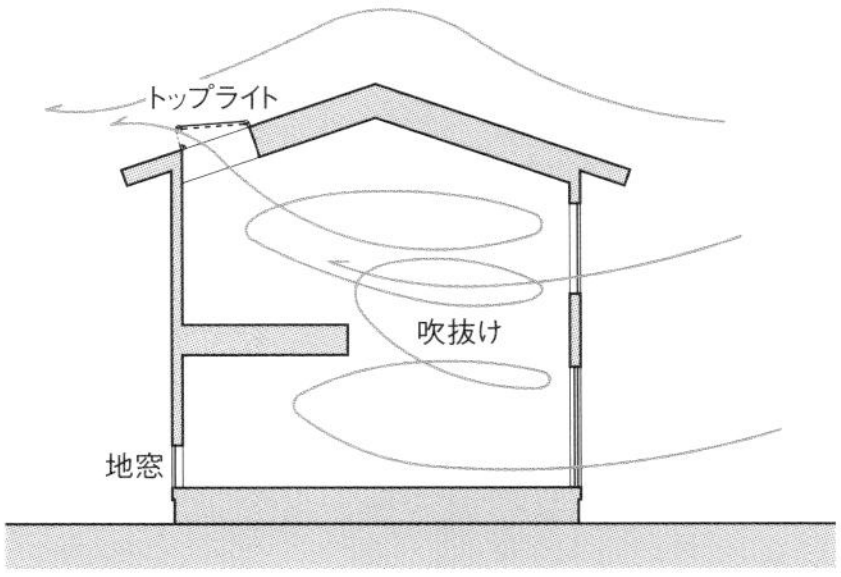

D

①高所窓による重力換気効果

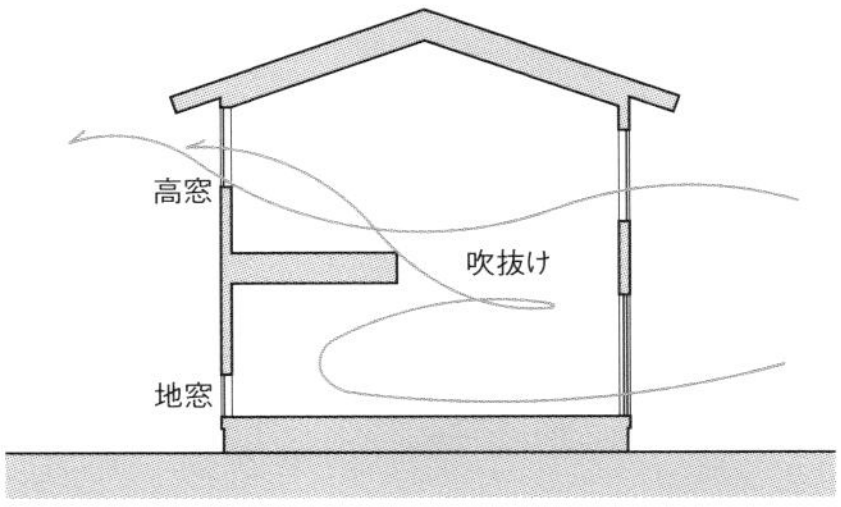

出口の負圧による吸い出し効率　**A > B > C > D**

Design.
11

気持ちよい自然風で夏でも快適に過ごす方法

外気温の変化により風の入れ方を変える

日本は豊かな四季に恵まれた国です。季節により気温はかなり変化します。そうした四季折々の気温の変化に対応して、風の入れ方を細目に調整することが、日本で快適に暮らすコツであるといえます。

春と秋や夏の外気温が約30℃までの時

春や秋、真夏の早朝や日没後など、気温がやや低めの時は、室内の風上側の部屋の隅に近い窓を開けて比較的勢いのある風を入れます。

吹抜け上部の高窓や天窓を開けると風の出口となり、風は部屋の壁面に沿って旋回しながら上部に流れます。壁際に座る人には気持ちよい風が当たります。

夏の日中、外気温が約30℃を超えてくる時

関東地方では、夏の日中は南風が多く吹きますが、南側の日向は日差しが強く気温が高まります。この時間帯は、南側窓からの風は熱を帯びるので、室内に取り入れることはできません。建物の周辺環境などにより一概にはいえませんが、目安として外気温が30度℃を超えてくる日中では、南側からの風は熱風になってしまいます。ここで、北側の庭が生きることになります。

こうした場合は、南側の窓は閉じて、日陰になる北側の庭から涼風を取り入れて、吹抜け上部の高窓に抜くようにします。こうすることで、日中も涼しい風に満たされて気持ちよく過ごすことができます。

この北窓からの風は、涼しさが足元からスーッと入ってくるイメージです。静かに座っている時など、とても気持ちよいものです。自然の風が体を包み込み、絶えず変化する風は、なにものにも代えがたい気持ちよさを生みます。

自然の風で汗の蒸散作用を促す

これは個人差があり、目安ですが、外気温が30～32℃程度までであれば、自然の風で汗の蒸散作用を促し過ごすことができます。もしも、風量が足りないと感じる時は、扇風機を利用するとよいでしょう。

春や秋、真夏の早朝や日没後(外気温が約30℃までの時) | 図1

天窓を開けて風の出口をつくり、風上の壁際の窓から勢いのある風を入れると、風は室内の壁伝いに旋回しながらトップライトから抜けていく

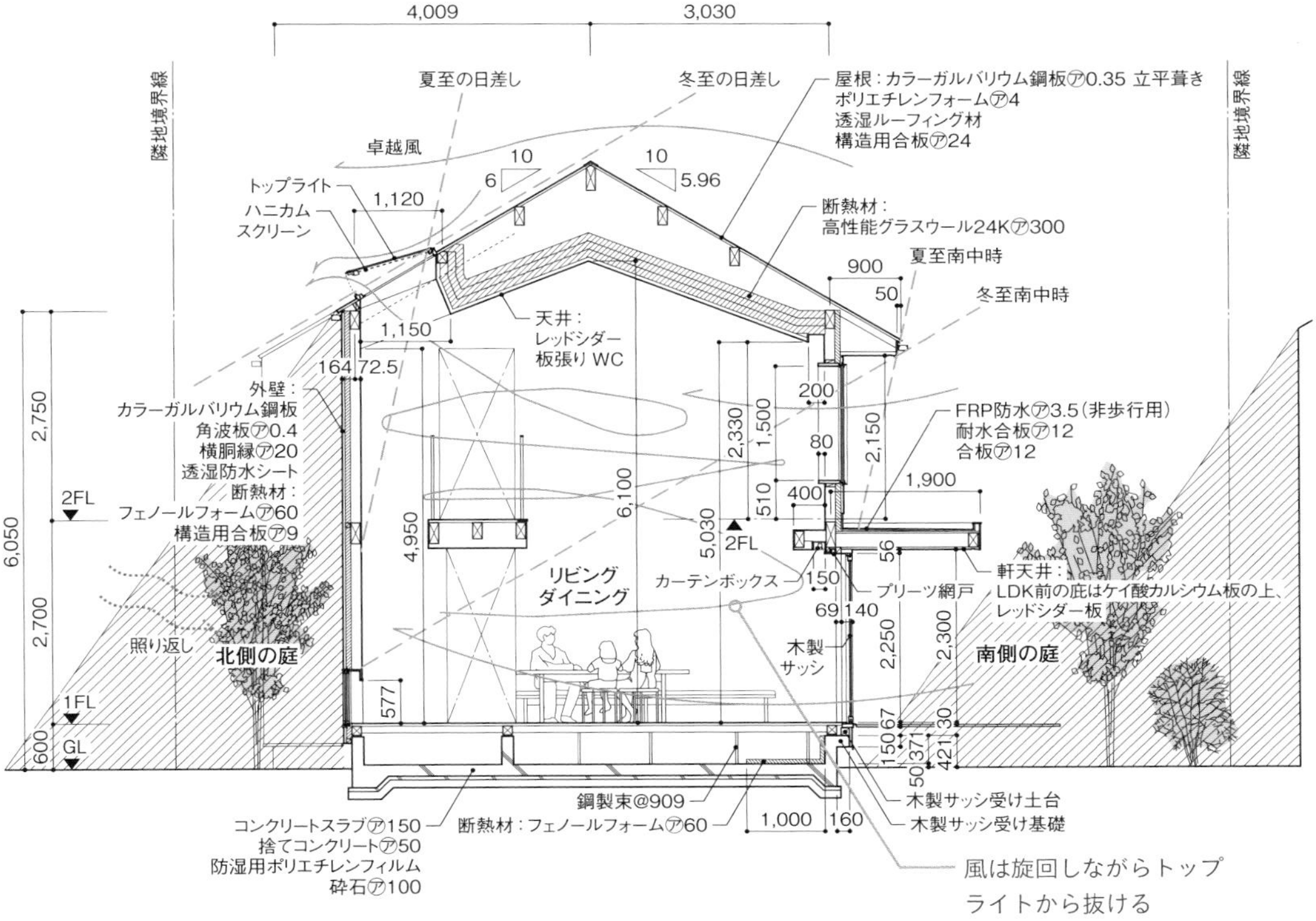

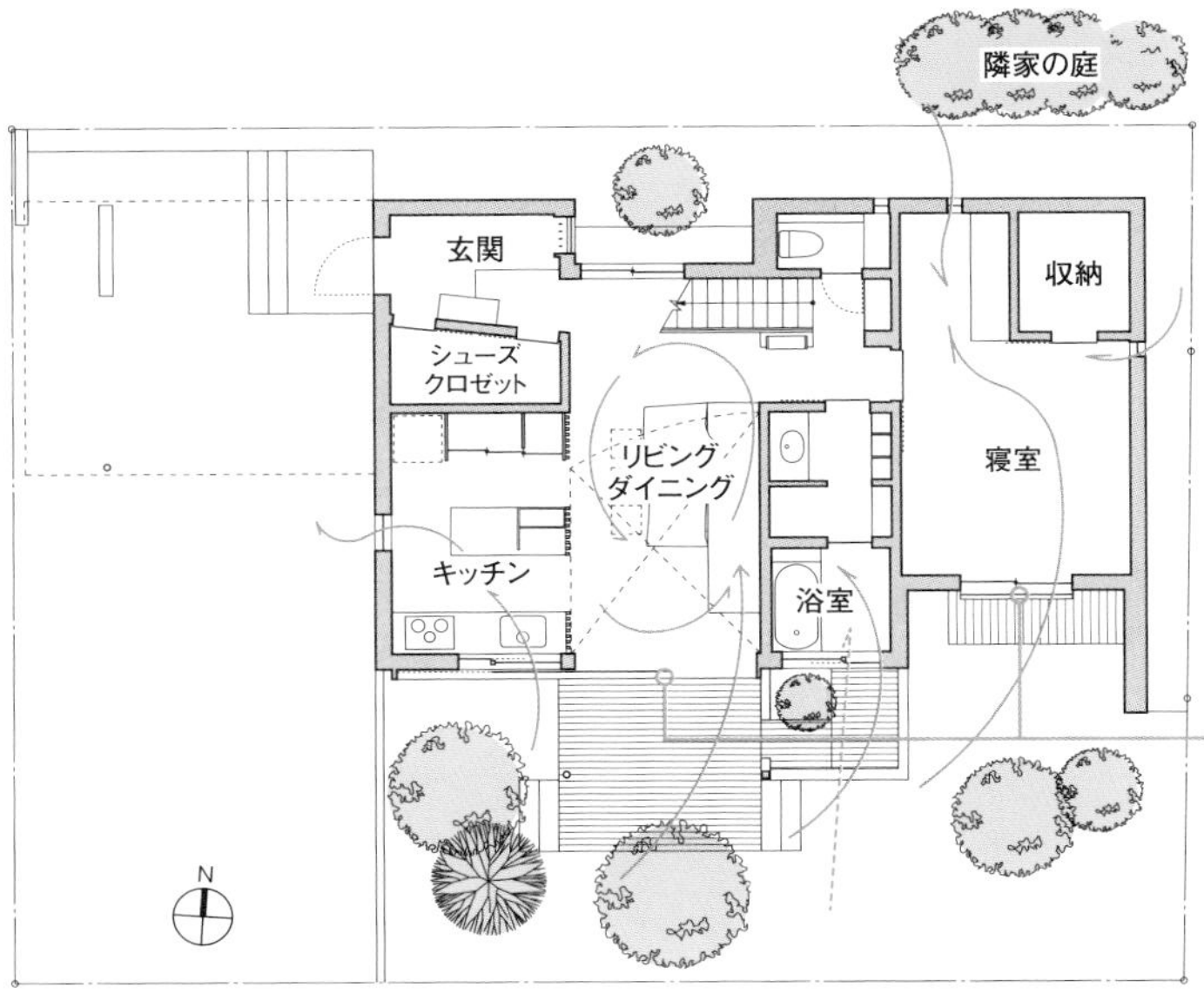

室内の風上側の窓を開けて、比較的勢いのある風を入れる。風が強い時には壁際の一部を開けて壁沿いに風を入れ、室内に旋回風を流す

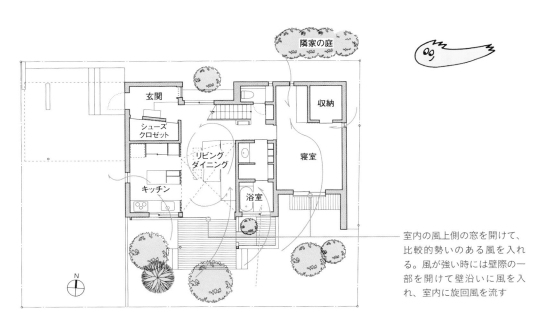

夏の日中（外気温が約30℃を超えてくる時） 図2

北側の窓からの涼気は、下方から
上方へと徐々に抜けていく

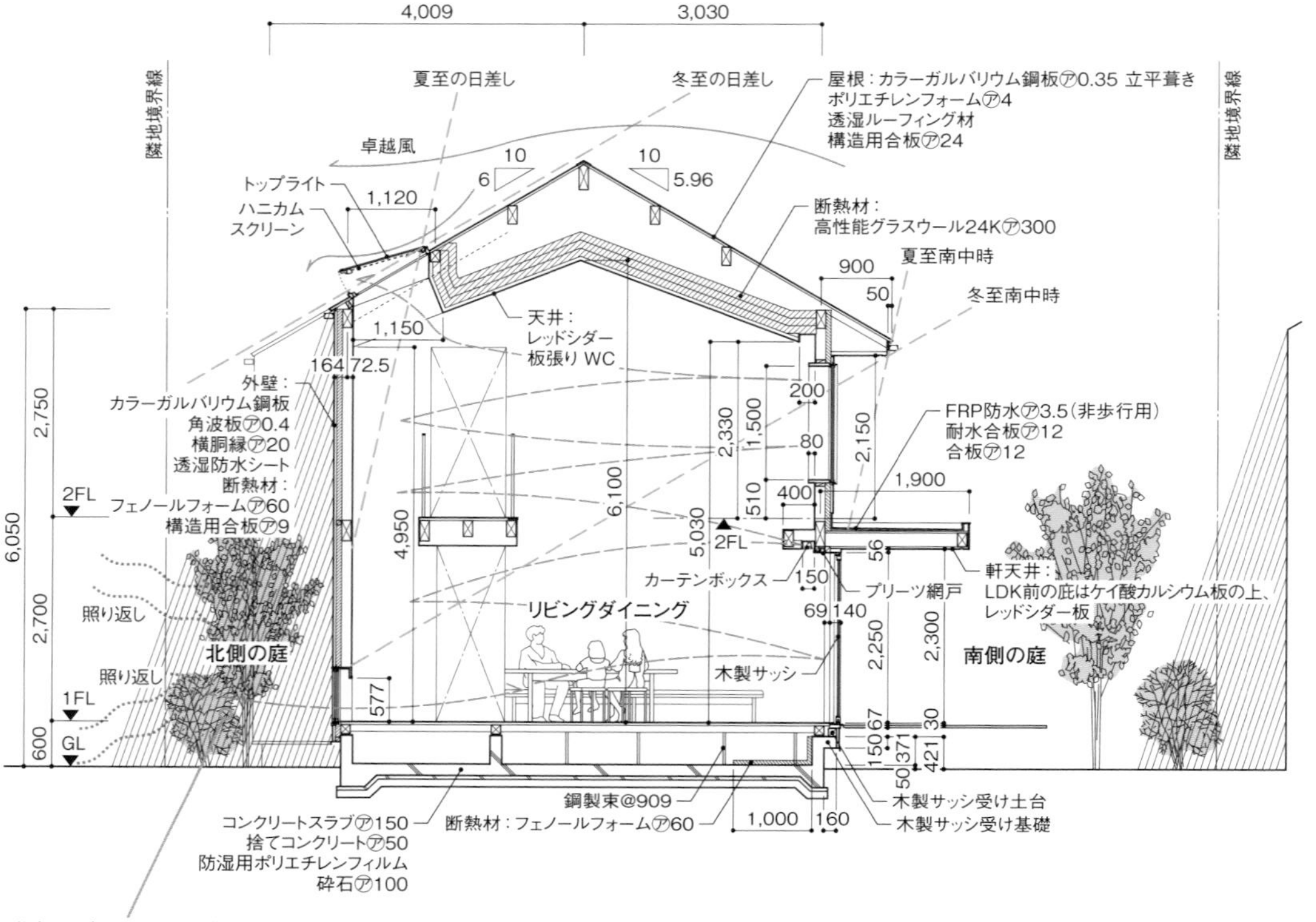
4,009
3,030
隣地境界線
夏至の日差し
冬至の日差し
屋根：カラーガルバリウム鋼板㋐0.35 立平葺き
ポリエチレンフォーム㋐4
透湿ルーフィング材
構造用合板㋐24
卓越風
10
6
10
5.96
トップライト
ハニカム
スクリーン
1,120
断熱材：
高性能グラスウール24K㋐300
900
夏至南中時
50
冬至南中時
天井：
レッドシダー
板張り WC
1,150
164 72.5
外壁：
カラーガルバリウム鋼板
角波板㋐0.4
横胴縁㋐20
透湿防水シート
断熱材：
フェノールフォーム㋐60
構造用合板㋐9
200
1,500
2,330
80
2,150
FRP防水㋐3.5（非歩行用）
耐水合板㋐12
合板㋐12
400
510
1,900
6,100
4,950
5,030
2FL
56
2,750
2FL
6,050
2,700
照り返し
北側の庭
照り返し
1FL
600
GL
カーテンボックス
150
軒天井：
LDK前の庇はケイ酸カルシウム板の上、
レッドシダー板
プリーツ網戸
69 140
リビングダイニング
2,250
2,300
南側の庭
木製サッシ
577
67
30
150
371
50
421
鋼製束@909
木製サッシ受け土台
コンクリートスラブ㋐150
断熱材：フェノールフォーム㋐60
1,000
160
木製サッシ受け基礎
捨てコンクリート㋐50
防湿用ポリエチレンフィルム
砕石㋐100

北側の庭のつくる涼風を引き込み、
室内に風を満たしていく

袖状の壁によるウインドキャッチャー
効果も利用する

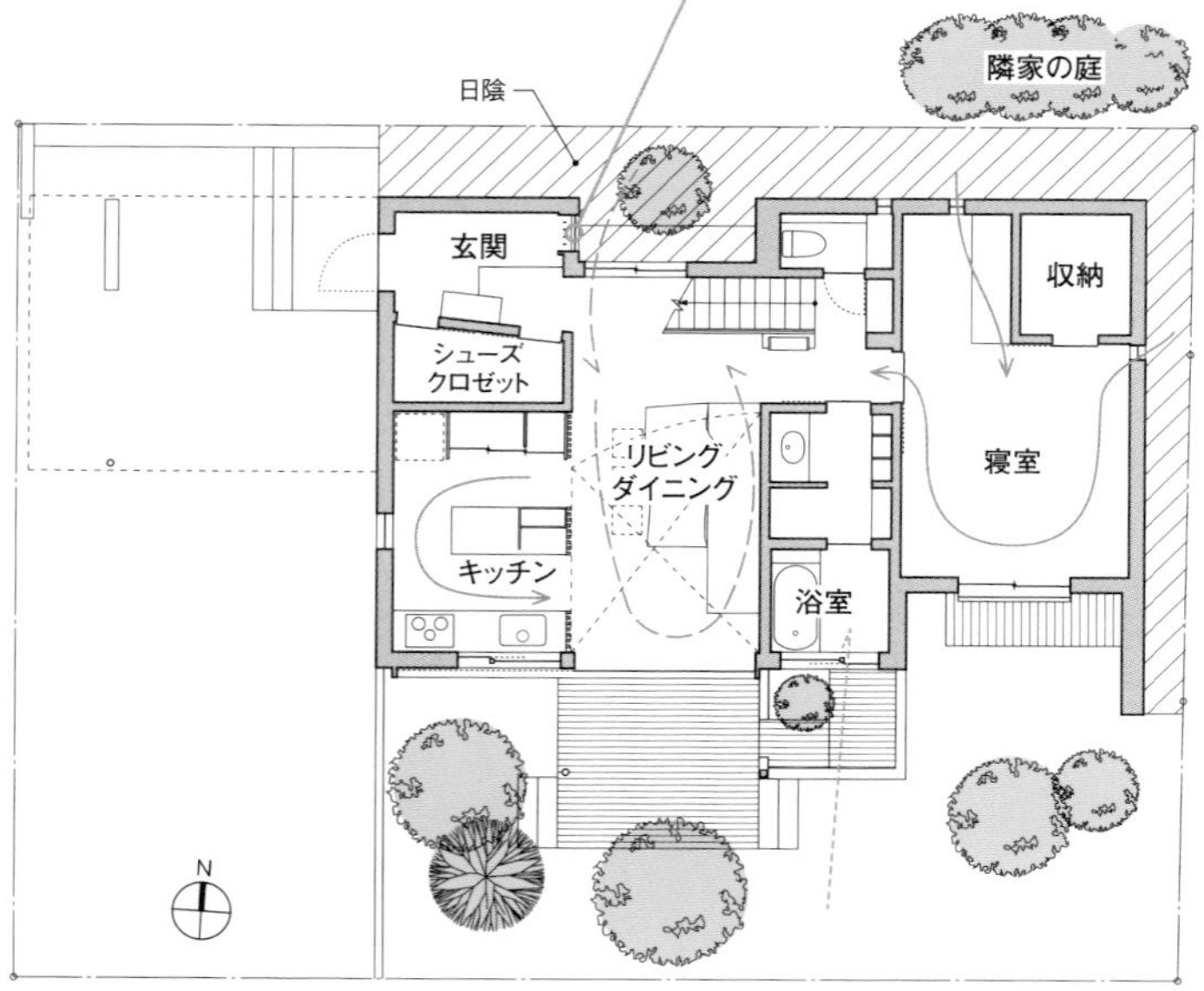
隣家の庭
日陰
玄関
収納
シューズ
クロゼット
リビング
ダイニング
寝室
キッチン
浴室
N

猛暑の夏も快適に過ごす方法

近年の猛暑はすさまじいものがあります。これも目安ですが、室内の気温が32℃程度を超える状況では、エアコンが必要になります。高断熱で室内の天井、壁、床の表面温度が抑えられた空間では、32℃でも自然通風で快適に過ごせるという実験結果もあります。

自然風を利用するための緑の環境整備や、高断熱化は空調する際も大変に役立ちます。弱い空調でも充分快適な環境をつくれるので体に優しいのです。エアコンと併用して扇風機をサーキュレーターとして使うのも効果的です。

夜間通風で室内換気をし熱を逃す

夏の深夜には気温は比較的下がります。この涼しさを利用して翌日の昼間の暑さに対処します。夜間に通風して室内の熱を逃して建物を冷やすことをナイトパージといいます。昼間と同様に、高窓を出口として低い窓から効率的に通風する方法が一つ。また、高窓やトップライトだけを風の出入口として開けておくことでも効果はあります。

できれば夜間、寝室の窓を一つだけ開けて休む

寝室の窓も使い方を工夫すると、自然な風や換気で快適に寝ることができます。筆者も夏の夜、窓を開けて扇風機をつけて寝たりします。通風量を多くしすぎると明け方、寒くなって熟睡を妨げられることもあります。夜間寝る場所は、風の出口と入口をとって風が通り抜けるようにするのではなく、窓を一つだけ開けてゆったりと換気するのがお勧めです。

防犯への配慮

もちろん、こうした窓を開けて寝る際は防犯への配慮は最優先です。

夜間通風によるナイトパージ | 図3

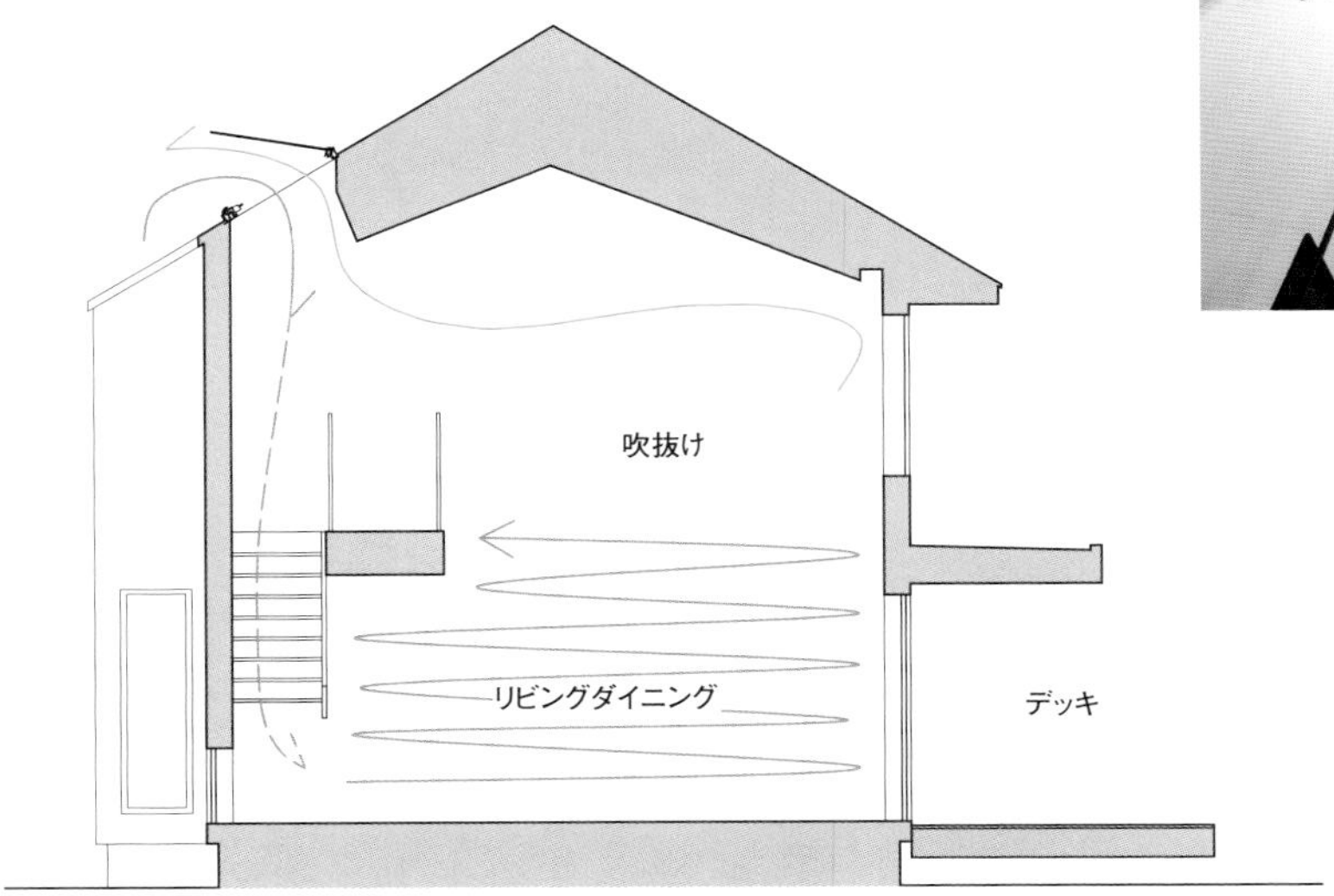

夜間や早朝の外気が室内の温度よりも低い場合、涼しい外気を建物に取り込んで建物に蓄熱された熱をあらかじめ逃がしておく。これをナイトパージという

Design.
12

外部に開いた快適な家にするため 建物の断熱性能を整える

高い断熱性能は欠かせない

パッシブデザインの家は、日差しや風を利用し外部に開いた家です。そこで快適に過ごすには断熱は欠かせません。極端な例でいえば、断熱性能のない鉄板で屋根や壁、床をつくった家で過ごすとしましょう。真夏はどうなるでしょうか？

　熱をおびた屋根や壁、床から放射熱が赤外線として人に直接作用します。熱せられた空間では、いくら外から風が吹き込んでも決して涼しくなることはありません。断熱性能の悪い家とは、こうした極端な例を幾分かよくした程度の家です。

室内側の放射熱を少なく

自然の風で気持ちよく過ごすには、高断熱にして室内側の放射熱が少ない家にすることが重要です（図1）。放射熱が少なく良質な日陰となる室内であれば、気温32℃くらいまでなら自然の風を体に当て快適に過ごせます。もちろん個人差や、外出から帰ってきたばかりの時、動いている時か安静にしている時かで違いはありますが、風を得ることで汗をかいた体の乾燥を促し、蒸散作用で体温を調整できるからです。

高断熱の家で冬も快適に

室内で人が過ごす際に感じる体感温度は、室内の気温と床や壁、天井の平均表面温度を合計して1／2に割った値とされます（図2）。

　高断熱の住空間は、寒い冬にも効果的です。冬の冷放射を小さくでき、

年間を通して快適に過ごせる高断熱住宅の例 | 図1

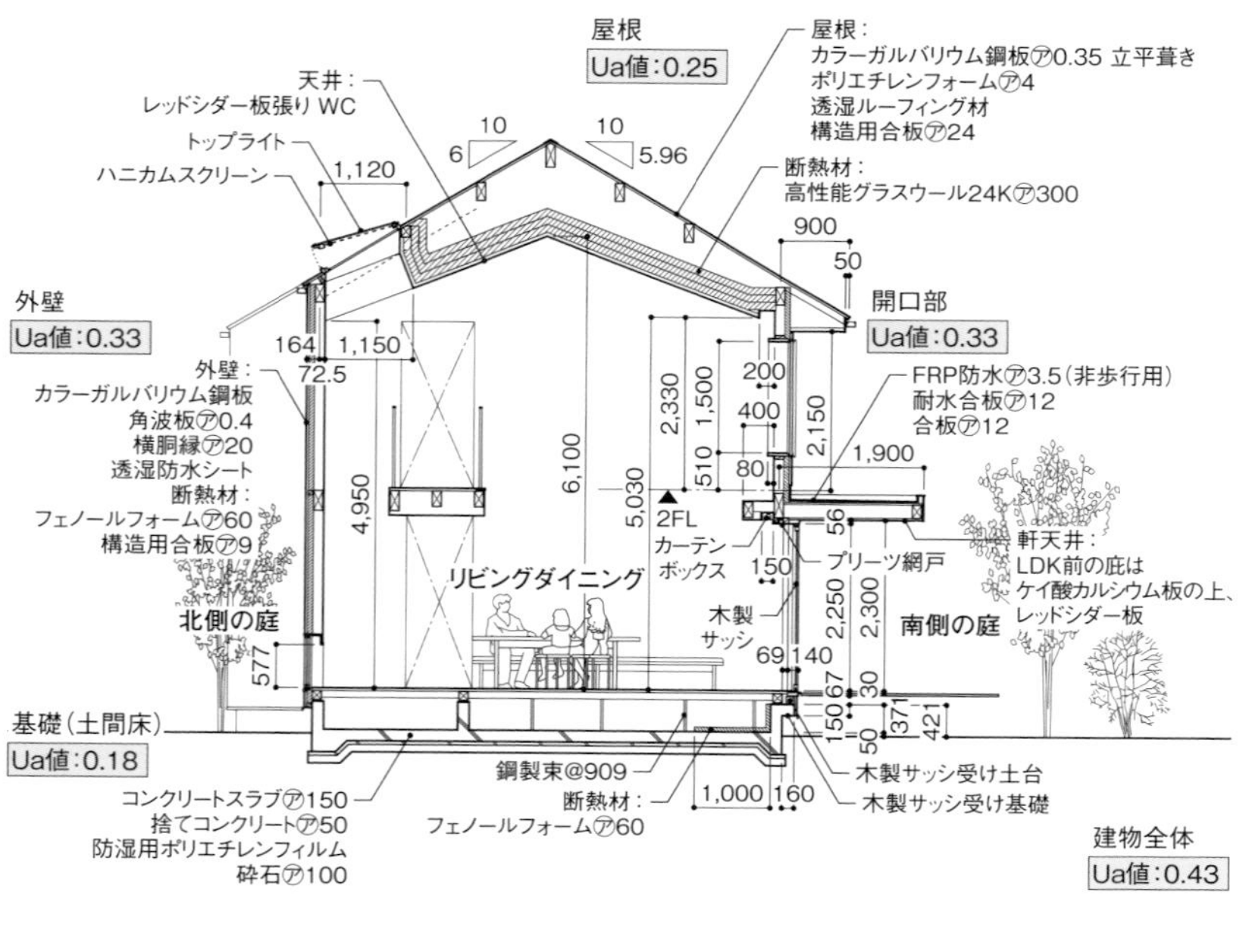
屋根
Ua値:0.25
屋根:
カラーガルバリウム鋼板㋐0.35 立平葺き
ポリエチレンフォーム㋐4
透湿ルーフィング材
構造用合板㋐24
天井:
レッドシダー板張り WC
トップライト
ハニカムスクリーン
断熱材:
高性能グラスウール24K㋐300
外壁
Ua値:0.33
開口部
Ua値:0.33
外壁:
カラーガルバリウム鋼板
角波板㋐0.4
横胴縁㋐20
透湿防水シート
断熱材:
フェノールフォーム㋐60
構造用合板㋐9
FRP防水㋐3.5(非歩行用)
耐水合板㋐12
合板㋐12
2FL
カーテンボックス
プリーツ網戸
軒天井:
LDK前の庇は
ケイ酸カルシウム板の上、
レッドシダー板
リビングダイニング
木製サッシ
北側の庭
南側の庭
基礎(土間床)
Ua値:0.18
コンクリートスラブ㋐150
捨てコンクリート㋐50
防湿用ポリエチレンフィルム
砕石㋐100
鋼製束@909
断熱材:
フェノールフォーム㋐60
木製サッシ受け土台
木製サッシ受け基礎
建物全体
Ua値:0.43

弱めの暖房でも快適さが得られます。昼の日差しや暖房で温められた室内の熱を蓄えておけるからです。高断熱な床や壁、天井は日差しで温められると蓄熱され、そのエネルギーによって夜間でも弱めの暖房でも暖かく過ごすことができるのです。

開放的な吹抜け空間

ここまで述べてきたパッシブデザイン住宅は、高窓やトップライトを利用した吹抜け空間のある家です。一般に、開放的な吹抜け空間は空調効率が悪く、冬に寒さが心配されます。しかし高断熱な家では、家全体で保温性能が高まることから、空間の上下の温度差も少なくなり、冬でも快適に過ごせるのです。

HEAT20・G1レベル以上を目指したい

夏の遮熱効果や冬の保温効果を考えると、断熱性能は高ければ高いほうがよいことは想像できると思います。次世代省エネルギー基準でも、風を利用することで気持ちのよさは得られますが、断熱性能としては、できればHEAT20のG1レベル以上を目指したいものです。

開口部と屋根や外壁、床の性能を確保する

断熱設計で特に気を使いたいのは開口部です。ここはどうしても断熱性能が低くなりがちな部位です。開口面積は一般的には抑える方向で考えますが、風や日差しを充分に取り入れる箇所は比較的、大きく取りたいものです。そのため、高い断熱性能と気密性能を確保できる高性能な窓にすることが肝要です。

断熱設計のポイントは熱橋対策を取ること、隙間をなくすことです。断熱はよく詰め将棋に例えられます。最後まで気を抜かず詰めることが肝心です。外壁から出ている庇やバルコニーと開口部周囲は、特に留意したいものです。

人間の体感温度と室温との関係 図2

室温
表面温度
体感温度
体感温度 ≒（表面温度＋室温）÷ 2
（断熱性能の低い住宅）
暑い
26°C
35°C
33°C
壁、屋根、床の表面温度が高いため、同じ室温でも体感温度は高くなる
体感温度
≒（33ºC+26ºC）÷2=
29.5ºC
（断熱性能の高い住宅）
涼しい
26°C
35°C
29°C
体感温度
≒（29ºC+26ºC）÷2
= 27ºC

Design.
13

室内からの眺望も気持ちよく過ごすための大切な要素

庭の景色
高台の開けた立地を最大限に活かすべく、リビングに大開口空間をつくった。室内に居ながらにして遠くの山並みを見渡せ、自然の移ろいを身近に感じ取ることが可能となる。室内からの気持ちのよい眺めを形づくるには、土地の読み方が重要となる

窓からの景色も人が家の中で気持ちよく過ごすための大切な要素です。開口部を決める際は、その先に見える空や緑、街並みなど身近な自然や景色をいかにうまく取り込むかがとても重要です。

身近な自然や街の景色をいかにうまく取り込むか

家の中で快適に過ごすには、日差しの暖かさや風の気持ちよさとともに、窓から見える広い空や木々の緑、外に広がる街の景色など、視覚的な効果は欠かせません。窓から夏の涼しい風や冬の暖かな日差しを取り入れるとともに、開口部からの眺めも味わう、自然の開放感に包まれた人の五感に訴える住空間は、なにものにも代えがたいものです。

都会の景色

建て込んだ都会では、周囲の建物からの視線は、人の目の高さまではフェンスで遮る。上部空間は窓により空に向けて大きく開放されているため、プライベートな開放感が得られる

自然の景色

右：リビングから山々を望む。南側の庭に向けて開け放つことで外部と一体の空間として、窓から室内に大きな風の流れを取り込む。左：南側リビングと中庭。各窓から中庭へと風を抜く

Design.
14

開放的で美しいパッシブデザイン空間の仕立て方

快適性と美しさを演出

風が家の中を通り抜け、日差しが家の奥まで差し込む開放的なパッシブデザイン空間は、広がりのある気持ちのよい住空間です。また1日の陽の移ろい、環境装置でもある庭の緑の美しさとともに過ごす、自然に開放された住空間でもあります。

家の中に光と影、落ち着きとアクティブさ、そして空間にボリュームの変化やメリハリを出せるならば、心身ともに気持ちのよいパッシブデザインの住空間がつくりだせます。

吹抜けと眺望、日差し、風が通り抜ける開放的なパッシブデザイン空間

環境装置でもある庭の緑とともに過ごす、自然に開放された住空間

良質な住空間には、天井が高く開放的な空間と、高さを低く抑えた落ち着きのある空間の両方が必要

物の存在を消す収納

開放的な空間で快適性と美しさを際立たせるには、室内の生活道具や物をすっきりと整理できる収納の工夫もとても大切です。

さらに、生活道具や物の存在感を消し去る整然とした収納は、開放的で落ち着きのある、リラックスできる住空間をつくりだすことができます。

収納部 平面図 | 図

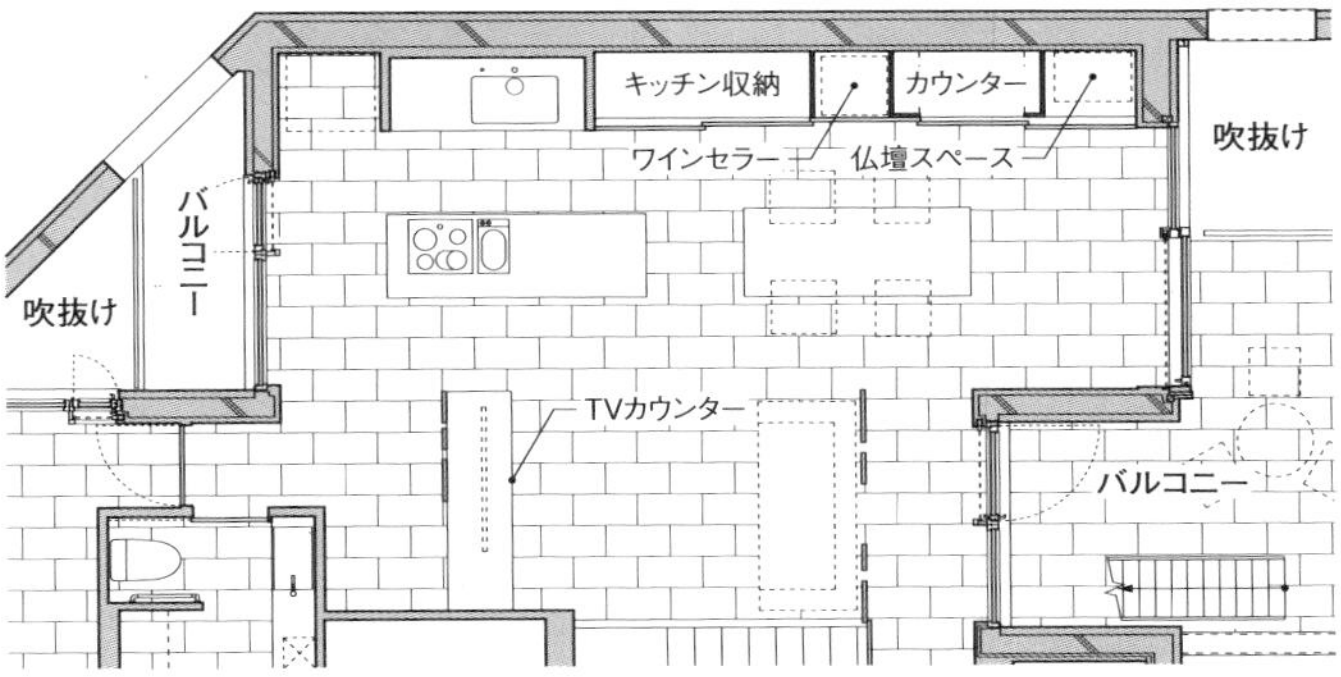
キッチン収納
カウンター
ワインセラー
仏壇スペース
吹抜け
バルコニー
吹抜け
TVカウンター
バルコニー

ワインセラー置き場
電子レンジやコーヒーメーカーを置くカウンター

室内の物の存在を消す収納の例。調理時は、キッチンカウンターをオープンにして使い、家族がくつろぐ時には扉を閉じてその存在を消し、整然とした空間にする。その他、パソコンなどが置かれたデスクカウンターなどを格納してしまうのも効果的である

庭に面した通風窓。防犯上、デザインに配慮したスチール格子を設置

人目が届きにくい窓の防犯対策を

北側の庭など日陰の場所は、通風窓を設けるのに適している反面、人目が届きにくいことから防犯上、注意を要します。

そうした窓には、通風とともに防犯面を考えた対策を取ることが重要です。

スチール格子詳細

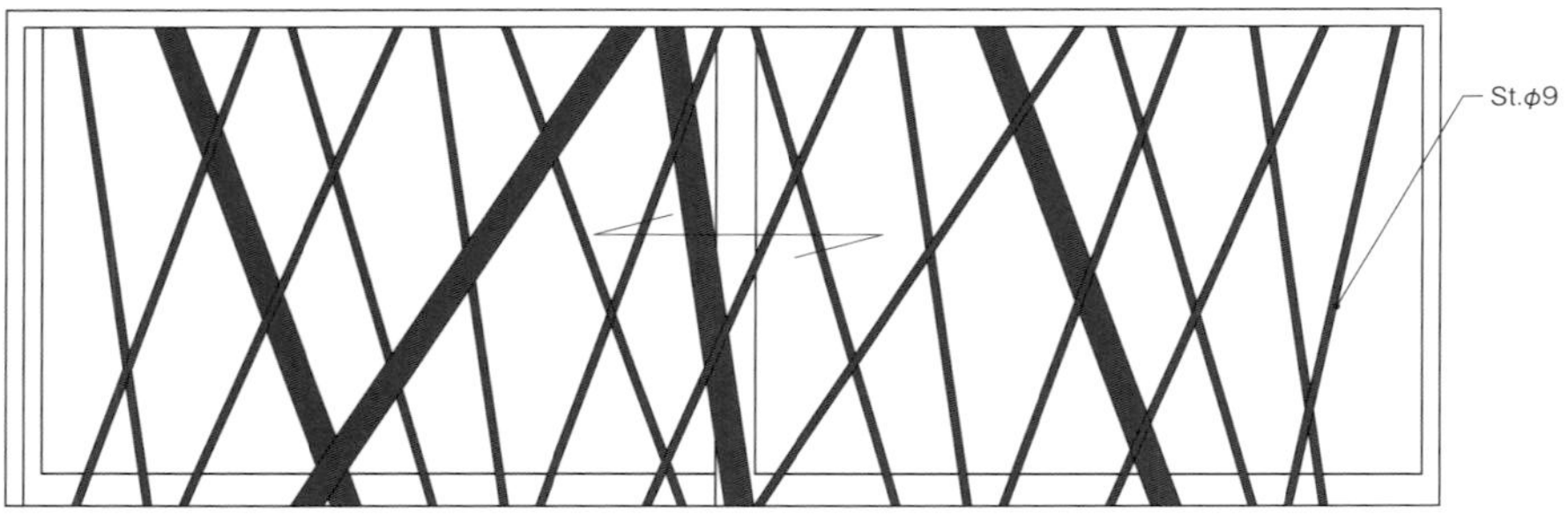
St.φ9

木製通風格子網戸

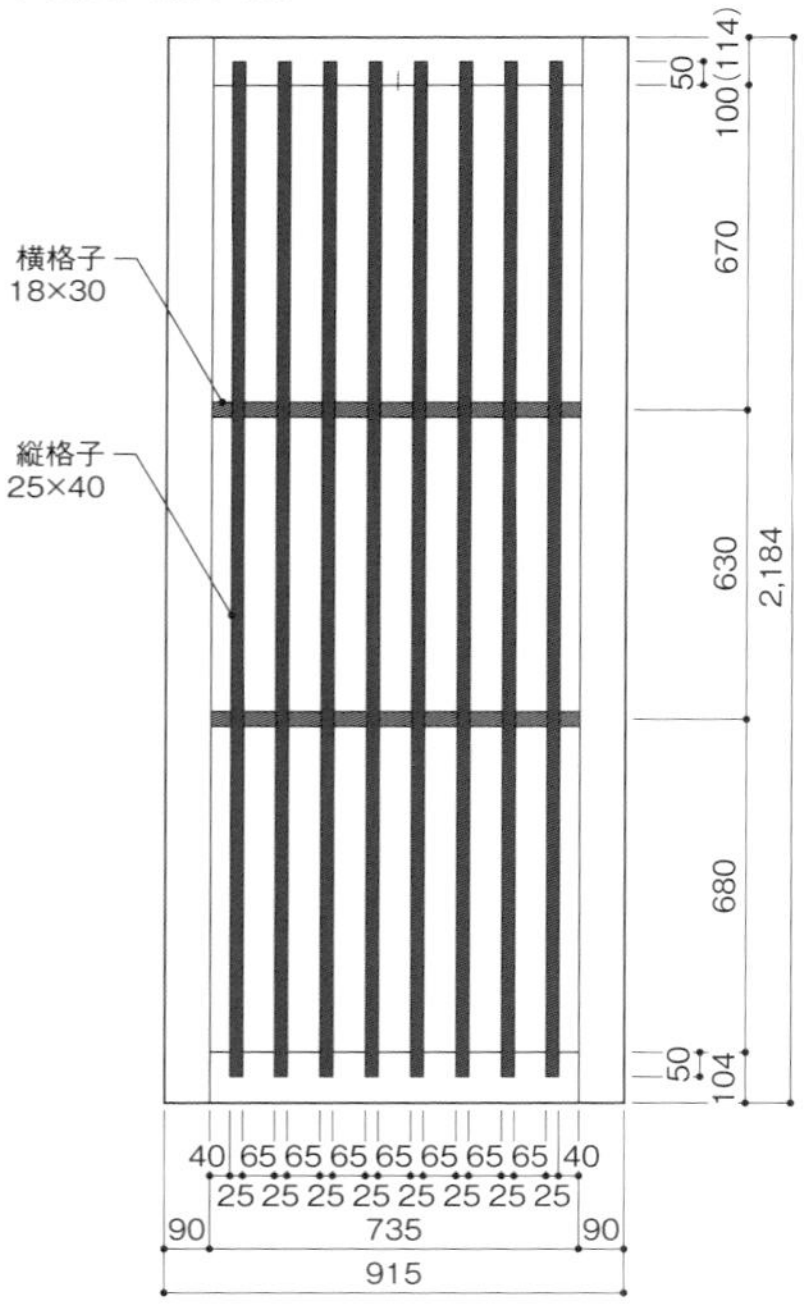
横格子
18×30
縦格子
25×40
50
100(114)
670
630
680
50
104
2,184
40 65 65 65 65 65 65 65 40
25 25 25 25 25 25 25 25
90
735
90
915

防犯面にも配慮した木製通風格子網戸。内外からシリンダー錠により施錠する

COLUMN

5

旋回風による換気は新型コロナウイルス感染予防にも有効！

室内の3密状態を回避

トップライトやハイサイドライトを出口とした旋回風では、家全体の空気をまんべんなく排出できます。室内の空気を効率よく換気できる立体換気は、新型コロナウイルス禍で問題となった、いわゆる「3密状態」での感染を回避するための換気として有効です。また、冬でも高断熱で蓄熱した家は、窓を空けて一気に空気を入れ換える通風換気にも効果を発揮します。室温が一時的に下がっても、室内表面温度が安定しているためすぐにリカバリーできるからです。冬のウイルス感染予防に有効と考えられます。

旋回風による換気を行った事例

事例1

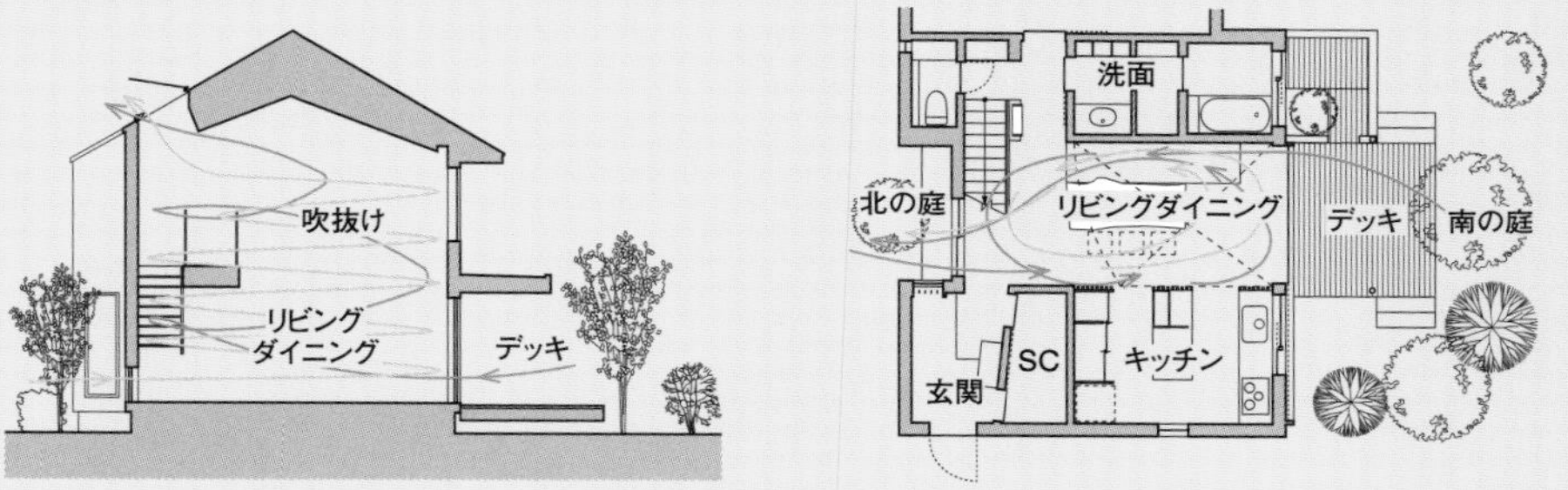

事例2

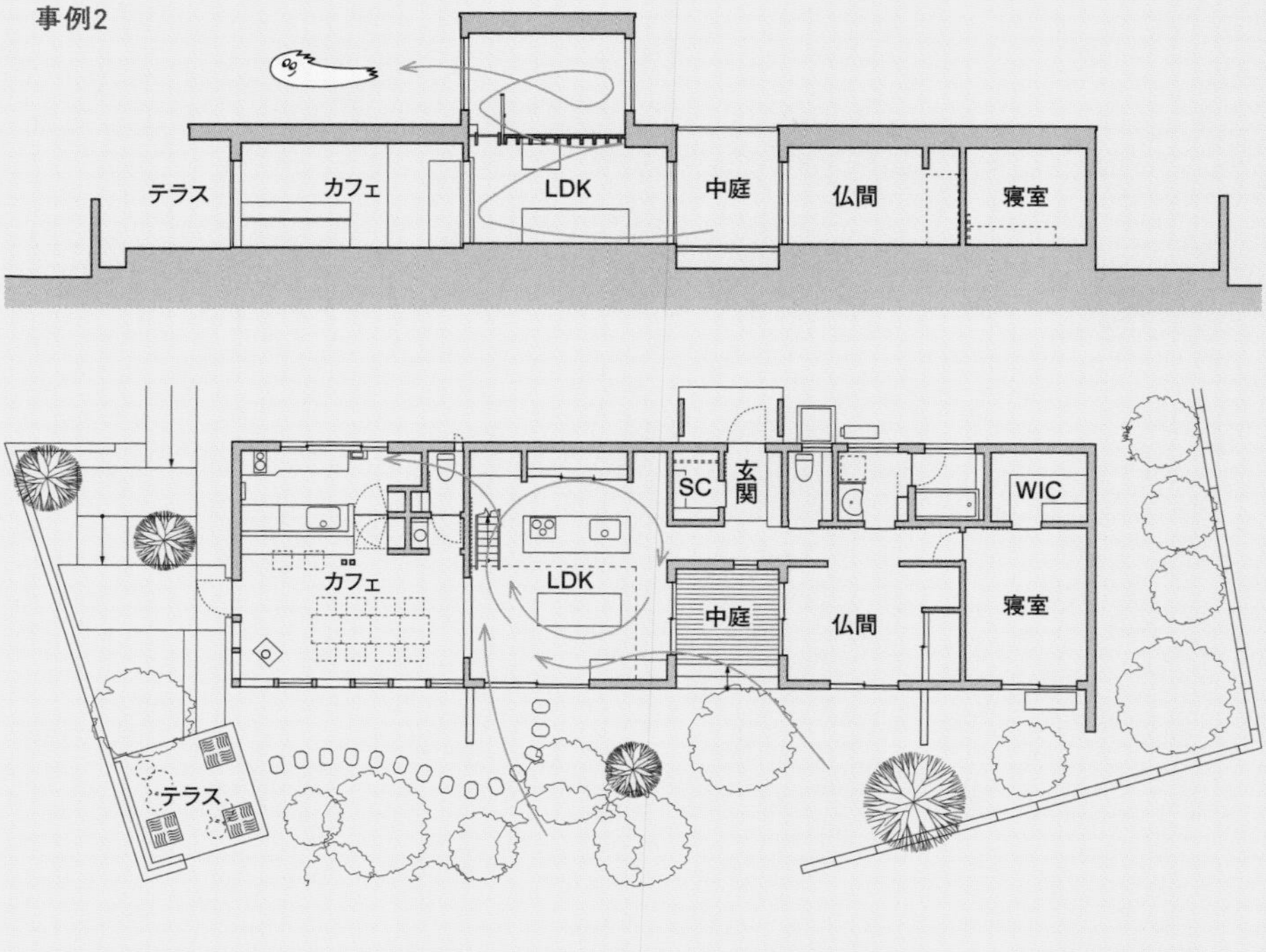

Case Study.
15

大開口LDKと広い中庭、北側の庭を活かした風の家〈大地の家〉

北側の庭から、地窓を通して涼風を入れる

日差しを遮るグリーンカーテン

立面図

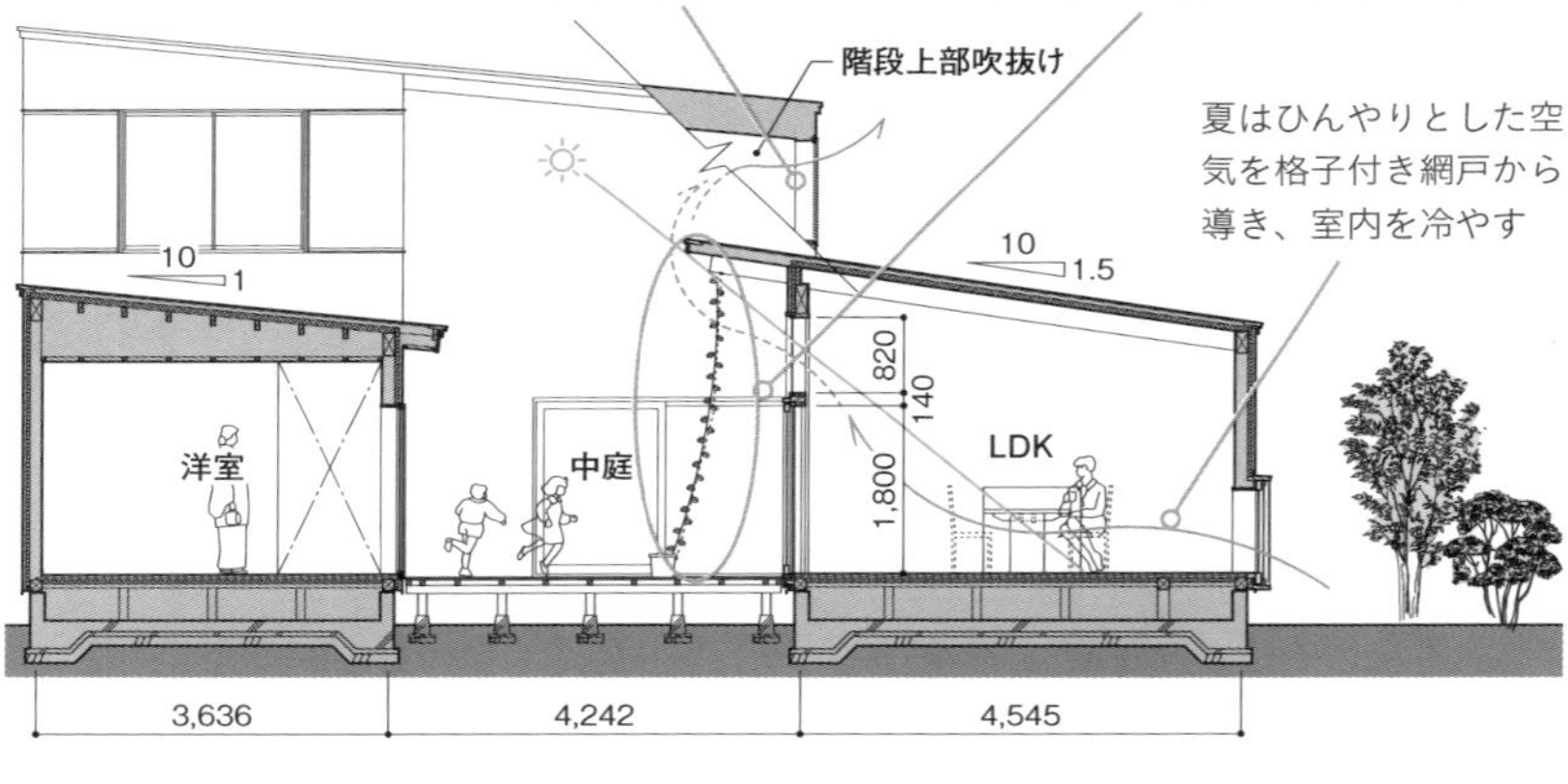

高所での風の出口をつくるハイサイドライト
夏の日差しとデッキからの照り返しをやわらげるグリーンカーテン
階段上部吹抜け
夏はひんやりとした空気を格子付き網戸から導き、室内を冷やす
10
1
10
1.5
820
140
1,800
洋室
中庭
LDK
3,636
4,242
4,545

緑を環境装置に活かす

庭木の多い実家を建替えた2世帯住宅。既存の木々を環境装置として活かせるよう、広い中庭空間をつくりました。木々に囲まれた中庭に対して、道路からの視線を気にせず室内を外部に大胆に開くようにしました。中庭に面したLDKは、夏はグリーンカーテンで日差しをコントロールし、木々を抜けてくる風で気持ちよく過ごせる空間となっています。

暑い昼間は、2階吹抜け上部の窓を風の出口とし、LDK北側の庭に面した地窓だけを開け、日陰からの涼風を入れて快適に過ごせます。四季を通して庭木や草花と過ごし、家族の趣味がいろいろな場所で実現できる、楽しみのつまった家です。

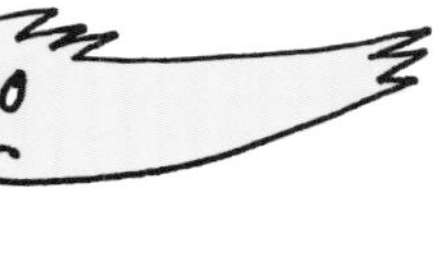

外観夜景。テラスからLDKを見る

北側の庭に面した地窓。防犯を考えた施錠できる可動格子網戸で、就寝時も夜間の冷気を取り込める

平面図

(1F)

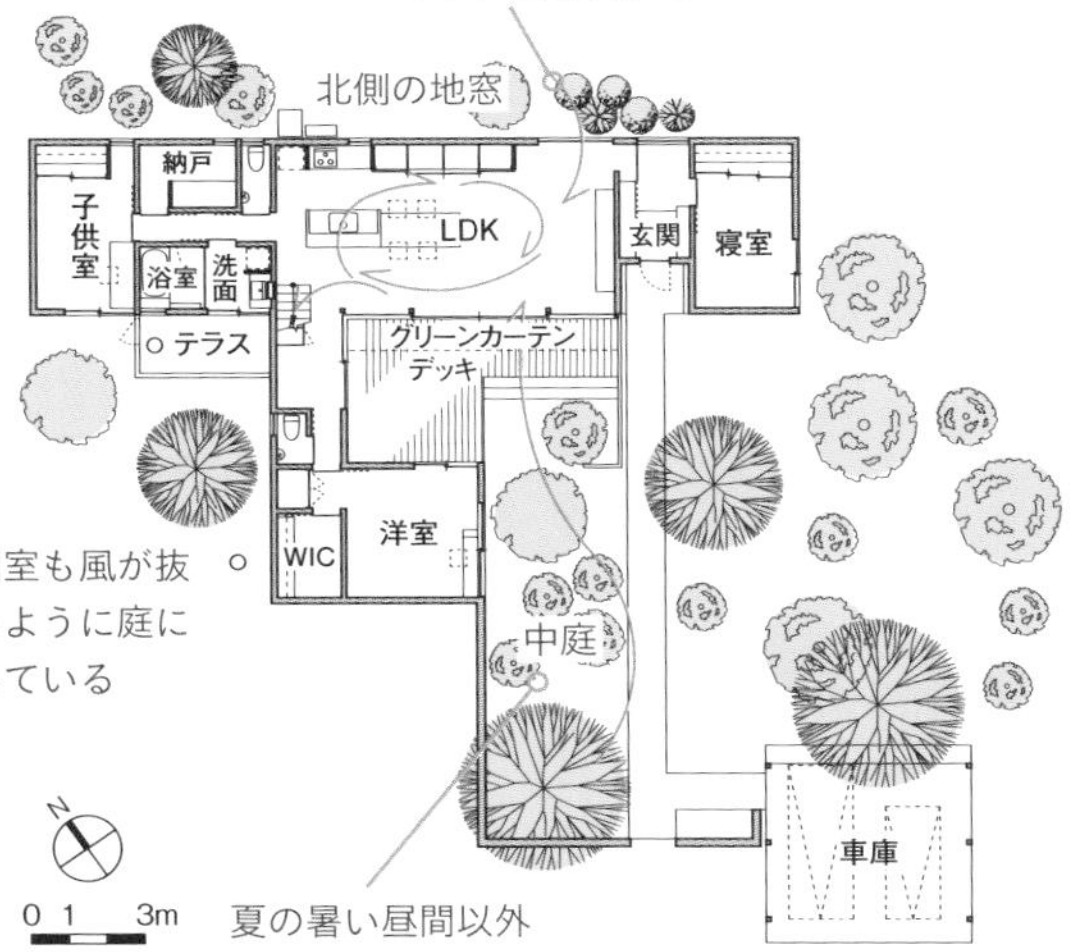
夏の昼は北側の庭からのみ、風を入れる
各個室も風が抜けるように庭に面している
夏の暑い昼間以外は、木々を抜ける風を利用する

(2F)

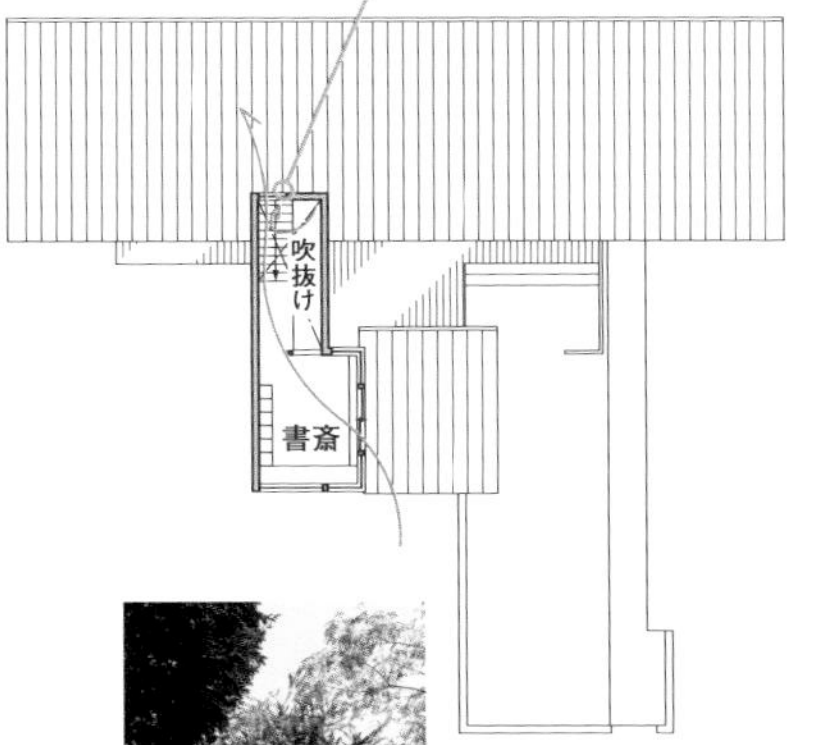
風の出口となるハイサイドライト

アプローチのネムの木

建設地：埼玉県南埼玉郡
構造：木造2F建
建築面積：145.71㎡(44.09坪)
延床面積：130.30㎡(39.43坪)

設計：ア・シード建築設計　並木秀浩
施工：高正建設株式会社　塚田隆
撮影：平井広行

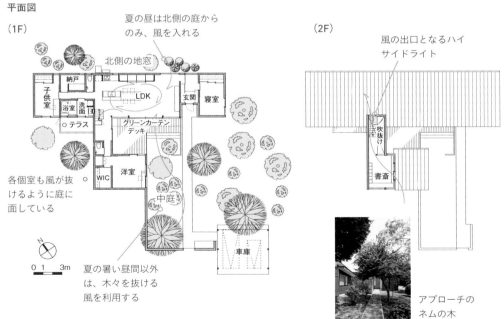

Case Study.
16

塔屋の高窓から日差しと風を導く光と風を最大限に活かした家〈Pict K〉

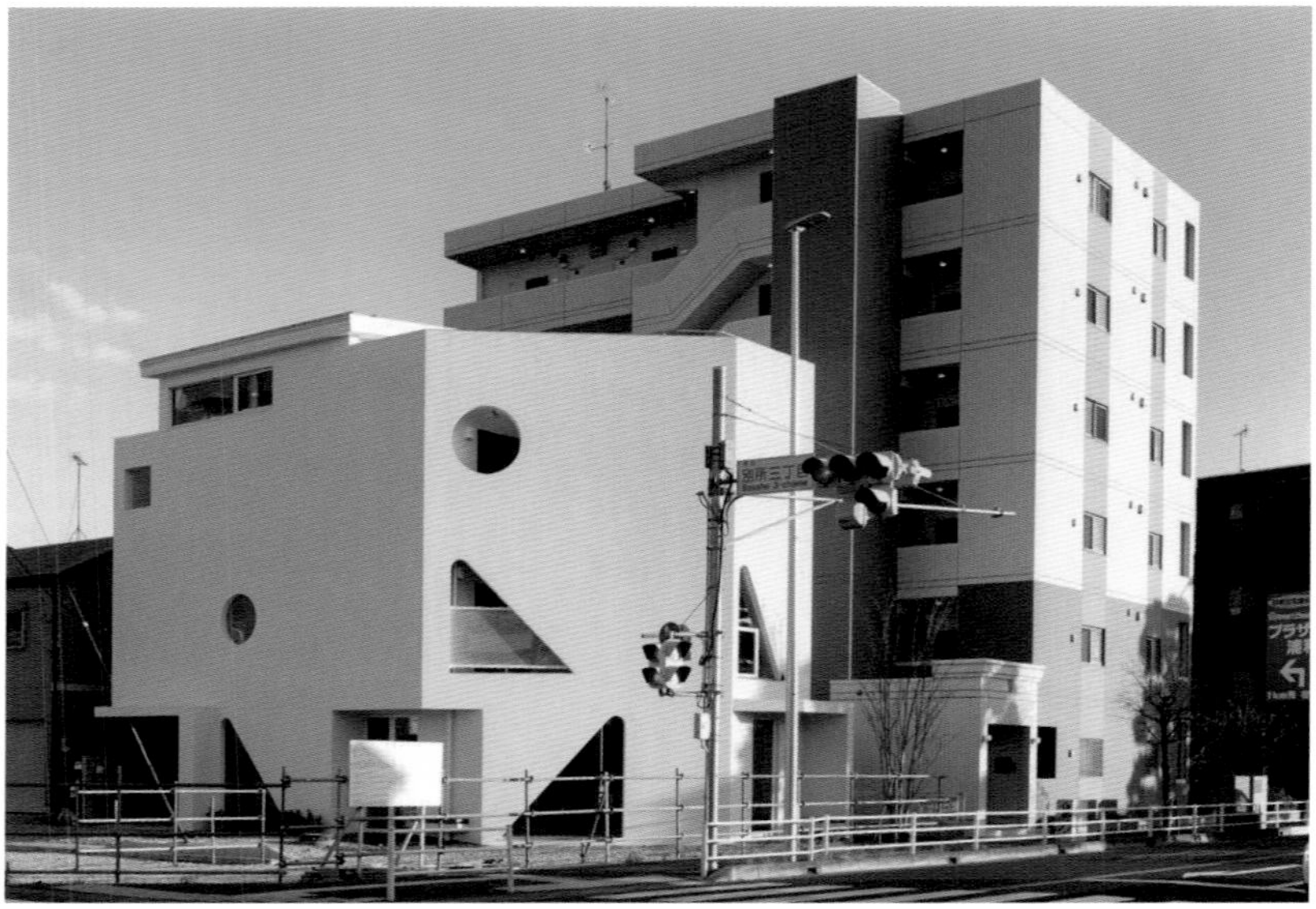

前面にある交差点から建物を見る。南側に隣接してマンションが建つ

矩計図

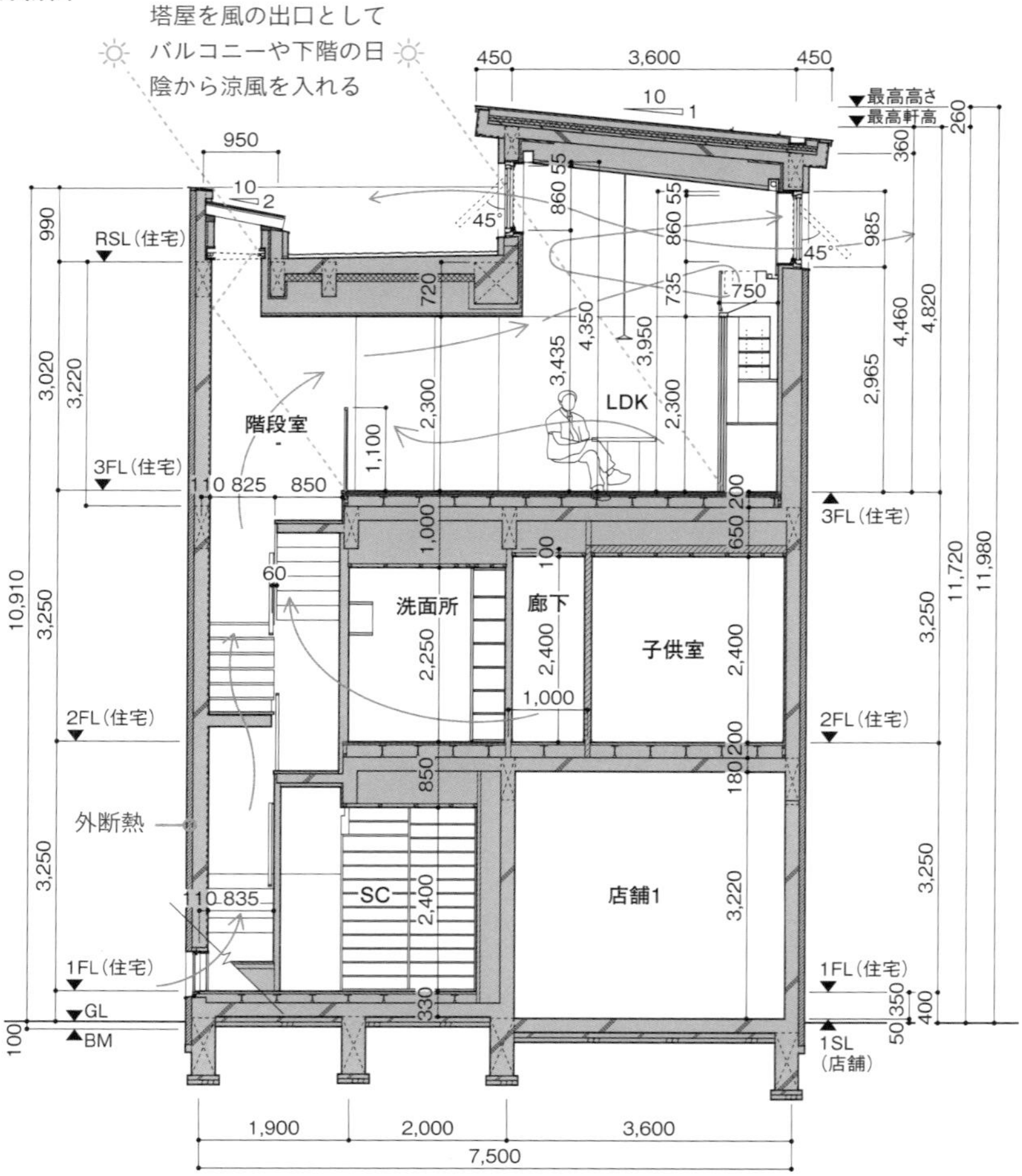

3階LDK。塔屋のある風の抜ける空間

東側バルコニーと南面ハイサイドライト。午前中の冬の日差しを取り入れる

外観夕景

建設地：埼玉県さいたま市南区（商業地域）
構造：RC造3F建
建築面積：98.57㎡（30.42坪）
延床面積：232.71㎡（70.39坪）
設計：ア・シード建築設計　並木秀浩
白石阿希
施工：株式会社山崎工務店　滝沢直人
撮影：守屋欣史

平面図

（RF）

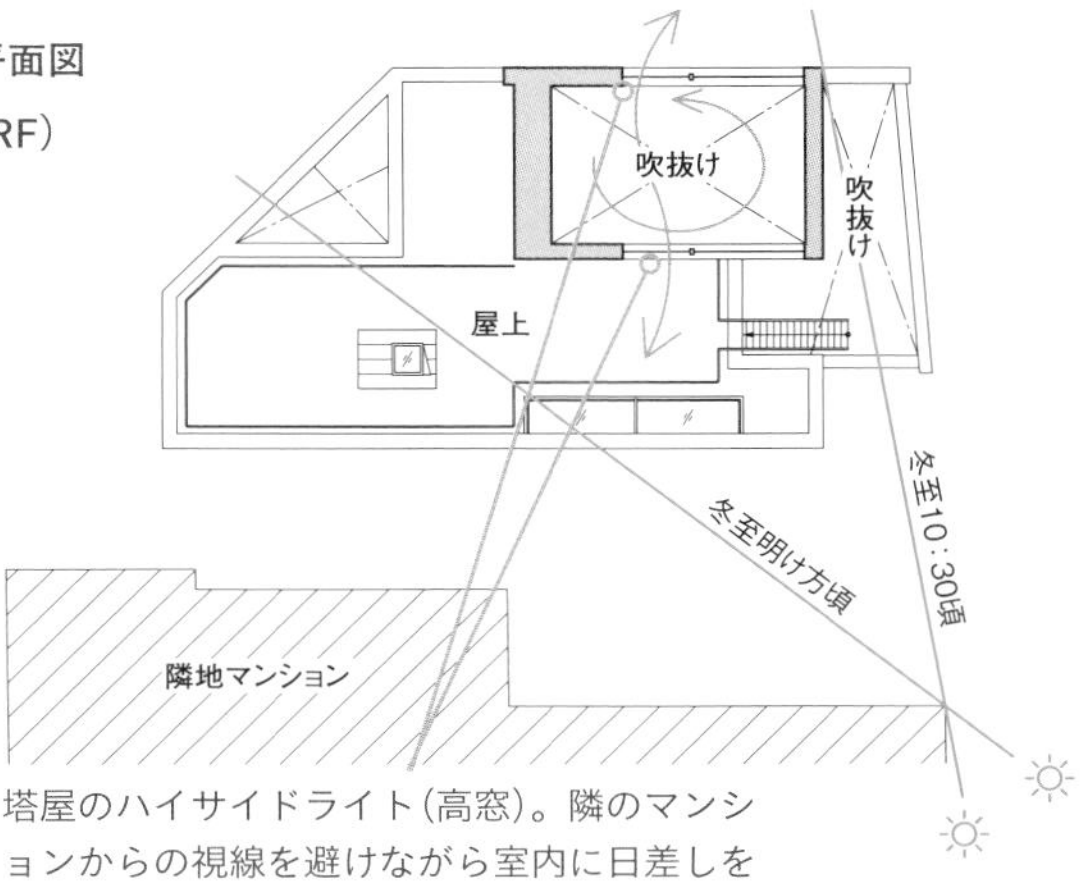

塔屋のハイサイドライト（高窓）。隣のマンションからの視線を避けながら室内に日差しを入れ、涼風を導く風の出口となる

（3F）

（2F）

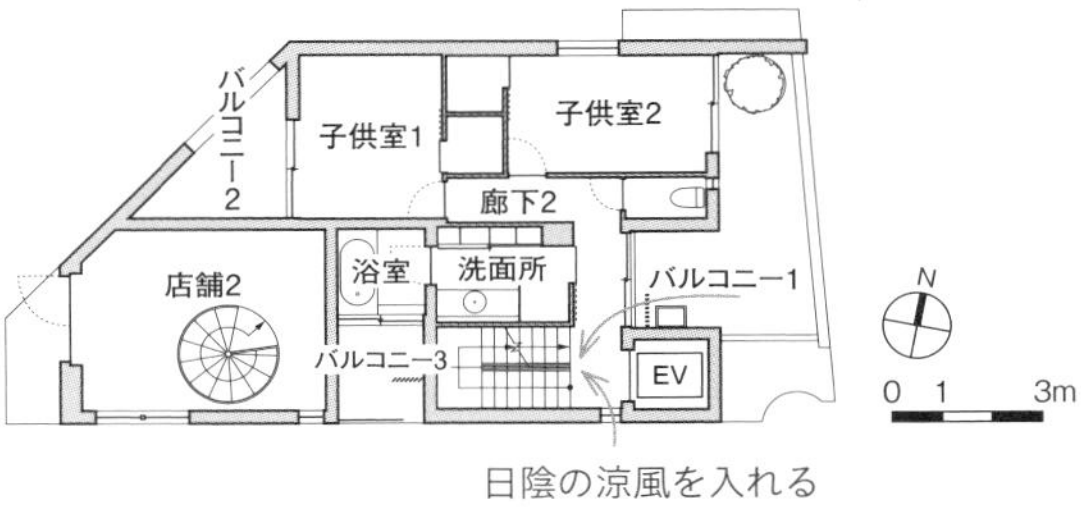

日陰の涼風を入れる

四季を通じて快適な高断熱住宅

敷地南側マンションで日陰となり、日差しが制限される立地環境で、希少な冬の日射エネルギーを最大限に活かすべく、外断熱による北海道並みの高断熱住宅にしました。冬に貴重な日射熱を蓄熱することで、僅かな暖房でも快適に過ごせます。

3階LDK上部には塔屋を設置してあります。夏には上空を吹く風がここのハイサイドライト（高窓）を抜けたり掠めたりしてできる負圧を利用して、日陰の涼しい空気をバルコニーや階段を介して下階からLDK空間へと行き渡らせる流れをつくります。

高断熱化で1年を通して安定した気温に保たれた室内は、夏も自然の風で気持ちよく過ごせます。家族が昼間不在でも、愛犬を安心して過ごさせることができます。都市部においても外とつながる快適な家です。

Case Study.
17

エアコンを極力使わずに過ごす 風と光に包まれた塔屋の家〈凸HOUSE〉

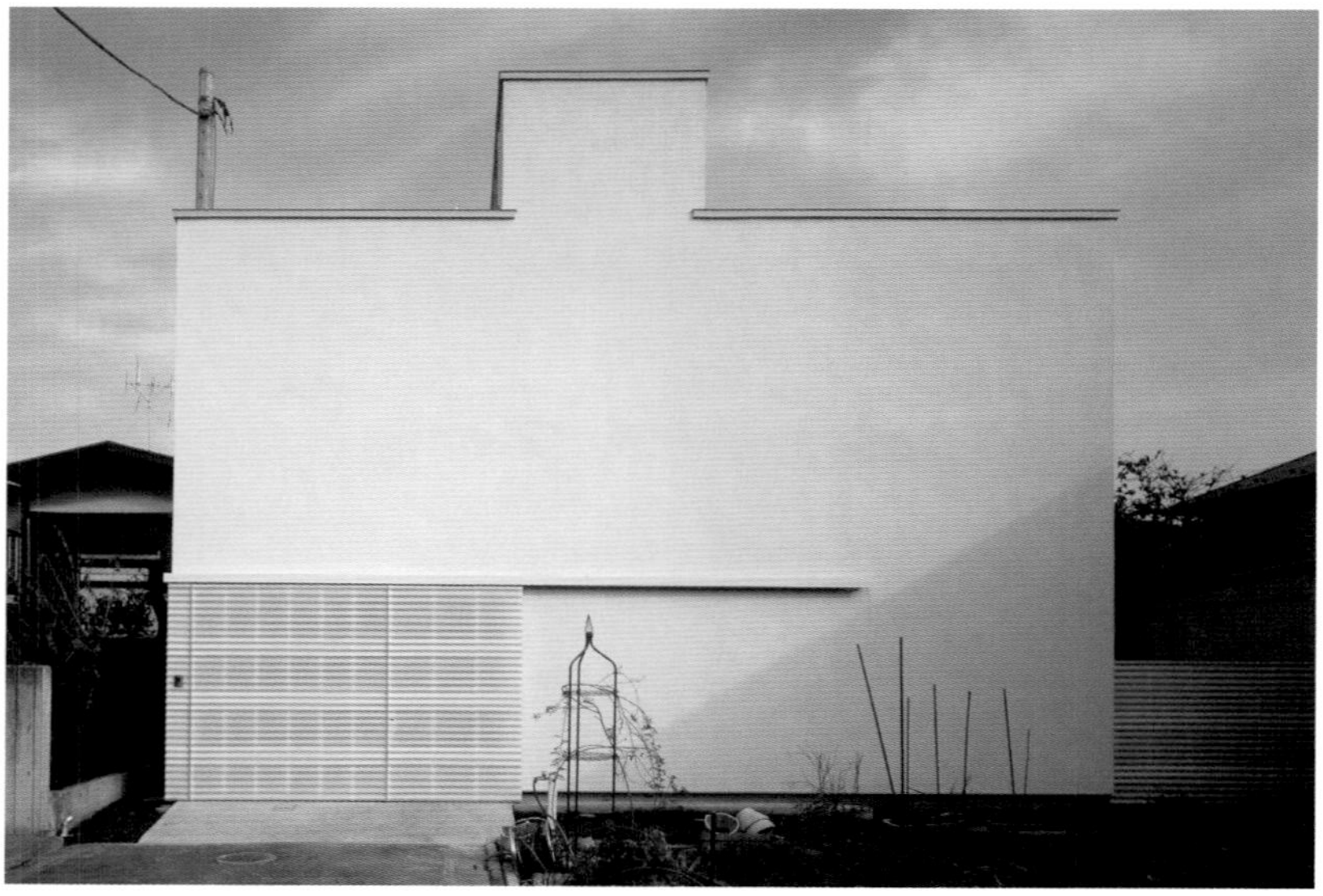

建物西面を見る。塔屋の凸状の独特のフォルムが特徴

断面図

（南北）

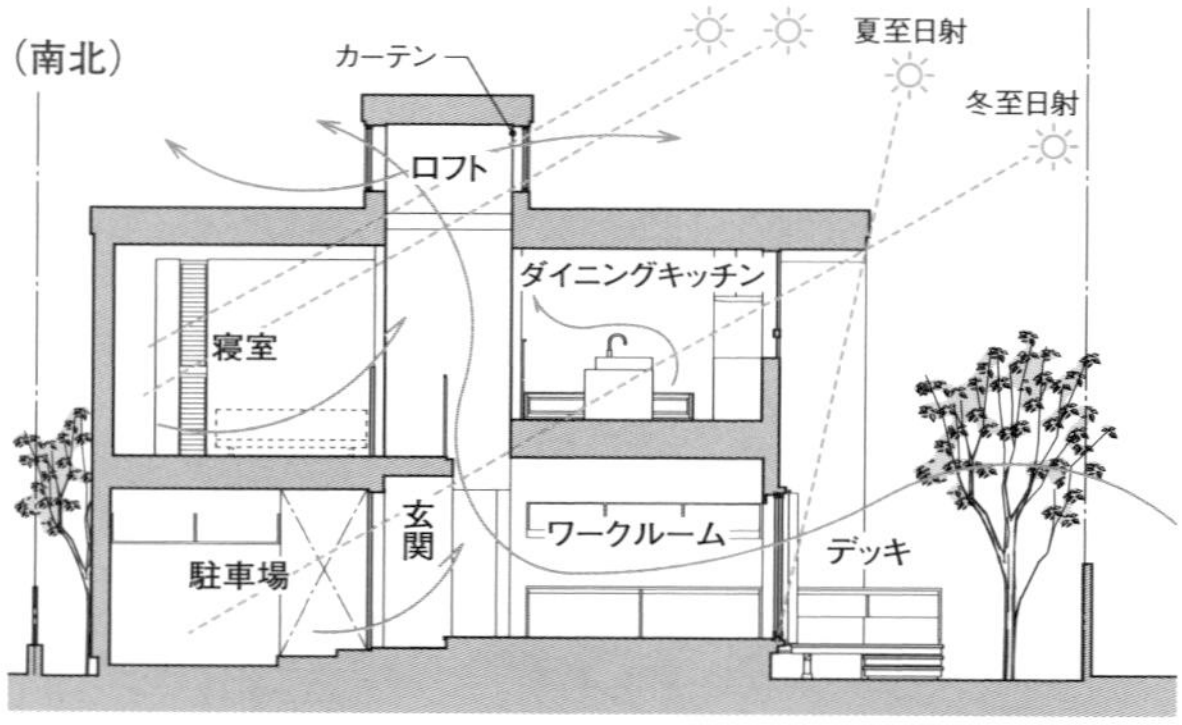
カーテン
夏至日射
冬至日射
ロフト
寝室
ダイニングキッチン
玄関
ワークルーム
駐車場
デッキ

（東西）

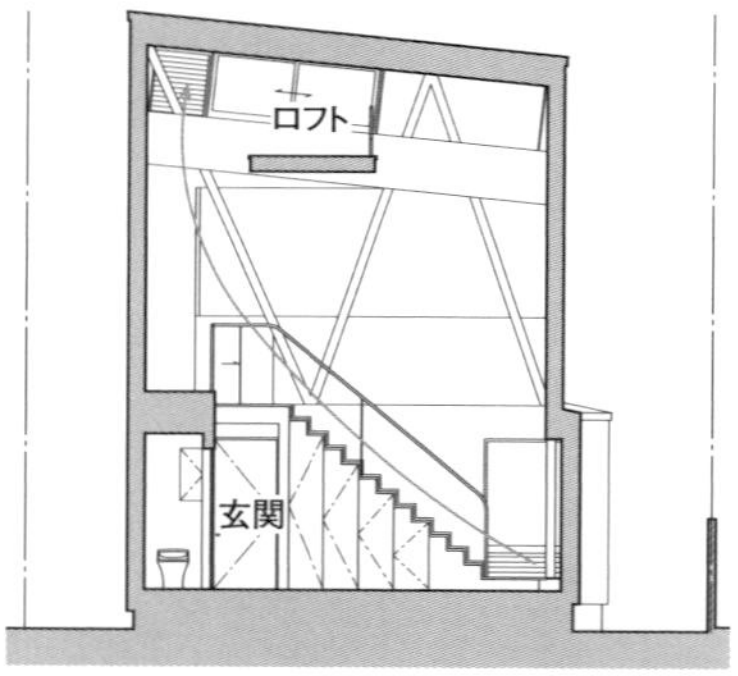
ロフト
玄関

建設地：埼玉県さいたま市浦和区
構造：木造2F建
建築面積：55.19㎡（16.69坪）
延床面積：92.38㎡（27.94坪）
設計：ア・シード建築設計　並木秀浩　森本朝子
施工：株式会社宍戸工務店　戸塚一夫
撮影：谷岡康則

開放性と防音性、相反する課題を克服

エアコンを極力使わないで生活したいという夫婦の家。二人のSOHOと趣味のエレキギターを大音量で弾く音楽室を確保しました。なるべく自然の風で過ごしたいという開放性と防音性。これら相反する課題を家の中央部に吹抜け空間を設けて周囲を壁で覆い、さらに音楽室を防音膜で覆い、音源から遠い所に開口部を

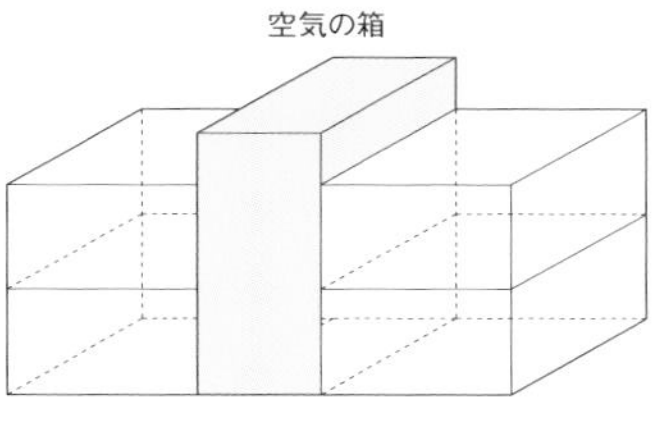
空気の箱

大きな箱の中央に空気の箱を挿入したような構成

空気の箱となる階段室の吹抜け空間

音楽室（オーディオスペース）からダイニングキッチンを見る

趣味のエレキギターが大音量で楽しめる音楽室。左側が防音膜

明るい日差しが差し込むワークルーム

平面図
（屋上・RF）

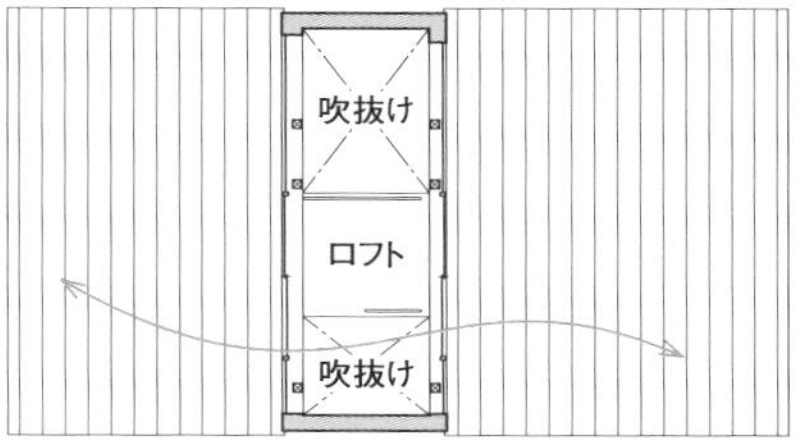
吹抜け
ロフト
吹抜け

（2F）

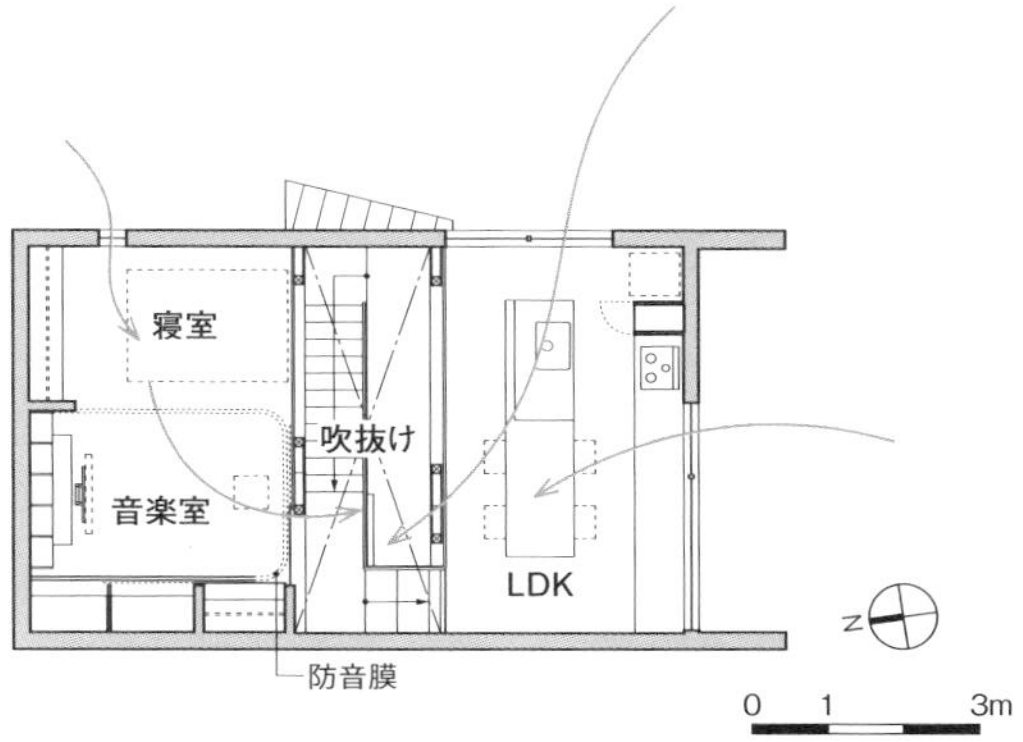
寝室
吹抜け
音楽室
LDK
防音膜
N
0 1 3m

（1F）

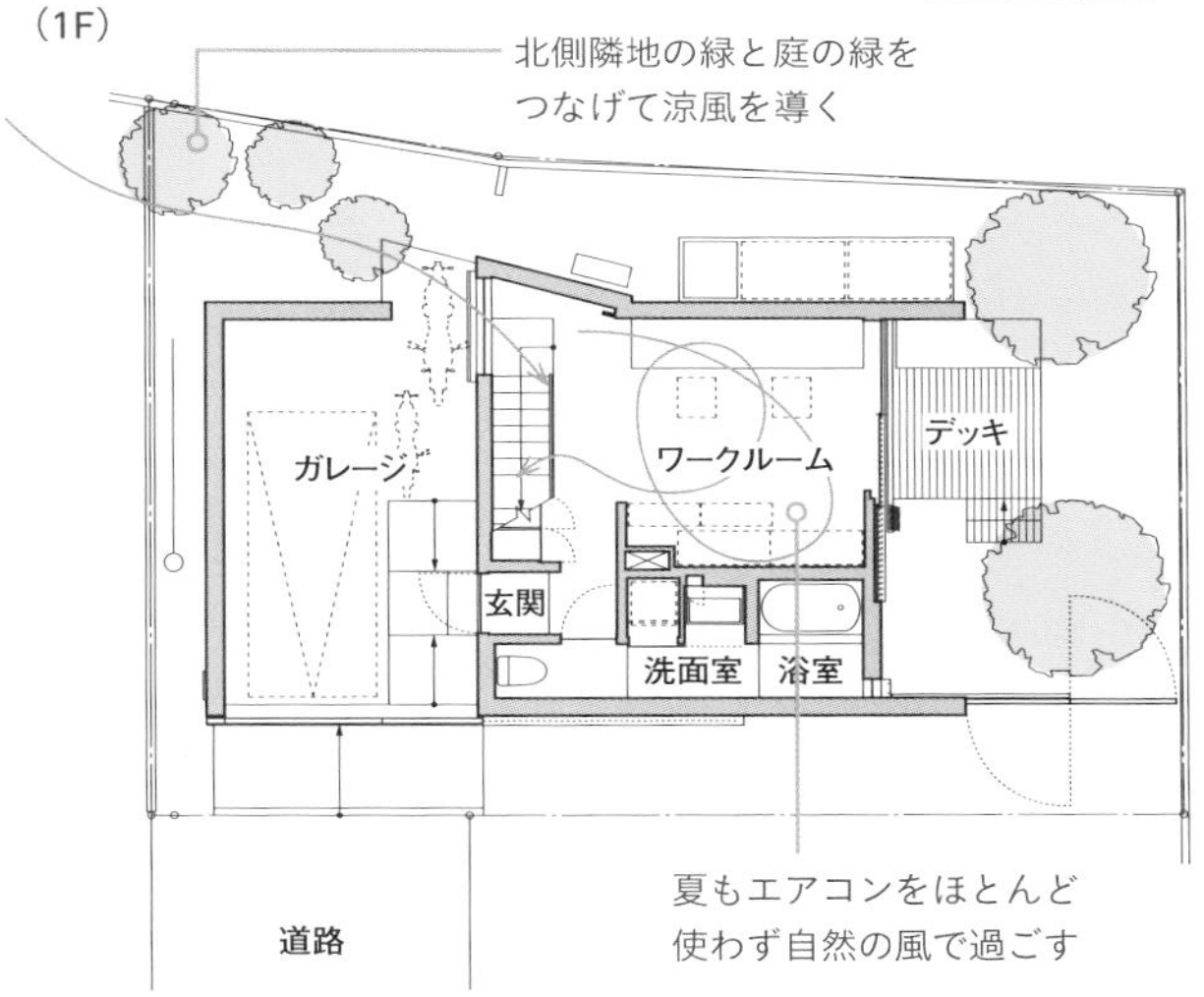
北側隣地の緑と庭の緑をつなげて涼風を導く
ガレージ
ワークルーム
デッキ
玄関
洗面室
浴室
道路
夏もエアコンをほとんど使わず自然の風で過ごす

設けて外部に開け放つという手法で解決しています。

吹抜け上部には塔屋を設置。屋根上の風が塔屋を抜けたり掠めたりして起こる負圧を利用して風の出口とし、室内各所の低い位置に設けた窓から風を室内に行き渡らせています。

ちょうど大きな箱の中央にでっぱりのある空気の箱を挿入し、室内に風を循環させるような空間です。塔屋からは日差しも取り込み、冬は太陽の熱が家の奥まで届きます。塔屋の窓には空に抜ける開放感があり、気持ちよさを生み出しています。

Case Study. 18

LDK中央部に風が通る中庭を設けた創風と眺望の家〈さくら咲く家〉

建物北面を見る。遠く榛名山と緩やかに連なる山並みが望める

断面図

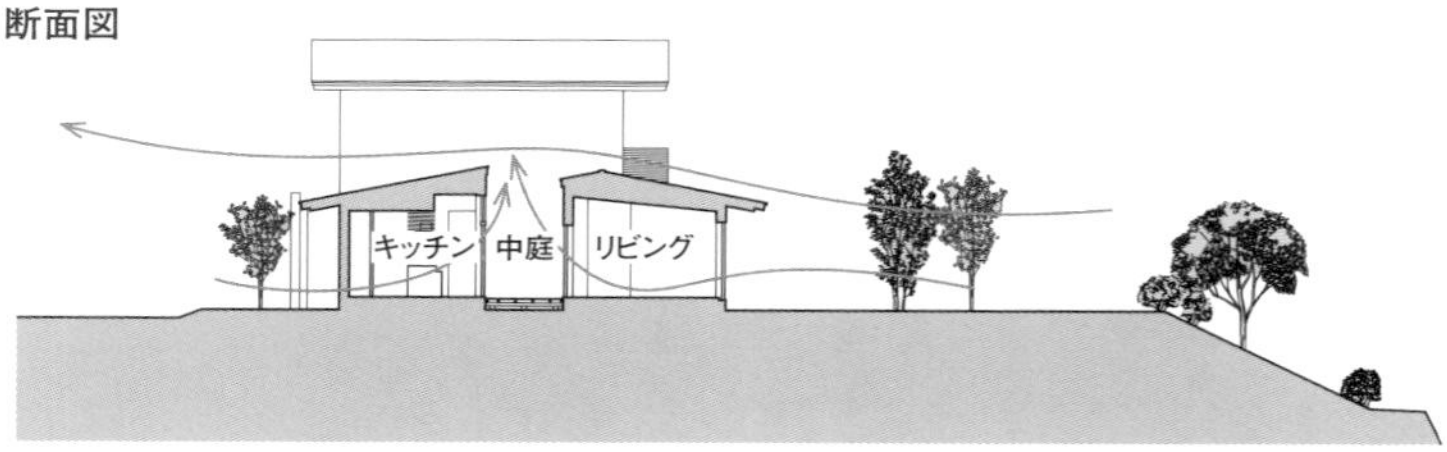

屋根の上空を吹き抜ける風が起こす負圧力は、室内の空気を中庭の上部へと吸い上げる効果をもたらす

中庭に風の通り道をつくる

榛名山の山並みが一望できる群馬県の高台にある家。全部屋が山々の雄大な景色に対し開かれ、自然の風を常に感じながら過ごせます。

南側リビングと北側ダイニングの中間に中庭を設け、その上部を屋根越しに抜ける風が起こす負圧を利用して室内に風を通します。特に夏の昼間はこの中庭に抜ける風がとても効果的。北側ダイニングの日陰から温度が低めの風を取り入れて穏やかなそよ風を感じつつ過ごせます。また朝夕は南側リビングの開口部を開け、中庭を出口とした風が気持ちよさを生みだします。さらに中庭があることで、室内に居ながら外にいるような開放感が得られる効果をもた

右側手前が中庭、リビングを介して前庭を望む

リビングの大開口から、前庭越しに遠く榛名山の山並みを望む

ダイニングから中庭を望む

平面図

(2F)

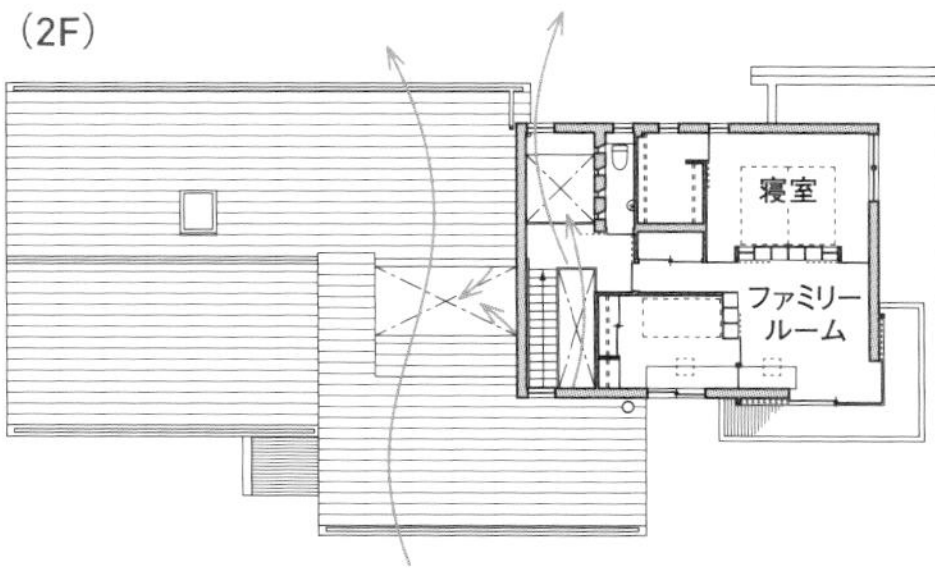

建設地：群馬県吾妻郡中之条町
構造：RC造2F建
建築面積：216.78㎡(65.44坪)
延床面積：249.13㎡(75.36坪)
設計：ア・シード建築設計
並木秀浩
白石阿希
施工：津久井工務店
撮影：平井広行

(1F)

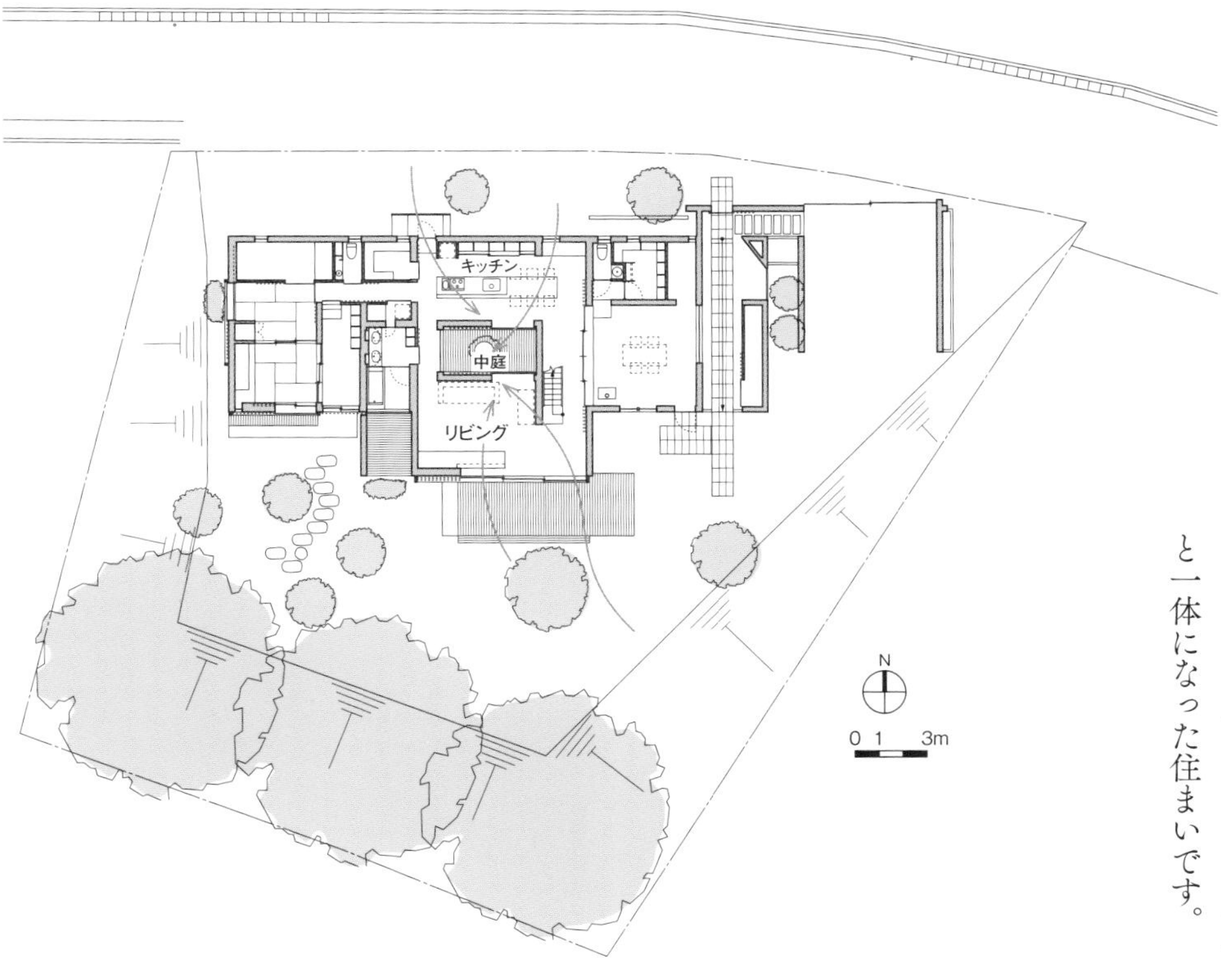

らします。外部空間とのさまざまなつながりが感じられる、身近な自然と一体になった住まいです。

Case Study.
19

塀や格子で周囲からの視線を遮り南側大開口で外部に開かれた家〈空と木の家〉

北側前面道路から建物を望む。格子戸で風を入れながらアプローチへの視線をコントロール

限られた条件下で外部への開き方を工夫

両側を民家に囲まれた立地条件にあって、フェンスや格子で外部からの視線と内部からの眺望をコントロールした家です。家の各所を南側の空に向けて開け放って日差しを取り入れ、外部への広がりをつくり出しています。

1階浴室は南側に開口を設けて日差しや風を取り入れることで、露天風呂のように楽しめ、冬も暖かく衛生的です。窓先のバスコートはヒバの木板フェンスで囲ってあり、物干しにもなります。フェンスは玄関前の庭の演出にもなっています。

外部に開き内部に閉じる室内外に抑揚を創出

外の自然に向けて開き、周囲からの視線には閉じる。こうして家の各所に抑揚をつくりだす。限られた条件下での外部への開き方が、パッシブデザインでは重要なポイントになります。

平面図

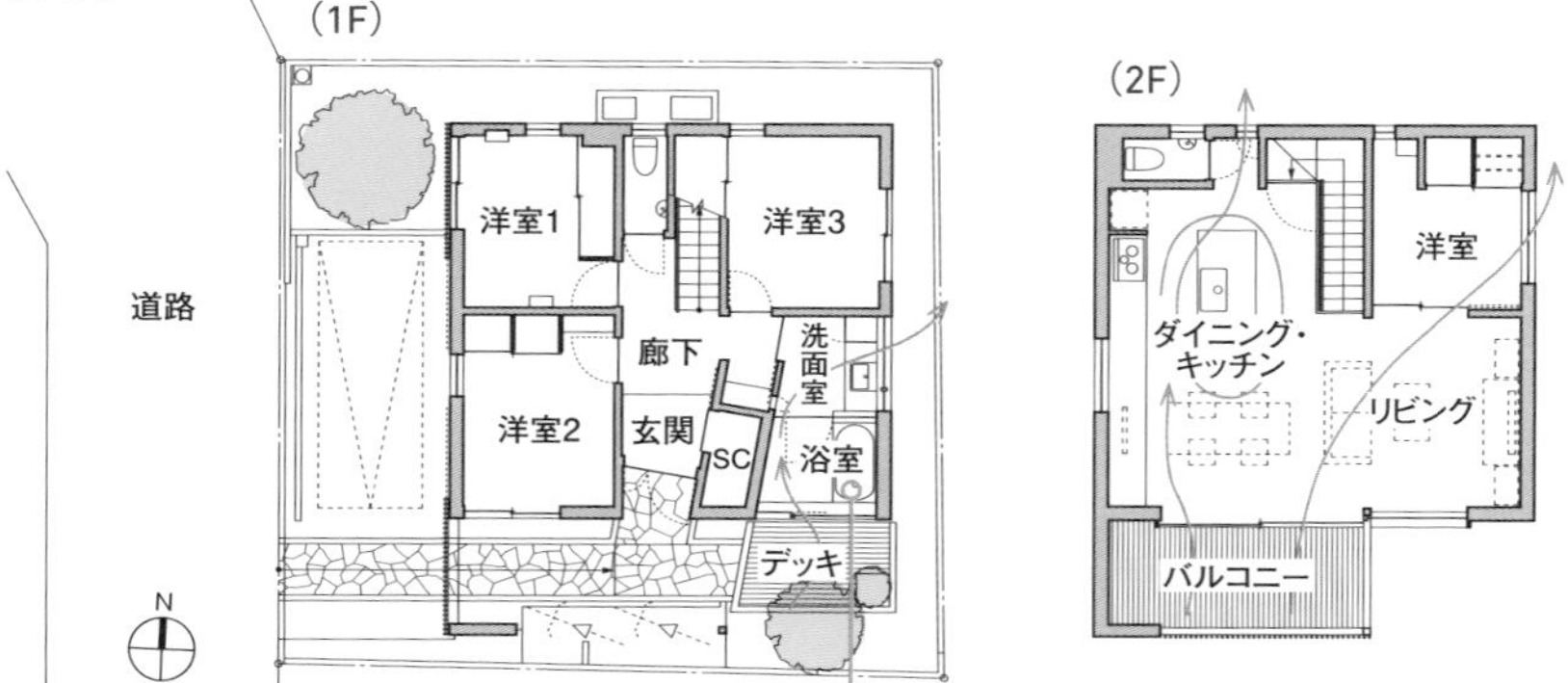
(1F)
道路
洋室1
洋室3
洋室2
廊下
玄関
SC
洗面室
浴室
デッキ
N
0 1 3m
(2F)
洋室
ダイニング・キッチン
リビング
バルコニー

南からの日差しと風を取り込む浴室

南側大開口から日差しが降り注ぐリビング

広々とした浴室から、木製フェンスで囲った窓先のバスコートを望む。日差しと風を入れる開放感のある浴室は乾燥しやすく衛生的

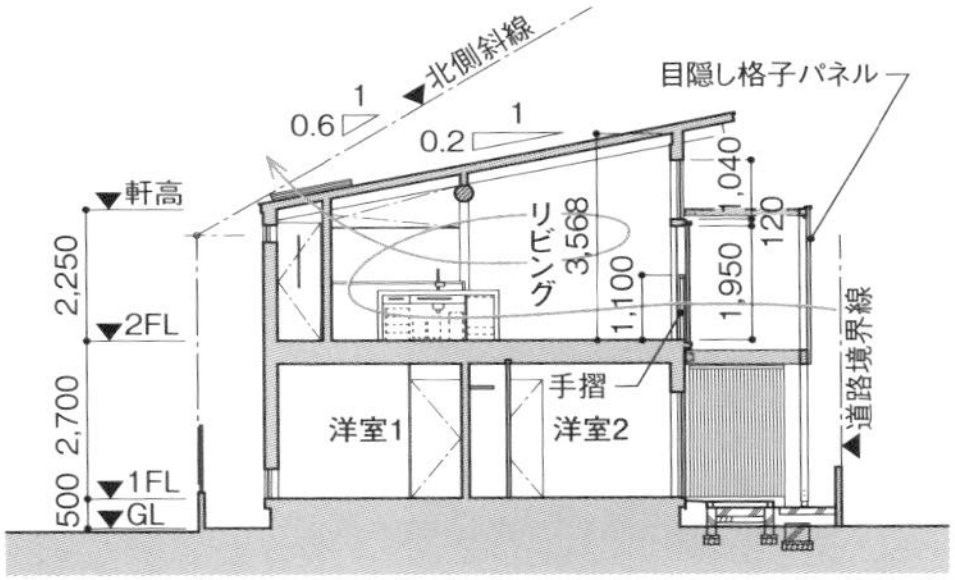

建設地：東京都西東京市
構造：木造2F建
建築面積：48.48㎡（14.88坪）
延床面積：95.84㎡（28.99坪）
設計：ア・シード建築設計　並木秀浩
下川　彰
施工：高正建設株式会社
撮影：谷岡康則

南側に開かれたダイニングキッチンの向こうに街並みが開ける

Case Study.
20

駐車場・前庭に小さな雑木林、日差しと放射熱をコントロールした家〈雑木林の家〉

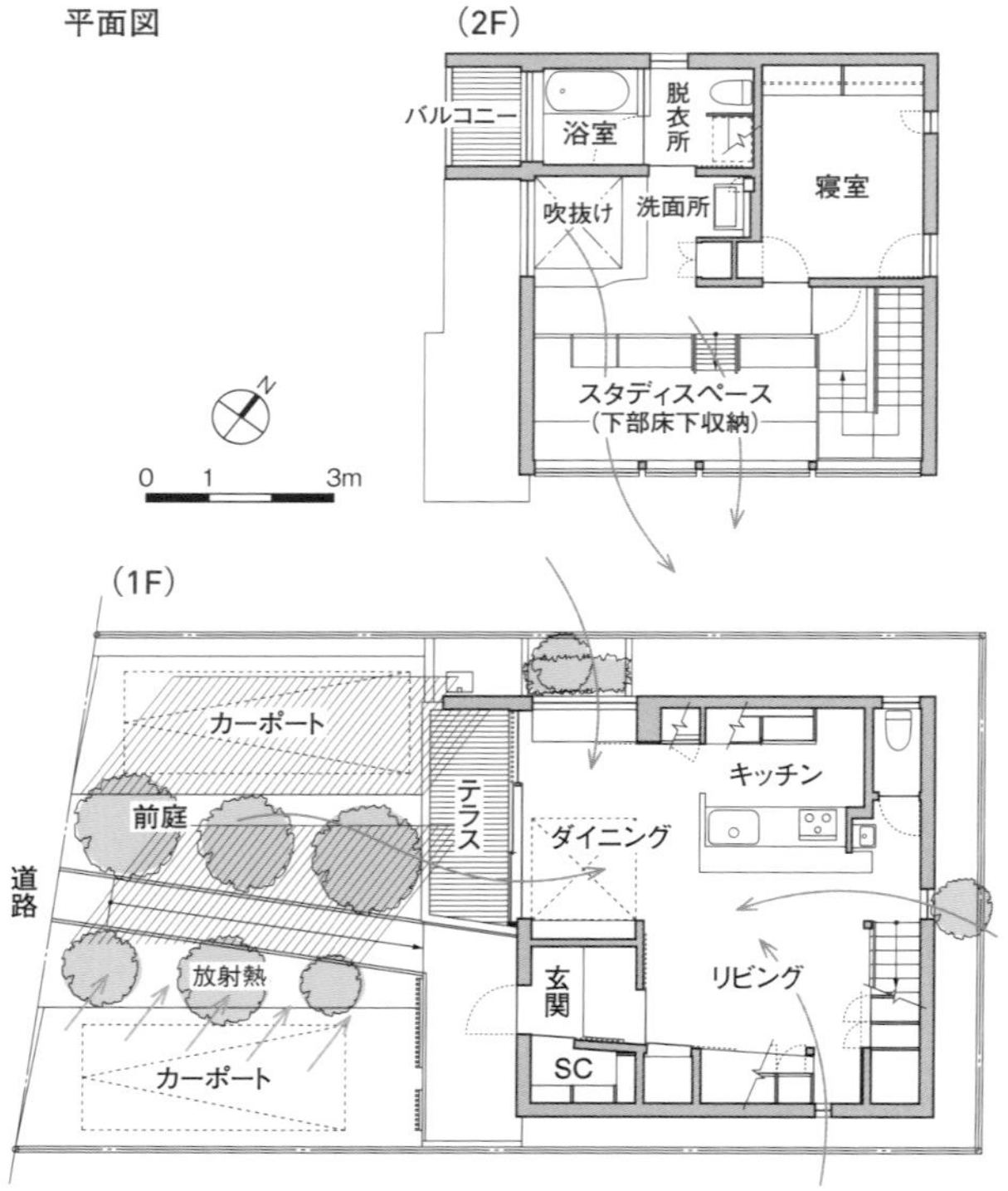

平面図
(2F)
バルコニー
浴室
脱衣所
寝室
吹抜け
洗面所
スタディスペース
(下部床下収納)
N
0
1
3m
(1F)
カーポート
前庭
テラス
キッチン
ダイニング
道路
放射熱
玄関
リビング
SC
カーポート

落葉樹と常緑樹を組合せ雑木林で快適環境をつくる

雑木林のような前庭と駐車場、そしてアプローチを一体的に考えた家です。

前庭はダイニングからの眺めと開放感を生み出し、生活に潤いを与えます。また、前庭の木陰は、ダイニング前のカーポートへの日差しを遮り、玄関前駐車場からの放射熱をやわらげる効果があります。夏の車からの熱対策も考えた家です。

雑木林は落葉樹と常緑樹を組合せて、冬には日差しを取り入れながら道路からの視線も遮ります。雑木林が育った現在、ダイニングは緑の庭の奥行き感のある眺めと、木々の間を抜ける風の爽やかさで、とても気持ちのよい空間になっています。

雑木林の前庭は道路からの視線を遮り、冬は日差しを取り入れる

ダイニングから前庭の木々と駐車場を見る

雑木林を通り抜けるようなアプローチと前庭

日差しが差し込んで明るい浴室

ロフト型のスタディスペース

ダイニング上部の吹抜け空間

断面図

（南北） 2階のハイサイドライトを風の出口として室内に風を流す

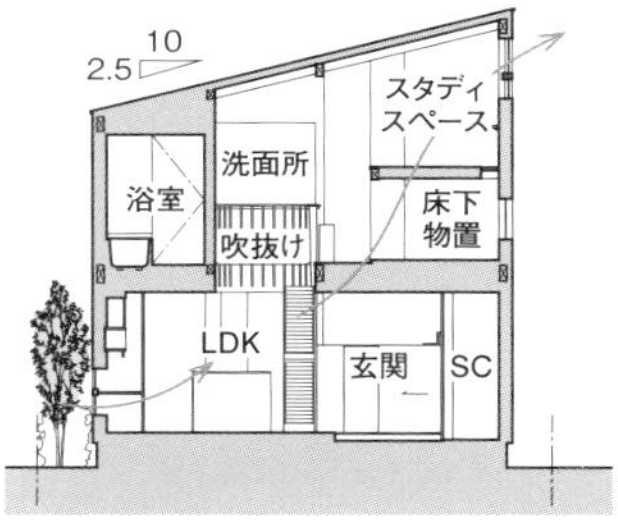

（東西）

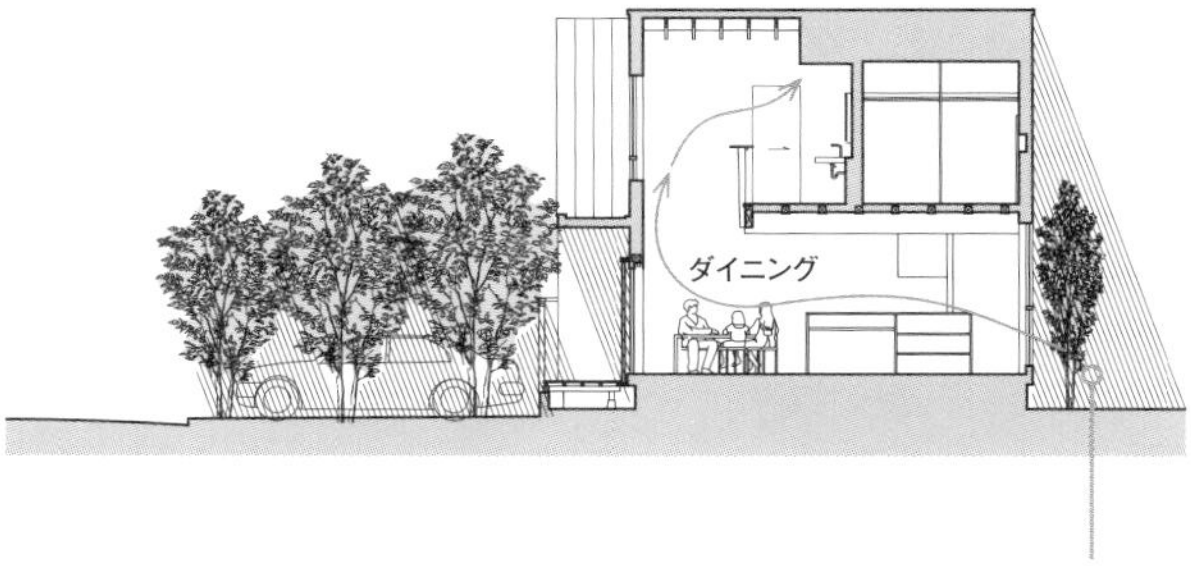

夏は日陰から風を入れる

建設地：埼玉県入間郡三芳町
構造：木造2F建
建築面積：47.46㎡（14.36坪）
延床面積：81.54㎡（24.66坪）

設計：ア・シード建築設計　並木秀浩　森本朝子
施工：株式会社内田産業　橋本太郎
撮影：谷岡康則

Case Study.
21

風の塔屋と日陰の庭を新設したパッシブリノベーション〈風の庭〉

建物外観。風の塔屋を新たに設けるとともに、敷地の既存の緑を最大限に活かした

断面図

(After)

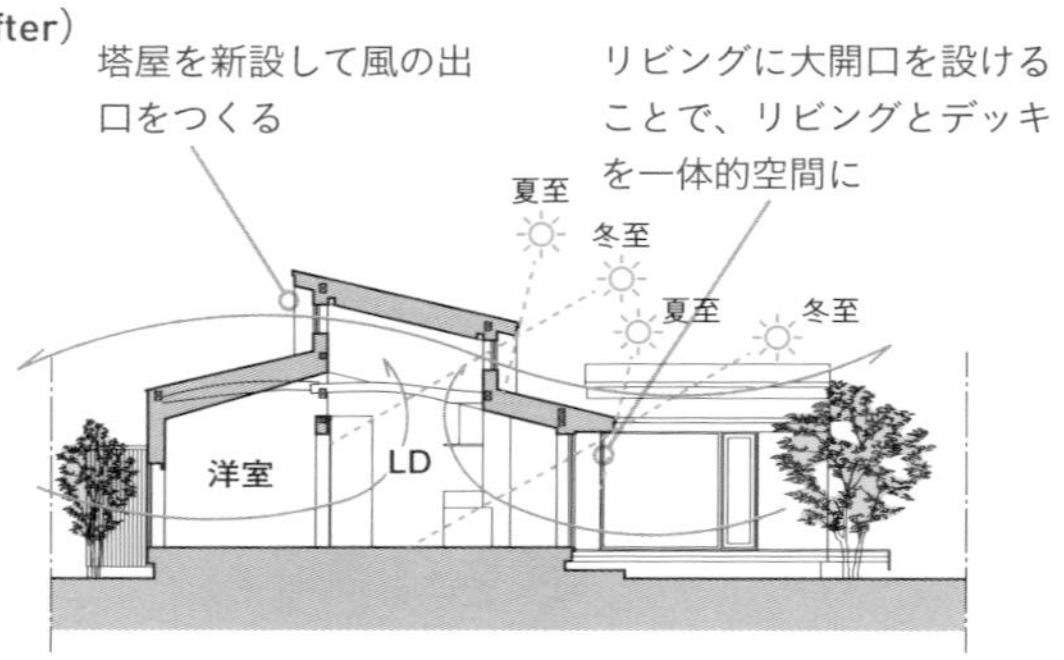
塔屋を新設して風の出口をつくる
リビングに大開口を設けることで、リビングとデッキを一体的空間に
夏至
冬至
夏至
冬至
洋室
LD

(before)

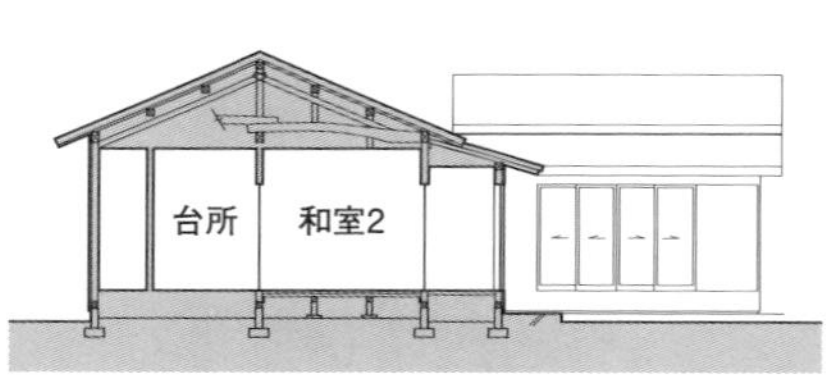
台所
和室2

既存建物の良さを活かした「環境にやさしい新築」

空き家になった木造平家を断熱改修し、自然エネルギーで快適に過ごせる環境に仕立てたリノベーション住宅。プランの特徴は、風の塔屋の増築を行って風の出口とし、また、減築によって日陰の庭を新設して涼しい風の入口として、自然の風による快適性を確保した点です。

リノベーションとは、既存建物の骨組みや庭の緑を活かした「環境にやさしい新築」です。敷地の庭木は時間を経た深みのある魅力的な緑になっており、更地にしてしまう建替えでは得られない計画となっています。既存の庭を活かして夏の南側の日差しを整えることや夜間通風時の気温低下に役立てました。

緑で整えられた外部空間と一体となった各室は、快適性を超えた気持ちよさが感じられる空間になっています。

(After)
右：南側テラスからリビングと塔屋を望む
左：建物全体の断熱性能を上げることで、開放的で庭と一体的な住空間を実現した

平面図

(After)

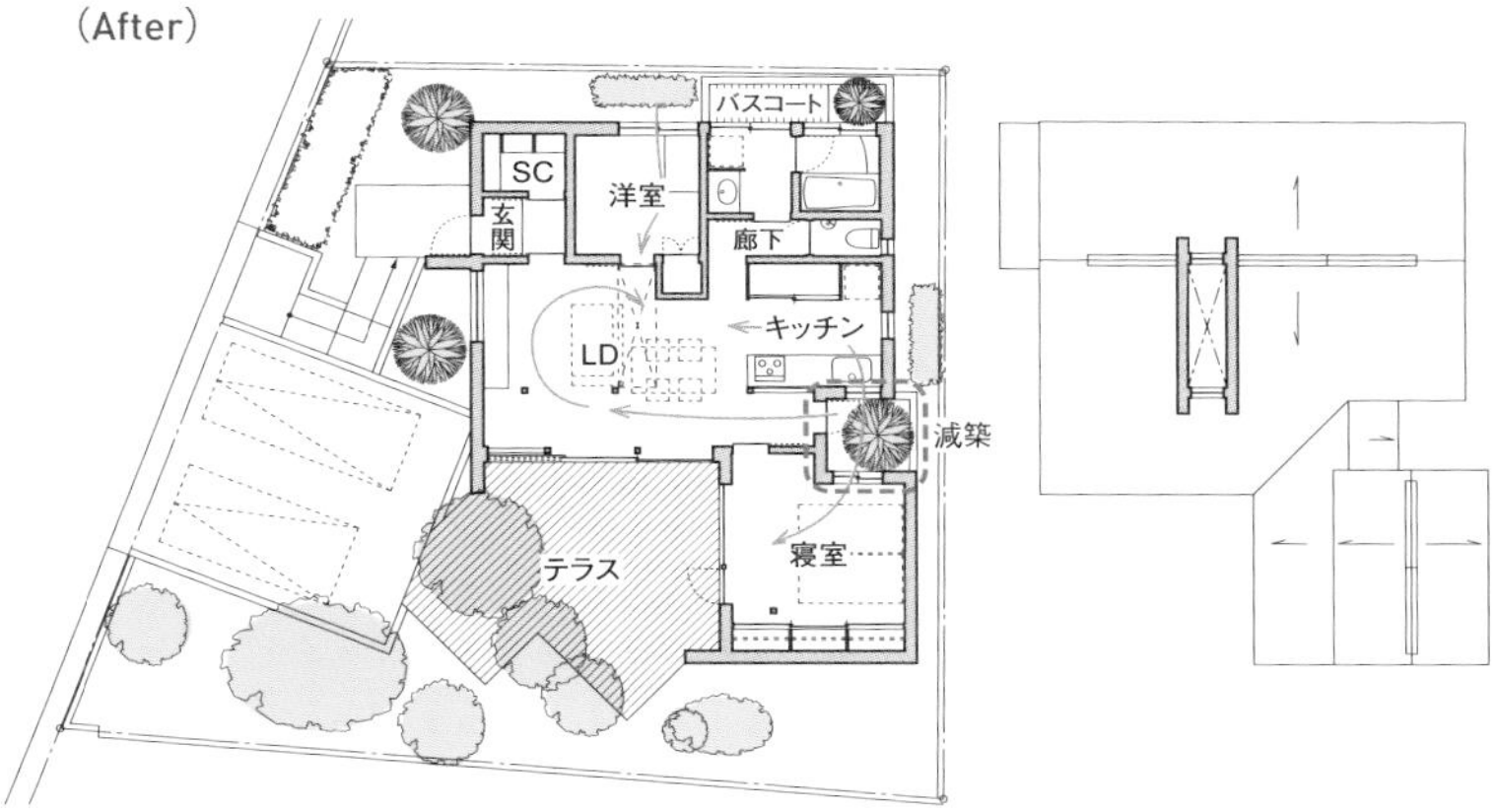

(before)

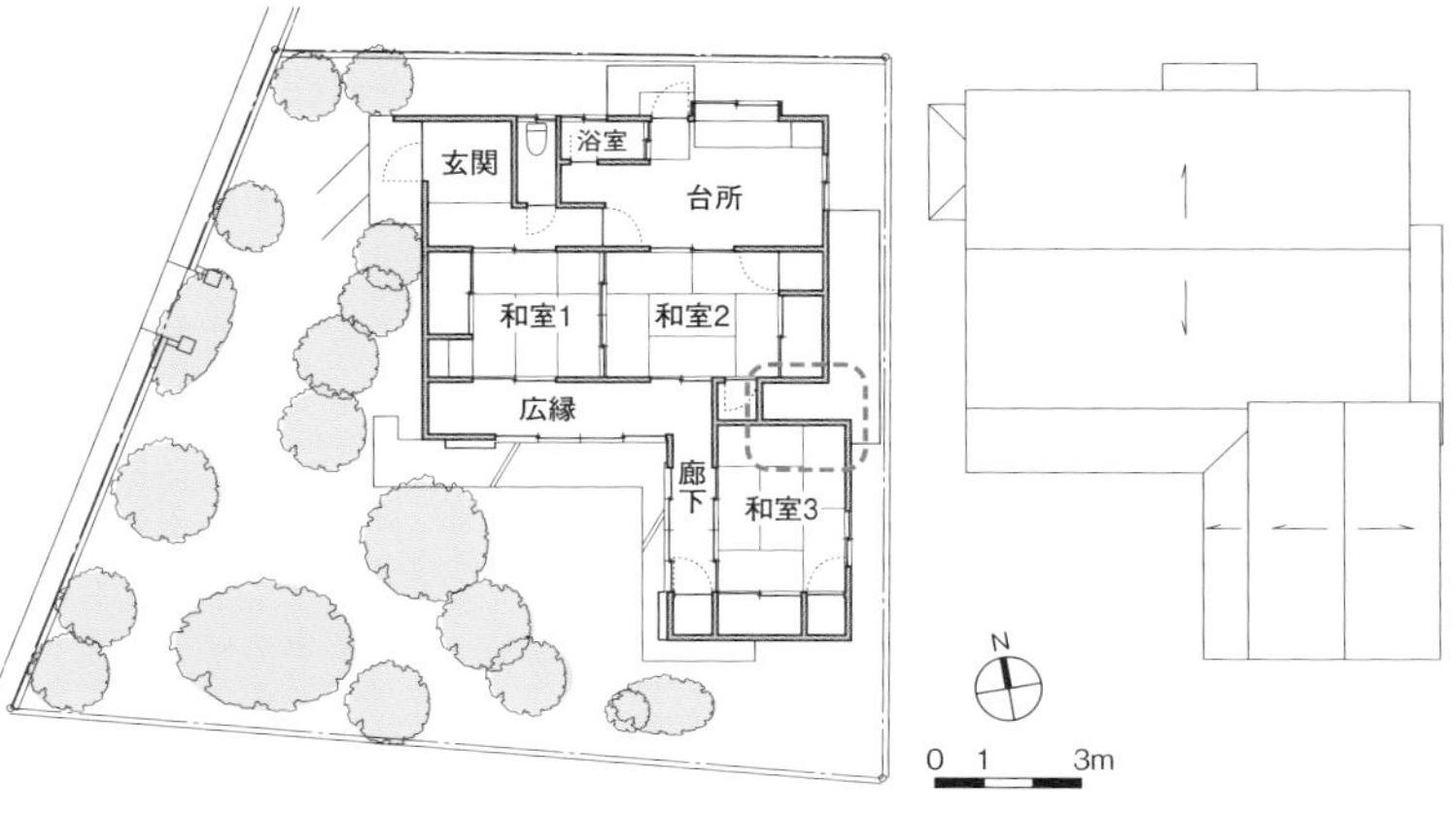

(Before)
以前の断熱性能の低い住宅は、内側に幾重にも閉じこもった状態で過ごすようになっていた

建設地：三重県四日市市
構造：木造平屋建
建築面積：75.98㎡（22.98坪）
延床面積：67.38㎡（20.34坪）
設計：ア・シード建築設計
並木秀浩　白石阿希
施工：株式会社フォレスト・オオモリ
撮影：鈴木敦詞

Case Study.
22

住宅密集地での大開口、吹抜け階段新設による立体通風リノベーション〈奥行の家〉

平面図

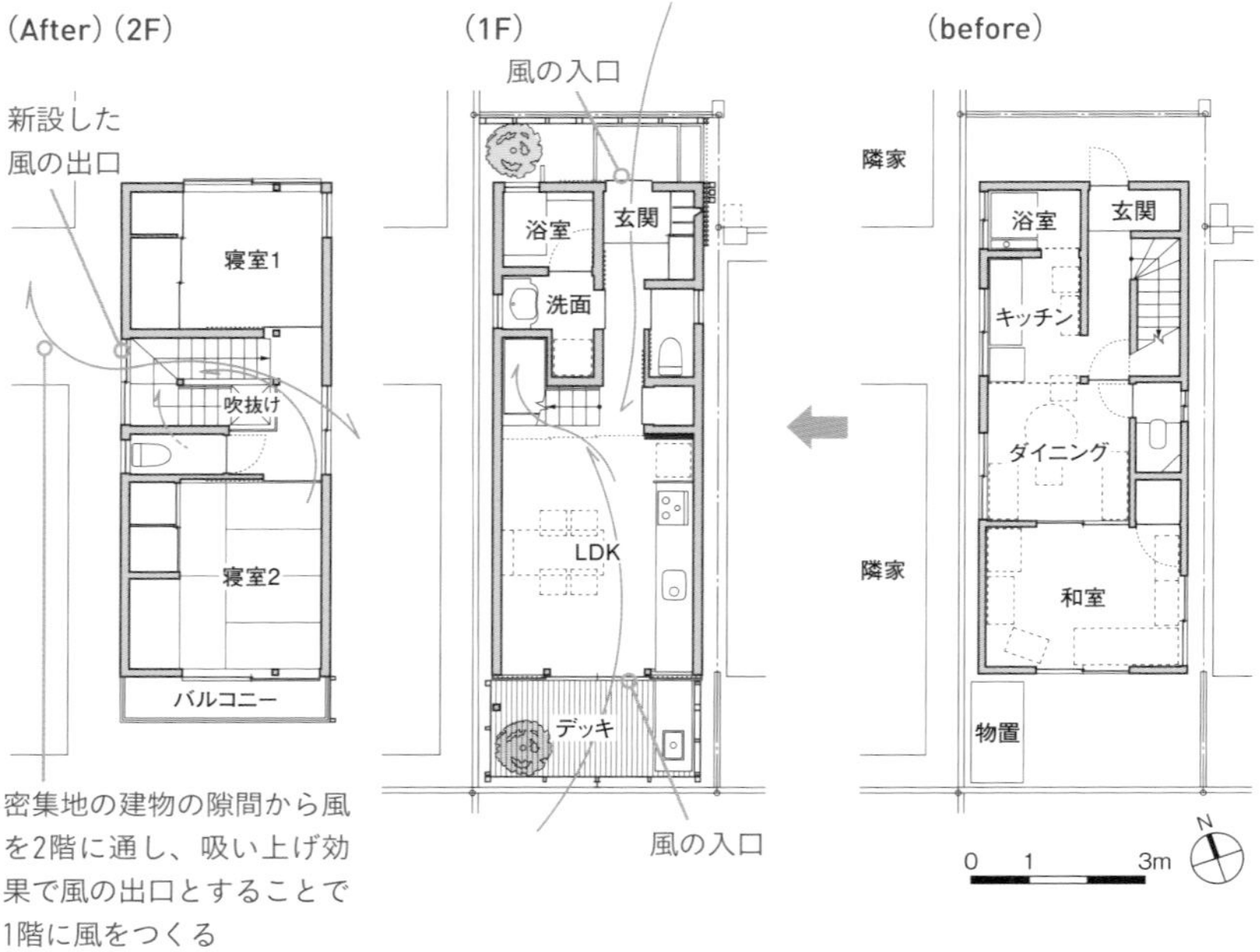

(After) (2F)
(1F)
(before)
新設した
風の出口
寝室1
吹抜け
寝室2
バルコニー
風の入口
浴室
玄関
洗面
LDK
デッキ
風の入口
隣家
浴室
玄関
キッチン
ダイニング
隣家
和室
物置
0 1 3m
N
密集地の建物の隙間から風を2階に通し、吸い上げ効果で風の出口とすることで1階に風をつくる

(After)

LDK+階段

断面図

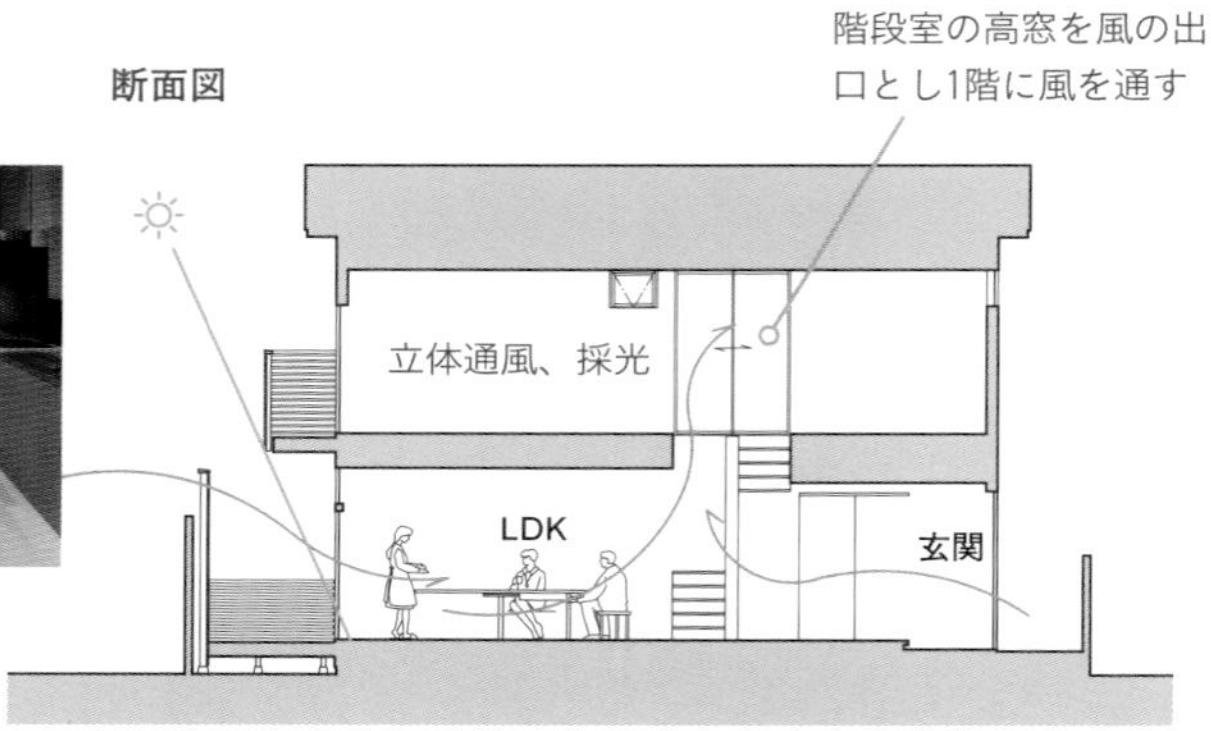

階段室の高窓を風の出口とし1階に風を通す
立体通風、採光
LDK
玄関

改装前の内観

風の出入口を整理する

東京下町の超密集地に建つ築30年の住宅のリノベーションです。光も風も通らない状態の開口部を整理し、外部に開くところは最大限に確保し、不要な開口部はなくすことで、通風採光と空間の広がりを実現。風の出口と光の入口として、階段、吹抜けと2階の大開口を新設、玄関やＬＤＫの窓から涼風を入れるようにしています。

建設地：東京都葛飾区
構造：木造2F建
建築面積：29.8㎡（9坪）
延床面積：59.6㎡（18坪）
設計：ア・シード建築設計
並木秀浩
施工：中里建設
施工協力：宇喜田鈑金
撮影：平井広行

2階の大開口と吹抜け階段

ダイニングから南側デッキを見る

COLUMN 6

都市部のような住宅密集地では緩勾配屋根の方が風を取り込みやすい

陸屋根、2・5寸勾配、5寸勾配で風洞実験

建物の表面にかかる圧力（風圧）が、建物の屋根形状や密集度合いでどのように変化するかを実験してみました。具体的には陸屋根、2・5寸勾配、5寸勾配の屋根について、グロス建蔽率0％、10％、20％、40％の場合に、風上壁と風下壁、そして屋根で風圧がどのように変化するか風洞実験をしました（**写真**）。結果は、周囲が建て込むと陸屋根の場合は全体的に屋根面の圧力が小さくなりました。また、2・5寸勾配は建て込んでも棟付近の負圧が残っています。5寸勾配では風上側の屋根で圧力が若干残っています。

これらにより、住宅密集地域では屋根勾配を緩くする（20度以下）ことで、屋根の多くの部分で負圧を得られるようになり、風の出口として利用しやすくなることがわかりました。

概念図

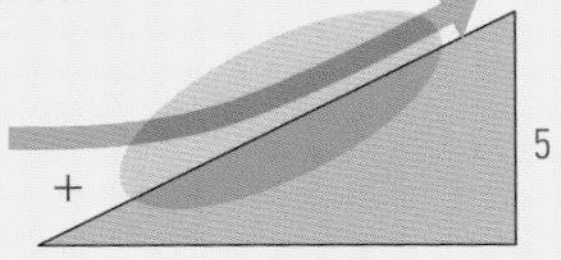

風が屋根面に衝突し、プラスの圧力になる

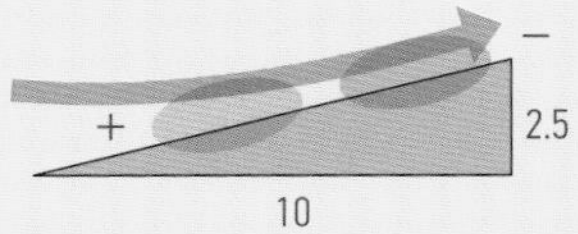

風の衝突が小さく、屋根全面でマイナスの圧力になる

風洞実験の様子

既存の庭を環境装置としても活用

上：アプローチとコミュニケーションカフェ
下：建物外観

Case Study.
23

ロフトを風の出口にした庭風の吹く家〈コミュニケーションカフェのある家〉

風の吸い出し効果を利用

平屋の一部の屋根を上げてロフトを設けた住宅です。ご主人の実家を建替え、終の住処としました。お父様が残された和風庭園を活かしたいとの要望に対し観賞用だけでなく環境装置としても活用しました。風を家中に行き渡らせるには効率的な出口が必要です。家の中央部に吹抜けを設け、対面開口を設けたロフトをつくり、屋根上の風を利用した高効率な風の出口としました。ロフトは読書や昼寝の場所にもなる気持ちのよい空間です。離れていた故郷に帰り、遠のいていた周囲の人達とふれ合うコミュニケーションカフェ。そこも庭と風で気持ちよくすごせる人気の場所です。

断面図

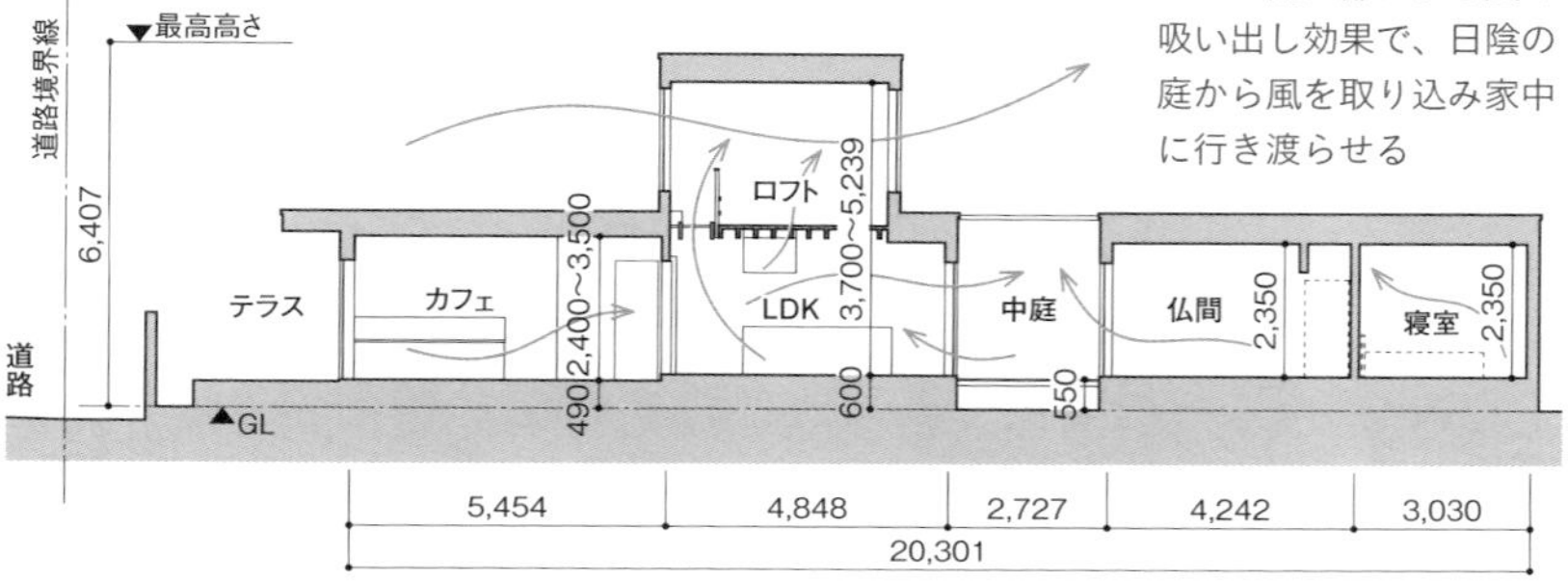
ロフト開口部による風の吸い出し効果で、日陰の庭から風を取り込み家中に行き渡らせる

上：DKの上部にロフトを設け、風抜けの開口部を対面に取った
左上：屋根の上からは赤城山が望める
左中：風と日差しを行き渡らせる吹抜け
左下：人々が集うコミュニケーションカフェ。高断熱と自然風による気持ちのよいパッシブな住空間に併設したカフェで人々を迎える。自然の涼風が流れ、来客も気持ちよくすごせる

平面図

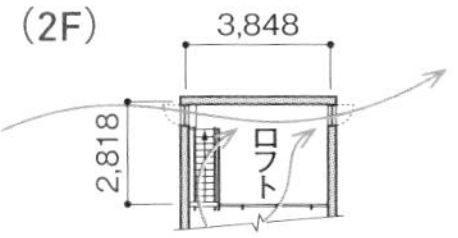

既存の庭は敷地東側にある。夏は夕方に日陰になると緑の多い庭は気温が下がり、そこから風を取り込み、昼間は北側の日陰から取り込む

（1F）

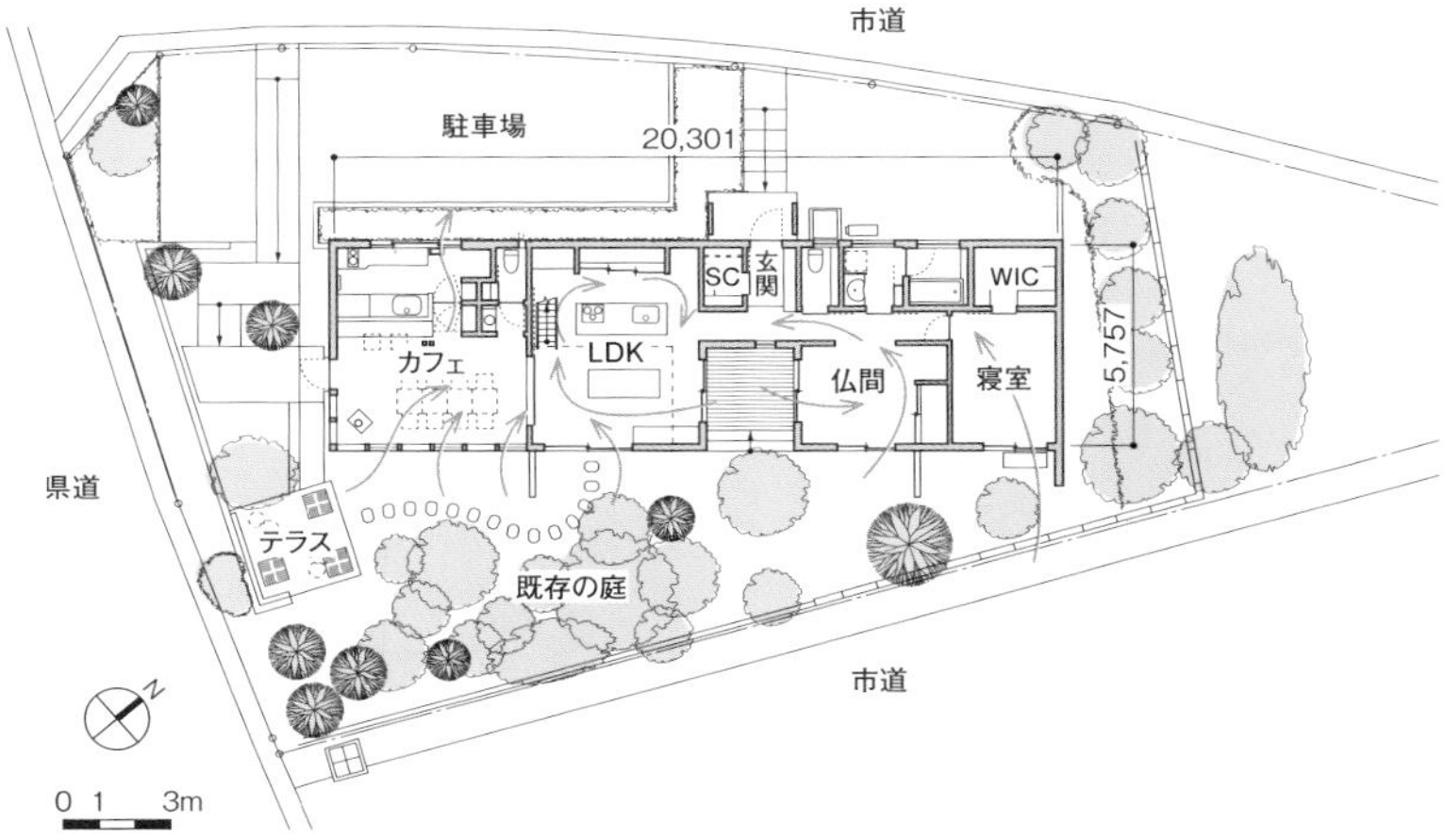

建設地：埼玉県羽生市
構造：木造平屋建
建築面積：137.01㎡（41.4坪）
延床面積：117.78㎡（35.6坪）
設計：ア・シード建築設計
並木秀浩
森本朝子
施工：シグマ建設株式会社
関根達也
撮影：ナカサ&パートナーズ
守屋欣史

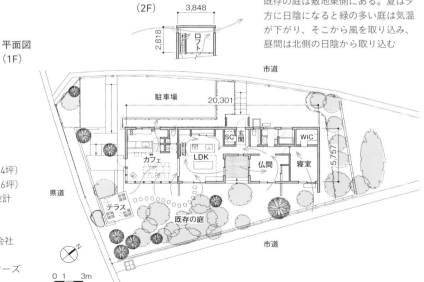

Case Study. 24

都内住宅地に建つ吹抜けと天窓、北庭通風の家〈庭と風を楽しむ家〉

駐車場からの放射熱は、高断熱の壁と庭の植栽で避ける

幅3mの開口部とデッキで、庭と室内を一体化する

生活を満喫する家

東京都内の住宅地に建つ、庭を活かしたリタイヤ後の生活を楽しむ家です。息子家族と90歳代の母親との3世代住宅。高齢の母親にも優しいパッシブデザイン住宅で、真冬の目覚めの朝も室温16℃以上の快適空間を実現。南側と北側には環境装置として庭を設け、日差しや周囲の輻射熱をコントロールしています。

家の中央にある吹抜け空間と開閉型トップライトは、屋根上の風を活かした高効率な風の出口となり、室内各所の開口部から風が流れ込みます。夏の日中は北側の日陰の庭から風を取り入れ、自然の涼風で気持ちよくすごすことができ、家族がくつろげる家の中心となっています。

南側に開いたバスコートのある浴室は、日差しがたっぷり入って衛生的。洗濯物の乾燥室にもなります。また、3列カウンターの本格的なキッチンでは、料理が趣味の奥様が庭で育てた採れたて野菜を活かし、料理を楽しんでいます。

断面図

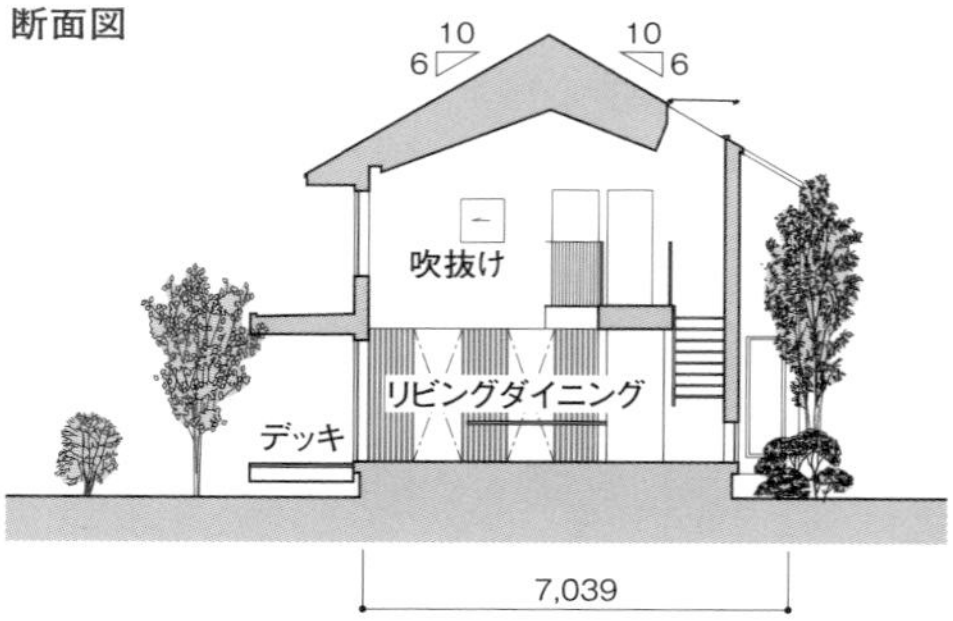

幅広の小上がりベンチを設置。心地よい風で昼寝も気持ちいい

吹抜けのダイニング。南北の庭に貫通し、トップライトに風が抜けて気持ちのよい風が流れる

建設地：東京都練馬区
構造：木造2F建
建築面積：108.23㎡（32.7坪）
延床面積：134.46㎡（40.7坪）
設計：ア・シード建築設計　並木秀浩
　　　　　　　　　　　　　白石阿希
施工：株式会社山崎工務店　石井祐弥
撮影：ナカサ&パートナーズ　守屋欣史

平面図

（2F）

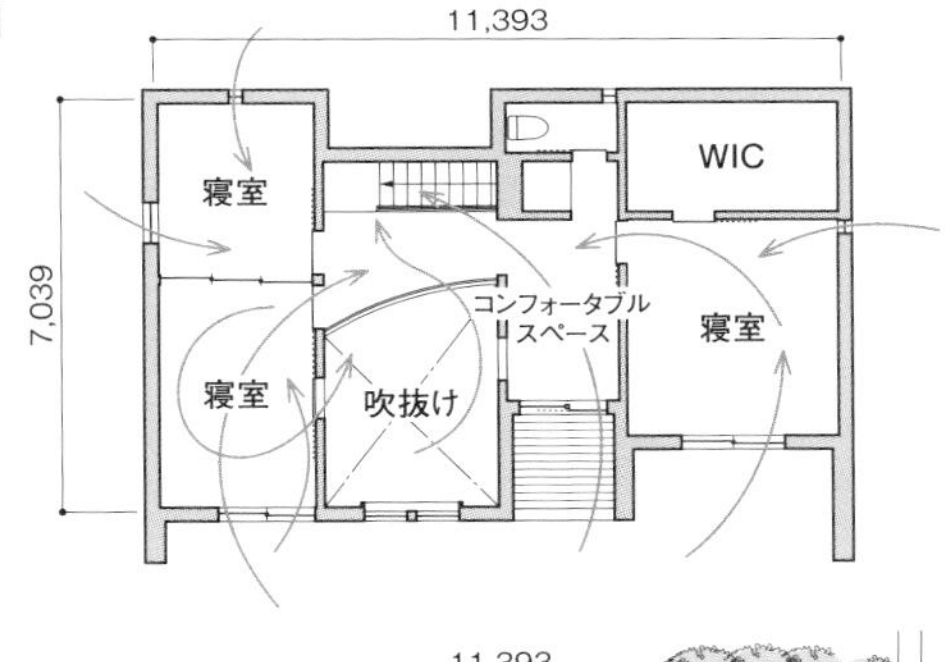
11,393
7,039
寝室
WIC
寝室
コンフォータブルスペース
寝室
吹抜け

3列カウンターの本格的なキッチン。料理が趣味の奥様が腕を振るい、リタイヤ後の楽しみのある家となっている

深い軒のあるデッキ。読書などの寛ぎの場

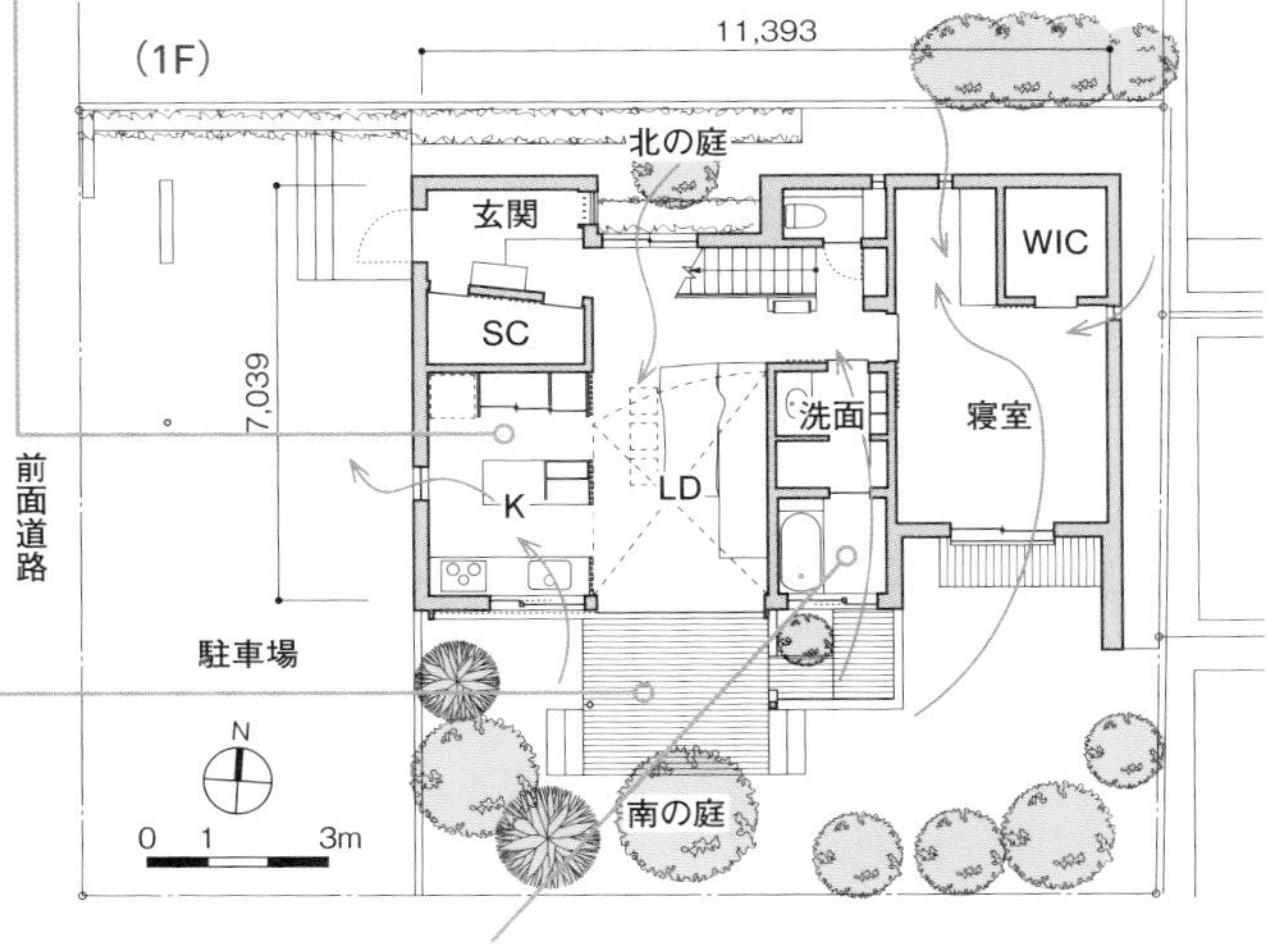
11,393
（1F）
北の庭
玄関
WIC
SC
7,039
洗面
寝室
前面道路
K
LD
駐車場
N
南の庭
0 1 3m

浴室は露天風呂のような開放的な癒しの空間。昼間は日差しを取り込み、冬は日中の蓄熱で夜間も快適に入浴できる

Case Study. 25

防犯格子戸で日陰の水路から涼風を引き込む家〈甲府の家〉

盆地環境で快適に過ごす

甲府盆地に建つ2世帯住宅。盆地独特の夏の暑さの中でも冷房を極力使わない生活を送りたい、との要望がありました。夏暑く冬寒い盆地で自然の風で過ごすには、涼しい風を取り込む通風計画が必要です。

そこで敷地北側に流れる水路までの間を建物の陰にするように建物を配置し、そこに周囲からの放射熱を遮る植栽を施して、日陰の水路からの涼風を家に引き込んでいます。

1階親世帯と2階子世帯にも風が流れるよう玄関奥の廊下に大型引戸を設け、一日中夜間でも開け放して生活できるよう施錠できる防犯格子戸を併設しました。夏は夜間換気により室内の空気は冷やされ、午前中は日差しのある窓は閉め、夕方から夜間は開けて通風を行い過ごします。環境装置として庭を利用したパッシブデザインの家です。

断面図

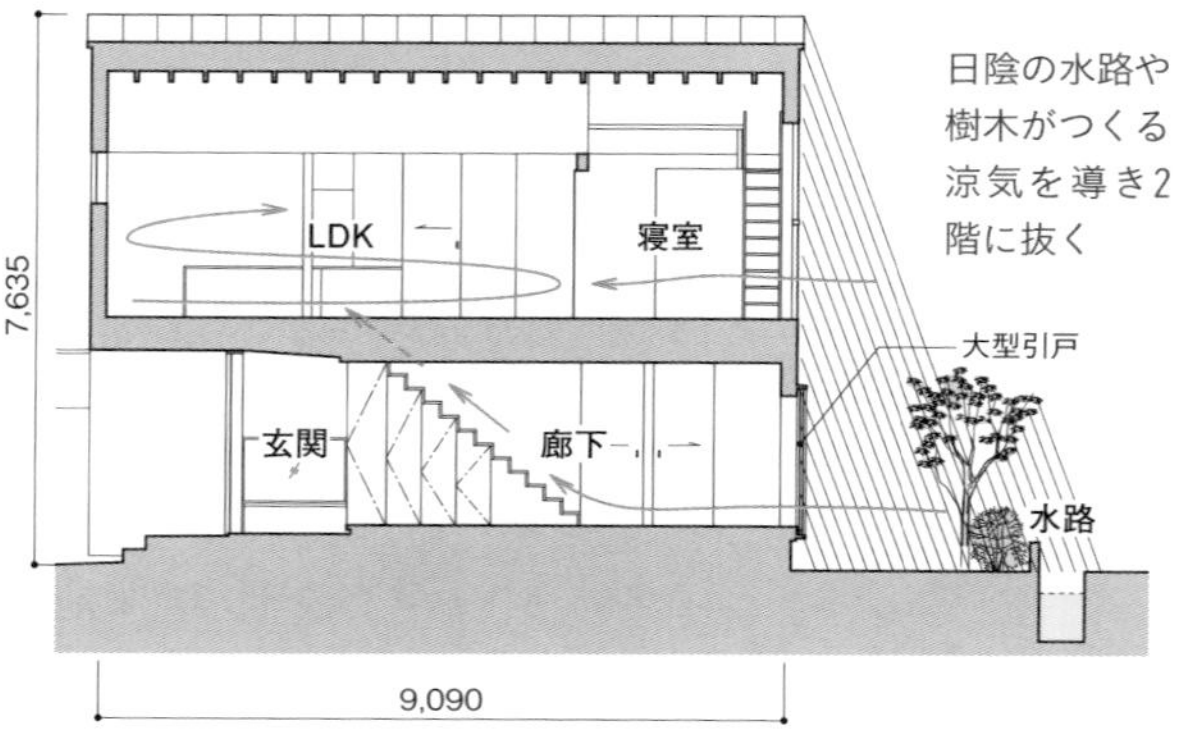

日陰の水路や樹木がつくる涼気を導き2階に抜く
LDK
寝室
7,635
大型引戸
玄関
廊下
水路
9,090

平面図

(2F)

WIC
LDK
(子世帯)
寝室2
バルコニー
ロフト
吹抜け

(1F)

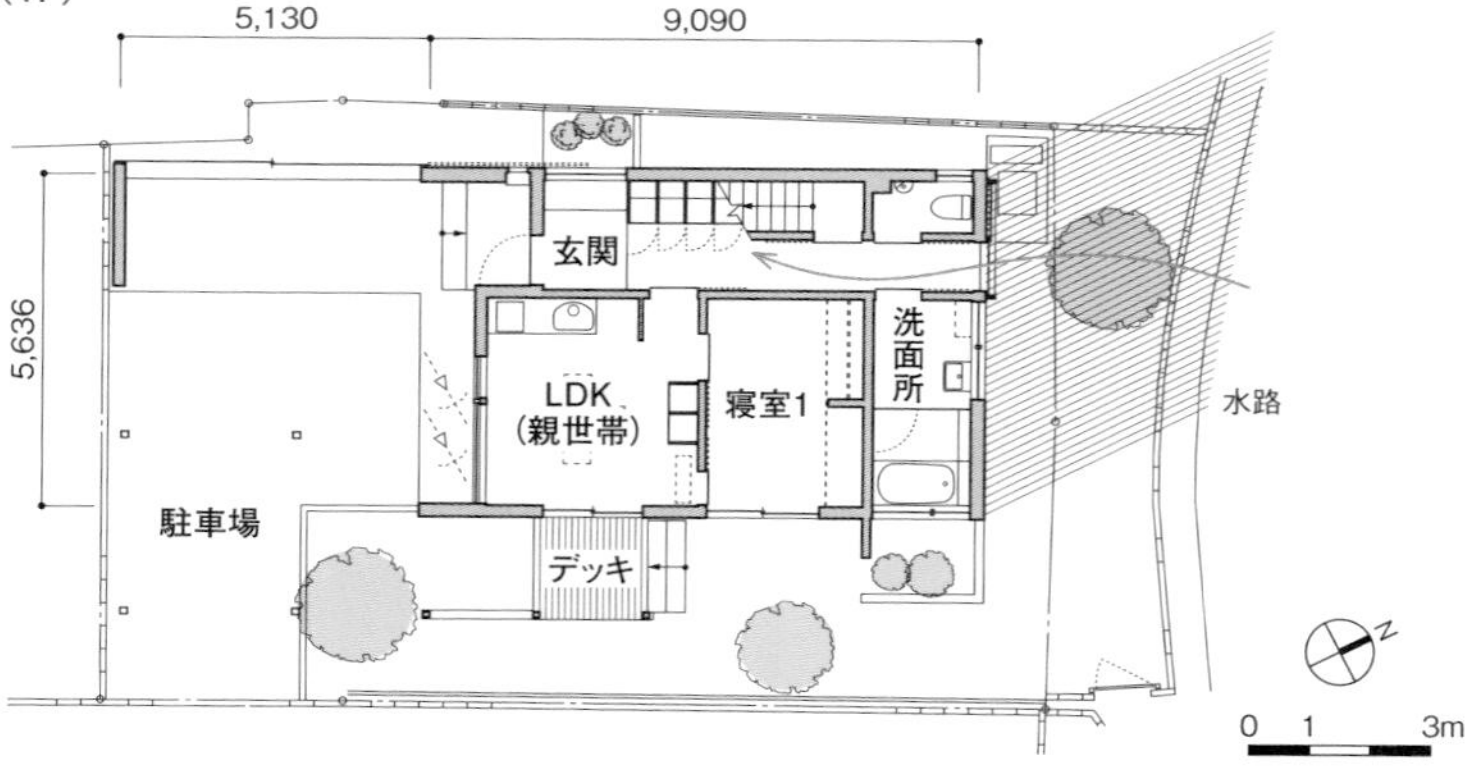

5,130
9,090
5,636
玄関
LDK
(親世帯)
寝室1
洗面所
水路
駐車場
デッキ
N
0 1 3m

建物外観

玄関から廊下と防犯格子戸を見る（虫除けの網戸付き）

上：ダイニングから開け放てるバルコニー
下：2階ロフト

2階子世帯は壁の上部を開放し、風が通る一体空間としている

建設地：山梨県甲府市
構造：木造2F建
建築面積：75.90㎡（23.0坪）
延床面積：99.88㎡（30.2坪）

設計：ア・シード建築設計　並木秀浩
椎野圭洋
施工：株式会社依田工務店　奥山英雄
撮影：谷岡康則

Case Study.
26

高台に建つ自然の風と日差し、景色を満喫する家〈山と空を望む家〉

建物全景。ゴルフ場に隣接した別荘地の高台に建つ

2階通風窓からは屋根に出られる。ジグザグ屋根の頂点に座ったり寝転んだりしながら、遠くの山々や一面に広がる夜空の星々を眺め楽しめる

別荘地の風の家

千葉県のゴルフ場に隣接した別荘地に建つ住宅です。ゴルフ好きのご家族で、自然な環境で空調に頼らずに生活し子育てをしたいとの目的で、別荘地の高台に居住する選択をされました。北海道並みの高断熱住宅とし、1、2階を貫く吹抜け空間を設けて、夏には涼しい自然の風を家中に行き渡らせ、冬には家の奥まで差し込む日差しと薪ストーブの熱を行き渡らせて過ごします。

風の弱い夏の昼間は、2階のファミリースペースの窓を出口として1階の北から風を入れます。日没時には高台の南風を取り込む暮らし方です。夏の通風、冬の日差し、そして開口いっぱいに広がる丘と山々の景色、自然とともに過ごす気持ちのよい家になっています。

断面図

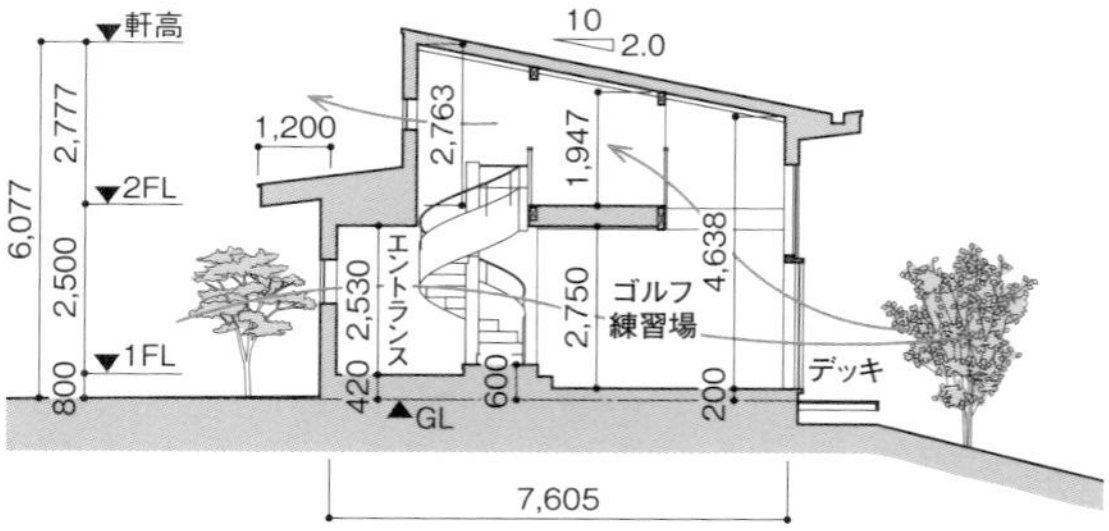

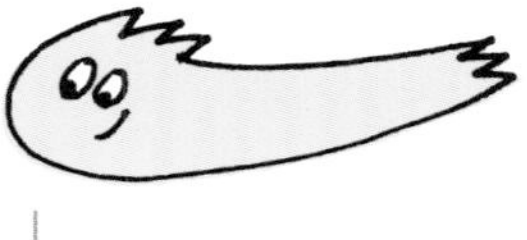

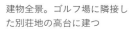

ダイニングキッチンからリビングと吹抜けを見る

薪ストーブが置かれたリビングからダイニングキッチンを見る

リビングの一角の吹抜け部分にゴルフ練習スペースを設けた。自然の風を活かした伸び伸びとした練習環境

ダイニングキッチン越しにテラスとなだらかに続く丘と山々を望む

平面図

(2F)

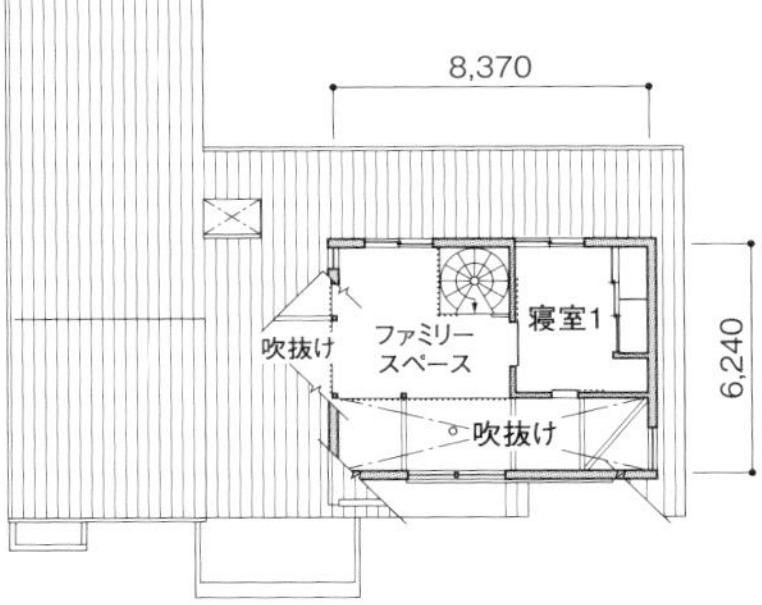
8,370
6,240
寝室1
ファミリースペース
吹抜け
吹抜け

(1F)

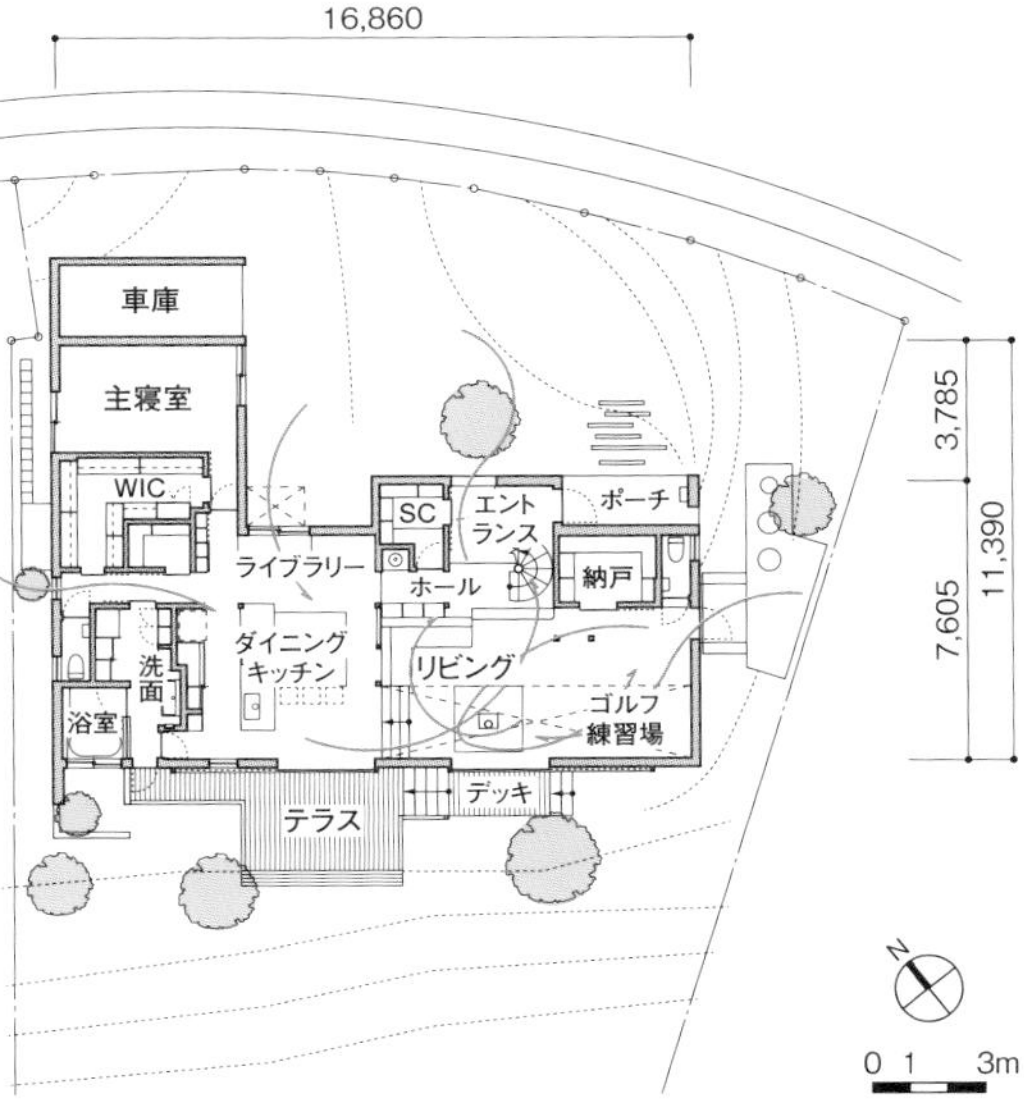
16,860
車庫
主寝室
WIC
SC
エントランス
ポーチ
ライブラリー
ホール
納戸
洗面
ダイニングキッチン
リビング
浴室
ゴルフ練習場
デッキ
テラス
3,785
7,605
11,390
N
0 1 3m

建設地：千葉県市原市
構造：木造2F建
建築面積：147.31㎡(44.6坪)
延床面積：169.55㎡(51.3坪)
設計：ア・シード建築設計　並木秀浩
森本朝子
施工：有限会社高師工務店　高師道明
撮影：ナカサ&パートナーズ　守屋欣史

左: エコフルタウンのビオトープから建物西面を見る
右: 建物外観。屋根上の風の塔屋が特徴的

Case Study.
27

室内旋回風が吹き抜ける風の塔屋の展示施設〈PFパビリオン・G棟〉

パッシブデザインの環境が体験できる

持続可能な社会を創っていくための実証モデル展示として愛知県豊田市がつくったエコフルタウン。その中の展示施設です。パッシブデザインでつくりあげたこの展示施設の特徴は、上空の風を利用し、屋根上の塔屋で室内から風を吸い出す点。風の入口をコントロールすることで、室内の壁に沿って流れる旋回風を生み出します。この旋回風により室内の隅々に風を行き渡らせ、人のいる場所に風を流しています。塔屋の排風効果により、外部の日陰に面する開口から涼風を取り入れ、気持ちのよい室内環境を実現しています。

建築関係者から一般の方まで、これからの持続可能な暮らし方に必要なパッシブデザインや関連設備、省エネルギーや再生可能エネルギーなどについて体験的に学ぶことができる啓蒙的施設としてつくられました。

断面図

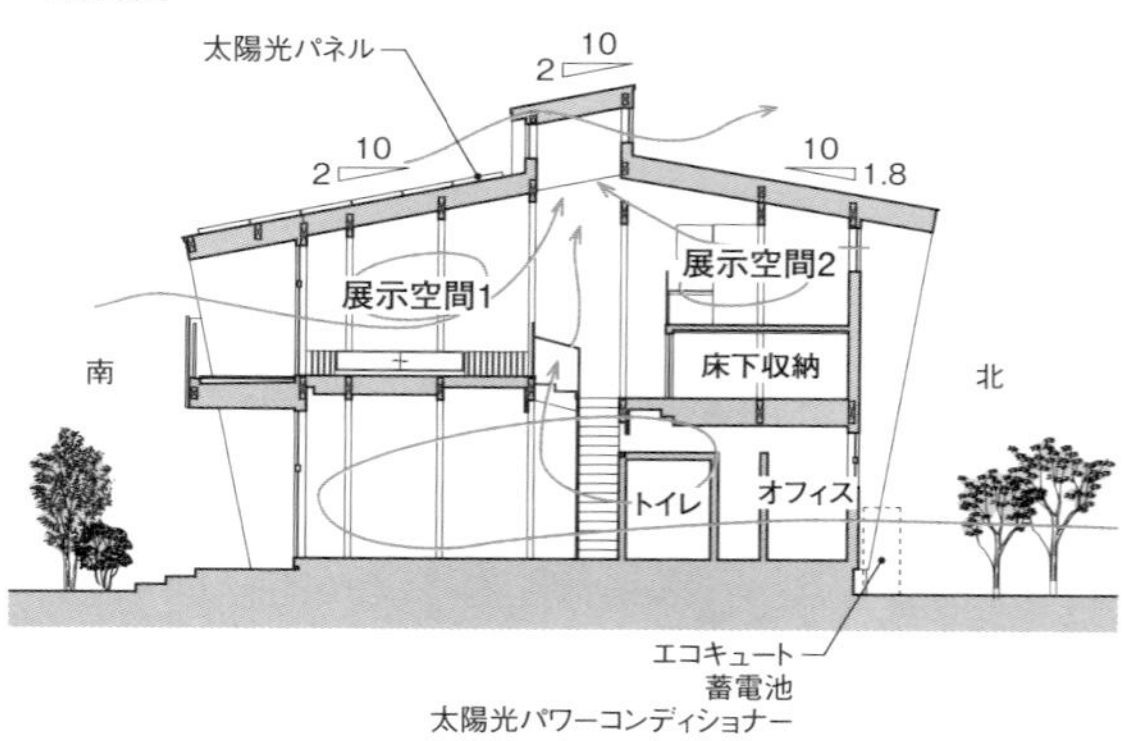
太陽光パネル
2
10
2
10
10
1.8
展示空間1
展示空間2
床下収納
南
北
トイレ
オフィス
エコキュート
蓄電池
太陽光パワーコンディショナー

建物中央の吹抜け空間を介して塔屋に風が流れる

上：2階の展示空間1　下：1階のセミナールーム

平面図

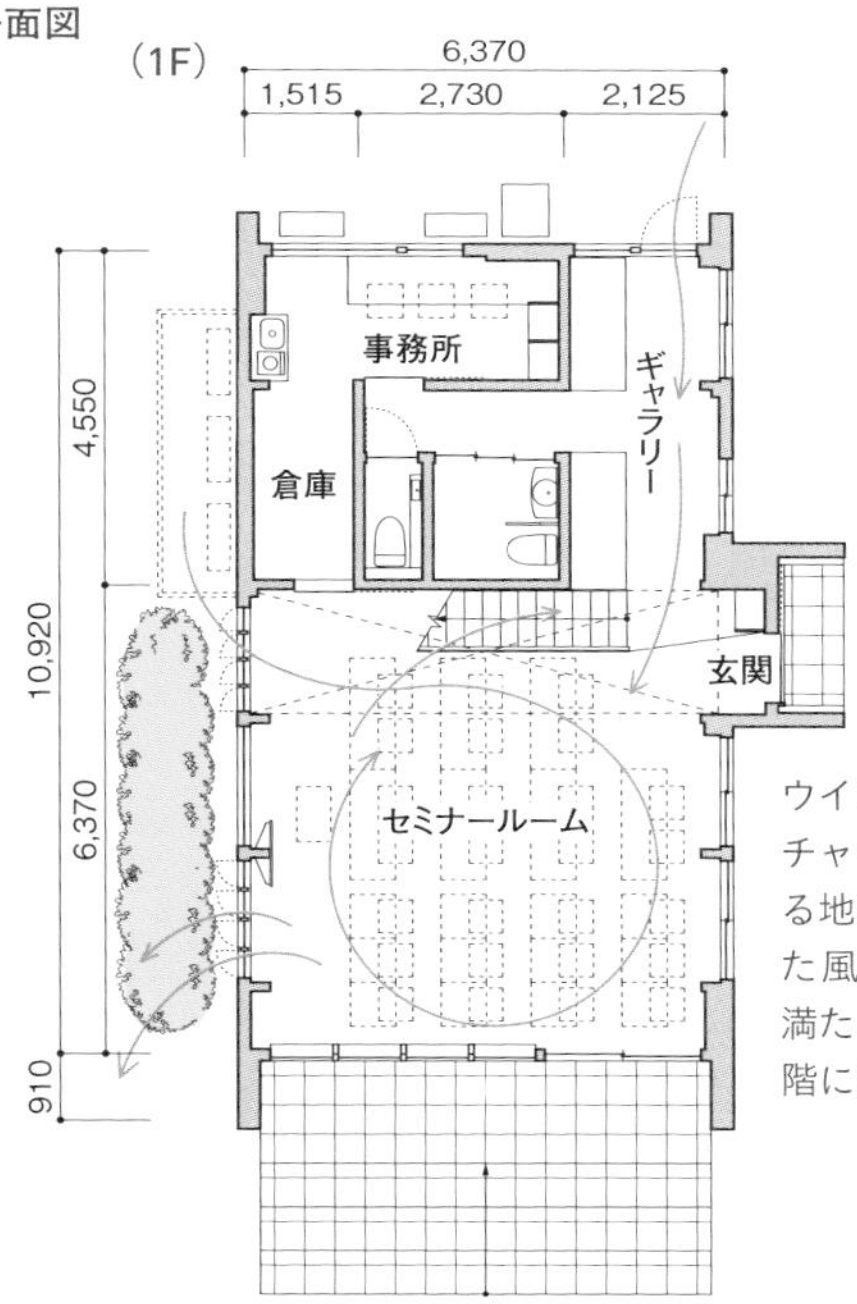

ウインドキャッチャー効果のある地窓から入った風は、1階を満たしながら上階に抜ける

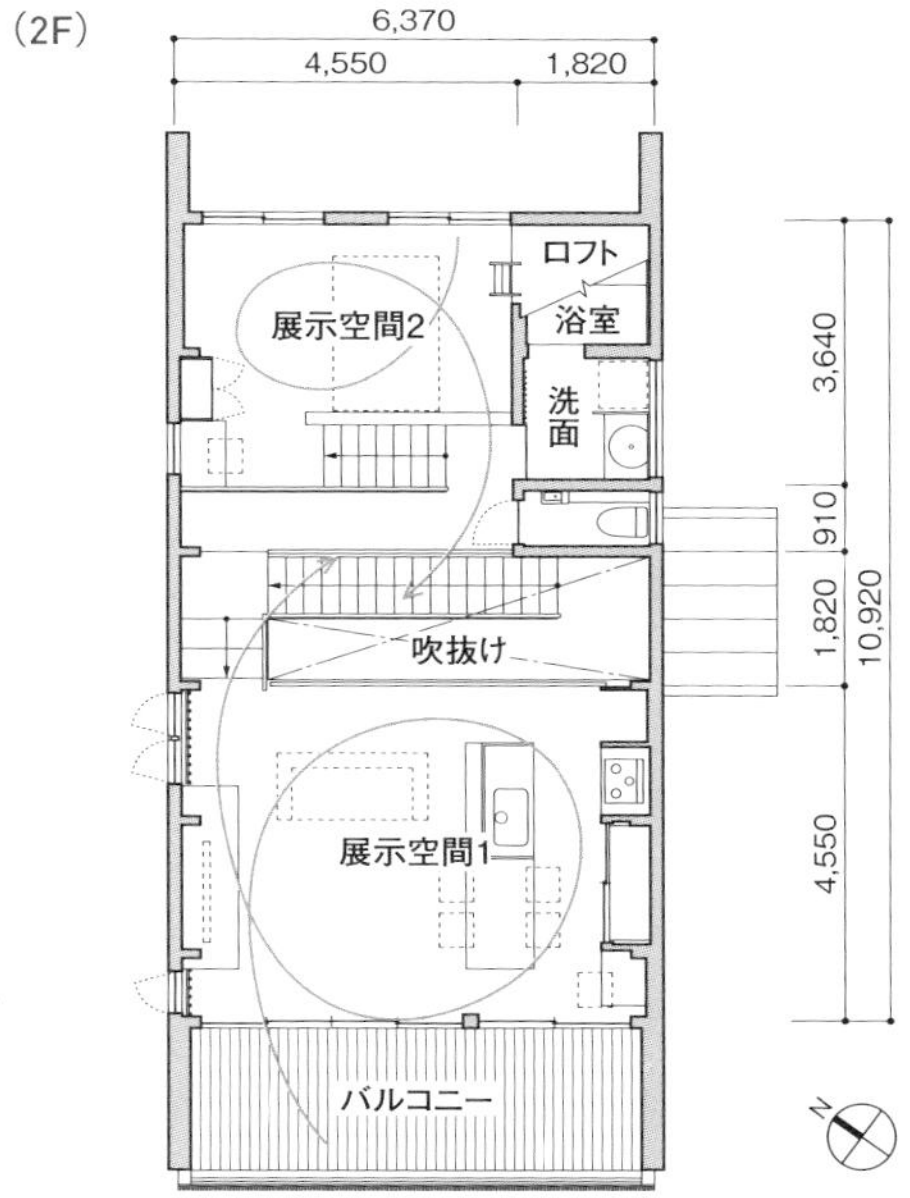

袖壁のウインドキャッチャー効果等で南側からの風を入れ、塔屋を出口とした旋回流が室内をめぐる

建設地：愛知県豊田市
構造：木造ラーメン+木造軸組み2F建
建築面積：94.08㎡（28.5坪）
延床面積：150.91㎡（45.7坪）

設計：ア・シード建築設計
並木秀浩　白石阿希
設計：株式会社LIXIL
四阿克彦　野中俊宏　勝又典子
宮本洋介　金田友恵　辻洋美

施工：タイコウハウス株式会社
撮影：ナカサ&パートナーズ
守屋欣史

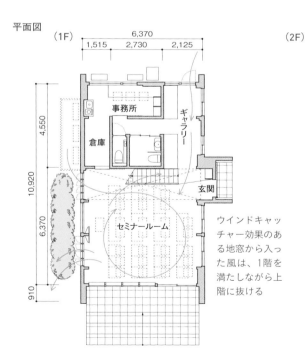

パッシブデザイン住宅
用語の基礎知識
4 建物・装置

◉ウインドキャッチャー

市街地など建物が建てこんだ場所で、主に建物に平行に流れる風を効率的に室内に導くための窓や壁の総称です。サッシの場合は主に縦すべり出し窓を使用します（図は縦すべり出し窓を組み合わせたウインドキャッチャーの例）。

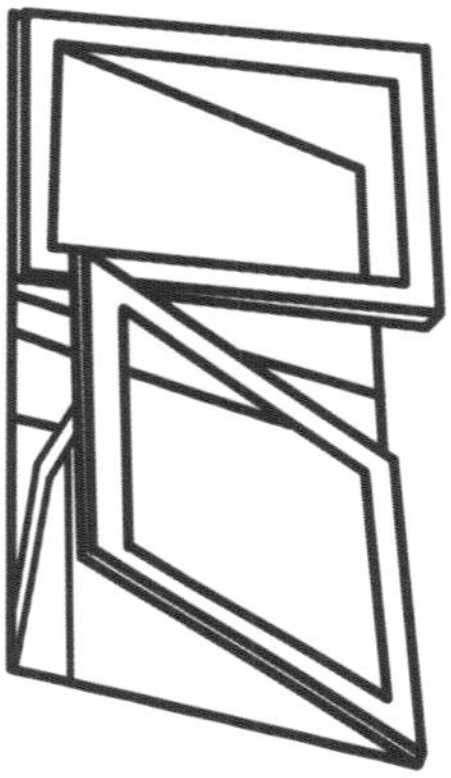

◉袖壁（そでかべ）

建物の両端から迫り出した壁のことです。ウインドキャッチャーや防火、防音などの目的で設けられる場合があります。

◎塔屋（とうや）

屋根面に設けられた塔状の屋根。市街地に建つ住宅では、室内に快適な通風を促す重要なアイテムです。

◎越屋根（こしやね）

主に屋根の棟部分に設けられた、小さな屋根のことです。ベンチュリ効果による風の吸い上げなど、通風を促す目的で設けられる場合が多いです。

◎屋根勾配（やねこうばい）

屋根に設けられた角度のことです。○寸、1／○といった数字で表現されます。緩い角度を緩勾配、きつい角度を急勾配といいます。

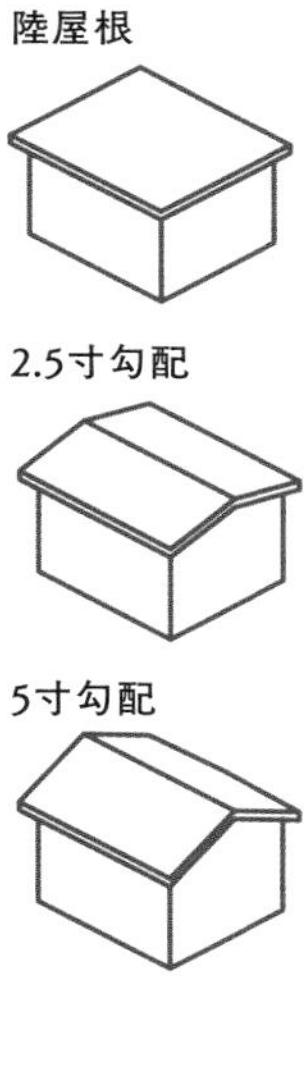

ワンポイント・アドバイス

建物装置の組み合せで効率よく室内に通風を促す

緩勾配屋根と塔屋、越屋根、トップライトなどを組み合せることで効率よく室内に通風を促すことができます（詳しくは47頁）。

あとがき

住まい手と設計者の対話ツールとして

2011年の東日本大震災以降、エネルギーをなるべく使わない住まいや暮らし方が注目されるようになり、通風などの自然換気も、冷房時の使用エネルギーを少なくする手法の一つとして評価されるようになりました。最近は新型コロナウイルス感染予防の観点から、積極的な換気に関心が集まっています。大学などでは自然換気に関する研究は進んでいて、風通しをよくするための方法が少しずつ解明されてきました。

ところが、大学などで蓄積されたノウハウはなかなか設計者には伝わっておらず、設計者はいまだに経験則に基づいて「風通しのよい住まい」を設計しているのが現状です。研究で得られたノウハウを設計者へ伝えるための橋渡しが必要なのです。

この大命題のもと、この本は生み出されました。通風・換気の仕組みを解明する研究者、技術・ノウハウを形にする生産者、素材を巧みに活用して快適な空間をつくりだす設計者がタッグを組んだからこそ、このような本を産み出せたと、私たちは自負しています。

この本をきっかけとして、住まい手と設計者が対話をしながら、一緒になって心地よい風を取り入れるための家づくりに取り組んでいただけたらとても嬉しく思います。

（野中）

通風設計にぜひトライしていただきたい

2020年初頭からの新型コロナウイルスの蔓延によって、日本人の生活スタイルや暮らしに対する意識が大きく変化しました。時代と共に少しずつ変わってきたものが、新型コロナ禍で加速したともいえます。在宅ワークの一般化、外出機会の減少などによって家にいる時間が圧倒的に長くなったこともそのひとつです。

その長い時間を家族と共に過ごす住まいは、快適で気持ちよい環境であることはすべての人が望むところだろうと思います。本文で述べているような通風のメカニズムを理解していただいて周辺環境、敷地を含めた住まいの計画をし、自然風を取り入れることで快適な環境を手に入れることができます。

多くの意識の高い事業者の方々はすでに取り組んでおられると思いますが、２０２１年４月から始まる建築士による省エネ基準の適合可否の説明義務化によって、遅れていた気密性断熱性に優れた家づくりの環境が整うことが期待されますので、これをよい機会として、これまで通風に感心のなかった方々もぜひ通風設計にトライしていただきたいと思います。

（四阿）

自然の風を取り入れた豊かな生活を

夏に風が吹いてくると涼しいのはなぜだろう、幸せを感じるのはなぜだろう、という研究を学生のころから続けてきました。まだわかっていないこともありますが、この本を読んで少しでも風の心地よさや快適性に理解を深めていただき、風をもっと身近に感じてもらえたら幸いです。

風は目には見えないですが、我々の周りをいつも通っていて、春には碧の香りを、夏には涼しさを、秋には虫の声を、冬には澄んだ空気を運んできます。魔法瓶のような家で閉じこもるのもよいですが、窓を開けて自然の風を取り入れた豊かな生活を目指してみませんか。

（森上）

省エネと快適性、美しさを追求する

この本を書き終えて思うことは、建築家や建築の意匠設計に携わる人たちに現在の地球温暖化に対しての危機感を持ってもらいたい、ということがあります。建築はいわば全産業に関わる材料と、それらの運搬などに関わるエネルギーを使ってつくり上げる、膨大なエネルギーを消費する行為です。CO_2の排出量に深く関わっていることになります。

今後はますますこれらの消費エネルギーをコントロールすることを念頭に考えながら建築物をつくるべきです。とかくデザインを追求していく中では、コストや意匠性を優先しがちで、断熱やパッシブエネルギーの利用を盛り込むことが希薄になりがちです。エネルギー消費を考えながら、快適性を追求した美しさを考えていっていただきたいと願います。

住まいの断熱を強化することによって、エネルギー消費を抑えるだけでなく、風や日差しの自然エネルギーや少しの冷暖により快適に過ごせる気持ちのよい環境をつくることができます。そのような環境や人に優しい本来の建築のあり方を皆で追求していきたいと思っております。

（並木）

協力：株式会社ＬＩＸＩＬ

著者紹介

野中俊宏（のなか・としひろ）

株式会社砂川建築環境研究所 Senior Fellow
1973年生まれ。博士（工学）。1998年日本大学大学院理工学研究科建築学専攻博士前期課程を修了、同年トステム株式会社（現・株式会社LIXIL）に入社。2008年東京理科大学大学院工学研究科建築学専攻博士後期課程単位取得退学、2010年学位取得（住宅地における通風の効果的な利用）。2012年「通風・創風設計サポート」サービスで第9回エコプロダクツ大賞環境大臣賞（エコサービス部門）を受賞。本書籍の内容は株式会社LIXILに在職中の実証実験をもとに執筆している。現在、砂川建築環境研究所でSenior Fellowを務める。

森上伸也（もりかみ・しんや）

豊田工業高等専門学校 准教授
1986年神奈川県生まれ。2009年東京工芸大学建築学科を卒業。2014年東京工芸大学大学院建築学・風工学専攻で博士号（工学）を取得。同年豊田工業高等専門学校助教に就任。2019年から翌年にかけてオーストラリアのシドニー大学で客員研究員として活動。2014年日本建築学会大会（近畿）学術講演会建築環境工学部門 若手優秀発表を受賞。室内の温熱環境を主要テーマに、「自然通風の心地よさ」や「冬期のヒートショック対策」に関する研究を行っている。

四阿克彦（しあ・かつひこ）

株式会社LIXIL住宅研究所 キッズデザイン研究所 シニアアドバイザー
一級建築士、北欧建築・デザイン協会会員
1958年東京都生まれ。1982年日本大学工学部建築学科を卒業。同年ミサワホーム株式会社に入社。商品住宅の開発・設計、個人住宅の設計等に携わる。1997年トステム株式会社（現・LIXIL株式会社）に入社。高断熱パネル「スーパーウォール」を使った住宅提案・モデルハウスの設計、グループ会社LIXIL住宅研究所・住宅フランチャイズ本部にて高気密高断熱住宅の商品開発・設計、断熱パネルの開発、個人住宅の設計等に従事。2019年より現職。
2010年㈱LIXIL・㈱LIXIL住宅研究所・東京大学生産技術研究所のスマートハウス実証実験住宅共同PJにて「COMMAハウス」設計を担当。2014年とよたエコフルタウン「LIXILパッシブファーストパビリオン」にて㈱ア・シード建築設計事務所・並木氏、㈱砂川環境建築研究所・野中氏（当時㈱LIXIL）ほかLIXIL各担当者とパビリオンの企画・設計に取り組む。完成後は並木氏、野中氏と豊田工業高等専門学校・森上氏と通風設計の検証、通風時の温熱環境や人体への影響等についての実験検証を行った。

並木秀浩（なみき・ひでひろ）

株式会社ア・シード建築設計主宰、日本大学非常勤講師（2014年〜）

一級建築士、一級建築施工監理技士
1960年東京都生まれ。1983年日本大学生産工学部建築工学科を卒業。1993年株式会社ア・シード建築設計を設立。風のパッシブデザインを活かした設計に長年にわたり携わる。

（受賞歴）1997年東京都墨田区主催優良景観表彰まちなみ建築賞、1997年INAXデザインコンテスト入賞、2007年群馬県主催ぐんまの家設計コンクール入賞、2014年埼玉建築文化賞最優秀賞、2020年ウッドデザイン賞、その他。

（TV放映）2003、2005、2011、2013年「大改造劇的ビフォーアフター」、2004年「辰巳琢郎の夢リフォーム」、2005年「極意〜My Sweet Life〜」、2005年「渡辺篤史の建物探訪」その他多数。

（雑誌掲載）「住まいの設計」、「マイホームプラス」、「建築知識」、その他多数。

イラスト：風間勇人
デザイン：鎌内 文（細山田デザイン事務所）
編集協力：近藤 正
制作：竹下隆雄
図版トレース：長谷川智大
印刷：シナノ書籍印刷

図解
風の力で住まいを快適にする仕組み

2021年9月3日　初版第1刷発行

著者　野中俊宏＋森上伸也＋四阿克彦＋並木秀浩

発行者　澤井聖一

発行所　株式会社エクスナレッジ
〒106-0032
東京都港区六本木7-2-26
https://www.xknowledge.co.jp/

問合せ先　編集　Tel：03-3403-1381
Fax：03-3403-1345
info@xknowledge.co.jp
販売　Tel：03-3403-1321
Fax：03-3403-1829